HTML5 & CSS3
실전에서는 이렇게 쓴다!

알렉시스 골드스타인, 루이스 라자리스, 에스텔 웨일 지음 / 장현순 옮김

HTML5 & CSS3 실전에서는 이렇게 쓴다!

지은이 알렉시스 골드스타인, 루이스 라자리스, 에스텔 웨일
옮긴이 장현순
펴낸이 박찬규 | 엮은이 이대엽 | 표지디자인 아로와 & 아로와나
펴낸곳 위키북스 | 주소 경기도 파주시 교하읍 문발리 파주출판도시 535-7
전화 031-955-3658, 3659 | 팩스 031-955-3660
초판발행 2012년 01월 05일
등록번호 제406-2006-000036호 | 등록일자 2006년 05월 19일
홈페이지 wikibook.co.kr | 전자우편 wikibook@wikibook.co.kr
ISBN 978-89-92939-95-9

HTML5 & CSS3 FOR THE REAL WORLD
Original English language edition published by SitePoint Pty. Ltd.
Copyright © 2011 by SitePoint Pty. Ltd.
Korean edition copyright © 2011 by WIKIBOOKS
All rights reserved.

이 책의 한국어판 저작권은 저작권자와의 독점 계약으로 위키북스가 소유합니다.
신 저작권법에 의해 한국 내에서 보호를 받는 저작물이므로 무단 전재와 복제를 금합니다.
이 책의 내용에 대한 추가 지원과 문의는 위키북스 출판사 홈페이지 wikibook.co.kr이나
이메일 wikibook@wikibook.co.kr을 이용해 주세요.

「이 도서의 국립중앙도서관 출판시도서목록 CIP는 e-CIP 홈페이지 | http://www.nl.go.kr/cip.php에서 이용하실 수 있습니다.
CIP제어번호: CIP2011005622」

HTML5 & CSS3
실전에서는 이렇게 쓴다!

• 목 차 •

대상 독자 xxvi
이 책의 구성 xxvi
도움을 받을 수 있는 곳 xxix
사이트포인트 뉴스레터 xxxi
사이트포인트 팟캐스트 xxxi
피드백 xxxi
이 책에 사용된 규약 xxxii

01장__ HTML5와 CSS3 소개　　　　　　　　　1

HTML5란? 1
HTML5가 걸어온 길 3
　　　진정한 HTML5 규격이 정해질 수 있을까? 3
왜 HTML5에 관심을 가져야 할까? 5
CSS3란? 5
왜 CSS3에 관심을 가져야 할까? 6
'실전'이란 무엇을 의미하는가? 7
　　　다양한 브라우저 시장 8
　　　성장하는 모바일 시장 9
실전 내용으로 들어가면서 10

02장__ 마크업, HTML5 스타일 13

- HTML5 헤럴드 소개 13
- 기본 HTML5 템플릿 15
  - 독타입 16
  - html 요소 17
  - head 요소 17
  - 대등한 상황으로 만들기 18
  - 나머지는 알고 있는 그대로다 20
- HTML5 FAQ 21
  - 왜 이러한 변경사항이 이전 브라우저에서도 여전히 작동하는 걸까?..21
  - 모든 태그를 닫지 말아야 할까? 23
  - 다른 XHTML 기반 문법 규칙은 어떨까? 24
- 페이지의 구조 정의 26
  - header 요소 26
  - section 요소 27
  - article 요소 29
  - nav 요소 30
  - aside 요소 31
  - footer 요소 32
- HTML5 헤럴드 구조화 32
- 정리 35

03장__ HTML5의 의미적 표현 더 알아보기   37

- 콘텐츠 타입의 새로운 측면 37
- 문서의 개요 39
- 뉴스 속보 41
  - hgroup 요소 42
- 새로운 요소 더 알아보기 44
  - figure와 figcaption 요소 44
  - mark 요소 45
  - progress와 meter 요소 45
  - time 요소 46
- 기존 기능의 변화 48
  - '폐기된'이라는 용어는 폐기됐다 48
  - Link 내의 블록 요소 49
  - 굵은 글씨체 49
  - 이탤릭체 50
  - 큰 글씨와 작은 글씨 50
  - 기다려왔던 cite 요소 51
  - (정의가 아닌) 설명 목록 51
- 다른 새로운 요소와 기능 52
  - details 요소 52
  - 맞춤형 순서 있는 목록 53
  - 범위가 지정된 스타일 53
  - 스크립트를 위한 async 속성 54
- HTML5 문서의 유효성 검사 54
- 요약 56

04장 __ HTML5 폼 — 59

- 툴박스의 믿을 만한 도구들 59
- HTML5 폼 속성 61
  - required 속성 62
  - placeholder 속성 66
  - pattern 속성 69
  - disabled 속성 70
  - readonly 속성 71
  - multiple 속성 71
  - form 속성 71
  - autocomplete 속성 72
  - datalist 요소와 list 속성 72
  - autofocus 속성 73
- HTML5의 새로운 폼 입력 타입 73
  - Search 75
  - 이메일 주소 76
  - URL 77
  - 전화번호 78
  - 숫자 78
  - 범위 80
  - 색상 80
  - 날짜와 시간 81
- HTML5에서의 다른 새로운 폼 컨트롤 85
  - output 요소 85
  - keygen 요소 85
- 기존 폼 컨트롤과 속성의 변화 86
  - form 요소 86
  - optgroup 요소 86
  - textarea 요소 86
- 결론 87

vii

05장 __ HTML5 오디오와 비디오 89

- 탄생 배경 89
- 기능 지원의 현재 상태 90
  - 비디오 컨테이너 포맷 91
  - 비디오 코덱 91
  - 오디오 코덱 91
  - 현재 브라우저에서는 어떤 조합이 작동할까? 91
- 마크업 92
  - 내장 컨트롤 사용 93
  - autoplay 속성 94
  - loop 속성 95
  - preload 속성 95
  - poster 속성 96
  - audio 속성 97
  - 다중 비디오 포맷 지원 97
  - source 순서 98
  - 인터넷 익스플로러 6~8은 어떻게 될까? 99
  - MIME 타입 101
- 웹용 비디오 파일 인코딩 102
- 맞춤 컨트롤 생성 103
  - 첫 시작을 위한 몇 가지 마크업과 스타일 103
  - 미디어 요소 API 소개 105
  - 비디오의 재생과 중지 107
  - 비디오의 오디오 트랙에 대한 음소거 및 음소거 해제 110
  - 비디오 재생이 끝났을 때의 반응 112
  - 비디오 재생에 따른 시간 업데이트 112
  - 미디어 요소 API의 추가적인 기능 115
- 오디오는 어떤가? 117
- 접근 가능한 미디어 118
- 쇼타임 119

06장__ CSS3 소개　　　　　　　　　　　　　　　121

- 이전 브라우저 지원 121
- CSS3 선택자 122
  - 관계형 선택자 123
  - 속성 선택자 125
  - 가상 클래스(Pseudo-classes) 126
  - 구조적 가상 클래스 129
  - 가상 요소와 생성된 콘텐츠 131
- CSS3 색 133
  - RGBA 134
  - HSL과 HSLA 135
  - 불투명도 136
- 실전 적용 137
- 둥근 모서리: border-radius 139
- 그림자 효과 142
  - Inset과 여러 개의 그림자 효과 144
- 텍스트 그림자 효과 145
- 더 많은 그림자 효과 146
- 다음으로 147

07장__ CSS3 그라디언트와 다중 배경　　　　　　　149

- 선형 그라디언트 150
  - W3C 문법 152
  - 이전의 웹킷 문법 156
  - 종합 예제 158
  - SVG를 이용한 선형 그라디언트 160
  - IE 필터를 이용한 선형 그라디언트 162
  - 이용 가능한 도구 163

ix

방사형 그라디언트 163
    W3C 문법 164
    이전의 웹킷 문법 166
    모든 내용을 통합하면 168
반복 그라디언트 170
다중 배경 이미지 171
배경 크기 174
배경으로 177

08장 __ CSS3 변형과 전환　　　　　　179

변형(Transform) 179
    이동(Translation) 180
    크기변환 182
    회전 184
    비틀기 185
    변형의 원점 변경 185
    인터넷 익스플로러 8과 이전 버전 지원 186
전환(Transition) 187
    transition-property 188
    transition-duration 190
    transition-timing-function 191
    transition-delay 191
    transition 약칭 표기 속성 192
    다중 전환 193
애니메이션 194
    키 프레임 195
    애니메이션 속성 196
넘어가면서 199

09장 __ 웹 폰트와 다단 레이아웃　　　　201

@font-face를 이용한 웹 폰트 201
　　　　@font-face 구현 203
　　　　폰트 소스 선언 204
　　　　폰트 속성 기술자 207
　　　　유니코드 범위 208
　　　　폰트 적용 208
　　　　법적 고려 사항 209
　　　　다양한 폰트 파일 생성: 폰트 스퀴럴 210
　　　　다른 고려 사항 214

CSS3 다단 레이아웃 215
　　　　column-count 속성 216
　　　　column-gap 속성 216
　　　　column-width 속성 217
　　　　columns 약칭 표기 속성 218
　　　　단과 height 속성 219
　　　　그 밖의 단 기능 220
　　　　다른 고려 사항 222
　　　　점진적 향상 223

미디어 쿼리 223
　　　　미디어 쿼리란? 224
　　　　문법 224
　　　　미디어 쿼리의 유연성 225
　　　　브라우저 지원 226
　　　　추가 참고 자료 227

스타일리시하게 살기 227

10장 __ 지오로케이션, 오프라인 웹 앱, 그리고 웹 스토리지　　229

- 지오로케이션 230
  - 프라이버시에 대한 배려 231
  - 지오로케이션 메서드 232
  - Modernizr를 이용한 지원 여부 확인 232
  - 현재 위치 조회 233
  - 지오로케이션의 Position 객체 234
  - 위도와 경도 구하기 235
  - 지도 불러오기 236
  - 이전의 모바일 기기에 대한 마지막 한마디 241
- 오프라인 웹 애플리케이션 241
  - 작동 방법: HTML5 애플리케이션 캐시 242
  - 오프라인에서 작동하도록 사이트 설정하기 242
  - 사이트를 오프라인으로 저장하기 위한 허가 얻기 245
  - 오프라인 테스트 246
  - 오프라인에서도 이용 가능한 HTML5 헤럴드 만들기 248
  - 오프라인 웹 애플리케이션 저장 공간의 제약 249
  - 대체 수단 섹션 249
  - 캐시 리프레싱 251
  - 지금 온라인 상태일까? 252
  - 추가 참고 자료 254
- 웹 스토리지 254
  - 두 종류의 웹 스토리지 255
  - 웹 스토리지 데이터의 모습 256
  - 데이터 저장하기와 읽기 257
  - 저장 데이터 변환 258
  - 좀 더 간단한 사용법 258

특정 항목 제거와 전체 데이터 지우기 259

스토리지 제한 259

보안 고려사항 260

HTML5 헤럴드에 웹 스토리지 추가 260

웹 인스펙터를 이용한 웹 스토리지 값 열람 264

추가적인 HTML5 API 266

웹 워커 266

웹 소켓 267

Web SQL과 IndexedDB 268

그림 그리기로 되돌아가 보자 269

11장 __ 캔버스, SVG와 드래그 앤 드롭　　271

캔버스 271

캔버스의 역사 272

canvas 요소 생성 272

캔버스에 그리기 274

컨텍스트 얻기 274

브러시에 색 입히기 275

캔버스에 사각형 그리기 276

캔버스 좌표 시스템 277

fillStyle의 변형 277

패스를 이용해 다른 모양 그리기 280

캔버스 그림 저장 283

이미지를 캔버스에 그리기 285

이미지 조작 287

컬러에서 흑백으로 이미지 변환하기 289

getImageData에서의 보안 오류 291

xiii

캔버스로 비디오 조작하기	292
캔버스에 텍스트 표시	294
접근성에 대한 우려	298
추가 참고 자료 목록	299
SVG	299
SVG에서 그리기	300
SVG 이미지 생성을 위한 잉크스케이프 활용	303
SVG 필터	304
라파엘 라이브러리 활용	305
캔버스 vs. SVG	308
드래그 앤 드롭	309
WAI-ARIA 고양이에게 먹이주기	310
드래그 가능한 요소 만들기	311
DataTransfer 객체	312
드롭된 요소 받기	313
참고 자료	316
여기까지입니다!	316

부록A_ Modernizr　　　　319

CSS에서 Modernizr 이용하기	320
자바스크립트에서 Modernizr 이용하기	322
인터넷 익스플로러 8과 이전 버전에서의 HTML5 요소에 대한 스타일 적용 지원	323
추가 참고 자료	324

부록B _ WAI-ARIA   327

    WAI-ARIA가 어떻게 의미적 표현을 보완하는가 328

    WAI-ARIA의 현재 상태 328

    추가 참고 자료 330

부록C _ 마이크로데이터   333

    HTML5의 의미적 표현은 충분하지 않은가? 334

    마이크로데이터 문법 335

    이름-값 쌍 이해하기 336

    마이크로데이터 네임스페이스 336

    추가 참고 자료 337

항상 격려해주시고,
나를 믿어주시는 부모님께.
그리고 재능 있고 창의적이신
사랑하는 할머니 조앤.
내가 무슨 일을 하든 항상 감싸주시는
할머니께.
- 알렉시스 -

세상에서 가장 훌륭한 요리사인
멜라니에게.
그리고 제가 이 특별한 분야에 뛰어들 수 있게
일찍이 지원해 주신 부모님께.
-루이스-

날 잘 참고 견뎌주는 에이미,
그리고 내가 일하고 있을 때면 달려드는
스파조와 푸퍼스에게.
- 에스텔 -

옮긴이 글

『HTML5 & CSS3 for the Real World』를 받아든 지도 어느새 3개월 반이 훌쩍 넘었습니다. 오래전부터 웹을 접해온 저도 세 명의 저자가 HTML5와 CSS3에 대한 이야기를 어떻게 풀어갈지 궁금했던 기억이 납니다. HTML은 이제 단순히 컴퓨터의 웹 페이지뿐 아니라 일상 생활의 필수품이 된 스마트폰용 웹 페이지를 만드는 데도 활발하게 쓰인다는 점에서 활용범위가 무궁무진해졌다고 할 수 있습니다. HTML 하나만 확실히 익혀도 충분히 실력을 발휘할 수 있는 장이 굉장히 넓어진 것이지요. 더구나 여러 개발자 커뮤니티 덕분에 HTML뿐 아니라 HTML을 보완하는 기술도 크게 발전해서 브라우저의 하위호환성이나 브라우저별 기능 지원에 대한 개발자들의 골칫거리도 훨씬 줄어들었습니다. 이제는 쉽고도 강력한, 그야말로 HTML의 전성기가 열렸다고 해도 과언이 아닌 것 같습니다.

세 명의 저자들 모두 웹 표준을 널리 알리기 위해 노력하고 있습니다. 그뿐만 아니라 직접 웹 프로그래밍을 하고 있고, 그와 관련해서 사람들을 가르치고 있기 때문에 누구보다도 웹 프로그래밍 서적이 어떤 구성이어야 개발자에게 실질적으로 도움이 될지 잘 알고 있는 것 같습니다. 저자는 HTML5와 CSS3에 포함된 오디오, 비디오, 변형, 전환, 의미적 요소 등 새롭게 추가되고 발전된 많은 기능을 독자의 필요에 따라 찾아볼 수 있게 했을 뿐 아니라 이 책이 지루한 레퍼런스가 되지 않도록 HTML5 헤럴드라는 매력적인 실습 사이트를 <html> 태그부터 하나하나 만들어가는 모습을 보여주면서 HTML5와 CSS3의 핵심을 구성하는 새로운 기능을 자연스럽게 습득할 수 있게 구성했습니다. 이 책을 따라 차근차근 실습하다 보면 마침내 근사하고 스타일이 돋보이는 웹 사이트를 직접 만들어 볼 수 있을 것입니다. 또한 단지 새로운 기능을 설명하는 데 그치지 않고 관련 기술에 대한 배경지식도 꼼꼼히 짚어줌으로써 독자의 이해를 한층 더 돕고 있습니다.

책의 번역을 마친 지금, 좋은 책을 번역할 수 있어 역자로서 감사하게 생각하고, 저자가 원했던 것처럼 이 책을 읽는 독자가 '오늘 당장 이용할 수 있는 강력한 HTML5와 CSS3 기술'을 익히는 데 도움되기를 희망합니다.

끝으로 이 책을 번역하는 데 정말 많은 도움을 주신 위키북스 출판사 관계자분들께 진심으로 감사의 마음을 전하고 싶습니다. 그리고 항상 응원해주는 은진이와 세상에서 가장 소중한 사람에게 고마움을 전합니다.

- 장현순

• 추천사 •

셔드 비셔(Sjoerd Visscher)라는 이름을 들어본 적이 있는가? 짐작컨대 아마도 들어본 적이 없을 것이다. 하지만 그가 작은 발견이라고 생각했던 것이 오늘날 우리가 HTML5를 이용할 수 있게 된 토대가 되었다.

2002년 네덜란드 헤이그에서 비셔는 자신의 XSL 출력 성능을 향상시키고자 노력하고 있었다. 그는 createElement를 호출하는 대신 innerHTML 속성을 바로 지정하는 방식으로 바꾸고 나서 모든 알려지지 않은, HTML 이 아닌 요소에는 더는 CSS로 스타일을 적용할 수 없다는 사실을 깨달았다.

2008년으로 바로 넘어가 보면 이때부터 HTML5가 탄력을 받기 시작한다. 새로운 요소들은 정의됐지만 실제로 인터넷 익스플로러 6~8 버전에서는 알려지지 않은 요소를 인식하는 데 실패함으로써 문제가 야기됐다. 즉, 새로운 요소는 자식 요소를 가질 수 없었고, CSS는 그러한 요소에 영향을 줄 수가 없었다. 이런 우울한 사실은 HTML5를 도입하는 데 상당한 장애물이 되고 있었다.

셔드가 처음 이 사실을 발견하고 5년이 지난 후 그는 W3C HTML Working Group의 공동 의장인 샘 루비(Sam Ruby)의 블로그에 이 트릭에 대해 천진하게 댓글을 달았다. "그런데 IE에서 알려지지 않은 요소에 CSS 규칙을 적용하고 싶다면 그냥 document.createElement(elementName)을 이용하면 될 겁니다. 이건 어쨌든 CSS 엔진에게 그런 이름의 요소가 존재한다는 사실을 알려주니까요."

HTML5 명세서의 편집장인 이안 힉슨(Ian Hickson)도 다른 사람들과 마찬가지로 놀랐다. 이런 트릭을 들어본 적이 없던 그는 기뻐하면서 알렸다. "이 정보 덕분에 IE7에 대한 HTML5 호환성을 위한 코드가 지금까지 생각했던 것보다 훨씬 쉬워졌다."

하루 뒤, 존 레식(John Resig)은 "HTML5 shiv"라는 용어를 사용하며 글을 올렸다. 다음 목록은 그 뒤에 있었던 일들이다.

- 2009년 1월: 레미 샤프(Remy Sharp)가 IE에서 HTML5 요소의 이용을 가능하게 하는 첫 번째 배포 가능한 스크립트를 제작한다.
- 2009년 6월: 파룩 아테쉬(Faruk Ateş)가 Modernizr 초기 배포판에 HTML5 shiv를 포함시킨다.
- 2010년 2월: 레미, 캉가스, 존-데이비드 달튼, 포어넬을 비롯한 수퍼스타 자바스크립트 개발자들이 모인 팀이 협력해서 스크립트의 파일 크기를 줄인다.
- 2010년 3월: 마티아스 바이넨스(Mathias Bynens)와 다른 사람들이 shiv가 IE에서 출력되는 페이지에는 효과가 없다는 사실을 알아낸다. 이 날은 우울한 날이었으며, 개발자들에게 해결책에 대한 비공식 도전과제를 발표한다.
- 2010년 4월: 조나단 닐(Jonathan Neal)이 그 도전에 대한 해결책으로 IE Print Protector(IEPP)를 내놓는다. 이것은 HTML5 shiv와 같은 기능을 하면서 요소의 출력까지 지원했다.
- 2010년 4월: 레미가 새로운 IEPP로 이전의 HTML5 shiv 솔루션을 대체한다.
- 2011년 2월: 알렉산더 파카스(Alexander Farkas)가 가담해서 IEPP 프로젝트를 깃헙(GitHub)으로 옮기고, 테스트를 추가하며, 오류를 수정하고, 성능을 향상시킨다.
- 2011년 4월: IEPPv2가 출시된다. Modernizr와 HTML shiv가 최신 코드를 채용하면서 전 세계의 개발자들이 여전히 걱정 없이 여러 브라우저를 대상으로 HTML5 요소를 사용할 수 있게 됐다.

HTML5 shiv에 얽힌 이야기는 오픈 웹 운동이 앞으로 나아갈 수 있도록 돕는 커뮤니티 공헌의 한 가지 예에 불과하다. 우리가 웹에서 작업하는 방식에 직접적인 영향을 미치는 사람은 W3C나 브라우저뿐 아니라 여러분과 나와 같은 일반인도 포함된다. 나는 이 책이 여러분도 유사한 방식으로 공헌할 수 있도록 용기를 북돋길 희망한다. 자신의 기량을 닦는 가장 좋은 방법은 자신이 익힌 바를 적극적으로 나누는 것이다.

오늘날 HTML5와 CSS3를 이용하는 일은 그 어느 때보다도 쉽고 굉장히 즐거워졌다. 이 책에는 여러분이 당장 HTML5의 장점을 취하는 데 필요한 수많은 실용적인 정보가 담겨 있다. 저자인 알렉시스, 루이스, 에스텔은 잘 알려진 웹 개발자로서 HTML5 개발에서 가장 실용적인 내용을 여러분이 쉽게 이해할 수 있게 현실적인 학습 방법을 제시한다.

나는 이 책이 여러분을 잘 안내할 것이며, 나만큼이나 여러분도 차세대 웹에 열광하게 되리라 믿어 의심치 않는다.

- 폴 아이리시

jQuery 개발 지원,

Modernizr와 HTML5 Boilerplate의 수석 개발자

2011년 4월

감사의 글

알렉시스 골드스타인 (Alexis Goldstein)

리사 랭, 루스 위클리, 루이스 시모뉴에게 감사를 전합니다. 여러분의 세부적인 내용에 대한 관심, 즉각적인 반응, 그리고 깊은 기술적 전문지식 덕분에 아주 즐겁게 이 책을 집필할 수 있었습니다. 공동 저자인 루이스와 에스텔에게도 고마운 마음을 전합니다. 두 분의 깊은 지식과 방대한 경험, 그리고 최신 브라우저의 버그를 찾는 초자연적인 능력은 항상 저를 감동시켰어요. 마음속 깊은 곳에서 감사하고 있는 에스텔의 격려에 대해서는 특히 더 고마움을 전하고 싶습니다. 마지막으로 이제는 나의 그 어떤 컴퓨터 전문가 친구들보다도 HTML5의 자바스크립트 API에 대해 더 많이 알고 있는 여자친구 타바사에게 감사합니다. 당신의 인내, 피드백, 그리고 모든 도움에 고마워요. 나를 아는 사람들은 이것이 얼마나 엄청난 일인지 알겠지만 당신은 내가 매사를 덜 심각하게 받아들이도록 도와준답니다. 항상 나를 웃게 해줘서 고마워요.

루이스 라자리스 (Louis Lazaris)

이 멋진 작업에 참여하는 동안 나의 불규칙했던 작업 시간을 배려해준 아내에게 감사합니다. 내 이름을 그들 옆에 두는 영광을 준 재능 있는 나의 공동 저자, 에스텔과 알렉시스 그리고 전문 리뷰어인 러스에게도 책 집필 과정에서 보여준 훌륭한 기술적 통찰력에 감사드립니다. 그리고 이 프로젝트와 많은 노력이 필요했던 모든 일을 매우 전문적으로 다뤄 준 사이트포인트 출판사의 유능한 직원분들에게도 특별한 감사의 마음을 전합니다.

에스텔 웨일 (Estelle Weyl)

모든 오픈소스 커뮤니티에 감사의 마음을 전하고 싶습니다. "소스 보기" 옵션으로 플러그인보다는 마크업을 선택한 모든 개발자들에게서 많은 것을 배웠습니다. 특히 제 커리어를 시작했을 때 올바른 방향을 제시해 준 예 메이 우와 산디 왓킨스에게 특히 감사하고 싶습니다. 적절한 단어가 떠오르지 않을 때 도움을 주기 위해 항상 곁에 있어 준 데이브 그레고리와 로리 보스에게도 감사와 고마움을 전합니다. 새벽이 밝아올 때까지 코드에 대한 브레이스토밍을 해 준 스테판 설리반에게도 감시합니다. 그리고 마지막으로 오페라, 모질라, 구글의 개발자 친구들에게 멋진 브라우저를 만들고 있는 것에 감사의 마음을 전하고 싶습니다. 그 덕분에 HTML5와 CSS를 이용해 즐기는 것만이 아닌 이 책을 집필하는 기회도 얻을 수 있었습니다.

• 전문 리뷰어 •

러스 위클리 (Russ Weakley)

러스 위클리는 18년 이상을 디자인 분야(주로 웹 디자인과 개발, 그리고 웹 교육 분야)에서 일해왔다. 루스는 웹 표준 그룹(Web Standards Group)의 공동 의장이자 Web Industry Professionals Association of Australia(WIPA)의 창립 멤버이기도 하다. 러스는 널리 호평받는 CSS 튜토리얼 시리즈를 펴낸 바 있으며, 그의 프레젠테이션과 워크숍은 전 세계적으로 인정받고 있다. Max Design(http://maxdesign.com.au/)라는 웹 사이트를 운영 중이다.

• 출판사 소개 •

사이트포인트(Sitepoint)에서는 웹 전문가를 위한 재미있고 실전에 도움이 되며 이해하기 쉬운 책을 전문으로 다룬다. 사이트포인트 출판사의 블로그, 책, 뉴스레터, 기사 및 커뮤니티 포럼은 웹 사이트(http://www.sitepoint.com/)에서 살펴볼 수 있다.

서문

『HTML5 & CSS3 실전에서는 이렇게 쓴다!』에 오신 것을 환영한다. 프론트엔드 웹 사이트를 제작하는 최고이자 최신 기술을 찾아 떠나는 이 여행에 여러분도 동참하기로 한 사실에 큰 기쁨을 느낀다.

이 책을 집어 든 여러분은 아마 HTML과 CSS를 약간은 맛 본 적이 있을 것이다. 어쩌면 마크업이나 스타일링, 스크립팅 등 특정 분야에서 경험을 쌓은 전문가로서, 이제 HTML5 및 CSS3와 관련된 새로운 기능과 기술을 접하고 그러한 기술의 폭을 더 넓히고 싶을지도 모른다.

새로운 것을 익힌다는 건 쉬운 일이 아니다. 여러분은 이러한 웹 기반 언어의 공식 문서와 명세서를 살펴보는 데 투자할 시간이 충분하지 않을 수도 있다. 또한 실전에 필요한 실질적인 예제와 관련해서는 내용이 부족하고 오직 레퍼런스로만 활용할 수 있는 지나치게 기술적인 책 때문에 흥미를 잃었을지도 모른다.

그러한 측면에서 우리의 목표는 이 책을 토대로 여러분이 실습과 실용적인 설명을 바탕으로 HTML5와 CSS3를 익힐 수 있게 돕는 것으로서, 구체적으로는 HTML5와 CSS3에 초점을 맞추면서 당장 웹 사이트를 제작하면서 접하게 될 실전 문제를 해결하는 데 도움을 주는 것이다.

하지만 이 책은 그저 차근차근 설명하는 튜토리얼이 아닌 그 이상이다. 그런 점에서 이 책에서는 단순히 멋지고 새로운 것들에 대한 양적인 측면으로 여러분을 제압하려고 애쓰기보다는 여러분이 HTML5와 CSS3를 배울 때 생길 수 있는 어떤 틈새(새로운 기술이 왜 필요하고 그러한 기술을 활용하는 방법)를 채우는 데 도움될 만한 다양한 이론적이고 기술적인 정보를 제공하겠다.

대상 독자

이 책은 최신 브라우저 기반 기술을 익히고 싶은 웹 디자이너와 프론트엔드 개발자를 대상으로 한다. 이 책에서는 마크업 언어와 스타일에 대한 기본적인 내용을 다루는 데 시간을 할애하지는 않으므로 최소한 HTML과 CSS에 대한 중급 정도의 지식을 보유하고 있는 편이 좋다. 대신 이 책에서는 HTML5와 CSS3의 이점을 알려주는 데 초점을 맞춘다.

이 책의 마지막 두 장에서는 HTML5와 관련된 몇 가지 새로운 자바스크립트 API를 다룬다. 이때 자바스크립트에 대한 약간의 지식이 필요하다. 하지만 나머지 부분에서는 크게 중요하지 않다. 자바스크립트에 익숙하지 않다면 당장은 이 부분을 그냥 넘어가고 나중에 좀 더 잘 알게 됐을 때 살펴보는 것도 나쁘지 않다.

이 책의 구성

이 책은 11개의 장과 세 개의 부록으로 구성돼 있다. 대부분의 장은 서로 이어져 있어 순서대로 읽는다면 아마 효과가 가장 크겠지만 특정 주제를 살펴볼 필요가 있다면 건너뛰면서 읽어도 무방하다.

1장: HTML5와 CSS3 소개

1장에서는 실습으로 들어가기에 앞서 지금부터라도 HTML5와 CSS3를 사용해야 할 몇 가지 이유와 함께 HTML5와 CSS3의 역사를 살펴본다. 또한 브라우저 지원이라는 측면에서 현재 상황을 살펴보며, 지금 바로 사용해도 좋은 새로운 기술(현명하게 이용하기만 한다면)을 논한다.

2장: 마크업, HTML5 스타일

2장에서는 HTML5에서 등장하는 새로운 구조적 요소 및 의미적 요소를 설명한다. 또한 이 책의 나머지 부분에 걸쳐 계속 다루게 될 'HTML5 헤럴드'라는 실습 사이트도 소개한다. div가 지루하다면? 다행히도 이제 HTML5에서는 다양한 대안을 제공한다. 바로 article, section, nav, footer, aside, header가 여기에 해당한다.

3 장: HTML5의 의미적 표현 더 알아보기

2장에 이어 3장에서는 HTML5에서 문서의 아웃라인을 구성하는 새로운 방법을 알아본다. 그러고 나서 마크업을 좀 더 풍부하게 표현해줄 다른 의미적 요소를 살펴본다.

4 장: HTML5 폼

HTML5에서 가장 유용하고 바로 적용할 수 있는 기능으로 폼이 있다. 현재 여러 브라우저에서는 이메일 주소나 URL과 같은 유형에 대해 내장 유효성 검사를 지원하며, 어떤 브라우저는 날짜 선택기, 슬라이더, 스피너 박스까지도 지원한다. 이러한 기능은 폼 코드 작성을 즐겁게 만들에 준다! 4장에서는 HTML5 폼을 작성할 때 알아야 할 모든 사항을 다루며, 버전이 낮은 브라우저에 대비한 스크립트도 제공한다.

5 장: HTML5 오디오와 비디오

종종 HTML5는 플래시가 차지하고 있던 온라인 멀티미디어 콘텐츠 왕좌의 대항마로 내세워지곤 한다. 새로운 audio와 video 요소가 바로 그 이유다. audio와 video 요소는 플래시와 같은 서드파티 플러그인에 의존하지 않고 스크립트로 제어 가능한 내장 미디어 플레이어를 제공한다. 5장에서는 이러한 새로운 요소의 사용과 관련된 자세한 내용을 속속들이 살펴본다.

6 장: CSS3 소개

이제 HTML5에 관해 모두 살펴봤으므로 가까운 친척인 CSS3로 옮겨갈 차례다. 6장에서는 유례가 없을 정도의 유연한 방법으로 페이지 내의 요소를 선택하는 새로운 셀렉터를 살펴보는 것으로 CSS3로의 여행을 시작한다. 그러고 나서 CSS3에서 투명도를 비롯해 색상을 명시하는 새로운 방법을 살펴본다. 그리고 일부 저비용 고효율 기능으로 6장을 마무리한다. 바로 최소한의 작업으로 웹 사이트에 추가할 수 있는 멋진 CSS3 기능으로, 텍스트 그림자 효과, 그림자 효과 및 둥근 모서리가 여기에 해당한다.

7 장: CSS3 그라디언트와 다중 배경

마지막으로 그라디언트나 배경 이미지가 없는 사이트를 작업했던 것이 언제였는가? 대역폭 제한 내에서 완벽한 배경 그라디언트와 이미지를 생성하려고 애쓰면서 포토샵과 씨름하는 데 많은 시간을 보냈던 개발자들에게 CSS3는 고대하던 기능을 제공한다. 이제 이미지 없이도 CSS에서 바로 선형 또는 방사형 그라디언트를 지정할 수 있고, 한 요소에 배경 이미지를 몇 개라도 줄 수 있다. 이제 어쩔 수 없이 이용하고 있던 모든 여분의 div를 버릴 때가 된 것이다.

8 장: CSS3의 변형과 전환

애니메이션은 오랫동안 자바스크립트의 영역으로 알려져 왔지만 CSS3를 이용하면 브라우저에게 무거운 짐을 어느 정도 넘겨줄 수가 있다. 변형을 이용하면 요소를 회전하고, 뒤집고, 비틀 수 있을 뿐 아니라 요소를 던져버릴 수도 있다. 전환은 페이지에서 보이는 갑작스런 상태 변화의 중간에 미묘한 변화를 추가해준다. 8장에서는 가까운 미래를 내다보며 마무리한다. 즉, CSS 키프레임 애니메이션은 여전히 완벽하게 지원되지 않고 있지만 여러분도 이러한 애니메이션이 굉장히 매력적이라는 데 동의하게 될 것이다.

9 장: 임베디드 폰트와 다단 레이아웃

Arial이나 Verdana 중 어떤 폰트를 선호하는가? Georgia 혹은 Times는? 이러한 폰트 중 어떤 폰트도 좋아하지 않는다면? 9장에서는 과거의 "웹-안전" 폰트를 넘어 방문자가 스타일시트 및 이미지와 함께 내려받을 수 있는 임의의 폰트를 페이지에 바로 삽입하는 방법을 살펴본다. 또한 추가적인 마크업이나 사용하기가 꺼려지는 float를 이용하지 않고도 콘텐츠를 다중 칼럼에 배치하는 새로운 CSS 기능을 살펴본다.

10 장: 위치 정보, 오프라인 웹 앱 및 웹 스토리지

최신 브라우저에는 다양한 새 표준 자바스크립트 API가 탑재돼 있다. 이러한 API 가운데 상당수는 특별히 모바일 브라우저에 적합하도록 만들어졌지만 여전히 데스크톱 사용자에게도 혜택을 준다. 10장에서는 가장 흥미로운 세 가지 내용을 살펴본다. 바로 위치 정보와 오프라인 웹 앱, 그리고 웹 스토리지다. 또한 세부적으로 다루지는 않겠지만 추가적으로 일부 API에 대해서도 간단히 살펴보고(지원이 미비하거나 제한된 경우에만 사용되기 때문에) 좀 더 깊게 살펴볼 수 있게 참고자료도 제공하겠다.

11 장: 캔버스, SVG와 드래그 앤 드롭

이 책의 마지막 장에서는 그래픽을 그리고 표시하는 데 사용하는, 서로 약간은 경쟁적인 두 가지 기술에 할애했다. 캔버스는 HTML5에서 새로운 기술이며 픽셀 단위로 표현되는 공간과 거기에 다양한 도형을 그리는 자바스크립트 API를 제공한다. 한편 SVG는 나온 지 몇 년 됐고 현재 브라우저에서 상당히 높은 수준으로 지원되고 있어 점점 더 실용적인 대안이 되고 있다. 마지막으로 한 가지 더 새로운 자바스크립트 API인 드래그 앤 드롭 관련 API를 다루며, 여기엔 드래그 앤 드롭 인터페이스에 대한 지원 기능이 내장돼 있다.

부록 A: Modernizr

HTML5 전문가라면 누구나 사용하는 핵심 도구인 Modernizr는 모든 HTML5와 CSS3의 기능에 대한 브라우저의 지원 상태를 알아내는 짧고도 매우 실용적인 자바스크립트 라이브러리다. Modernizr를 이용하면 사이트에 선별적으로 스타일을 맞추거나 대비책을 적용할 수 있다. Modernizr는 이 책 전반에 걸쳐 이용하지만 이 부록에는 Modernizr를 사용하는 기본 지침을 수록했다. 이로써 한곳에 레퍼런스를 구비해 두고, 다른 장에서는 HTML5와 CSS3에 대한 핵심 내용에만 집중할 수 있다.

부록 B: WAI-ARIA

HTML5와 함께 자주 언급되는 별도의 규격인 WAI-ARIA는 스크린 리더와 같은 보조 기술을 이용하는 사용자도 세련된 웹 애플리케이션에 접근하는 데 도움을 받을 수 있는 최신 도구 중 하나다. 물론 WAI-ARIA에 대한 내용만으로도 책 한 권을 모두 채울 수 있겠지만 이 책에서는 WAI-ARIA에 대해 간략히 소개하고 더 많은 정보를 얻을 수 있는 곳을 소개하는 것만으로도 충분히 도움될 거라 생각한다.

부록 C: 마이크로데이터

마이크로데이터는 기계가 이해할 수 있는 라벨을 이용해 마크업에 설명을 다는 것과 관련된 HTML5 규격의 일부다. 아직 다소 유동적인 상황이긴 하지만 마이크로데이터는 여러분이 알아둘 만한 가치가 있다고 생각한다.

도움을 받을 수 있는 곳

사이트포인트에는 어려움에 빠진 여러분을 돕고자 웹 디자이너와 개발자들이 준비하고 기다리고 있는 활발한 커뮤니티가 있다. 또한 최신 내용을 참고할 수 있는 책의 오류 정정 목록을 운영하고 있다.

사이트포인트 포럼

사이트포인트 포럼[1]은 여러분이 웹 개발과 관련된 모든 질문을 할 수 있는 토론 포럼이다. 물론 여러분도 질문에 답변을 할 수 있으며, 포럼 사이트는 그러한 방식으로 굴러간다. 어떤 이는 질문하고, 어떤 이는 답변하며, 대부분의 사람들이 양쪽 역할을 모두 수행한다. 여러분이 가진 지식을 공유하면 다른 사람에게도 이익이 될뿐더러 커뮤니티 기반도 탄탄해진다. 여러 유쾌하고 경험이 많은 웹 디자이너와 개발자들이 그곳에서 시간을 보낸다. 이 포럼을 이용하는 것은 새로운 것을 배우고, 질문에 빠르게 답변을 받으며, 즐거운 시간을 보내는 좋은 방법이다.

책의 웹 사이트

이 책의 웹 사이트는 http://sitepoint.com/books/rw1/이며, 이곳에서는 다음과 같은 사항을 이용할 수 있다.

소스 자료

이 책을 읽다 보면 소스 자료를 참조해야 할 일이 많을 것이다. 코드 자료는 다운로드가 가능한 ZIP 파일로서, 이 책에 수록된 모든 예제 소스 코드가 포함돼 있다. 코드를 직접 입력하고 싶지 않다면 홈 페이지에서 자료를 내려받으면 된다.[2]

아래 위키북스 홈페이지에서도 내려받을 수 있다.

www.wikibook.co.kr

업데이트와 오류 정정

어떤 책도 완벽하지는 않으며, 주의 깊은 독자는 이 책에서 최소한 하나 혹은 두어 가지의 실수를 발견할 것이다. 이 책 웹 사이트의 오류 정정 페이지[3]에는 항상 인쇄상의 오류와 코드 오류에 대한 최신 정보가 수록돼 있을 것이다.

---

[1] http://www.sitepoint.com/forums/
[2] http://www.sitepoint.com/books/rw1/code.php
[3] http://www.sitepoint.com/books/rw1/errata.php

사이트포인트 뉴스레터

사이트포인트는 이 책과 같은 서적 외에도 SitePoint Tech Times, SitePoint Tribune, SitePoint Design View와 같은 무료 이메일 뉴스레터를 발행하고 있다. 이러한 뉴스레터에서는 웹 개발과 관련된 모든 분야에 대한 최신 소식, 출판물, 트렌드, 팁과 기술에 관해 읽어볼 수 있다. http://www.sitepoint.com/newsletter/에서 사이트포인트 뉴스레터에 등록하면 이러한 뉴스레터를 받아볼 수 있다.

사이트포인트 팟캐스트

웹 개발자와 디자이너를 위한 소식, 인터뷰, 견해, 신선한 생각들을 찾아보려면 사이트포인트 팟캐스트 팀에 가입해 보자. 여기서는 최신 웹 산업과 관련된 주제에 관해 토론하고, 게스트를 초대하기도 하며, 이 분야의 최고 전문가를 대상으로 인터뷰를 하기도 한다. 최신 및 이전 팟캐스드는 http://www.sitepoint.com/podcast/나 아이튠즈에 등록해서 확인할 수 있다.

피드백

포럼에서 답변을 얻지 못했거나 다른 이유로 저자에게 연락하고 싶다면 가장 좋은 방법은 books@sitepoint.com으로 이메일을 보내는 것이다. 우리는 여러분의 질문에 답변해줄 잘 정비된 이메일 지원 시스템을 갖추고 있으며, 지원 팀 멤버가 질문에 답변해줄 수 없다면 그 내용은 바로 저자에게 전달된다. 개선점에 대한 제안뿐 아니라 여러분이 발견한 오류에 대한 정보는 특히 환영한다.

이 책에 사용된 규약

이 책 전체에 걸쳐 다양한 종류의 정보를 표시하는 데 특정 기호와 배치 스타일을 사용하는 것을 확인할 수 있을 것이다. 다음과 같은 항목을 살펴보자.

코드 예제

이 책에 수록된 코드는 다음과 같이 고정폭(fixed-width) 글꼴을 이용해 표시했다.

```
<h1>A Perfect Summer's Day</h1>
<p>It was a lovely day for a walk in the park. The birds
were singing and the kids were all back at school.</p>
```

이 책의 코드 자료에서 특정 코드를 찾고 싶다면 아래와 같이 소스 코드 위에 표시된 해당 파일의 이름을 참조한다.

```
example.css
.footer {
    background-color: #CCC;
    border-top: 1px solid #333;
}
```

파일의 일부만 나온 경우에는 '<파일 이름> 중에서'라고 표시했다.

```
example.css 중에서
border-top: 1px solid #333;
```

기존 예제에 코드가 추가되는 경우에는 새로운 코드를 굵은 글씨체로 표시했다.

```
function animate() {
    new_variable = "Hello";
}
```

문맥상으로만 기존 코드가 필요한 경우에는 모든 코드를 다시 반복하는 대신 생략부호로 표시했다.

```
function animate() {
    ...
    return new_variable;
}
```

어떤 코드는 한 줄로 들어가야 하는데 지면상의 제약으로 한 줄에 표시하지 못할 때가 있다. ➥ 화살표는 해당 줄바꿈이 단지 서식 용도로 쓰인다는 의미이므로 실제로는 무시해야 한다.

```
URL.open("http://www.sitepoint.com/blogs/2007/05/28/user-style-sheets-come-of
➥-age/");
```

팁, 메모, 경고

 팁

팁에서는 짧고 유용한 조언을 제공한다.

 알아두기

알아두기는 현재 논의 중인 주제와 관련된(하지만 결정적으로 중요하지는 않은) 유용한 자료로서, 부수적인 정보라고 생각하면 된다.

 주의

... 이러한 중요한 점에 주의를 기울여 주세요.

 경고

경고는 책을 읽는 도중에 만날 수 있을 만한 위험 요소를 강조한다.

HTML5 & CSS3 FOR THE REAL WORLD

01

HTML5와 CSS3 소개

이 장에서는 HTML5와 CSS가 지금까지 어떤 과정을 거쳐왔으며 현대 웹 사이트와 웹 애플리케이션에서 왜 그토록 중요한지, 또 이 기술들을 어떻게 이용하는 것이 미래의 웹 전문가가 될 여러분에게 유용할지 등과 관련한 기본적인 내용을 살펴본다.

물론 앞으로 만들 프로젝트의 핵심으로 바로 들어가서 HTML5와 CSS3가 제공하는 모든 새로운 기능을 당장 배우고 싶다면 먼저 2장으로 넘어간 후 이 장은 나중에 다시 살펴봐도 된다.

HTML5란?

오늘날 우리가 알고 있는 HTML5는 꽤나 파란만장한 역사를 거쳐왔다. 여러분도 이미 알다시피 HTML은 월드 와이드 웹(WWW, World Wide Web)에서 콘텐츠나 데이터를 표시하는 주된 마크업 언어다. HTML5는 그 마크업 언어의 최신판이며, 새로운 기능과 기존 기능에 대한 개선사항, 그리고 스크립팅 기반 API를 포함하고 있다.

즉, HTML5는 이 언어의 이전 버전을 버리고 새로 만드는 것이 아니다. HTML5는 HTML4와 XHTML1.0 양쪽의 모든 유효한 요소들을 포함한다. 이뿐만 아니라 HTML5는 거의 모든 플랫폼에서 작동하고, 구식 브라우저와도 호환되며, 오류를 쉽게 처리할 수 있게끔 몇 가지 기본 원칙을 바탕으로 설계돼 있다. HTML5 개발의 길잡이가 되었던 설계 원칙에 대해서는 W3C의 HTML 설계 원칙(HTML Design Principles) 페이지를 참고한다.[1]

---

[1] http://www.w3.org/TR/html-design-principles

무엇보다도 HTML5는 이미 존재하는 마크업 요소에 대한 재정의와 함께 웹 디자이너들이 마크업을 좀 더 의미 있게 표현하는 데 이용할 수 있는 새로운 요소를 포함한다. 왜 article, section, header, footer 등을 쓸 수 있는 곳에 div를 이용해 페이지를 지저분하게 만들어야 할까?

또한 "HTML5"라는 용어는 다른 종류의 새로운 기술이나 API를 나타내는 데도 이용돼 왔다. 여기엔 <canvas> 요소를 이용해 그리기, 오프라인 스토리지, 새로운 <video>와 <audio> 요소, 드래그 앤 드롭 기능, 마이크로데이터, 임베디드 폰트 등이 포함된다. 이 책에서는 이러한 기술뿐 아니라 그 외의 것들도 다루겠다.

 API란?

API는 애플리케이션 프로그래밍 인터페이스(Application Programming Interface)를 나타낸다. 그래픽 유저 인터페이스(GUI, Graphic User Interface)를 생각하는 것과 같은 방식으로 API를 생각하면 된다. 단, 사람을 위한 인터페이스가 아니라 코드를 위한 인터페이스다. API는 코드에 각종 '버튼'(미리 정의된 메서드)을 제공하는데, 이러한 버튼을 통해 시스템이나 소프트웨어 라이브러리 혹은 브라우저의 기능을 이용할 수 있다.

API 기반 명령어는 백그라운드(때로는 서드파티 소프트웨어)에서 수행되는 훨씬 복잡한 일들을 추상화하는 방식이다. HTML5 관련 API 가운데 몇 가지는 이 책의 이후 절에서 다루겠다.

자바스크립트나 다른 스크립팅 관련 API를 사용해 본 적이 없다고 겁먹을 필요는 없다. 물론 자바스크립트를 경험해본 적이 있다면 확실히 유리하겠지만, 필수사항은 아니다.

어떤 경우든 여러분이 혼자 골몰하며 머리를 긁적이지 않도록 이 책에서는 스크립트에 대해 차근차근 설명할 것이다!

한 가지 염두에 둘 점은 한때는 HTML5의 일부였던 일부 기술이 이제는 분리되어 엄밀히 말해서 더는 "HTML5"라고 볼 수 없는 경우도 있다는 것이다. 또한 일부 다른 기술들은 HTML5의 일부였던 적이 결코 없지만 간혹 같은 이름으로 묶여져 왔다. 이러한 이유로 'HTML5와 관련 기술'과 같이 광범위하고, 모든 것을 아우르는 표현을 사용하자는 움직임도 있었다. 브루스 로슨(Bruce Lawson)은 심지어 반 농담조로 "NEWT"(새롭고 흥미로운 웹 기술들, New Exciting Web Technologies)[2]라는 용어를 대안으로 제안하기도 했다.

---

2 http://www.brucelawson.co.uk/2010/meet-newt-new-exciting-web-technologies/

그러나 간결한 표현을 위해(물론 논란을 일으킬 소지는 있지만) 이 책에서는 전반적으로 이러한 기술을 통틀어 "HTML5"로 지칭하겠다.

HTML5가 걸어온 길

웹 디자인 산업은 상당히 짧은 기간 동안 진화해 왔다. 12년 전에는 이미지와 눈길을 끄는 디자인이 포함된 웹 사이트가 '최신식' 웹 사이트로 여겨졌다.

이젠 그 상황이 사뭇 달라진 것 같다. 핵심 기능에 대해서는 클라이언트 측 스크립팅에 의존하면서 단순하고 빠르며 Ajax 기반인 웹 앱이 점점 더 일반화되고 있다. 오늘날의 웹 사이트는 종종 독립적인 소프트웨어 애플리케이션과 닮아 있으며, 점점 더 많은 개발자들이 그렇게 생각하고 있다.

이와 함께 웹 마크업도 진화했다. HTML4는 결국 XHTML에게 길을 내줬는데, 사실 XHTML은 HTML4에 엄격한 XML 형시이 문법을 적용한 것에 불과했다. 현재 HTML4와 XHTML은 둘 다 널리 쓰이는데 HTML5가 앞서 나가는 중이다.

HTML5는 본래 두 개의 다른 표준, 즉 Web Forms 2.0과 Web Apps 1.0에서 시작됐다. 둘 다 변화된 웹 환경과 좀 더 빠르고, 효율적이며, 유지보수가 쉬운 웹 애플리케이션에 대한 요구의 결과물이었다. 폼이나 앱 형태의 기능은 웹 앱(Apps)의 핵심으로서 HTML5가 당연히 나아가야 할 방향이었다. 결국 이 두 표준은 우리가 현재 HTML5라고 부르는 것으로 통합됐다.

HTML5를 개발하는 동안 XHTML 2.0도 개발 중이었다. 그 후 이 프로젝트는 HTML5에 집중하기 위해 폐기됐다.

진정한 HTML5 규격이 정해질 수 있을까?

HTML5는 두 개의 다른 기관(WHATWG와 W3C)에서 개발 중이라서 두 개의 서로 다른 버전의 표준이 존재한다. W3C(또는 World Wide Web Consortium)는 아마도 친숙할 것이다. 이 조직은 원래의 HTML과 CSS 표준을 관리하는 조직으로 SVG(Scalable Vector Graphics)와 WCAG(웹 콘텐츠 접근성 가이드라인, Web Content Accessibility Guidelines)와 같은 웹 관련 표준도 함께 담당한다.

반면, WHATWG(Web Hypertext Application Technology Working Group)은 아마 생소할 것이다. WHATWG은 2004년에 열린 W3C 회의에 실망한 애플, 모질라, 오페라 사람들의 그룹으로 결성된 조직이다. 그들은 W3C가 하위호환성을 보장하는 HTML 표준에 힘을 쓰는 대신 XHTML 2.0에 초점을 맞춤으로써 브라우저 제조사와 사용자의 필요를 무시한다고 느꼈다. 그래서 독립해 나와 위에서 언급한 웹 앱(Web Apps)과 웹 폼(Web Forms)을 개발했고, 차후 이것들은 HTML5로 통합됐다. 이를 지켜보던 W3C도 결국 항복하고 WHATWG의 HTML5를 기반으로 자체적인 HTML5 표준을 만들었다.

어쩌면 이런 상황이 조금 복잡해 보일 수도 있다. 사실이다. 저 뒤에는 디자이너나 개발자인 우리가 제어할 수 없는 정치적인 문제도 있다. 하지만 두 가지 버전의 표준이 있다는 점을 우리가 걱정해야만 할까? 한마디로 말해서, 그렇지 않다.

WHATWG의 버전은 http://www.whatwg.org/html/에서 찾을 수 있으며 최근에 "HTML"(5는 빠진)로 이름이 바뀌었다. 이것이 현재 '살아 있는 표준(living standard)'으로 불리고 있는데, 이는 지속적으로 개발은 되지만 더는 증가하는 버전 숫자를 이용해 나타내지는 않는다는 것을 의미한다.[3]

WHATWG 버전은 HTML 고유의 기능과 HTML5에서 새롭게 추가된 기능에 대한 정보를 포함하고 있다. 이외에도 관련 기술에 대한 별도의 규격들이 WHATWG에서 개발되고 있다. 이 규격에는 마이크로데이터(Microdata), 캔버스 2D 콘텍스트(Canvas 2D Context), 웹 워커(Web Workers), 웹 스토리지(Web Storage) 등이 포함된다.[4]

W3C 버전은 http://dev.w3.org/html5/spec에서 확인할 수 있으며, 다른 기술에 대한 별도의 규격은 http://dev.w3.org/html5/에서 볼 수 있다.

그렇다면 W3C 규격과 WHATWG 규격의 차이는 뭘까? 간단히 말하자면, WHATWG 버전이 좀 더 비형식적(informal)이며 실험적(그리고 논란의 여지는 있겠지만 좀 더 진보적인)이라고 할 수 있다. 하지만 전체적으로 봤을 때 이 둘은 매우 유사하며, 둘 중 어느 쪽이라도 새로운 HTML5 요소와 관련 기술을 익히는 기반으로 이용할 수 있다.

---

3 이러한 변경사항에 대한 설명은 다음 사이트를 참고한다. http://blog.whatwg.org/html-is-the-new-html5/
4 자세한 내용은 다음 사이트를 참조한다.
   http://wiki.whatwg.org/wiki/FAQ#What_are_the_various_versions_of_the_spec.3F

왜 HTML5에 관심을 가져야 할까?

앞서 언급한 것처럼 HTML5의 핵심에는 여러 가지 새로운 의미적 요소(semantic element)뿐 아니라 이와 관련된 기술과 API가 있다. 언어에 대한 이러한 추가사항과 변경사항은 웹 페이지를 좀 더 쉽게 작성하고 사용하며, 접근할 수 있게 하려는 목적으로 도입됐다.

이러한 새로운 의미적 요소는 WAI-ARIA와 마이크로데이터(각각 부록 B와 C에서 다룬다) 같은 다른 표준과 함께 인간과 기계가 모두 문서를 좀 더 쉽게 활용할 수 있게 도와준다. 결과적으로 접근성과 검색엔진 최적화 모두에 이득이 된다.

이러한 의미적 요소는 특히 다이내믹한 웹을 염두에 두고 설계됐으며, 페이지를 좀 더 모듈화하고 잘 이식될 수 있게 만드는 데 특별히 초점을 맞췄다. 이에 관한 좀 더 자세한 사항은 이후의 여러 장에서 살펴보겠다.

마침내 HTML5와 관련된 API가 웹 개발자들이 수년간 이용해 온 많은 기술을 향상시키는 데 도움을 주고 있다. 여러 가지 일반적인 작업은 간단해지고 개발자들은 좀 더 큰 힘을 발휘할 수 있게 됐다. 더 나아가 HTML5 기반 오디오와 비디오의 도입은 웹에서 다양한 미디어 콘텐츠를 제공할 때 서드파티 소프트웨어와 플러그인에 덜 의존하게 되리라는 것을 의미한다.

종합적으로 봤을 때 HTML5의 새로운 기능과 API를 살펴볼 충분한 이유가 있으며, 그 이유에 관해서는 이 책의 전반에 걸쳐 좀 더 이야기를 나누겠다.

CSS3란?

웹 페이지를 생성하는 과정에서 간과할 수 없는 또 다른 부분은 캐스케이딩 스타일 시트(CSS, Cascading Style Sheets)다. 아마 여러분도 알고 있겠지만 CSS는 HTML 마크업이 어떻게 표시될지 혹은 어떤 스타일로 맞추어질지 기술하는 스타일 언어다. CSS3는 CSS 규격의 최신 버전이다. "CSS3"라는 용어는 단지 CSS의 새로운 기능을 지칭하는 것만이 아니라 CSS의 진보 과정에서 세 번째 단계를 의미하기도 한다.[5]

CSS3는 CSS2.1(이전 버전)에 담긴 모든 내용을 포함한다. 또한 CSS3는 개발자가 무의미한 마크업이나 복잡한 스크립팅 혹은 별도의 이미지 없이도 많은 문제를 풀 수 있게 도와줄 새로운 기능들을 포함하고 있다.

---

[5] http://www.w3.org/Style/CSS/current-work.en.html

CSS3의 새로운 기능에는 추가적인 선택자, 그림자 효과, 둥근 모서리, 다중 배경, 애니메이션, 투명 효과 등이 있다.

CSS3는 HTML5와는 별개다. 이 책에서는 CSS3라는 용어를 CSS3의 새로운 기능에 특별히 초점을 맞추면서 CSS 규격의 세 번째 단계를 나타내는 데 이용할 것이다. 이처럼 CSS3는 HTML5및 관련 API와는 분리돼 있다.

왜 CSS3에 관심을 가져야 할까?

이 책의 후반부에서는 CSS3의 새로운 기능을 좀 더 자세히 살펴보겠다. 여기서는 왜 CSS3의 새로운 기술이 웹 디자이너를 그렇게 흥분시키는지 잠시 살펴볼까 한다.

일부 디자인 기술은 거의 모든 프로젝트에서 접할 수 있다. 그림자 효과, 그라디언트(gradient)와 둥근 모서리는 세 가지 좋은 예다. 이것들은 어디서든 볼 수 있다. 적절하게 사용하고 사이트의 전체 테마 및 목적과 조화를 이룬다면 이러한 효과는 디자인이 꽃을 피울 수 있게 해준다.

물론 이렇게 생각할 수도 있다. 우리는 이런 디자인 요소를 수년 동안 CSS를 이용해 만들어 왔는데... 그렇지 않나?

과거에는 웹 디자이너들이 그라디언트나 그림자, 둥근 모서리를 만들기 위해 다양하고 교묘한 기술을 이용해야만 했다. 때로는 추가적인 HTML 요소가 필요했다. HTML을 깔끔하게 유지하고자 스크립트를 편법을 동원해서 쓰기도 했다. 그라디언트를 만들려면 추가 이미지를 반드시 써야만 했다. 그런 디자인을 제공할 수 있는 다른 방법이 없었기에 이러한 편법을 참아 왔던 것이다.

CSS3는 다음과 같은 갖가지 이득을 얻을 수 있는 진보적인 방식으로 이런저런 디자인 요소를 포함할 수 있게 해준다. 이를테면, 사람과 기계가 접근할 수 있는 깔끔한 마크업, 유지보수 가능한 코드, 더 적은 외부 이미지, 그리고 더 빠른 페이지 로딩 등이 여기에 해당한다.

> **제조사별 접두사에 대해**
>
> 오늘날 수많은 CSS3의 새로운 기능을 이용하려면 몇 줄의 코드를 별도로 지정해야 한다. 이는 브라우저 제조사에서 자신들의 고유한 '접두사(Prefix)'를 포함하는 속성을 이용해 CSS3의 갖가지 새로운 기능을 구현했기 때문이다. 예를 들어, 파이어폭스(Firefox)에서 어떤 요소를 변형하려면 -moz-transform 속성을 이용해야 한다. 마찬가지로 사파리(Safari)나 구글 크롬(Chrome)과 같은 웹킷(WebKit) 기반 브라우저에서는 -webkit-transform을 이용한다. 어떤 경우에는 CSS 속성 하나에 4줄의 코드가 필요할 때도 있다. 이것은 마치 편법이나 이미지, 무의미한 마크업을 피하면서 얻는 이점을 무효로 만들어 버리는 것처럼 보이기도 한다.
>
> 그러나 브라우저 제조사에서 이런 방식으로 기능을 구현하는 데는 그럴 만한 이유가 있다. 이러한 규격은 아직 최종 버전이 아니며, 초기 구현은 오류가 많은 경향이 있다. 그러므로 당분간은 제조사별 접두사가 포함된 속성을 이용해 기능을 제공하고 또한 접두사가 없는 영구적인 형태의 속성을 함께 사용하게 한다. 이후에 규격이 완결되고, 구현이 재정비되면 브라우저별 접두사는 결국 빠지게 될 것이다.
>
> 이러한 모든 접두사를 담아 코드를 유지하는 것은 어쩌면 큰 일거리처럼 보일 수도 있겠지만 CSS3를 이용함으로써 생기는 이득은 여전히 그런 결점들보다 훨씬 크다. 단지 하나의 디자인 요소를 바꾸기 위해 여러 개의 접두사가 포함된 속성을 바꿔야 함에도 불구하고 CSS3 기반 디자인을 유지하는 편이 별도의 그래픽 프로그램을 이용해 배경 이미지를 바꾸거나 추가적인 마크업 혹은 임시변통 스크립트의 단점을 다루는 것보다는 여전히 쉽다는 것이다. 그리고 이미 언급한 것처럼 여러분의 코드가 시대에 뒤처지거나 쓸모없게 될 가능성이 훨씬 적다.

'실전'이란 무엇을 의미하는가?

실제로 우리는 웹 사이트를 만든 후에 이전 작업은 그대로 남겨둔 채 다음 프로젝트로 넘어가는 일은 없다. 우리는 웹 애플리케이션을 만들고 나서, 그것들을 업데이트하고, 세부적으로 조정하며, 잠재적인 성능 문제를 파악하고자 테스트를 하고, 계속해서 디자인과 레이아웃 그리고 콘텐츠를 수정한다.

다시 말해서, 우리는 실제 업무에서 앞으로 변경할 일이 전혀 없는 코드를 작성하는 것이 아니라는 것이다. 코드를 작성할 때 그 코드를 다시 개선하거나 변경할 수도 있다는 사실을 염두에 두면서 가장 신뢰할 수 있고 유지보수가 쉬우며, 효과적인 방법으로 코드를 작성한다. 이 점은 우리가 자체적으로 제작하고 유지하는 웹 사이트와 웹 애플리케이션에서뿐만이 아니라 고객들을 위해 만들고 유지보수하는 웹 사이트에서도 마찬가지다.

우리는 코드 작성을 위한 새롭고 더 나은 방법을 끊임없이 찾아야 한다. HTML5와 CSS3는 그러한 방향으로 나아가기 위한 일보 전진이 될 것이다.

다양한 브라우저 시장

비록 HTML5가 여전히 개발 중이고, 콘텐츠가 표시될 때 실로 현저한 변화를 가져오지만 이러한 변화가 구버전의 브라우저를 못쓰게 하거나 레이아웃 문제 혹은 페이지 오류를 발생시키진 않으리라는 점을 언급해 둘 필요가 있다.

이는 HTML4나 XHTML 마크업을 포함하는 어떤 프로젝트에서든 doctype을 HTML5(이 내용은 2장에서 다루겠다)로 바꿔도 그 페이지는 여전히 유효할 것이고, 그 이전에 표시됐던 것과 똑같이 표시될 거라는 의미다. HTML5에서의 변경과 추가 사항은 그렇게 구버전 브라우저와의 하위 호환성을 보장하는 방식으로 구현돼 있다. 심지어 인터넷 익스플로러 6과도!

하지만 그것은 단지 마크업에 대해서일 뿐이다. HTML5, CSS3와 기타 관련 기술의 모든 다른 기능은 어떨까? 한 통계자료[6]에 의하면 약 47%의 사용자가 이런 새로운 기능을 지원하지 않는 인터넷 익스플로러 버전을 사용하고 있다고 한다.

이런 이유로 개발자들은 HTML5와 CSS3가 제공하는 흥미진진한 새 가능성을 받아들이면서 사용자에게도 비슷한 서비스를 제공할 다양한 해결책을 찾아냈다. 이것은 때로 자체적으로 비디오를 지원하지 않는 브라우저에서 플래시 비디오 플레이어를 표시하는 식으로 대체 옵션을 제공하는 것만큼이나 간단하다. 하지만 어떤 때는 새로운 기능을 흉내 내는 스크립트를 이용해야 했다. 이러한 '차이 메우기' 기술을 폴리필(polyfill)이라고 한다. 자체 기능을 모방하는 스크립트에 의존하는 방식은 고성능의 웹 앱을 만들 때 항상 최선의 방안은 아니다. 하지만 이것은 우리가 이 책에서도 살펴볼 새로운 개선 사항과 기능을 포함하고자 진화해 가는 데 따르는 필연적인 성장통이라고 할 수 있다.

따라서 우리는 호환이 되지 않는 브라우저와의 차이를 메울 대체 옵션과 폴리필을 추천하면서도 이러한 방법을 채택할 때 발생할 가능성이 있는 문제점이나 함정에 관해 최선을 다해 알려줄 것이다.

---

[6] http://gs.statcounter.com/#browser_version-ww-monthly-201011-201101-bar

물론, 때로는 대체 옵션이나 폴리필이 전혀 필요하지 않을 때도 있다는 점을 밝혀둔다. 예를 들어, 모서리가 둥근 박스를 만들기 위해 CSS3를 이용하는 경우 구버전의 브라우저를 이용하는 사용자에게 각진 박스가 표시된다고 해서 해가 되는 것은 아니다. 사이트의 기능성이 떨어지는 것도 아니며, 사용자 또한 뭐가 빠졌는지조차 느끼지 못할 것이다.

제한적인 브라우저 지원에 대한 이 모든 이야기로 인해 어쩌면 조금 실망했을 수도 있다. 하지만 그럴 필요는 없다! 전 세계 사용자 가운데 40% 이상이 우리가 이 책에서 살펴볼 수많은 새로운 기능을 지원하는 브라우저를 이용한다는 좋은 소식도 있으니 말이다. 그리고 이러한 지원은 새로운 기능과 기술을 지속적으로 추가하는 새로운 버전의 브라우저(인터넷 익스플로러 9와 같은)와 함께 계속해서 늘어나고 있다.

각 장을 진행하면서 어느 부분에서 지원이 부족한지 확실히 알려주겠다. 따라서 HTML5와 CSS3를 이용해 훌륭한 모습으로 만들어낸 것들이 방문자에게 어떻게 보일지 알게 될 것이다. 또한 HTML5와 CSS3에서 추가된 모든 기능이 지원되지 않는 브라우저에서도 만족할 만한 서비스를 할 수 있는 방법도 논의할 것이다.

성장하는 모바일 시장

HTML5와 CSS3를 배우고 이용해야 할 또 다른 중요한 이유는 폭발적으로 증가하고 있는 모바일 시장이다.

스탯카운터(StatCounter)에 따르면 2009년 모바일을 통한 웹 이용은 전체 웹 이용량의 1%를 약간 상회하는 수준이었다.[7] 하지만 2년도 채 되지 않아 이 수치는 4% 이상으로 네 배로 커진다.[8] 일부 보고서에서는 분석 방법에 따라 이러한 수치가 더 높게 나타나기도 한다. 하지만 어떤 경우든 모바일 시장이 놀랄 만한 비율로 성장하고 있다는 점은 분명하다.

총 이용량의 4%라는 것이 어쩌면 작아 보일 수도 있다. 사실 그렇긴 하다. 하지만 성장률로 바꿔 보면 전혀 새로운 의미로 다가온다. 2년에 400%! 그렇다면 HTML5와 CSS3를 배우고 있는 사람들에게 이것은 어떤 의미일까?

---

7   http://gs.statcounter.com/#mobile_vs_desktop-ww-monthly-200901-200912-bar
8   http://gs.statcounter.com/#mobile_vs_desktop-ww-monthly-201011-201101-bar

HTML5, CSS3, 그리고 관련 최첨단 기술은 여러 모바일 웹 브라우저에서 매우 잘 지원되고 있다. 예를 들어, 아이폰이나 아이패드 같은 iOS기기의 모바일 사파리, 오페라 미니나 오페라 모바일, 안드로이드 운영체제의 웹 브라우저 모두 강력한 수준의 HTML5와 CSS3를 지원한다. 이러한 브라우저 중 일부는 CSS3 색과 투명도, 캔버스 API, 웹 스토리지, SVG, CSS3 둥근 모서리, 오프라인 웹 앱 등을 비롯해 갖가지 새로운 기능과 기술을 지원한다.

사실, 이 책에서 소개할 일부 새로운 기술은 모바일 기기를 염두에 두고 특별히 설계된 것이다. 오프라인 웹 앱과 웹 스토리지와 같은 기술은 어느 정도 모바일 기기로 웹 페이지에 접속하는 사람이 점점 증가하기 때문에 설계된 기술이다. 이러한 기기는 종종 온라인 데이터를 사용하는 데 제약이 있을 수 있다. 따라서 오프라인으로 웹 애플리케이션에 접근함으로써 큰 혜택을 얻을 수 있다.

이 주제와 관련해서는 10장에서 다룰 예정이며, 마찬가지로 다양한 기기와 플랫폼에서 작동하는 웹 페이지를 생성하는 데 필요한 방법도 이 책 전반에 걸쳐 다루겠다.

실전 내용으로 들어가면서

새로운 기술을 지나치게 믿고, 단지 최신 브라우저만을 위한 페이지나 앱을 만들기를 기대하는 것은 비현실적이다. 현실 세계에서뿐만 아니라 HTML5와 CSS3가 더 많은 역할을 할 것으로 기대하는 세계에서도 우리는 다양한 환경에서 작동하는 페이지를 개발할 준비가 돼 있어야 한다. 이러한 환경에는 최신 브라우저와 이전 버전의 인터넷 익스플로러, 폭발적인 모바일 기기 시장이 포함된다.

그렇다. 어떤 면에서는 각 유저 에이전트에 대해 서로 다른 명령어를 사용하는 것이 마치 초창기 웹에서 골치 아픈 브라우저 확인과 그에 따른 복잡한 코드를 만들던 것과 비슷하다. 하지만 이번에 작성하는 새로운 코드는 미래가 보장돼 있다. 그러므로 구식 브라우저가 사라지고 나면 쓸모없어진 대체 옵션과 폴리필을 없애고 최신 브라우저에 해당하는 깔끔한 코드만 남기면 된다.

HTML5와 CSS3는 훨씬 더 흥미진진한 웹 페이지 구축의 세계로 안내하는 선도적인 기술이다. 모든 최신 브라우저(인터넷 익스플로러 9을 포함한)가 HTML5와 CSS3의 수많은 기능을 상당한 수준으로 지원하는 덕분에 웹 개발자가 강력하고, 유지보수가 용이하며, 미래에도 경쟁력을 갖춘 웹 페이지를 만들기가 그 어느 때보다도 더 수월해졌다.

구버전 브라우저의 시장 점유율이 감소함에 따라 HTML5와 CSS3에 대해 습득한 지식은 앞으로 더더욱 가치 있을 것이다. 오늘 이러한 기술을 배운다면 웹 디자인 분야의 밝은 미래를 준비하고 있는 셈이다. 지금까지 '왜'에 관해서는 충분히 살펴봤으니, 이제 '어떻게'에 관해 파헤쳐 보자!

HTML5 & CSS3 FOR THE REAL WORLD

02

마크업, HTML5 스타일

1장에서는 HTML5를 익혀 지금 바로 실제 프로젝트에 적용해야 하는 거부할 수 없는 이유와 함께 HTML5의 역사를 잠깐 살펴봤다. 이제 이 책 전반에 걸쳐 차근차근 만들어 갈 예제 사이트를 소개할 차례다.

여기서는 무엇을 만들지 간단히 설명하고 나서 최적의 실습을 위한 몇 가지 제안과 함께 HTML5 기본 문법을 설명하겠다. 이어서 브라우저 간의 호환성에 대한 중요한 정보와 HTML5의 기본 페이지 구조를 살펴본다. 마지막으로, 특징적인 HTML5 요소를 몇 가지 소개하고 그것들이 어떤 식으로 사용되는지 살펴보겠다.

자 그러면, 이제 시작해 보자!

HTML5 헤럴드 소개

이 책의 목적에 부합하는 예제 웹 사이트 프로젝트를 준비해 뒀으며, 앞으로 처음부터 시작해 하나하나 만들어 가겠다.

이 웹 사이트는 이미 완성돼 있다. 당장 http://thehtml5herald.com/을 확인해보자. 이 사이트는 옛날 신문 스타일의 웹 사이트로 HTML5 헤럴드(The HTML5 Herald)라는 이름이 붙어 있다. 이 사이트의 첫 페이지에는 비디오, 이미지, 신문 기사와 광고의 형태를 취하는 몇 가지 미디어가 포함돼 있다. 또한 등록 폼으로 구성된 페이지도 있다.

원한다면 먼저 앞서 나가서 소스를 살펴보고 일부 기능을 이용해 보자. 이 책 전반에 걸쳐 이 웹 사이트를 만드는 데 쓰인 코드를 살펴보겠지만 여기서 쓰인 CSS 가운데 플로트 레이아웃(float layout), 절대 위치와 상대 위치, 기본 폰트 스타일 등과 같이 이미 익숙할 만한 내용의 세부 사항은 설명하지 않는다. 여기서는 주로 다양한 요소에 스타일과 상호작용을 추가하는 데 이용될 HTML5의 새로운 요소와 API, CSS3의 새로운 기술에 초점을 맞추겠다.

그림 2.1은 완성된 웹 사이트의 모습을 보여준다.

그림 2.1 | HTML5 헤럴드 신문의 1면

이 사이트를 만드는 동안 최선을 다해 새로운 HTML5의 요소와 API, CSS3의 기능을 설명할 것이며, 모범 사례도 추천할 것이다. 물론, 이러한 기술의 많은 부분이 아직 새롭고 여전히 개발 중이라서 여러분이 무엇을 할 수 있고, 무엇을 할 수 없는지에 대해 섣불리 속단하지는 않도록 노력하겠다.

기본 HTML5 템플릿

HTML5를 배우고 새로운 기술을 사용하다 보면 아마 모든 HTML5 기반 프로젝트에서 사용할 수 있는 자신만의 라이브러리나 기본틀을 만들어 보고 싶을 것이다. 어쩌면 이미 XHTML이나 HTML4.0 프로젝트용으로 그와 유사한 것들을 만들어 뒀을 수도 있다. 이것은 권장할 만한 사항이며, 온라인에 공개된 다양한 기본 HTML5 소스 중 하나를 출발점으로 삼는 것도 고려해 볼 수 있다.[1]

하지만 이번 프로젝트에서는 모든 코드를 처음부터 만들어 갈 것이며, 계속 진행하면서 각 부분을 설명하려고 한다. 물론, 우리가 아무리 환상적이고 거대한 예제 사이트를 만들어내더라도 새로운 요소나 기술을 모두 포함하는 것은 불가능하므로 이 프로젝트에 적용되지 않는 새로운 기능도 설명하겠다. 이런 식으로 여러분은 HTML5와 CSS3 웹 사이트나 웹 앱을 제작할 때 선택할 수 있는 광범위한 옵션에 익숙해질 것이다. 따라서 이 책을 수많은 기술에 대해 당장 살펴볼 수 있는 참고서로 활용할 수 있을 것이다.

자, 그러면 HTML5의 기본 구조만 지닌 단순한 페이지부터 시작해보자.

```
[index.html 중에서]
<!doctype html>
<html lang="en">
<head>
    <meta charset="utf-8">

    <title>HTML5 헤럴드</title>
    <meta name="description" content="HTML5 헤럴드">
    <meta name="author" content="SitePoint">

    <link rel="stylesheet" href="css/styles.css?v=1.0">

    <!--[if lt IE 9]>
    <script src="http://html5shiv.googlecode.com/svn/trunk/html5.js"></script>
    <![endif]-->
</head>
<body>
    <script src="js/scripts.js"></script>
</body>
</html>
```

---

[1] http://www.html5boilerplate.com과 http://html5reset.org에서도 참고할 만한 내용을 찾을 수 있다.

위의 마크업을 자세히 살펴보자. XHTML이나 HTML4에서 HTML5로 전환하려는 중이라면 아마 HTML5에서 달라진 몇 가지를 바로 눈치챌 수 있을 것이다.

독타입

우선, 독타입 선언 혹은 **doctype**이 있다. 독타입은 간단히 말하면 브라우저 혹은 다른 파서에게 지금 보고 있는 문서의 종류를 알려주는 수단이다. HTML 파일의 경우 독타입은 HTML의 구체적인 버전과 특징을 의미한다. 독타입은 항상 모든 HTML 파일의 맨 위에 위치한 첫 번째 항목이어야 한다. 과거에는 독타입 선언이 복잡하고 기억하기 어려운 형태였다. XHTML 1.0 Strict의 경우 다음과 같은 형태다.

```
<!DOCTYPE html PUBLIC "-//W3C//DTD XHTML 1.0 Strict//EN"
    "http://www.w3.org/TR/xhtml1/DTD/xhtml1-strict.dtd">
```

그리고 HTML4 Transitional의 경우에는 다음과 같다.

```
<!DOCTYPE HTML PUBLIC "-//W3C//DTD HTML 4.01 Transitional//EN"
    "http://www.w3.org/TR/html4/loose.dtd">
```

지난 수년간 코드 편집 소프트웨어는 독타입이 이미 포함된 HTML 템플릿을 제공하기 시작했고, 그렇지 않은 경우에도 자동으로 독타입을 삽입하는 수단을 제공했다. 그리고 물론, 어떤 독타입이든 필요한 코드를 웹에서 검색해 쉽게 찾을 수 있다.

이처럼 긴 문자열을 문서의 맨 위에 놓아 둔다고 해서 (사이트 방문자가 추가적으로 몇 바이트를 더 내려 받아야 한다는 점을 제외하면) 큰 문제가 생기는 것은 아니지만 HTML5는 이처럼 이해할 수 없는 눈앞의 가시를 없애버렸다. 이제 필요한 것은 이것뿐이다.

```
<!doctype html>
```

간단하고 명료해졌다. 아마 "5"라는 숫자가 선언에서 빠져 있다는 사실을 쉽게 눈치챌 수 있을 것이다. 비록 웹 마크업의 현재 버전이 "HTML5"로 알려져 있지만, 이것은 사실 이전 HTML 표준의 진화일 뿐이다. 그리고 미래의 규격은 단순히 오늘 우리가 이용하는 것이 발전한 결과일 것이다. 어차피 브라우저는 존재하는 모든 웹 콘텐츠를 지원해야 하기 때문에 독타입이 특정 문서에서 지원해야 하는 기능을 알려줄 것으로 기대하지 않는다.

html 요소

어떤 HTML 문서에서든 그 다음으로 나오는 것이 html 요소이며, 이것은 HTML5에서도 눈에 띄게 바뀌지는 않았다. 예제에서는 en이라는 값이 포함된 lang 속성을 지정했는데, 이는 문서가 영어로 돼 있다는 점을 나타낸다. XHTML 기반 문법에서는 xmlns 속성을 포함시켜야만 한다. 하지만 HTML5에서는 더는 이렇게 할 필요가 없으며, 심지어 lang 속성도 문서를 확인하거나 정확히 작동하게 하는 데 불필요한 존재다.

따라서 지금까지 문서를 닫는 </html> 태그를 포함해 다음과 같은 코드가 만들어졌다.

```
<!doctype html>
<html lang="en">

</html>
```

head 요소

예제 웹 페이지의 다음 부분은 <head> 섹션이다. head의 첫 번째 줄은 문서의 문자 인코딩을 정의하는 것이다. 이것은 간단해진 또 하나의 요소다. 다음은 이전에 사용했던 방법이다.

```
<meta http-equiv="Content-Type" content="text/html; charset=utf-8">
```

HTML5는 문자 인코딩을 위한 <meta> 태그를 최소한으로 줄이는 식으로 이를 개선했다.

```
<meta charset="utf-8">
```

거의 모든 경우에 utf-8을 이용하게 될 것이다. 문자 인코딩에 관한 상세한 설명은 이 장의 범위를 넘어설뿐더러 흥미로운 내용도 아닐 것이다. 그럼에도 조금 더 깊이 알아보고 싶다면 W3C 사이트에서 해당 주제에 관한 상세 내용을 참고할 수 있다.[2]

 앞쪽에 두자

모든 브라우저가 문자 인코딩을 정확히 읽게 하려면 전체 문자 인코딩 선언을 문서에서 처음 512자 이내의 어딘가에 지정해야 한다. 또한 내용과 관련된 요소(예제 사이트에서 바로 다음에 나오는 <title> 요소 같은) 이전에 나와야 한다.

---

2 http://www.w3.org/TR/html-markup/syntax.html#character-encoding

이 주제에 관해 설명할 수 있는 내용은 많지만 여러분을 지루하게 만들고 싶지는 않으므로 세부적인 내용은 생략하겠다! 지금은 이처럼 간소화된 선언을 받아들이는 것으로 충분하므로 문서의 다음 부분으로 넘어가겠다.

```
<title>HTML5 헤럴드</title>
<meta name="description" content="HTML5 헤럴드">
<meta name="author" content="SitePoint">

<link rel="stylesheet" href="css/styles.css?v=1.0">
```

이 부분에서 HTML5는 이전의 문법과 별다른 차이가 없다. 페이지 제목은 예전에 선언하던 것과 마찬가지로 선언하고, 여기에 집어넣은 <meta> 태그는 그저 해당 태그가 어디에 위치하는지 보여주려는 예제에 불과하다. meta 요소는 원하는 만큼 여기에 넣을 수 있다.

여기서 핵심은 스타일 시트로, 스타일 시트는 일반적인 link 요소로 지정한다. 언뜻 보기에는 어떤 차이도 느껴지지 않을 것이다. 하지만 통상 link 요소에는 값이 text/css인 type 속성을 지정한다. 흥미롭게도 이것은 XHTML이나 HTML4에서뿐 아니라 Strict 독타입을 이용할 때조차도 필수가 아니었다. 모든 브라우저에서 속성을 별도로 지정하지 않아도 연결된 스타일 시트의 콘텐츠 타입을 인식하기 때문에 HTML5 기반 문법에서는 type 속성을 완전히 빼기를 권장한다.

대등한 상황으로 만들기

다음으로 등장하는 요소는 소개에 들어가기 앞서 약간의 배경 지식이 필요하다.

HTML5에서는 앞으로 살펴볼 article이나 section과 같은 갖가지 새로운 요소를 제공한다. 그런데 이러한 요소가 이전 버전의 브라우저에서 큰 문제를 일으킬 거라 생각할지도 모른다. 하지만 그렇지 않다. 왜냐하면 대부분의 브라우저에서는 여러분이 어떤 태그를 사용하든 신경 쓰지 않기 때문이다. 예를 들어, <recipe> 태그(혹은 <ziggy> 태그라 해도)가 포함된 HTML 문서와 해당 요소에 어떤 스타일을 연결해둔 CSS가 있다고 했을 때 거의 모든 브라우저가 마치 이것이 완전히 정상적인 것처럼 아무런 이의 없이 해당 스타일을 적용하며 진행할 것이다.

물론, 이 가상의 문서가 유효성 검사에서는 실패하겠지만 거의 모든 브라우저에서는 정확하게 표현될 것이다(인터넷 익스플로러는 예외다). 인터넷 익스플로러 9 이전 버전에서는 승인되지 않은 요소에 스타일이 적용되는 것을 막았다. 이런 미스터리한 요소는 렌더링 엔진에 의해 '알려지지 않은 요소들(unknown element)'로 표시됐고, 그래서 이러한 요소가 보여지거나 작동하는 방법을 바꿀 수가 없었다. 여기에는 우리가 상상하는 요소뿐 아니라 해당 브라우저 버전이 개발될 때 아직 정의되지 않았던 요소도 포함된다. 이는 짐작하다시피 새로운 HTML5 요소를 의미한다.

이 책을 쓰고 있을 당시, 인터넷 익스플로러 9가 막 출시됐고 이 버전을 모두가 사용하게 되기까지는 시간이 걸릴 것이다. 그러므로 이것은 약간의 문제가 될 수 있다. 지금 당장이라도 반짝이는 새로운 태그를 사용하고 싶겠지만 어떠한 CSS 규칙도 거기에 붙일 수 없다면 우리가 디자인한 것들이 다 망가져버릴 것이다.

다행히도 한 가지 해결책이 있다. 존 레식(John Resig)이 처음 개발한 아주 간단한 자바스크립트 한 조각이 마술처럼 새로운 HTML5 요소를 이전 버전의 인터넷 익스플로러에서도 보이게 해준다.

이 "HTML5 shiv"[3]라고 하는 것을 **조건부 주석**(conditional comment)으로 둘러싸인 <script> 태그로 포함시켰다. 조건부 주석은 마이크로소프트가 인터넷 익스플로러에서 구현한 특수 기능이다. 이 기능을 이용하면 스크립트나 스타일을 해당 브라우저의 특정 버전에만 적용할 수 있다.[4] 아래의 선택적 적용은 브라우저에게 여기서 조건부 주석으로 둘러싼 마크업이 오직 버전 9 이전의 익스플로러로 이 페이지를 보고 있는 사용자에게만 보여야 한다고 알려준다.

```
<!--[if lt IE 9]>
<script src="http://html5shiv.googlecode.com/svn/trunk/html5.js"></script>
<![endif]-->
```

참고로 HTML5 기능이나 새로운 API를 처리하는 자바스크립트 라이브러리를 사용하고 있다면 이미 HTML5를 쓸 수 있게 만들어주는 스크립트가 포함돼 있을 수도 있다. 이러한 경우 레미 샤프(Remi Sharp)의 스크립트를 참조하는 링크를 제거할 수 있다. 이러한 한 가지 예가 HTML과 CSS의 최신 기능을 찾아내는 자바스크립트 라이브러리인 Modernizr[5]이며, 부록 A에서 자세히 다루겠다. Modernizr는 HTML5 요소를 과거 버전의 인터넷 익스플로러에서도 쓸 수 있게 만들어주는 코드를 포함하고 있어 레미의 스크립트가 더는 필요하지 않다.

---

3   어쩌면 HTML5 shim이라고 하는 다른 이름에 더 익숙할 수도 있다. 비록 동일한 코드를 두 가지 이름으로 부르긴 하지만 여기서는 모두 원래 이름인 HTML5 shiv로 지칭하겠다.

4   더 많은 정보는 다음 주소에서 확인할 수 있다. http://reference.sitepoint.com/css/conditionalcomments

5   http://www.modernizr.com/

인터넷 익스플로러 6~8에서 자바스크립트를 비활성화해 놓은 사용자는 어떻게 될까?

물론, 여전히 레미의 HTML5 shiv로부터 혜택을 받지 못할 사용자들이 있다. 바로 이런저런 이유로 자바스크립트를 비활성화해 놓은 사람들이다. 웹 디자이너로서 우리는 모든 사용자가 웹 사이트 콘텐츠에 완전하게 접근할 수 있어야 한다는 말을 끊임없이 들어왔다. 심지어 자바스크립트를 비활성화해 놓은 사람조차도 말이다. 40%에서 75% 사이의 사용자가 인터넷 익스플로러를 사용한다고 했을 때 이것은 굉장히 우려할 만한 일일 수도 있다.

하지만 보이는 것만큼 그렇게 나쁜 상황은 아니다. 수많은 연구에서 자바스크립트를 비활성화해 놓은 사용자들의 수가 우려하지 않아도 될 만큼 적은 수라는 것을 보여준다.

2010년 발행된 야후!의 네트워크를 조사한 한 연구[1]에서는 자바스크립트를 비활성화해 놓은 사용자가 전 세계 전체 트래픽의 약 1%에 해당한다는 결과를 내놓았다. 또 다른 연구[2]에서도 10억 명에 달하는 방문자를 조사한 결과 유사한 수치가 나타났다. 이 두 연구에서는 다른 나라와 비교했을 때 미국의 방문자가 가장 많이 자바스크립트를 비활성화해 둔 것으로 나타났다.

물론, HTML5를 지원하지 않는 브라우저에서 그러한 요소에 스타일을 적용하기 위해 자바스크립트를 이용하지 않는 다른 방법도 있다. 하지만 유감스럽게도 그러한 방법은 상당히 비실용적이며 또 다른 결점이 있다.

그래도 여전히 이러한 사용자가 걱정된다면 혼합 접근방식을 고려해보는 것도 좋다. 예를 들어 핵심 레이아웃 컨테이너에는 div와 같은 전통적인 요소를 이용하고 스타일이 적용되지 않아도 크게 문제되지 않을 만한 곳에서만 새로운 HTML5 요소를 이용하는 것이다.

---

1 http://developer.yahoo.com/blogs/ydn/posts/2010/10/how-many-users-have-javascript-disabled/
2 http://visualrevenue.com/blog/2007/08/eu-and-us-javascript-disabled-index.html

나머지는 알고 있는 그대로다

시작 템플릿의 나머지 부분을 살펴보면 평범한 body 요소와 이를 닫는 태그, 마무리하는 </html> 태그가 있다. 또 script 요소 내에는 자바스크립트 파일을 참조하는 부분이 있다.

```
<script src="js/scripts.js" type="text/javascript"></script>
```

앞서 나온 link 요소와 마찬가지로 <script> 태그도 type 속성을 선언할 필요가 없다. XHTML에서는 외부 스크립트를 포함하는 페이지의 <script> 태그가 다음과 같은 모습이어야만 유효한 문서로 간주된다.

```
<script src="js/scripts.js"></script>
```

실질적으로 자바스크립트가 웹에서 이용하는 제대로 된 유일한 스크립팅 언어이며, 그것을 직접 선언하지 않더라도 모든 브라우저에서는 자바스크립트를 이용하고 있다고 간주할 것이므로 HTML5 문서에서는 type 속성이 불필요하다.

자바스크립트 삽입을 위한 모범사례를 따르고자 실습 페이지 하단에 script 요소를 넣어 뒀다. 이는 페이지 로딩 속도와 관련이 있다. 브라우저가 스크립트와 맞닥뜨리면 브라우저가 스크립트를 분석하는 동안 페이지의 나머지 부분을 내려 받아 표시하는 일이 중단된다. 이것은 결국 큰 스크립트가 다른 콘텐츠보다 웹 페이지의 상단에 위치했을 때 페이지가 훨씬 느리게 로딩되는 결과를 낳는다. 이러한 이유로 대부분의 스크립트를 웹 페이지의 맨 하단에 둬야 하며, 그렇게 하면 페이지의 나머지 부분이 로드된 후에야 비로소 이 스크립트가 분석될 것이다.

경우에 따라(HTML5 shiv와 같은) 스크립트가 문서의 head에 위치할 필요가 있는데, 이는 브라우저가 웹 페이지를 표시하는 작업을 시작하기 전에 스크립트가 적용되길 원하는 경우다.

HTML5 FAQ

HTML5 마크업에 대한 짧은 소개를 마친 이 시점에서 아마도 여러분의 머릿속에서는 수많은 의문이 소용돌이치고 있을 것이다. 다음은 몇 가지 의문에 대한 답이다.

왜 이러한 변경사항이 이전 브라우저에서도 여전히 작동하는 걸까?

이 부분은 많은 개발자들이 받아들이는 데 애를 먹는 것 같다. 왜 이게 문제가 되지 않는지 이해하려면 HTML5를 앞으로 살펴볼 CSS3에 추가된 새로운 기능과 함께 비교해볼 필요가 있다.

CSS에서 새로운 기능이 추가됐을 때(예를 들어, 요소에 둥근 모서리를 추가하는 border-radius 속성) 이러한 기능은 브라우저의 렌더링 엔진에도 추가돼야 하므로 오래된 브라우저에서는 이를 인식할 수 없을 것이다. 따라서 사용자가 border-radius를 지원하지 않는 브라우저로 그 페이지를 보고 있는 중이라면 둥근 모서리는 각이 진 채로 나타날 것이다. 다른 CSS3 기능도 마찬가지일 테고 결과적으로 사용자 경험도 어느 정도는 떨어질 것이다.

많은 개발자들은 HTML5도 비슷한 방식으로 작동하길 기대한다. 비록 이것이 이 책의 뒷부분에서 살펴볼 일부 고급 기능과 API에서는 사실이더라도 이는 지금까지 살펴본 변화, 즉 더 간단해진 문법, 불필요한 중복의 삭제, 그리고 새로운 독타입에는 해당하지 않는다.

HTML5의 문법은 이전의 브라우저에서 처리할 수 있는 것과 없는 것에 대한 세심한 연구를 거쳐 정의됐다. 예를 들어, HTML5의 독타입 선언을 구성하는 15자가 모든 브라우저가 표준 모드로 페이지를 표시하는 데 필요한 최소한의 글자수다.

마찬가지로, XHTML에서는 브라우저가 페이지를 정확하게 표시하고자 할 때 전혀 필요하지 않음에도 유효성 검사를 위해 html 요소에 장황한 문자 인코딩을 선언하고 추가적인 속성이 필요했다. 또 다시, 이전 버전의 브라우저의 작동 방식이 면밀히 조사됐고, 문자 인코딩을 간소화할 수 있고, xmlns 속성도 제거할 수 있다는 결정이 내려졌다. 물론 브라우저는 여전히 같은 방식으로 페이지를 보게 될 것이다.

또한 간단해진 script와 link 요소는 "이전의 페이지를 망가뜨리지 않고 간소화한다"는 범주에 속한다. 이는 마찬가지로 이후에 살펴볼 논리 속성에도 해당한다. 브라우저에서는 항상 checked와 disabled와 같은 속성값을 무시해 왔다. 그렇다면 왜 그것들을 계속 사용해야 하는 걸까?

따라서 1장에서 언급했듯이 HTML5를 오늘부터 당장 사용해도 된다. HTML5는 이미 존재하고 있는 콘텐츠를 가능한 한 많이 지원한다는 목표로 이전 버전과의 호환성을 염두에 두고 설계됐다.

브라우저 제조사가 실질적으로 추가 기능을 구현해야만 지원되는 CSS나 자바스크립트의 변경사항과 달리, HTML5의 문법을 이용하고 싶다면 새로운 버전의 브라우저가 출시되길 기다릴 필요가 없다. 또한 자바스크립트 코드 한 토막이면 이전 버전의 브라우저에서도 새로운 의미적 요소를 사용할 수 있다.

표준 모드란?

표준 기반의 웹 디자인 초창기에 브라우저 제조사는 한 가지 문제에 직면했다. 즉, 새로 생겨나는 표준을 지원할 경우, 이전의 비표준 브라우저에 맞게 디자인된 기존 웹 페이지와의 호환성이 깨질 우려가 많다는 것이다. 브라우저 제조사에서는 특정 페이지를 표준에 따라 표시해야 할지를 알려줄 신호가 필요했는데, 그러한 신호를 독타입에서 찾아냈다. 이전의 비표준 페이지는 일반적으로 그렇지 않았지만 새롭고 표준을 따르는 페이지는 정확한 형태의 독타입을 포함했다.

독타입을 신호로 사용하면서 각 브라우저는 표준 모드(standards mode, 문자 그대로 요소를 표시할 때 표준을 있는 그대로 따르려고 노력하는)와 유연 모드(quirks mode, 페이지가 의도하던 대로 표시될 수 있게 이전 브라우저의 유연한 렌더링 기능을 흉내 내려고 시도하는)를 전환할 수 있게 됐다.

현재 개발 환경에서는 거의 모든 웹 페이지에 적절한 독타입이 지정돼 있다고 해도 과언이 아니며, 따라서 표준 모드로 표시될 것이다. 그러므로 유연 모드로 표시되는 페이지를 신경 써야 할 일은 거의 없을 듯하다. 물론, 사용자가 정말 오래된 브라우저(인터넷 익스플로러 4와 같은)로 페이지를 보고 있다면 그 페이지는 그 오래된 브라우저의 렌더링 모드로 표시될 것이다. 이것이 바로 유연 모드가 모방하는 것이고, 오래된 브라우저는 독타입 사용 여부와는 상관없이 작동할 것이다.

비록 XHTML과 이전의 HTML 독타입에 정확한 버전의 규격에 대한 정보가 포함돼 있지만 브라우저는 실질적으로 그러한 정보를 이용하지 않았다. 외견상으로 정확한 독타입이 존재하는 한 그 페이지는 표준 모드로 표시될 것이다. 그 결과, HTML5의 독타입에는 어떤 브라우저에서든 표준 모드를 작동시키는 데 필요한 최소한의 가장 기본적인 것만 남았다.

각양각색의 브라우저에서 유연 모드로 표시하는 것을 나타내는 표와 함께 기타 추가적인 정보를 위키피디아[1]에서 살펴볼 수 있다. 또한 사이트포인트의 CSS 참조[2]에서도 표준 모드와 유연 모드에 관한 유용한 개요 정보를 확인할 수 있다.

1 http://en.wikipedia.org/wiki/Quirks_mode/
2 http://reference.sitepoint.com/css/doctypesniffing/

모든 태그를 닫지 말아야 할까?

XHTML 기반 문법에서는 요소를 반드시 닫아야 한다. 즉, 상응하는 닫는 태그(</html>처럼)가 있거나 아니면 void(빈) 요소의 경우에는 태그 끝에 사선이 있다. 여기서 빈 요소는 자식 요소를 포함할 수 없는 요소(input, img, link 같은)다.

HTML5에서도 여전히 그러한 스타일의 문법을 사용할 수 있다. 어쩌면 일관성과 유지보수 등의 이유로 그러한 스타일을 선호할 수도 있다. 하지만 유효성을 지키려고 빈 요소 끝에 사선을 추가하지 않아도 된다. "군더더기를 없앤다"는 맥락을 이어가자면 HTML5에서는 그러한 요소 끝에 붙이는 사선을 생략할 수 있다. 아마 이견의 여지는 있겠지만 그렇게 하면 마크업이 좀 더 깨끗하고 덜 어수선해질 것이다.

한 가지 염두에 둬야 할 사항은 HTML5에서 중첩 요소를 포함할 수 있는 대부분의 요소는 비록 비어 있는 경우가 생기더라도 여전히 상응하는 닫는 태그와 짝을 이뤄야 한다는 점이다. 이 규칙에 예외사항이 있기는 하지만 이 방식이 보편적이라고 생각하는 편이 좀더 간편할 것이다.

다른 XHTML 기반 문법 규칙은 어떨까?

이 주제에 관해 이야기하는 김에 좀 더 설명하자면 닫는 사선을 생략하는 것은 HTML5 기반 문법이 XHTML과 다른 점 가운데 단지 한 가지 측면에 불과하다. 사실, HTML5 유효성 검사기는 문법 스타일과 관련된 이슈는 완전히 무시한다. 오직 어떤 식으로든 문서에 지장을 주려고 하는 코드 실수에 대해서만 오류를 표시한다.

그러므로 검사기 관점에서 보면 다음 5줄의 마크업은 동일하다.

```
<link rel="stylesheet" href="css/styles.css" />
<link rel="stylesheet" href="css/styles.css">
<LINK REL="stylesheet" HREF="css/styles.css">
<Link Rel="stylesheet" Href="css/styles.css">
<link rel=stylesheet href=css/styles.css>
```

HTML5에서는 소문자, 대문자 또는 대소문자가 섞인 태그 이름이나 속성, 마찬가지로 따옴표가 있거나 없는 속성값(이 값에 빈 칸이나 다른 예약된 문자가 포함돼 있지 않는 한)을 사용할 수 있다. 그리고 모두 유효한 것으로 간주된다.

XHTML에서는 비록 쓸모 없다고 하더라도 모든 속성은 값을 가져야만 한다. 예를 들어, 다음과 같은 마크업을 자주 볼 수 있을 것이다.

```
<input type="text" disabled="disabled" />
```

HTML5에서는 "on"이나 "off"(Boolean 논리 속성이라고 하는)인 속성은 간단히 값이 없다고 명시할 수 있다. 그래서 앞의 input 요소는 이제 다음과 같이 작성할 수 있다.

```
<input type="text" disabled>
```

그러므로 HTML5는 유효성 측면에서 훨씬 덜 엄격한 필요조건을 갖추고 있다. 최소한 문법에 관해서는 그러하다. 그렇다고 원하는 문법을 아무 요소에나 맘대로 이용해도 된다는 의미일까? 그렇지 않다. 절대 그렇게 하기를 권장하지 않는다.

우리는 개발자들이 한 가지 문법 스타일을 선택하고, 그것을 고수하기를(특히 코드의 유지보수와 가독성을 매우 중요시하는 팀 작업을 하고 있다면) 권장한다. 또한 (필수 사항은 아니지만) 일관성을 유지함과 동시에 가장 단순한 코딩 스타일을 선택하길 권장한다.

이용해볼 만한 몇 가지 가이드라인은 다음과 같다.

- XHTML에서처럼 모든 요소와 속성에서 소문자를 사용한다.
- 닫는 태그가 필요하지 않은 요소도 일부 있지만(<p>텍스트</p>처럼) 콘텐츠가 포함된 모든 요소를 닫아주길 권장한다.
- 물론 속성값에 따옴표를 하지 않은 채로 둘 수도 있겠지만 따옴표가 필요한 속성(예를 들어, 공백으로 분리되는 다중 클래스를 선언한다거나 쿼리스트링 값을 URL에 추가할 때처럼)을 이용하게 될 가능성이 매우 높다. 그러므로 일관성을 위해 항상 따옴표를 사용하길 권장한다.
- (meta 혹은 input과 같이) 콘텐츠가 없는 요소에서는 뒤에 붙는 사선을 생략한다.
- 논리 속성에 대해 중복값을 제공하지 않는다(예를 들어, <input type="check" checked="checked">보다는 <input type="check" checked>가 낫다).

위의 권장사항이 보편적으로 인정되는 것이라고 볼 수는 없다. 그러나 깔끔하고 읽기 쉬우며 유지보수하기에도 좋은 마크업을 작성하기 위한 적절한 문법적 권장사항이라고 생각한다.

불필요한 부분까지 너무 많은 부분에서 코딩 스타일에 집착하게 되면 언어를 간소화하기 위해 HTML5 고안자들이 일군 장족의 발전을 소용없게 만들 위험이 있다.

페이지의 구조 정의

지금까지 실습 웹 페이지의 기본 뼈대를 살펴봤으니 이제 뼈에다 살을 좀 붙이고 페이지에 약간의 기본 구조를 마련해보자.

이 책의 후반부에서는 CSS3의 기능과 HTML5의 다른 장점을 추가하는 것에 대해 구체적으로 다룰 예정이다. 우선은 예제 웹 사이트의 전체 레이아웃을 만드는 데 어떤 요소를 이용하는 게 좋을지 생각해 보자. 이 절에서는 **의미적 표현**(semantics)에 관해 많이 설명할 것이고, 의미적 표현은 앞으로 나올 장에서도 다룰 것이다. 이 용어를 쓸 때 이것은 특정 HTML 요소가 해당 콘텐츠의 의미를 설명하는 방식을 의미한다. HTML5에는 다양한 의미적 요소가 포함돼 있어 과거에 HTML4나 XHTML을 이용할 때 좀 더 많은 시간을 들여 콘텐츠의 구조와 의미에 대해 생각하게 될 것이다. 멋진 일이 아닐 수 없다! 콘텐츠가 의미하는 바를 그대로 이해하는 것이야말로 좋은 마크업을 작성하는 데 핵심이다.

HTML5 헤럴드의 스크린샷을 다시 보면(혹은 사이트를 온라인으로 보면), 이 화면이 다음과 같이 나뉘어 있는 것을 알 수 있다.

- 로고와 제목이 포함된 헤더 섹션
- 내비게이션 바
- 세 개의 단으로 나뉜 주요 콘텐츠
- 단 내의 기사와 광고 블록
- 저자와 저작권 정보를 포함하는 푸터

이 페이지의 이러한 여러 부분에 적절한 요소가 뭔지 결정하기 전에 몇 가지 옵션을 고려해보자. 우선 페이지를 나누는 데 유용하고 문서 구조에 더 많은 의미를 부여하는 데 사용할 수 있는 HTML5의 새로운 의미적 요소를 몇 가지 소개하겠다.

header 요소

여기서 살펴볼 첫 번째 요소는 당연히 header 요소다. WHATWG 표준에서는 header 요소를 '소개와 내비게이션에 도움이 되는 것의 모음'[6]이라고 간략하게 설명하고 있다. 기본적으로

---

[6] http://www.whatwg.org/specs/web-apps/current-work/multipage/sections.html#the-header-element

header 요소는 대개 <div id="header">의 안에 포함시키던 내용을 이제는 header에 포함시킨다는 것을 의미한다.

그러나 웹 사이트의 헤더로 자주 쓰는 습관적인 div 요소와 header를 구분하는 한 가지 차이점이 있다. 즉, header를 페이지당 한 번만 사용해야 한다는 제한이 없다. 대신, 콘텐츠의 각 섹션을 소개하기 위해 새로운 header 요소를 포함시킬 수 있다. 여기서 '섹션'이라고 하는 용어는 다음에 살펴볼 실질적인 section 요소로 제한되는 것이 아니며, 엄밀히 말해서 HTML5가 '콘텐츠를 단락으로 나누기'라고 지칭하는 것을 의미한다. 이 부분에 대해서는 다음 장에서 아주 상세하게 다루겠다. 지금 당장은 자체적인 헤더가 필요할 수 있는 어떤 콘텐츠 덩어리라고 이해하면 충분하다.

header 요소는 웹 페이지에서 어떤 단일 섹션에 대한 소개 내용이나 섹션 내의 내비게이션에 도움이 되는 것들을 담는 데 사용할 수 있다.

header 요소는 흔히 페이지나 섹션의 상단에 배치되지만 header 요소의 정의는 그 위치와는 관계가 없다. 사이트 구성에 따라 기사나 블로그 글의 제목을 내용의 왼쪽이나 오른쪽, 심지어 아래쪽에 배치할 수도 있다. 하지만 위치와 관계 없이 그러한 콘텐츠를 설명하기 위해 header를 사용할 수 있다.

section 요소

익숙해져야 할 다음 요소는 HTML5의 section 요소다. WHATWG 규격에서는 section을 다음과 같이 정의한다.[7]

> section 요소는 문서나 애플리케이션의 일반적인 섹션을 나타낸다. 여기서 섹션은 전형적으로 제목을 가지고 있으면서 한 가지 주제와 관련된 콘텐츠의 모임을 의미한다.

더 나아가 section을 단지 스타일링이나 스크립팅 목적만을 위한 컨테이너로 사용하지는 말아야 한다고 설명한다. section을 일반 컨테이너로 사용할 수 없다면(예를 들어, 원하는 CSS 레이아웃을 만들기 위한) 뭘 써야 할까? 우리의 오랜 친구이자 의미적으로는 아무런 의미가 없는 div를 이용한다.

다시 규격의 정의로 되돌아가 보면 section 요소의 콘텐츠는 '한 가지 주제와 관련돼' 있어야 한

---

[7] http://www.whatwg.org/specs/web-apps/current-work/multipage/sections.html#the-section-element

다. 그러므로 서로 관련 없는 콘텐츠 조각을 감싸는 일반적인 방법으로 section을 이용하는 것은 부정확한 방법인 것이다.

section 요소를 이용하는 적절한 예는 다음과 같다.

- 탭 형식 인터페이스의 개별 섹션
- '소개' 페이지를 구성하는 부분. 예를 들어, 회사의 '소개' 페이지에서는 회사의 역사, 목표, 팀과 같은 섹션을 포함할 수 있을 것이다.
- 장황한 '서비스 약관' 페이지의 서로 다른 부분
- 온라인 뉴스 사이트의 다양한 섹션. 예를 들어, 스포츠, 월드 뉴스, 경제 뉴스 등에 관련된 section으로 기사를 그룹화할 수 있을 것이다.

 의미적 표현!

새로운 의미적 마크업이 웹 디자이너에게 소개될 때마다 어떻게 하는 것이 이 요소를 정확하게 사용하는 것이며, 규격의 의도는 무엇이었는지 등에 관해 논의하곤 한다. 어쩌면 여러분은 이전 HTML 규격을 기준으로 dl 요소를 적절하게 사용하는 것에 관해 토론했던 기억이 날 수도 있다. 그러므로 HTML5에서도 이러한 현상이 일어난다는 사실은 그다지 놀랄 만한 일이 아니다. 특히 section 요소에 관해서라면 말이다.

HTML5의 존경받는 권위자인 브루스 로손(Bruce Lawson)조차도 과거에 section을 잘못 사용했다는 사실을 인정했다. 좀 더 정확히 이해하고자 자신의 오류를 설명하는 브루스의 글[1]을 읽어 볼 가치가 있다. 글의 내용을 요약하자면 다음과 같다.

- section은 일반적이다. 그러므로 좀 더 구체적인 의미적 요소(article, aside, nav 같은)가 적절하다면 대신 그것을 이용한다.
- section에는 의미적 의미가 있다. 이것은 section이 포함하고 있는 콘텐츠가 어떤 식으로든 서로 관련이 있다는 사실을 암시한다. 하나의 section에 넣으려고 하는 모든 콘텐츠를 단지 몇 단어로 간결하게 설명할 수 없다면 평범한 div 같이 의미적으로 중립적인 컨테이너가 필요하다고 볼 수 있다.

물론 의미적 표현이 항상 그렇듯이 어떤 경우에는 다르게 해석할 수도 있다. 다른 요소가 아닌 해당 요소를 사용하는 이유를 설명할 수 있다고 느낀다면 그렇게 하면 된다. 그럴 리는 없겠지만 혹시라도 누군가가 그 요소를 사용하는 이유를 물어본다면 그 결과로 초래되는 토론은 관련된 모든 이들에게 재미있고, 영양가 있는 일일 것이며, 더 나아가 많은 사람들이 규격을 더 잘 이해하는 데 기여할 수도 있을 것이다.

---

1   http://html5doctor.com/the-section-element/

또한, 적절한 경우라면 section 요소가 내부의 또 다른 section 요소를 포함하는 것도 가능하다는 사실을 기억해 두자. 예를 들어, 온라인 뉴스 웹 사이트에서 월드 뉴스 section은 세계 주요 지역의 section으로 좀 더 세분화할 수도 있다.

article 요소

article 요소는 section 요소와 비슷하지만 몇 가지 두드러진 차이점이 있다. 다음은 WHATWG에서 정의한 내용이다.[8]

> article 요소는 문서, 페이지, 애플리케이션, 사이트 내의 자립적인 글을 나타내며, 이론상 독립적으로 배포하거나 재사용할 수 있다(예를 들어, 발행을 통해).

이 정의에서 핵심 용어는 자립적인 글과 독립적으로 배포할 수 있다는 것이다. section이 하나의 주제로 묶일 수 있는 어떤 콘텐츠든 포함할 수 있는 반면 article은 스스로 자립할 수 있는 단일한 부분의 콘텐츠여야 한다는 것이다. 이 구분이 어쩌면 이해하기 힘들 수도 있다. 확신이 서지 않는다면 발행 테스트를 해보자. 어떤 콘텐츠가 다른 사이트에 수정 없이 재발행되거나, RSS를 통해 제공되거나, 혹은 트위터나 페이스북 같은 소셜 미디어 사이트상에서 재배포될 수 있다면 그것은 article의 요소를 갖추고 있는 것이다.

article을 무엇으로 구성할지는 궁극적으로 여러분에게 달렸지만 몇 가지 사례는 다음과 같다.

- 게시판의 글
- 잡지나 신문의 기사
- 블로그 글
- 사용자가 작성한 댓글

마지막으로 section 요소처럼 article 요소도 다른 article 요소를 내부에 감쌀 수 있다. 또한 section을 article 안에 감쌀 수도 있고 그 반대도 가능하다.

---

[8] http://www.whatwg.org/specs/web-apps/current-work/multipage/sections.html#the-article-element

nav 요소

이 요소는 사실상 모든 프로젝트에 사용된다고 해도 과언이 아니다. nav는 말 그대로 다른 페이지나 동일한 페이지 내에서 이동할 수 있게 해주는 내비게이션 링크의 그룹이다. 가장 일반적으로는 링크의 목록을 순서 없이 묶는 데 nav를 이용하겠지만 다른 방법도 있다. 해당 페이지나 페이지 내의 섹션에 대한 주요 내비게이션 링크가 담긴 텍스트 단락을 nav 요소로 감쌀 수도 있다.

어떤 경우든 nav 요소는 핵심적인 내비게이션을 하는 데 사용해야 한다. 그러므로 예를 들어 footer 내에 있는 링크로 구성된 짧은 목록에 nav를 사용하는 것은 자제해야 한다.

 nav와 접근성

지금까지 여러 웹 사이트의 디자인 패턴 중 하나로 '메뉴 건너뛰기' 링크를 본 적이 있을 것이다. 이 아이디어는 스크린 리더(시각 장애인을 위해 콘텐츠를 읽어주는 소프트웨어)에서 사용자가 이미 사이트의 메인 메뉴를 들었다면 바로 그것을 넘어갈 수 있게 하는 것이다. 결국, 새로운 페이지로 클릭해 갈 때마다 거대한 사이트의 전체 이동 메뉴를 듣는 것은 의미가 없다는 것이다!

nav 요소를 이용하면 이러한 필요를 없앨 수도 있다. 즉, 스크린 리더가 nav 요소를 만나면 추가적인 링크에 대한 요구 없이도 사용자가 그 내비게이션을 건너뛰도록 허용할 수 있다. 규격서에서는 다음과 같이 이야기한다.

> 내비게이션 정보를 처음부터 생략함으로써 혜택을 얻을 수 있는 사용자, 혹은 즉각적으로 내비게이션 정보를 이용 가능할 때 이득을 얻을 수 있는 사용자를 대상으로 하는 유저 에이전트(스크린 리더와 같은)는 페이지상의 어느 콘텐츠를 건너뛸지, 그리고/또는 요청 시 콘텐츠를 제공할지를 결정하는 데 이 요소를 이용할 수 있다.

현재의 스크린 리더는 nav를 인식하지 못하고 있지만 그렇다고 이 요소를 사용하지 말아야 한다는 의미는 아니다. 보조 기술은 계속 발전할 것이고, 여러분의 페이지도 계속 웹에 남아 있게 될 것이다. 지금 표준에 따라 구축함으로써 이후에 스크린 리더가 향상되고 나면 여러분의 페이지는 좀 더 접근하기가 쉬워질 것이다.

 유저 에이전트란?

규격서를 살펴보다 보면 '유저 에이전트'라는 용어를 자주 보게 된다. 사실 이 용어는 단지 브라우저를 의미하는 전문 용어에 불과하다(사용자가 웹 페이지의 콘텐츠를 이용하기 위해 사용하는 소프트웨어 '대리인(agent)'이라는 의미다). 규격서에서 간단히 '브라우저'라고 하지 않는 이유는 유저 에이전트로 스크린 리더 혹은 웹 페이지를 읽는 다른 기술적 방법을 포함할 수 있기 때문이다.

한 페이지 내에서는 nav 요소를 한 번 이상 사용할 수 있다. 사이트에 대한 주요 내비게이션 바가 있다면 거기에 nav 요소를 사용하면 된다.

더불어 현재 페이지의 다른 부분을 가리키는 보조 링크(페이지 내의 앵커 태그를 이용한)가 있다면 이것 또한 nav 요소로 감쌀 수 있다.

nav 요소도 section 요소와 마찬가지로 nav를 무엇으로 구성하는 것이 적절하게 사용하는 것이며, 왜 일부 상황(footer에서처럼)에서는 이 요소가 권장되지 않는지에 대한 논란이 있다. 어떤 개발자는 이 요소가 페이지나 사이트 이동(breadcrumb) 링크 혹은 사이트 내비게이션의 기본 방법을 구성하는 검색 폼(구글의 경우에서처럼) 등에 적절하다고 생각한다.

결국 이 결정은 개발자인 여러분에게 달렸다. WHATWG의 HTML5 규격 편집장인 이안 힉슨(Ian Hickson)은 이 질문에 직접적으로 다음과 같이 대답했다. "class=nav를 이용했을 만한 곳에서는 언제든지 이용한다".[9]

aside 요소

이 요소는 'aside 요소 주변의 콘텐츠와 거의 관계가 없고 심지어 그 콘텐츠에서 분리됐다고 여겨질 수 있는' 페이지의 일부를 표시한다.[10]

aside 요소는 다음에 나열한 것과 거의 관련이 없는 콘텐츠 영역을 감싸는 데 이용할 수 있다.

- 하나의 구체적이고 독립적인 콘텐츠 부분(article이나 section과 같은)
- 일반적으로 페이지나 웹 사이트에 '사이드바'를 추가할 때와 같은 경우에는 하나의 전체 페이지나 문서

aside 요소를 페이지 내의 주요 콘텐츠에 포함되는 부분을 감싸는 데 이용해서는 안 된다. 다시 말해, 이것은 부연 설명이 아니라는 것이다. 이 aside 콘텐츠는 스스로 독립적일 수도 있지만 여전히 더 큰 전체의 일부여야 한다.

aside 요소를 사용할 만한 몇 가지 예로는 사이드바, 보조 링크 리스트 또는 광고 블록 등이 있다. aside 요소(header 요소와 마찬가지로)는 페이지에서 그 위치에 의해 정의되지 않는다. 이 요소는 '가장자리'에 있을 수도 있고, 혹은 다른 곳에 있을 수도 있다. 이 요소는 해당 콘텐츠 자체와 다른 요소와의 관계에 의해 정의된다.

---

9   http://html5doctor.com/nav-element/#comment-213
10 http://dev.w3.org/html5/spec/Overview.html#the-aside-element

footer 요소

이 장에서 살펴볼 마지막 요소는 footer 요소다. header 요소와 마찬가지로 한 페이지 내에서는 여러 개의 footer 요소를 포함할 수 있는데, 보통 페이지 내에서 <div id="footer">로 감싸게 될 섹션을 감싸는 데 footer 요소를 이용할 것이다.

규격에 따르면 footer 요소는 가장 가까운 상위 콘텐츠 섹션의 푸터를 나타낸다. 여기서 콘텐츠의 '섹션'이란 전체 문서일 수도 있고 혹은 section, article, aside 요소일 수도 있다.

보통 푸터는 저작권 정보나 관련 링크 목록, 저자 정보, 그리고 일반적으로 콘텐츠 블록의 마지막에 올 것으로 예상할 수 있을 만한 콘텐츠를 포함한다. 하지만 aside나 header와 마찬가지로 footer 요소도 페이지상의 위치에 의해 정의되지 않는다. 따라서 꼭 섹션의 마지막 혹은 페이지의 하단에 위치해야 하는 것은 아니다. 대부분 그렇게 위치하지만 꼭 그래야 하는 건 아니다. 예를 들어, 블로그 글의 저자에 관한 정보가 글의 아래가 아니라 위에 위치한다고 해도 이것은 여전히 footer 정보로 여겨진다.

> **HTML5의 고안자들은 어떤 새로운 요소를 포함할지 어떻게 결정했을까?**
>
> 여러분은 언어의 고안자들이 어떻게 새로운 의미적 요소를 창안했는지 궁금할 수도 있다. 사실 수십 개 이상의 의미적 요소를 만들 수도 있다. 예를 들어, 사용자 작성 댓글을 표현할 comment 요소나 구체적으로 광고에 쓰일 ad 요소는 왜 만들지 않았을까?
>
> HTML5의 고안자는 가장 일반적으로 사용되는 요소의 종류를 확인하고자 수많은 웹 페이지를 검색하는 테스트를 했다. 새 요소는 확인된 요소의 id와 class 속성을 토대로 결정했다. 그 결과는 HTML의 일부 새로운 의미적 요소를 도입하는 데 도움이 됐다.
>
> HTML5의 편집자들은 거부당하거나 이용되지 않을 새로운 기술을 도입하는 대신 웹 페이지 프로그래머가 이미 만들고 있는 것과 조화롭게 작동하는 요소를 포함시키고자 노력하고 있다. 다시 말해, 대부분의 웹 페이지에 id가 header인 div 요소가 포함돼 있다면 header라는 새로운 요소를 포함시키는 것은 자연스러운 일이다.

HTML5 헤럴드 구조화

지금까지 예제 사이트에 도움될 만한 HTML5의 페이지 구조와 그러한 요소의 기본적인 내용을 살펴봤으니, 이제 예제 페이지에서 콘텐츠가 담길 부분을 만들어볼 차례다.

페이지 상단의 header 요소부터 시작해보자. 여기엔 로고와 신문의 타이틀, 그리고 태그라인(tagline)을 포함시키는 것이 적당하다. 또한 사이트의 내비게이션을 목적으로 nav 요소를 포함시킬 수도 있다.

header 다음으로 예제 사이트의 메인 콘텐츠는 3단(column)으로 나뉜다. 여기에 section 요소를 이용할 수도 있겠지만 잠시 내용에 대해 한 번 생각해보자. 만약 각 단이 정보의 분리된 '섹션'(스포츠 섹션, 연예 섹션과 같이)을 포함했다면 논리적으로 타당할 것이다. 하지만 현재 상황에서는 단으로 분리하는 것이 시각적인 배열에 불과하다. 그러므로 여기서는 오래되고 평이한 div를 각 단에 이용할 것이다.

이러한 div 내에는 신문 기사가 있다. 물론 이것들은 article 요소에 완벽한 후보다.

맨 오른쪽 단에서는 기사 외에도 3개의 광고가 포함돼 있다. 이러한 광고를 모두 감싸는 데 aside 요소를 이용할 것이고, 각 광고는 article 요소 내에 위치시킨다. 이렇게 하는 방식이 조금 이상해 보일 수도 있지만 article 요소에 대한 설명을 다시 한 번 살펴보자.

"자립적인 글을 나타내며... 즉, 원칙적으로 이것은 녹립석으로 배포 혹은 재사용될 수 있다."

광고는 여기에 거의 완벽하게 들어 맞는다. 왜냐하면 광고는 보통 아무런 변경 없이 여러 웹 사이트에 표시될 수 있게 만들어졌기 때문이다.

다음으로 광고 아래에 나타나는 마지막 기사에 article 요소를 하나 더 추가한다. 이 마지막 기사는 세 개의 광고가 담긴 aside 요소에는 포함되지 않을 것이다. aside에 속하려면 해당 article이 페이지의 콘텐츠와는 거의 관계가 없어야 한다. 하지만 여기서는 그렇지 않다. 이 article은 페이지의 주된 콘텐츠의 일부이므로 aside에 그것을 포함하는 것은 잘못이다.

이제 세 번째 단은 두 개의 요소로 구성된다. 즉, 서로 포개져 있는 aside와 article이다. 이것들을 함께 담아서 좀 더 쉽게 스타일을 맞추기 위해 div로 감싸겠다. section이나 다른 의미적 마크업을 사용하지는 않을 텐데, 그렇게 하면 이 article과 aside가 어떻게든 주제상 서로 관련된 것이라는 의미가 되기 때문이다. 하지만 그렇지 않다. 그것들이 같은 단에 함께 있게 된 것은 단지 우리 디자인의 특징일 뿐이다.

또한 헤더 아래의 전체 상단 부분을 포괄적인 div로 묶어서 스타일을 적용하는 데 이용하겠다.

마지막으로, footer를 전통적인 위치인 페이지 하단에 포함시킨다. 푸터는 몇 개의 서로 다른 콘텐츠 덩어리를 포함하고 있고, 각 콘텐츠는 독립적이면서 개별 주제와 관련된 한 부분을 형성하기 때문에 section 요소로 그것들을 분리시켰다. 저자 정보가 하나의 section을 형성하고, 각 저자가 개별적인 중첩된 section 요소에 위치한다. 그리고 또 다른 section은 저작권과 추가적인 정보를 나타내는 데 쓰인다.

새로운 요소를 예제 페이지에 추가해보자. 이제 예제 문서가 현재 어떤 상태인지 살펴볼 수 있을 것이다.

```
[index.html 중에서]
<body>

<header>
    <nav></nav>
</header>

<div id="main">
    <div id="primary">
        <article></article>
        ...
    </div>
    <div id="secondary">
        <article></article>
        ...
    </div>
    <div id="tertiary">
        <aside>
            <article></article>
            ...
        </aside>
        <article></article>
    </div>
</div><!-- #main -->

<footer>
    <section id="authors">
        <section></section>
    </section>
    <section id="copyright"></section>
</footer>

<script src="js/scripts.js"></script>
</body>
```

그림 2.2는 우리가 사용한 주요 구조적 요소를 라벨을 통해 표시한 페이지다.

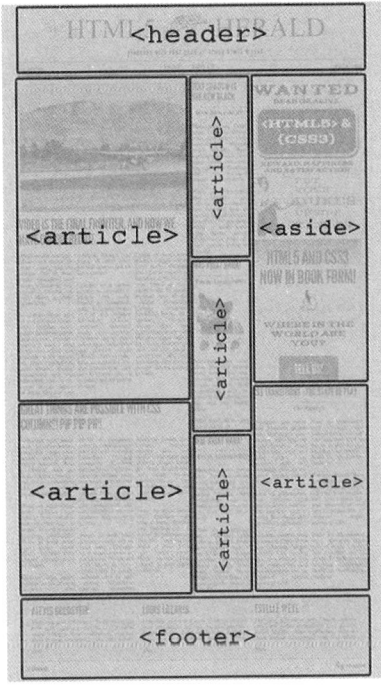

그림 2.2 | HTML5 헤럴드, HTML5의 구조적 요소로 나눈 모습

이제 콘텐츠에 사용할 튼튼한 기초 구조를 완성했다.

정리

이것으로 이번 장이 끝났다. 여기서는 HTML5의 기본 콘텐츠 구조를 살펴봤으며 그 내용을 바탕으로 예제 프로젝트를 만들기 시작했다.

다음 장에서는 HTML5가 다른 콘텐츠 유형을 어떻게 다루는지 좀 더 자세히 살펴보겠다. 또, 더 많은 새로운 HTML 요소를 다루면서 예제 페이지에 의미적 표현을 더하겠다.

HTML5 & CSS3 FOR THE REAL WORLD

03

HTML5의 의미적 표현 더 알아보기

예제 사이트는 잘 만들어지고 있다. HTML5의 새로운 요소를 이용해 콘텐츠를 손질하는 방법을 배우는 과정에서 예제 사이트에 약간의 기본 구조를 추가했다.

이번 장에서는 이미 익숙할 법한 요소에서 변화되고 개선된 내용과 함께 또 다른 새로운 요소에 관해 좀 더 살펴보겠다. 또, 예제 프로젝트에 제목과 기본 텍스트를 추가할 것이며, 검색 엔진 최적화(SEO)와 접근성 부문에서 HTML5가 지닌 잠재적 영향력을 살펴보겠다.

바로 내용으로 들어가기 전에 잠시 한 발 뒤로 물러나서 HTML5에서 제안하는 몇 가지 새로운, 그리고 약간은 까다로운 개념을 검토해보자.

콘텐츠 타입의 새로운 측면

개발자들은 레이아웃과 스타일링을 위해 HTML 페이지 내의 요소를 두 가지 범주, 즉 블록과 인라인 중 하나에 속하는 것으로 생각하는 데 익숙하다. 비록 브라우저에서는 각 요소가 여전히 블록이나 인라인 중 하나로 표시되지만 HTML5 규격은 콘텐츠의 범주화 부문에서 한발 더 나아간다. 그래서 규격에서는 좀 더 세분화된 **콘텐츠 모델**(content model)이 정의돼 있다. 콘텐츠 모델은 특정 요소 안에 포함돼야 하는 콘텐츠의 종류에 관한 폭넓은 정의다. 대체로 이것들이 마크업을 작성하는 방법에 주는 영향은 적을 것이다. 하지만 이것들에 대해 대략적이나마 알고 있는 것이 도움될 것이다. 그럼 잠시 살펴보자.

메타데이터 콘텐츠(Metadata content)

이 범주는 이름 그대로를 의미한다. 즉, 페이지 자체에는 나타나지 않지만 페이지를 표시하는 데 영향을 미치거나 페이지에 관한 다른 정보를 포함하는 데이터다. 여기에는 title, link, meta, style과 같은 요소가 있다.

플로우 콘텐츠(Flow content)

플로우 콘텐츠는 HTML 문서의 body에 이용되는 모든 요소를 포함하며, 여기에는 header, footer뿐 아니라 심지어 p와 같은 요소도 포함된다. 여기서 제외되는 요소는 문서의 흐름에 영향을 미치지 않는 요소밖에 없다. 예를 들어 페이지의 head에 포함되는 script, link, meta 요소가 여기에 해당한다.

섹셔닝 콘텐츠(Sectioning content)

이 콘텐츠가 HTML5의 콘텐츠 유형 중 가장 흥미롭고, 우리의 목적과 가장 관련이 깊다. 지난 장에서는 제목이나 푸터 혹은 aside를 포함할 수 있는 콘텐츠 블록을 가리켜 '섹션(section)'이라는 일반적인 용어를 자주 썼다. 사실 그것이 실질적으로 가리키는 것은 섹셔닝 콘텐츠였다. HTML5에서 섹셔닝 콘텐츠는 article, aside, nav, section을 포함한다. 여기서는 잠시 후에 섹셔닝 콘텐츠와 이것이 어떻게 마크업을 작성하는 방법에 영향을 미칠 수 있는지 좀 더 상세히 살펴보겠다.

헤딩 콘텐츠(Heading content)

이 콘텐츠의 유형은 특정 섹션의 헤더를 정의하며, 잠시 후에 다룰 새로운 hgroup 요소를 비롯해 여러 단계의 제목(h1, h2 등)을 포함한다.

프레이징 콘텐츠(Phrasing content)

이 범주는 대략 인라인(inline) 콘텐츠로 간주되던 것에 해당하며, em, strong, cite와 같은 종류의 요소가 포함된다.

임베디드 콘텐츠(Embedded content)

이 콘텐츠는 매우 간단한데 img, object, embed, video, canvas 등 페이지에 삽입되는 요소가 여기에 포함된다.

인터랙티브 콘텐츠(Interactive content)

이 범주는 사용자와 상호작용할 수 있는 콘텐츠를 포함한다. 이 콘텐츠는 주로 폼(form) 요소뿐 아니라 특정 속성이 존재할 때만 상호작용하는 링크나 다른 요소로 구성된다.

위의 목록을 보면 알 수 있겠지만 일부 요소는 하나 이상의 범주에 속할 수도 있다. 또한, 어떤 범주에도 맞지 않는 요소도 있다. 복잡해 보인다고 해서 걱정할 필요는 없다. 이런 구분이 있다는 것만 기억해두자. 그것으로 충분하다.

문서의 개요

이전 버전의 HTML에서는 아마 페이지에 포함된 여러 단계의 제목(h1에서 h6까지)을 이용해 특정 문서의 아웃라인을 잡았을 것이다. 새로운 단계의 제목을 추가할 때마다 아웃라인을 한 단계 더 깊은 층으로 들어가야만 했다. 예를 들어 다음의 마크업을 살펴보자.

```
<h1>제목</h1>
...
<h2>부제목</h2>
...
<h3>하위 레벨</h3>
...
<h2>다른 부제목</h2>
```

이것은 아래 그림 3.1과 같은 문서 아웃라인을 형성한다.

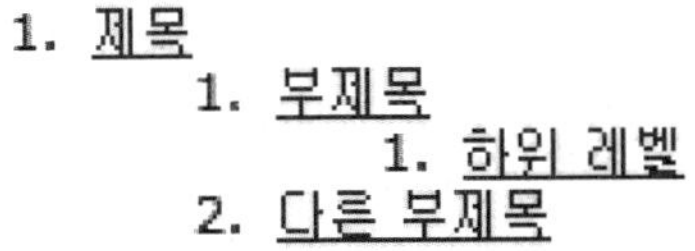

1. 제목
    1. 부제목
        1. 하위 레벨
    2. 다른 부제목

그림 3.1 | 간단한 문서 아웃라인

기존에는 순서대로 따라오는 다른 제목과 함께 하나의 페이지에 오직 하나의 h1을 포함하는 방식을 선호했다.

콘텐츠를 좀 더 쉽게 구성하고 잘 이식할 수 있게 만들고자 HTML5 규격에서는 HTML 문서의 아웃라인을 구성하는 명확한 알고리즘을 제공한다. '섹셔닝 콘텐츠'의 범주에 속하는 각 요소는 문서의 아웃라인에 새로운 노드(node)를 생성한다. 또한 섹셔닝 콘텐츠 블록 내의 제목(h1-h6) 요소는 '암묵적' 섹션을 생성한다. 위에서 살펴본 간단한 아웃라인은 사실 이렇게 만들어진 것이다.

이러한 내용은 실제보다 좀 더 복잡하게 들릴지도 모른다. 이 내용을 이해하고자 몇 가지 추가적인 HTML5 요소를 이용해 위 예제를 어떻게 다시 작성할 수 있는지 살펴보자.

```html
<section>
    <h1>제목</h1>
    ...
    <article>
        <h1>기사 제목</h1>
        ...
        <h2>기사 부제목</h2>
        ...
    </article>
    <article>
        <h1>또 다른 부제목</h1>
        ...
    </article>
</section>
```

결과적으로 위에서 살펴본 것과 정확히 같은 문서 아웃라인이 만들어진다. 각 섹셔닝 콘텐츠(이 예제에서는 article 요소)는 문서 트리에서 새로운 가지를 생성하며, 따라서 독자적인 h1을 가질 수 있다. 이런 방식으로 각 섹션은 자신의 작은 문서 아웃라인을 갖게 된다.

이 새로운 아웃라인 알고리즘의 이점은 마크업을 수정하지 않고도 전체 섹션을 통째로 전혀 다른 문서로 옮길 수 있다는 데 있다. 기존에는 포스트의 제목이 포스트 페이지에서는 h1이었지만 홈페이지나 카테고리 페이지에서는 h2나 h3가 될 수도 있었다. 하지만 이제는 제목이 하나의 섹셔닝 콘텐츠 요소에 그룹화되어 있기만 하면 어디서든 같은 마크업을 유지할 수 있다.

문서 아웃라인 테스트

HTML5에서 문서의 아웃라인을 제대로 맞추는 것이 처음에는 까다로울 수 있다. 이 때문에 어려움을 겪고 있다면 지금 보고 있는 문서의 아웃라인을 HTML5 아웃라인 알고리즘에 따라 보여주는 h5o[1]라고 하는 간편한 자바스크립트 북마클릿을 이용할 수 있다. HTML5 표준에 따라 표시되는 문서의 구조를 확인하고 필요에 따라 수정하면 된다.

h5o를 브라우저에 설치하려면 사이트에서 HTML 파일을 내려받아 브라우저에서 연다. 그러고 나서 그 링크를 즐겨찾기나 북마크로 바로 드래그해 놓는다. 그러면 이제 어떤 페이지든 문서 아웃라인을 표시하는 데 h5o 링크를 이용할 수 있다.

---

[1] http://code.google.com/p/h5o/

각 페이지상에 하나의 h1 요소를 갖도록 콘텐츠를 코딩하고 구성하는 이전 방식도 HTML5에서 여전히 유효하다. 비록 이식성이나 결합성의 이점을 놓치게 되더라도 페이지가 여전히 유효할 것이다.

> **섹셔닝 루트 이해하기**
>
> 섹셔닝 콘텐츠와는 달리(그러나 유사한) HTML5에는 섹셔닝 루트(sectioning root)라는 요소 유형도 정의돼 있다. 여기에는 blockquote, body, details, fieldset, figure, td가 포함된다. 섹셔닝 루트 요소의 다른 점은 비록 이것들이 개별적으로 자신의 아웃라인을 가질 수는 있지만 이러한 요소 내부의 섹셔닝 콘텐츠와 제목은 (자신의 아웃라인이 문서의 아웃라인이 되는 body를 제외하고) 전체 문서 아웃라인에 영향을 미치지 않는다는 것이다.

뉴스 속보

드디어 HTML5의 콘텐츠 유형과 문서 아웃라인에 대해 좀 더 확실히 알게 됐으니, 이제 다시 HTML5 헤럴드로 돌아가 기사에 제목을 붙여볼 차례다.

여기서는 간결하게 각 섹션을 개별적으로 다루겠다. 내비게이션의 바로 위에 있는 header에 제목과 부제목을 추가해보자.

```
<header>

    <hgroup>
        <h1>HTML5 헤럴드</h1>
        <h2>HTML5 &amp; CSS3를 이용해 옛 신문 스타일을 재현하다</h2>
    </hgroup>
    <nav>
    ...
    </nav>

</header>
```

hgroup 요소

우리가 작성하는 마크업에 세 가지 요소가 추가됐음을 확인할 수 있다. 바로 관례적인 h1 요소로 표시된 웹 사이트의 제목, 페이지 제목의 바로 아래에 h2 요소로 표시되는 태그라인, 그리고 제목과 태그라인을 감싸는 새로운 HTML5 요소인 hgroup이다.

hgroup 요소의 목적을 이해하고자 페이지의 아웃라인이 어떻게 만들어지는지 다시 한 번 생각해보자. hgroup 요소 없이 제목을 작성해보자.

```
<h1>HTML5 헤럴드</h1>
<h2>HTML5 &amp; CSS3를 이용해 옛 신문 스타일을 재현하다</h2>
```

그러면 그림 3.2와 같은 문서 아웃라인이 만들어질 것이다.

1. HTML5 헤럴드
    1. HTML5 & CSS3를 이용해 옛 신문 스타일을 재현하다

그림 3.2 | 부제목은 문서 아웃라인 내에서 원치 않는 노드를 만들어 낸다.

h2 요소는 새로운 암묵적인 섹션을 생성한다. 즉 뒤에 나오는 모든 콘텐츠는 자동으로 그 태그라인에서 생성되는 서브섹션 아래에 그룹화된다. 하지만 이것은 우리가 전적으로 원하는 바는 아니다. 더욱이 h2를 이용하는 추가적인 제목(예를 들어, 기사의 제목에 쓸 목적으로)을 갖게 된다면 그러한 새 제목은 태그라인과 계층적으로 같은 레벨이 될 것이다. 그림 3.3에서 보는 바와 같이 이 또한 잘못된 것이다.

1. HTML5 헤럴드
    1. HTML5 & CSS3를 이용해 옛 신문 스타일을 재현하다
    2. 기사 제목

그림 3.3 | 콘텐츠 내에서 다른 헤드라인이 태그라인과 함께 그룹화되어 나타나는 것은 잘못된 것이다.

물론, h3를 기사 제목에 사용할 수도 있다. 하지만 마찬가지로 이는 문서의 아웃라인에 문제를 일으킨다. 이제, 이 h3로 시작되는 제목은 우리의 태그라인에 포함될 것이다(그림 3.4 참조).

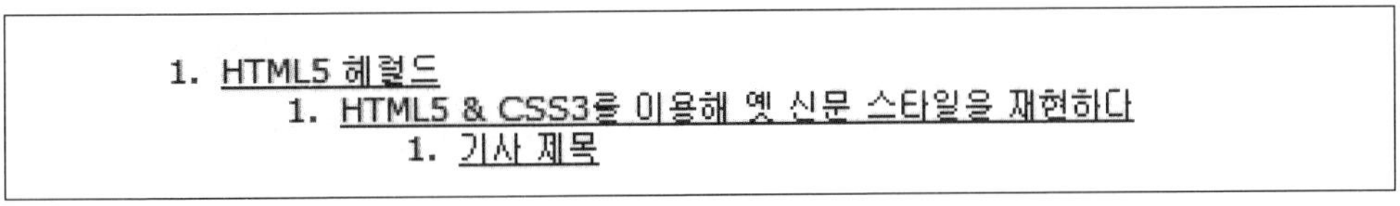

```
        1. HTML5 헤럴드
            1. HTML5 & CSS3를 이용해 옛 신문 스타일을 재현하다
                1. 기사 제목
```

그림 3.4 | 계층구조에서 한 단계 더 들어가는 제목으로는 이 문제를 해결할 수 없다.

이것 또한 바람직하지 않다. 우리는 h1 요소를 이용하는 주요 제목의 바로 아래에 새로운 기사 제목이 위치하기를 바란다.

그렇다면 태그라인을 작성하는 데 p나 span과 같은 일반적인 요소를 대신 사용하는 방법은 어떨까?

```html
<h1>HTML5 헤럴드</h1>
<p id="tagline">HTML5 &amp; CSS3를 이용해 옛 신문 스타일을 재현하다</p>
```

이렇게 해서 불필요한 가지 때문에 문서의 아웃라인이 어수선해지는 문제는 방지할 수 있지만 의미적 표현이라는 측면에서는 조금 부족한 면이 있다. 그렇다면 혹시 id 속성의 값이 tagline인 요소의 의미를 정의하는 데 유용하지 않을까, 라고 생각할지도 모르겠다. 하지만 id 속성은 브라우저가 해당 요소의 의미를 이해하는 데 이용될 수 없다. 이것은 문서의 의미적 표현에 아무것도 더하지 않는다.

여기서 hgroup 요소가 등장한다. hgroup 요소는 유저 에이전트에게 그 안에 중첩된 제목이 h1을 대표 요소로 삼는 하나의 혼합된 제목(말하자면, 제목 그룹 같은)을 형성한다는 사실을 알려준다. 이것은 문서 아웃라인이 뒤범벅되는 현상을 방지하고, 페이지 내에서 비의미적 요소의 사용을 자제하는 데 유용하다.

따라서 언제든 문서의 아웃라인에 영향을 주지 않는 작은 부제목을 포함하고 싶다면 hgroup 요소에 그 제목을 감싸 넣기만 하면 된다. 이렇게 하면 달갑지 않은 방법에 의지하지 않고도 문제를 해결할 수 있다. 그림 3.5는 두 개의 제목을 감싸는 hgroup을 이용해 헤더를 구성한 아웃라인이다.

```
        1. HTML5 헤럴드
            1. 기사 제목
```

그림 3.5 | 구원투수 hgroup

훨씬 나아졌다!

새로운 요소 더 알아보기

2장에서 살펴본 구조적 요소와 방금 다룬 hgroup 요소 외에도 HTML5에는 갖가지 새로운 의미적 요소가 도입됐다. 몇 가지 좀 더 유용한 요소를 살펴보자.

figure와 figcaption 요소

figure와 figcaption 요소는 HTML5에서 의미적 표현의 향상에 기여하는 또 다른 한 쌍의 새 HTML5 요소다. figure 요소는 규격에 다음과 같이 정의돼 있다.

> 이 요소는... 문서의 메인 콘텐츠에서 참조하는 삽화, 다이어그램, 사진, 코드 예제 등을 표시하는 데 이용할 수 있다. 하지만 문서의 흐름에 영향을 주지 않으면서 주 콘텐츠에서 떨어진 곳(예를 들어, 페이지의 측면, 별도 페이지 혹은 부록 등)으로 옮길 수 있다.

텍스트를 동반하는 차트, 그래프, 이미지 또는 예제 코드 등을 생각해 보자. 이러한 모든 유형의 콘텐츠가 figure와 혹은 figcaption을 사용하는 적절한 예다.

figcaption 요소는 단지 figure 내에 나타나는 콘텐츠의 한 부분에 대한 설명을 표시하는 한 방법이다.

figure 요소를 사용하려면 그 안에 배치되는 콘텐츠는 figure가 나타나는 본문과 어떤 관계를 맺고 있어야 한다. 그 콘텐츠를 문서에서 완전히 제거해도 문서의 내용을 여전히 완벽하게 이해할 수 있다면 아마도 figure를 사용해서는 안 될 것이다. 대신 aside나 다른 대안 요소를 사용할 필요가 있다. 마찬가지로 이미지나 목록이 문서 흐름의 일부를 이룬다면, 그래서 그것을 옮기면 글 자체를 다시 작성해야 한다면 이 경우에도 figure 대신 다른 방법을 이용하는 편이 더 나을 것이다.

article 내에 figure를 어떻게 넣을 수 있는지 살펴보자.

```
<article>
    <hgroup>
        <h1>WAI-ARIA</h1>
        <h2> 웹 앱 접근성(Web App Accessibility)</h2>
    </hgroup>
```

```
<p>Lorem ipsum dolor ... </p>

<p><a href="#fig1">그림 1</a>에서 볼 수 있는 것처럼,</a>,

<figure id="fig1">
    <figcaption> WAI-ARIA를 위한 스크린 리더 지원 </figcaption>
    <img src="figure1.png" alt="JAWS: Landmarks 1/1, Forms 4/5 ... ">
</figure>

    <p>Lorem ipsum dolor ... </p>
</article>
```

mark 요소

mark 요소는 "사용자의 현재 활동과 관련해 강조 표시된 문서의 한 부분을 나타낸다". 일반적으로 mark 요소의 사용을 고려해 볼 수 있는 곳은 많지 않다. 가장 일반적인 경우가 검색과 관련된 경우인데, 바로 검색된 키워드가 결과 내에서 깅조 표시되는 경우다.

mark를 em이나 strong과 혼동하지 말자. em과 strong 요소는 문맥상의 중요성을 나타내는 요소인데 반해, mark는 사용자의 현재 브라우징이나 검색 활동에 기반을 두고 대상이 되는 콘텐츠를 구분해 준다.

예를 들어, 사용자가 "HTML5"라는 검색어로 구글에서 검색해 사이트의 한 기사에 도달했다면 다음과 같이 mark 요소를 이용해 기사 내의 검색된 단어를 강조해서 표시할 수 있다.

```
<h1>맞아요, 여러분은 <mark>HTML5</mark>를 당장 이용할 수 있습니다!</h1>
```

mark 요소는 서버 측 코드나 페이지가 로드되고 난 후에는 자바스크립트를 통해 문서에 추가될 수 있다.

progress와 meter 요소

어떤 식으로든 추정하거나 평가하는 데이터를 표시할 수 있게 HTML5에 두 가지 새 요소가 추가됐다. 바로 progress와 meter 요소인데 이들 사이의 차이점은 상당히 미묘하다. progress는 완료상태가 정의됐는지와는 상관없이 완료를 향해 다가가는 변화 과정 중의 현재 진행 상태를 표시하는 데 사용된다. 전통적인 다운로드 진행 표시줄이 progress의 완벽한 예다.

반면 meter 요소는 명확한 최솟값과 최댓값을 지닌, 즉 범위가 지정된 요소를 표시한다. 규격에 따르면 디스크 사용량이나 투표 인구의 비율 등을 예로 들고 있다. 양쪽 모두 뚜렷한 최댓값이 정해져 있다. 그러므로 일반적으로 최댓값이 알려지지 않은 나이, 키, 몸무게 등을 표시하는데 meter를 사용하지는 않을 것이다.

우선 progress를 살펴보자. progress 요소는 작업이 완료되는 지점을 가리키는 max 속성과 작업의 상태를 가리키는 value 속성을 가질 수 있다. 이 두 속성들 모두 선택 사항이다. 다음 예제를 살펴보자.

```
<h1>작업이 현재 진행 중입니다</h1>
<p>상태: <progress min="0" max="100" value="0"><span>0</span>%</progress></p>
```

이 요소는 (약간의 자바스크립트와 함께) 작업의 진행 상태를 나타내고자 퍼센트 값을 동적으로 변화시키는 데 안성맞춤일 것이다. 위의 예제 코드에는 숫자를 감싼 <span> 태그가 포함돼 있다. 이렇게 하면 숫자를 갱신해야 할 때 스크립트에서 숫자에 바로 접근하기가 쉽다.

meter 요소에는 6개의 관련 속성이 있다. 이러한 속성으로 max와 value뿐 아니라 min, high, low, optimum 속성을 이용할 수 있다.

min과 max 속성은 범위에서 최솟값과 최댓값을 나타내며, value는 현재의 특정 수치를 가리킨다. high와 low 속성은 문맥 내에서 '높은 값' 혹은 '낮은 값'으로 여겨지는 경계를 나타낸다. 예를 들어, 시험 성적이 0%에서 100%(max)의 범위에 해당한다면, 60%보다 아래면 낮은(low) 점수로, 85%보다 위면 높은(high) 점수로 생각할 수 있다. optimum은 이상적인 값을 나타낸다. 시험 점수의 경우를 들면 optimum 값은 100이 될 것이다.

다음은 디스크 사용에 관한 meter의 예다.

```
<p>현재 디스크 총 사용량: <meter value="63" min="0" max="320"
➥low="10" high="300" title="gigabytes">63 GB</meter>
```

time 요소

날짜와 시간은 웹 페이지에서 매우 중요한 요소다. 검색 엔진은 시간에 근거해 결과를 걸러낼 수 있으며, 경우에 따라서는 특정 결과 값이 배포된 시점에 따라 검색 알고리즘에 의해 얼마간의 가중치를 얻을 수도 있다.

time 요소는 인간이 기계와 다르게 날짜와 시간을 판독할 때 발생하는 문제점을 처리하도록 특별히 고안됐다. 다음 예제를 살펴보자.

```
<p>저희는 올해 10월 12일 다음 번 개발자 컨퍼런스에 참석할 예정입니다.</p>
```

이 글을 읽는 사람은 이 이벤트가 언제 열리는지 이해할 수 있겠지만 이 정보를 분석하려는 기계에게는 조금 덜 명확할 것이다.

다음은 time 요소가 포함된 예제다.

```
<p><time datetime="2011-10-12">올해 10월 12일</time>다음 번 개발자 컨퍼런스에
➥ 참석할 예정입니다</p>
```

또한 time 요소를 이용하면 datetime 속성을 통해 내부적으로는 날짜와 시간을 명확하게 표시하면서도 원하는 어떠한 형태로든 날짜와 시간을 표현할 수 있다. 그러면 이 값은 자바스크립트를 이용하거나 혹은 브라우저 자체에 의해 언어에 특화된 형태나 원하는 형태로 전환할 수 있다. 하지만 아직까지는 어떤 브라우저도 time 요소를 특별하게 다루고 있지는 않다.

date와 함께 time을 포함하고 싶다면 다음과 같이 하면 된다.

```
<time datetime="2011-10-12T16:24:34.014Z">올해 10월 12일.</time>
```

위의 예제에서 문자 T는 시각의 시작을 표시하는 데 이용된다. 이 형식은 HH:MM:SS이고 뒤에 소수점과 밀리초(1000분의 1초)가 따라온다. 문자 Z는 선택사항이며, 해당 시간대가 국제 표준시(Coordinated Universal Time, UTC)라는 것을 나타낸다. 지역 표준시(UTC 대신)를 표시하려면 다음과 같이 플러스나 마이너스를 추가하면 된다.

```
<time datetime="2011-10-12T16:24:34.014-04:00">올해 10월 12일</time>
```

위의 예제에서 사용된 datetime 속성 외에도 time 요소에는 pubdate 속성을 사용할 수 있다. 이것은 논리 속성이며, 이 속성을 사용해 가장 가까운 상위 article 요소의 콘텐츠가 지정된 날짜에 작성됐다는 것을 표시한다. 만약 article 요소가 없다면 pubdate 속성은 문서 전체에 적용된다.

예를 들어, HTML5 헤럴드 헤더에서 신문의 발행 날짜는 pubdate 속성을 포함하는 time 요소의 완벽한 예다.

[index.html 중에서]
```
<p id="issue"><time datetime="1904-06-04" pubdate>June 4, 1904</time></p>
```

이 요소는 신문의 발행 날짜를 가리키므로 pubdate 속성을 추가했다. 이 페이지의 기사 내용 등에서 나타나는 다른 날짜에서는 이 속성을 사용하지 않는다.

time 요소에는 몇 가지 관련 규칙과 가이드라인이 있다.

- time을 지정되지 않은 날짜나 시간(예를 들어, '빙하기에'나 '지난 겨울'처럼)을 표현하는 데 사용해서는 안 된다.
- 날짜는 "BC"나 "BCE"(기원전)를 나타낼 수 없다. 날짜는 양력(그레고리력, Gregorian Calendar) 날짜여야 한다.
- datetime 속성은 유효한 날짜 문자열이어야 한다.
- time 요소에 datetime 속성이 없다면 이 요소의 텍스트 콘텐츠(열기 태그와 닫기 태그 사이에 나타나는)는 유효한 날짜 문자열이어야만 한다.

time 요소의 용도는 무궁무진하다. 캘린더 이벤트, (블로그 글, 비디오, 보도 자료 등의) 발행일, 역사적 날짜, 거래 기록, 기사나 콘텐츠 업데이트 등.

기존 기능의 변화

새로운 요소와 API가 HTML5의 주된 관심사이긴 하지만 이 최신 웹 마크업에서는 기존 요소들도 함께 변화했다. 대부분 이러한 변화는 기존에 작성된 콘텐츠가 여전히 이용 가능하도록 보장하는 하위 호환성을 염두에 두고 있다.

이미 우리는 그러한 몇 가지 변화(예를 들면, 독타입 선언, 문자 인코딩, 콘텐츠 유형, 문서 아웃라인)를 살펴봤다. 이제 HTML5 규격에 도입된 또 다른 중요한 변화를 살펴보자.

'폐기된'이라는 용어는 폐기됐다

이전 버전의 HTML과 XHTML에서 더는 사용을 권장하지 않는(그래서 규격에서 제거된) 요소는 '폐기된(deprecated)' 것으로 여겨졌다. HTML5에서는 더 이상 폐기된 요소와 같은 것은 없다. 이제는 '쓰이지 않는(obsolete)'이라는 용어가 대신 사용된다.

이것은 어쩌면 사소한 변화처럼 보일 수도 있다. 하지만 그 차이는 중요하다. 폐기된 요소는 규격에서 제거되는 반면, 쓰이지 않는 요소는 그대로 남아 있을 것이다. 이것은 바로 해당 요소를 사용하는 것이 더는 권장되지 않더라도 브라우저 제조사에서 이러한 요소를 렌더링하는 표준 방식을 여전히 유지할 수 있게 하기 위해서다. 예를 들어, W3C의 프레임(더는 쓰이지 않는 기능인)에 대한 규격 정보를 http://dev.w3.org/html5/spec/Overview.html#frames에서 확인할 수 있다.

Link 내의 블록 요소

비록 대부분의 브라우저에서 기존에도 a 요소 내에 블록 수준의 요소를 배치하는 경우를 잘 다뤘지만 이것이 실제로 유효했던 적은 없다. 대신, 유효한 HTML을 만들고자 여러 개의 a 요소를 이용하고 해당 그룹에 스타일을 적용해 하나의 블록처럼 보이게 만들어야 했다.

HTML5에서 이제는 폼 요소나 링크 이외의 어떤 것이든 유효성 오류에 대한 걱정 없이 a 요소 내에서 포함시킬 수 있게 됐다.

굵은 글씨체

HTML5에서는 굵은 글씨체가 의미적으로 정의되는 방법에 몇 가지 변화가 생겨났다. 기본적으로 대부분의 브라우저에서 텍스트를 굵게 표시하는 데는 두 가지 방법이 있다. 즉, b 요소를 이용하거나 strong 요소를 이용하는 것이다.

비록 b 요소가 폐기되지는 않았지만 HTML5 이전에도 이 요소보다는 strong 요소를 쓰도록 권장했다. 원래 b 요소는 "이 텍스트를 굵은 글씨체로 표시하라"라고 지시하는 방법이었다. 하지만 프레젠테이션은 CSS에 맡기고, HTML 마크업은 콘텐츠의 의미만 표현해야 했기 때문에 이 방법은 만족스럽지 못했다.

HTML5에서 b 요소는 '별도의 중요성을 내포하지 않은 채로 일반적인 글과 형식적인 차이를 보이는' 텍스트의 섹션을 나타내도록 재정의됐다.

한편, strong 요소는 여전히 거의 비슷한 의미를 전달한다. HTML5에서 이 요소는 '해당 콘텐츠에 대한 강한 중요성'을 표현한다. 흥미롭게도 HTML5 규격은 strong 요소의 중첩을 허용한다. 따라서 하나의 문장이 중요한 경고를 나타내는데, 그 안의 어떤 단어는 그 중에서도 좀 더 중요하다면 그 문장 전체는 하나의 strong 요소로 감싸고, 중요한 각 단어는 또다시 개별적인 strong 요소로 감쌀 수 있을 것이다.

이탤릭체

HTML5에서는 b 요소와 strong 요소의 변경과 더불어 i 요소에도 변화가 있었다. 이전에 i 요소는 간단히 이탤릭체로 표시하는 데 사용됐다. b 요소와 마찬가지로 이 정의만으로는 충분하지 않았다. HTML5에서 이 정의는 '다른 목소리나 다른 분위기로 표현되거나 일반 문장과 다른 형태로 표시되는 문장의 일부'로 바뀌었다. 그러므로 텍스트는 여전히 이탤릭체로 표시될 수도 있지만 텍스트의 겉모습은 의미적 표현과는 아무런 관계가 없으며, 이렇게 할지는 여러분에게 달렸다.

i 태그를 이용해 다른 형태를 표현하는 콘텐츠의 예는 가령 '귀류법'을 의미하는 라틴어 관용구인 'reductio ad absurdum'과 같이 다른 언어로 된 관용구일 것이다. 다른 예로는 픽션에서 꿈속의 상황을 나타내는 텍스트, 혹은 학술지 논문 내의 종의 학명 등이 있다.

em 요소는 바뀌지 않았다. 하지만 em의 정의는 이 요소의 사용을 명확히 하기 위해 확장됐다. em 요소는 여전히 구어적인 표현에서와 같은 방식으로 강조되는 텍스트를 표시한다. 예를 들어, 다음의 두 구절은 정확히 같은 문장이지만 em 요소를 다르게 사용해서 의미가 달라진다.

```
<p>해리네 그릴은 이 마을에서 최고의 <em>햄버거</em> 가게다.</p>
<p>해리네 그릴은 이 마을에서 <em>최고의</em> 햄버거 가게다.</p>
```

첫 번째 문장에서는 '햄버거'라는 단어가 강조되기 때문에 문장의 의미는 논의되고 있는 '가게'의 유형에 초점이 맞춰진다. 두 번째 문장에서는 강조가 '최고의'에 놓인다. 따라서 문장의 초점이 해리네 그릴이 정말로 동네에서 최고의 햄버거 가게인지 아닌지에 대한 것으로 바뀐다.

i 요소든 em 요소든 출판물의 제목을 표시하는 데 이용해서는 안 된다. 대신 cite(이어서 나올 '기다려왔던 cite 요소' 섹션 참조)를 이용한다.

여기서 살펴본 4가지 요소(b, i, em, strong) 가운데 콘텐츠에 문맥상의 중요성을 부여하는 단하나의 요소는 strong 요소다.

큰 글씨와 작은 글씨

big 요소는 예전에 텍스트를 큰 글씨로 표시되게 하는 데 사용했다. big 요소는 이제 쓸모가 없어졌고 사용해서는 안 된다. 그러나 small 요소는 의미가 다르지만 여전히 유효하다.

기존에 small은 '텍스트를 작은 글씨로' 표시하는 데 이용했다. HTML5에서는 '단서 및 세부사항과 같은 부가적인 주석'을 나타낸다. small 요소가 쓰일 수 있는 몇 가지 예제로는 푸터 텍스트 내의 정보, 세부사항, 이용 약관 등이 있다. 이 small 요소는 오직 짧은 문장에만 사용해야 한다.

비록 small의 표현적인 의미는 정의에서 제거됐지만 small 태그 내의 텍스트는 여전히 문서의 나머지 부분보다 더 작은 글씨로 나타날 것이다.

예를 들어, HTML5 헤럴드의 푸터는 저작권 정보를 포함한다. 이것은 기본적으로 법적인 세부사항이므로 small 요소와 딱 맞는다.

```
<small>&copy; 사이트포인트 출판사</small>
```

기다려왔던 cite 요소

cite 요소는 상당한 논란을 동반하면서 HTML5에서 재정의된 또 하나의 요소다. HTML4에서 cite 요소는 '인용구나 다른 자료에 대한 참조'를 나타낸다. 규격에 따르면 사람의 이름을 cite(예를 들어, 인용구가 한 개인의 것인 경우)로 표현하는 것이 허용됐다.

하지만 HTML5에서는 사람의 이름에 cite를 이용하는 것을 명확히 금지하고 있으므로 외관상으로 이것은 하위 호환성의 원칙에 반하는 듯하다. 이제 이 규격에서는 cite를 '작품의 제목'이라고 표현하고 있으며 책, 노래, TV 쇼, 연극을 포함한 많은 예제를 제공한다.

일부 유명한 웹 표준 지지자(제레미 키스와 브루스 로손을 포함한)는 cite 내에 사람 이름을 금지하는 이러한 새로운 정의를 반대했다. 현재 진행 중인 토론에 대한 더 자세한 정보는 이 주제를 다룬 WHATWG 위키[1] 페이지에서 확인할 수 있다.

(정의가 아닌) 설명 목록

기존의 dl(definition list, 정의 목록) 요소는 그것의 하위 요소인 dt(term, 정의 용어)와 dd(description, 정의 설명)와 함께 HTML5 규격에서 재정의됐다. 이전 규격에서는 용어와 정의뿐 아니라 대화를 표시하는 데 dl 요소를 허용했지만 현재 규격에서는 이를 금지하고 있다.

---

1 http://wiki.whatwg.org/wiki/Cite_element

HTML5에서는 더는 이러한 목록을 '정의 목록'이라고 하지 않는다. 이제는 좀 더 일반적으로 '설명 목록'이라고 한다. 설명 목록은 용어와 그것의 정의, 메타데이터 주제와 그 값, 질문과 그에 대한 답변 등을 포함해 어떤 종류든 이름-값의 쌍(name-value pair)을 표시하는 데 이용해야 한다.

다른 새로운 요소와 기능

앞에서는 일부 실용적인 새로운 요소와 기능에 관해 소개하고 자세히 살펴봤다. 이번 절에서는 HTML5 규격에 추가된 조금은 덜 알려진 요소, 속성, 기능을 다루겠다.

details 요소

이 새로운 요소는 숨겨져 있지만 추가적인 정보를 나타내기 위해 확장될 수 있는 문서의 섹션을 표시하는 데 사용한다. 이 요소는 웹에서 자주 쓰이는 기능인 제목, 상세 정보 혹은 숨겨진 기능이 담긴 접히는 박스를 제대로 지원하고자 만들어졌다.

일반적으로 이런 기능은 마크업과 스크립팅을 함께 이용해서 만든다. HTML5에서 이 요소를 포함시킨 의도는 스크립팅의 필요를 없애고, 웹 페이지 제작자를 위해 그 구현을 간편하게 하기 위해서다.

이 요소는 다음과 같이 이용할 수 있다.

```
<details>
    <summary>흥미로운 몇 가지 잡지</summary>
    <ul>
        <li><cite>들새 관찰자 요약판</cite></li>
        <li><cite>주간 노 젓는 사람들</cite></li>
        <li><cite>월간 낚시</cite></li>
    </ul>
</details>
```

위의 예제에서는 나머지 다른 내용은 숨겨진 채 summary 요소의 내용이 사용자에게 보인다. summary를 클릭하면 숨겨졌던 내용이 나타난다.

details에 정의된 summary가 없는 경우에는 유저 에이전트가 기본적인 요약 내용(예를 들어 '상세정보')을 정의한다. 숨겨진 콘텐츠가 처음부터 바로 보이길 원한다면 논리 속성인 open을 이용할 수 있다.

summary 요소는 오직 details 요소의 자식으로서만 이용할 수 있으며, 사용할 때는 summary가 항상 첫 번째 자식 요소여야 한다.

아직까지 details 요소는 브라우저에서 거의 지원되지 않는다. 마티아스 바이넨(Mathias Bynens)이 만든 것[2]을 비롯해 몇 가지 자바스크립트 기반 폴리필 정도가 이용 가능하다.

맞춤형 순서 있는 목록

순서 있는 목록(Ordered List)은 ol 요소를 이용하며, 웹 페이지에서 매우 일반적으로 사용된다. HTML5에는 reversed라고 하는 새로운 논리 속성이 도입됐는데, 이것을 사용하면 리스트 항목의 순서가 반대로 바뀐다.

순서 있는 목록을 설명하는 김에 추가하자면 HTML5는 HTML4에서는 폐기됐던 start 속성을 다시 불러왔다. start 속성을 이용하면 목록이 어떤 숫자부터 시작해야 할지 지정할 수 있다.

start 요소는 잘 지원되지만 reversed 요소는 대부분의 브라우저에서 아직 구현돼 있지 않다.

범위가 지정된 스타일

style 요소는 스타일을 직접 페이지에 삽입하는 데 이용하며, 이제 scoped라는 논리 속성을 이용할 수 있다. 다음 코드 예제를 살펴보자.

```html
<h1>페이지 제목</h1>
<article>
    <style scoped>
        h1 { color: blue; }
    </style>
    <h1>기사 제목</h1>
    <p>기사 내용.</p>
</article>
```

---

[2] http://mathiasbynens.be/notes/html5-details-jquery

scoped 속성이 존재하므로 style 요소 내에 선언된 스타일은 전체 문서가 아니라 단지 부모 요소와 그것의 자식 요소에만 적용될 것이다(캐스케이딩 규칙에서 허용한다면). 이것은 문서 내의 특정한 섹션이(위 예의 article처럼) 그와 연관된 스타일과 함께 쉽게 이식할 수 있게 만들어준다.

이것은 확실히 편리한 새로운 기능이지만 이 글을 작성하고 있는 현 시점에는 scoped 속성을 지원하는 브라우저가 없다. 임시 해결책으로 jQuery 기반의 폴리필을 https://github.com/thingsinjars/jQuery-Scoped-CSS-plugin에서 찾을 수 있다.

스크립트를 위한 async 속성

이제 script 요소에서 기존의 defer 속성과 유사한 async 속성을 사용할 수 있다. script 요소에 defer 속성을 사용하면 브라우저는 마크업 분석이 완료된 후 스크립트를 로딩하기 시작할 것이다. 반면 새로운 async 속성을 이용하면 스크립트를 비동기적으로(스크립트를 로드할 수 있게 되면 바로 로드해야 한다는 의미다) 로드할 수 있다. 이렇게 하면 스크립트가 로드되는 동안 페이지상의 다른 요소는 지연되지 않는다. defer와 async는 둘 다 논리 속성이다.

이들 속성은 오직 script 요소가 외부 파일을 정의할 때만 이용해야 한다. 오래된 브라우저에서 필요한 경우에는 어느 속성이든 사용할 수 있게 async와 defer 둘 다 포함할 수도 있다. 실제로 두 속성은 모두 스크립트가 다운로드되는 동안 브라우저의 페이지 렌더링을 멈추게 하지는 않을 것이다. 하지만 다른 렌더링 작업이 진행되는 동안 스크립트를 '백그라운드로' 로드하고, 로드가 완료되면 바로 실행하기 때문에 종종 async가 좀 더 유리할 수 있다.

async 속성은 로딩하려는 스크립트가 다른 곳에 종속적이지 않을 경우에 특히 유용하며, 페이지가 로드된 후 스크립트가 로드되는 것이 아니라 가능한 한 빨리 로드되므로 사용자 경험에도 이득이 될 것이다.

HTML5 문서의 유효성 검사

2장에서는 HTML5의 몇 가지 문법적 변화를 소개했으며, 유효성과 관련한 몇 가지 이슈를 잠시 언급했다. 페이지의 유효성 검사가 어떻게 변경됐는지 더 잘 이해할 수 있게 그러한 개념을 좀더 자세히 살펴보자.

HTML5 유효성 검사는 더 이상 코드 스타일에 신경을 쓰지 않는다. 대문자, 소문자를 사용할 수 있고, 속성의 따옴표를 생략할 수 있으며, 태그를 열린 채로 둘 수도 있고, 일관되지 않은 상태로 있어도 무방하다. 그래도 여러분의 페이지는 여전히 유효할 것이다.

그렇다면 HTML5 유효성 검사에서는 무엇이 오류로 여겨지는 걸까? HTML5 유효성 검사에서는 요소의 잘못된 사용, 부적절한 곳에 포함된 요소, 필수 속성의 누락, 잘못된 속성 값 등에 대해 경고한다. 요약하자면 유효성 검사는 마크업이 규격과 맞지 않을 때 그러한 사항을 알려주므로 이는 페이지를 개발할 때 여전히 굉장히 유용한 도구다.

하지만 대부분의 사람들은 XHTML 문서에서 시행되는 좀 더 엄격한 유효성 검사 규칙에 익숙하므로 그와 관련해서 조금 더 자세히 살펴보자. 그러면 XHTML 기반의 문서를 검사할 때는 유효하지 않았던 것 가운데 HTML5에서는 유효한 것으로 생각되는 것들이 무엇인지 이해할 수 있을 것이다.

- XHTML 기반 문법에서 필수이던 일부 요소는 HTML5 문서가 유효성 검사를 통과하는 데 더는 필수적이지 않다. 그러한 예로 html과 body 요소가 있다.
- void 요소나 아무 콘텐츠도 포함하지 않는 독립적인 요소는 닫기 사선으로 닫지 않아도 된다. 그러한 예로 <meta>와
이 있다.
- 요소와 속성에는 대문자나 소문자, 혹은 이를 혼합해서 사용할 수 있다.
- 공백으로 구분된 값이 사용되거나, 값에 URL이 나오거나, 혹은 등호(=) 문자가 포함된 쿼리스트링이 포함돼 있지 않다면 속성값 주위에 따옴표를 사용하지 않아도 된다.
- XHTML 기반 문법에서 필수인 일부 속성은 HTML5에서는 더 이상 필수가 아니다. script 요소의 type 속성과 html 요소의 xmlns 속성이 여기에 해당한다.
- 폐기되어 XHTML에서는 유효하지 않던 일부 요소가 이제 다시 유효해졌다. embed 요소가 그 중 하나다.
- 어떤 요소에도 포함되지 않는 고립된 텍스트는 XHTML 문서에서 유효하지 않다. HTML5에서는 그렇지 않다.
- XHTML에서 꼭 닫혀야 하는 요소 중 일부는 HTML5에서는 열린 채로 있어도 유효성 검사에서 오류가 발생하지 않는다. p, li, dt가 여기에 해당한다.
- form 요소에 action 속성이 꼭 필요하지는 않다.

- input과 같은 폼 요소는 form의 자식으로 바로 포함할 수 있다. XHTML에서는 폼 요소를 감싸기 위해 또 다른 요소(fieldset이나 div 같은)가 필요했다.
- textarea 요소에 rows와 cols 속성을 꼭 지정해야 할 필요는 없다.
- 폐기되어 XHTML에서 유효하지 않던 target 속성은 HTML5에서 다시 유효하다.
- 블록 요소를 a 요소 내에 배치할 수 있다.
- 앰퍼샌드(&) 문자를 페이지상에 텍스트로 나타낸다면 그때도 &로 변환할 필요가 없다.

위 목록은 완벽하진 않지만 상당히 종합적으로 XHTML과 HTML5 간의 유효성 검사의 차이를 보여준다. 일부는 취향에 따라 선택할 수 있으므로 한 가지 스타일을 선택하고 그것을 유지하자. 이전 장에서 몇 가지 바람직한 스타일에 관해 잠시 살펴봤으므로 전부가 아니라 단 몇 가지라도 실제 HTML5 프로젝트에 적용해 보길 바란다.

Lint Tools

좀 더 엄격한 가이드라인을 이용해 마크업 문법 스타일의 유효성을 검사하고 싶다면 http://lint.brihten.com/html과 같은 HTML5 lint tool을 이용할 수 있다. 이 책을 쓰던 시점에는 이 도구가 아직 개발 중이었지만 잘 작동했다. 이 도구를 이용하면 속성과 태그가 소문자인지 체크하거나, void 태그가 제대로 닫혔는지, 논리 속성이 값을 생략했는지, 닫기 태그를 빼먹지 않았는지 확인할 수 있고, 혹은 이러한 스타일 규칙을 조합해서 체크할 수도 있다. 이 도구는 심지어 마크업에서 들여쓰기가 일관성 있게 되어 있는지도 확인할 수 있다.

요약

지금까지 HTML5상의 새로운 의미적 표현과 구문론적 변화에 대해 살펴봤다. 이러한 내용 가운데 어떤 부분은 바로 이해하기가 쉽지 않을 수도 있지만 걱정하지 않아도 된다! HTML5에 익숙해지는 가장 좋은 방법은 그것을 사용하는 것이다. 지금부터라도 실제 프로젝트에서 사용해 볼 수 있을 것이다. 지난 장에서 살펴본 몇 가지 구조적 요소나 이 장에서 다룬 일부 텍스트 레벨의 의미적 표현을 사용해보자. 어떤 한 요소를 정확히 어떻게 사용해야 할지 확신이 서지 않는다면 해당 섹션으로 돌아가 해당 요소에 관해 읽어보거나 규격서 자체를 읽어보면 더 좋을 것이다.

규격서의 표현은 확실히 이 책의 텍스트보다 무미건조하겠지만 특정 요소의 사용 의도를 좀 더 완전하게 파악할 수 있을 것이다. HTML5 규격은 여전히 개발 중이므로 여기서 다룬 내용 중 일부는 바뀔 수도 있다. 하지만 규격서에는 항상 최신 정보가 포함돼 있을 것이다.

다음 장에서는 HTML5에 도입된 새로운 기능의 가장 중요한 부분을 살펴보겠다. 바로 폼과 폼 관련 기능이다.

HTML5 & CSS3 FOR THE REAL WORLD

04
HTML5 폼

지금까지 실습 페이지를 대부분 완성했으며, 이제 HTML5의 새로운 요소와 그것들의 의미적 표현에 관해 알아야 할 대부분의 내용을 알고 있을 것이다. 하지만 6장에서 다룰 이 사이트의 외관을 꾸미기 전에 HTML5 헤럴드의 초기 페이지가 아닌 가입 페이지를 잠시 살펴보겠다. 여기서는 HTML5가 웹 폼과 관련해서 무엇을 제공해야 할지를 명확하게 보여줄 것이다.

HTML5 웹 폼에는 새로운 폼 요소, input 타입, 속성 및 기타 기능이 도입됐다. 이러한 기능은 대부분 수년간 여러 곳에서 이미 우리가 이용해 온 폼 유효성 검사, 콤보 박스, 플레이스홀더 텍스트 등이다. 단지 다른 점은 기존에는 이러한 기능을 만들려면 자바스크립트를 이용해야만 했던 반면 이제는 브라우저가 이런 기능을 직접 지원한다는 점이다. 그러면 이러한 기능을 이용하고 싶을 때 마크업에 속성만 설정하기만 하면 된다.

HTML5를 이용하면 개발자들이 폼 작성을 쉽게 할 수 있을 뿐더러 사용자에게도 좋다. 브라우저에 의해 기본적으로 처리되는 클라이언트 측 검증을 통해 다양한 사이트에 걸쳐 일관성이 확보될 것이며 많은 페이지가 불필요한 자바스크립트 없이 더 빠르게 로드될 것이다.

자, 이제 시작해 보자!

툴박스의 믿을 만한 도구들

개발자들은 종종 폼을 웹 페이지에서 가장 마지막에 작성한다. 많은 개발자들이 폼을 굉장히 지루하게 생각한다. 하지만 좋은 소식은 HTML5가 폼을 코딩할 때 조금 더 재미있는 요소를 넣었다는 것이다. 이 장이 끝날 무렵에는 여러분도 마크업의 적절한 곳에 폼 요소를 사용하고 싶어하길 바란다.

그러면 간단하고 낡은 HTML로 만들어진 가입 폼부터 시작해보자.

[register.html 중에서]
```html
<form id="register" method="post">
    <hgroup>
        <h1>등록해 주세요!</h1>
        <h2>이 멋진 신문을 구독하고 싶습니다.</h2>
    </hgroup>

    <ul>
        <li>
            <label for="register-name">제 이름은요:</label>
            <input type="text" id="register-name" name="name">
        </li>
        <li>
            <label for="address">제 이메일 주소는요:</label>
            <input type="text" id="address" name="address">
        </li>
        <li>
            <label for="url">제 웹사이트 주소는요:</label>
            <input type="text" id="url" name="url">
        </li>
        <li>
            <label for="password">비밀번호는 이것이 좋겠어요:</label>
            <p>(최소 6자, 공백없이)</p>
            <input type="password" id="password" name="password">
        </li>
        <li>
            <label for="rating">제 HTML5에 대한 지식 수준은요, 1부터 10 중에서:</label>
            <input type="text" name="rating" id=rating">
        </li>
        <li>
            <label for="startdate">이 날짜부터 구독하고 싶어요:</label>
            <input type="text" id="startdate" name="startdate">
        </li>
        <li>
            <label for="quantity"><cite>HTML5 헤럴드</cite>를 <input type="text"
➥name="quantity" id="quantity">부 받고 싶습니다.</label>
        </li>
        <li>
            <label for="upsell"><cite>CSS3 이야기</cite>에도 함께 등록하겠습니다.</label>
            <input type="checkbox" id="upsell" name="upsell">
        </li>
```

```
            <li>
                <input type="submit" id="register-submit" value="Send Post Haste">
            </li>
        </ul>
</form>
```

이 예제 등록 페이지에서는 HTML의 초기 버전부터 가능했던 폼 요소를 사용한다. 이 폼은 label 요소와 p 요소를 통해 각 필드에 어떤 타입의 데이터가 필요한지 사용자에게 힌트를 준다. 사용자가 넷스케이프 4.7이나 인터넷 익스플로러 5(농담이다!)를 이용하고 있더라도 페이지를 이해할 수 있을 것이다. 작동은 하지만 확실히 개선될 여지가 있다.

이 장에서는 HTML5의 기능을 담고자 이 폼을 향상시킬 것이다. HTML5에서는 이메일 주소, URL, 숫자, 날짜 등에 특화된 새로운 input 타입을 제공한다. 이러한 새로운 input 타입을 비롯해 HTML5에는 기존의 input과 새로운 input 타입에 모두 이용할 수 있는 속성도 도입됐다. 이러한 속성을 이용하면 자바스크립트 없이도 플레이스홀더 텍스트를 표시하거나 특정 필드를 필수로 지정하거나 어떤 종류의 데이터가 허용되는지 명시할 수 있다.

여기서는 이 장의 뒷부분에서 새롭게 추가된 이 모든 input 타입을 다루겠다. 그 전에 우선 HTML5에서 제공하는 새로운 폼 속성을 살펴보자.

HTML5 폼 속성

여러 해 동안 개발자들은 사용자가 폼 필드에 입력한 정보를 검증(어떤 요소가 필수이고, 어떤 종류의 데이터를 허용한다는 등)하기 위해 자투리 자바스크립트를 작성(혹은 복사해서 붙여넣기)해 왔다. HTML5는 자바스크립트를 사용하지 않고도 어떤 값이 허용되는지 지시하고, 사용자에게 오류를 알릴 수 있는 몇 가지 요소를 제공한다.

이러한 HTML5 속성을 지원하는 브라우저는 사용자가 입력한 데이터를 개발자(바로 여러분)가 제공한 정규 표현식 패턴과 비교할 것이다. 그리고 나서 모든 필수 필드가 제대로 채워졌는지, 허용된 경우에는 다중 값을 활성화시킬지 등을 확인한다. 더 좋은 점은 이러한 속성을 포함하더라도 이전 브라우저에게는 전혀 해가 되지 않는다는 것으로, 그러한 브라우저는 이해할 수 없는 이러한 속성을 간단히 무시할 것이다. 사실 이 HTML5 폼 속성과 그러한 값은 스크립트를 이용한 대비책을 좀 더 깔끔하게 만드는 데 이용할 수 있다. 이러한 속성을 이용하면 자바스크립트 코드에 유효성 검사 패턴을 직접 입력한다거나 마크업에 불필요한 클래스를 추가하는 작업을 대신할 수 있다. 어떻게 하는지는 나중에 살펴보겠다. 우선은 새로운 속성을 각각 살펴보자.

required 속성

required 논리 속성은 해당 필드가 제대로 채워졌을 때만 폼을 전송하도록 브라우저에게 알려준다. 물론 이 속성은 필드가 빈 채로 남겨져서는 안 된다는 것을 의미하지만, 이것은 또한 어느 속성이나 필드의 타입에 따라 특정 종류의 값만 허용된다는 의미이기도 하다. 이 장의 뒷부분에서는 브라우저에게 폼 내에 어떤 종류의 데이터가 필요한지 알려주는 다양한 방법을 다루겠다.

필수 필드가 비어 있거나 유효하지 않다면 그 폼은 전송되지 않으며, 유효하지 않은 첫 번째 요소로 포커스가 옮겨간다. 오페라, 파이어폭스, 크롬에서는 사용자에게 오류 메시지를 제공한다. 예를 들어, 필드가 비어 있다면 "이 필드를 작성해주십시오"나 "값을 입력해야 합니다", 그리고 데이터 타입이나 패턴이 틀렸다면 "이메일 주소를 입력해주십시오"나 "xyz는 이 페이지에서 요구하는 형식이 아닙니다" 등이 있다.

 포커스가 맞지 않다?

잠시 쉬어가는 시간이다. 폼 요소는 사용자가 마우스로 필드를 클릭하거나 키보드로 탭을 몇 번 누르면 포커스가 맞춰진다. inout 요소에서는 키보드로 타이핑하면 해당 요소에 데이터를 입력할 수 있다.

자바스크립트 용어로 focus 이벤트는 폼 요소가 포커스를 받았을 때 발생하고, blur 이벤트는 포커스를 잃을 때 발생한다.

CSS에서는 :focus 가상(pseudo) 클래스를 이용하면 현재 포커스가 위치한 요소에 스타일을 적용할 수 있다.

required 속성은 일반적으로 디폴트 값이 지정된 button, range, color, hidden을 제외한 어떤 input 타입에서도 설정할 수 있다. 지금까지 살펴본 다른 논리 속성과 마찬가지로 문법은 간단하게 required거나 XHTML 문법을 사용하고 있다면 required="required"다.

등록 폼에 required 속성을 추가해 보자. 여기서는 이름, 이메일, 비밀번호, 구독 시작일 데이터 필드를 필수요소로 지정하겠다.

```
[register.html 중에서]
<ul>
    <li>
```

```
        <label for="register-name">제 이름은요:</label>
        <input type="text" id="register-name" name="name"
↪required aria-required="true">
    </li>
    <li>
        <label for="email">제 이메일 주소는요:</label>
        <input type="text" id="email" name="email"
↪required aria-required="true">
    </li>
    <li>
        <label for="url">제 웹사이트 주소는요:</label>
        <input type="text" id="url" name="url">
    </li>
    <li>
        <label for="password">비밀번호는 이것이 좋겠어요:</label>
        <p>(최소 6자, 공백없이)</p>
        <input type="password" id="password" name="password"
↪required aria-required="true">
    </li>
    <li>
        <label for="rating">제 HTML5에 대한 지식 수준은요, 1부터 10 중에서:</label>
        <input type="text" name="rating" type="range">
    </li>
    <li>
        <label for="startdate">이 날짜부터 구독하고 싶어요:</label>
        <input type="text" id="startdate" name="startdate"
↪required aria-required="true">
    </li>
    <li>
        <label for="quantity"><cite>HTML5 헤럴드</cite>를 <input type="text"
↪name="quantity" id="quantity">부 받고 싶습니다.</label>
    </li>
    <li>
        <label for="upsell"><cite>CSS3 이야기</cite>에도 함께 등록하겠습니다</label>
        <input type="checkbox" id="upsell" name="upsell">
    </li>
    <li>
        <input type="submit" id="register-submit" value="Send Post Haste">
    </li>
</ul>
```

접근성을 향상시키고자 required 속성이 포함될 때마다 ARIA 속성 aria-required="true"를 추가한다. 많은 스크린 리더가 새로운 HTML5 속성에 대한 지원은 부족한 반면 WAI-ARIA 기능은 지원하고 있다. 그러므로 이 기능을 추가함으로써 사용자에게 해당 필드가 필수라는 사실을 알릴 수 있는 가능성이 높아진다. WAI-ARIA에 대해서는 부록 B를 참고한다.

그림 4.1, 그림 4.2, 그림 4.3은 폼을 전송하려고 할 때 required 속성이 작동하는 방식을 보여준다.

그림 4.1 | 파이어폭스4의 필수 필드 유효성 검사 메시지

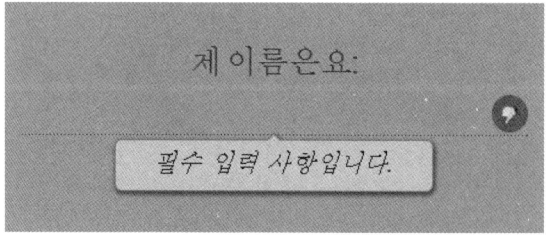

그림 4.2 | 오페라의 필수 필드 유효성 검사 메시지

그림 4.3 | 구글 크롬의 필수 필드 유효성 검사 메시지

필수 폼 필드의 스타일 적용

:required 가상 클래스를 이용하면 필수 폼 요소의 스타일을 지정할 수 있다. 또한 유효한 필드와 유효하지 않은 필드에도 :valid와 :invalid 가상 클래스를 이용해 스타일을 줄 수 있다. 이러한 가

상 클래스와 약간의 CSS 마술을 이용하면 어떤 필드가 필수인지 알려주는 시각적인 단서를 사용자에게 제공할 수 있고, 성공적인 데이터 입력에 대해 피드백을 줄 수도 있다.

```css
input:required {
    background-image: url('../images/required.png');
}
input:focus:invalid {
    background-image: url('../images/invalid.png');
}
input:focus:valid {
    background-image: url('../images/valid.png');
}
```

필수 폼 필드에는 배경 이미지(별표)를 추가한다. 또한 유효한 필드와 유효하지 않는 필드에도 개별적인 배경 이미지를 추가했다. 폼이 너무 혼란스러워 보이는 것을 피하고자 이 기능은 오직 폼 요소가 포커스를 갖게 됐을 때만 보여질 것이다.

 디폴트 스타일 주의

앞의 그림 4.1과 같이 파이어폭스4에서는 유효하지 않은 요소에 자체적인 스타일을 적용한다는 사실을 알아두자(붉은 그림자). 다음의 CSS를 이용해 내장 그림자 효과를 제거할 수 있다.

```css
:invalid { box-shadow: none; }
```

 하위 호환성

이전의 브라우저는 :required 가상 클래스를 지원하지 않을 수도 있지만 속성 선택기를 이용하면 원하는 대상에 여전히 스타일을 적용할 수 있다.

```css
input:required,
input[required] {
    background-image: url('../images/required.png');
}
```

또한 이 속성은 HTML5를 지원하지 않는 브라우저에서 별도의 폼 유효성 검사에 이용할 수 있다. 자바스크립트 코드를 이용해 비어 있는 요소에 required 속성이 존재하는지 체크할 수 있고 그런 요소가 발견되면 해당 폼의 전송을 중단하면 된다.

placeholder 속성

placeholder 속성은 폼 요소의 내부에 공간이 허용하는 한 사용자에게 어떤 데이터가 필드에 입력돼야 하는지 알려주는 짧은 힌트를 표시해준다. 플레이스홀더 텍스트는 필드가 포커스를 얻으면 사라지고, 데이터가 입력되지 않은 상태로 포커스를 잃으면 다시 나타난다. 개발자들은 수년 동안 이 기능을 자바스크립트를 이용해 제공했다. 하지만 HTML5에서는 자바스크립트 없이도 placeholder 속성을 통해 이 기능을 제공한다.

HTML5 헤럴드의 등록 폼에서는 웹사이트 URL 필드와 시작 날짜 필드에 placeholder를 넣겠다.

```
[register.html 중에서]
<li>
    <label for="url">제 웹사이트 주소는요:</label>
    <input type="text" id="url" name="url" placeholder="http://example.com">
</li>
...
<li>
    <label for="startdate">이 날짜부터 구독하고 싶어요:</label>
    <input type="text" id="startdate" name="startdate" required aria-required="true"
↪placeholder="1911-03-17">
</li>
```

하지만 placeholder 속성은 아직까지 최신 버전의 브라우저에서만 한정적으로 지원되므로 이를 요구사항에 대해 사용자에게 알리는 유일한 방법으로 사용해서는 안 된다. 힌트가 필드의 크기를 초과한다면 그러한 요구사항을 input의 title 속성이나 input 요소 옆의 별도의 텍스트로 설명한다.

현재는 사파리, 크롬, 오페라, 파이어폭스4에서 placeholder 속성을 지원한다.

자바스크립트를 이용한 폴리필링 지원

이 장의 다른 모든 기능처럼 placeholder 속성을 이용한다고 해서 이를 지원하지 않는 브라우저에서 문제가 되지는 않을 것이다.

required 속성과 마찬가지로 약간의 자바스크립트 마법을 이용하면 이전 버전의 브라우저에서도 마치 그것들을 직접 지원하는 것처럼 placeholder 속성과 그 값을 사용할 수 있다.

여기서 그렇게 하는 방법을 소개하겠다. 우선 자바스크립트를 이용해 어떤 브라우저가 지원하지 않는지 알아낸다. 그다음 그러한 브라우저에서는 '모조' placeholder를 만드는 함수를 이용한다. 이 함수는 어떤 폼 필드가 placeholder 속성을 포함하는지 알아내서 해당 속성의 내용을 가져온 후 그것을 임시로 value 속성에 넣는다.

그리고 두 개의 이벤트 핸들러를 설정해야 한다. 하나는 포커스를 받으면 필드의 값을 없애는 것이고, 다른 하나는 포커스를 잃을 때 폼 컨트롤의 값이 여전히 null이거나 공백 문자라면 placeholder 값으로 치환하는 것이다. 이 방법을 이용한다면 placeholder 속성의 값은 사용자가 실제로 입력할 수 있는 값이 되지 않도록 주의해야 하고, 폼이 전송될 때는 이 가짜 placeholder를 없애는 것을 잊어먹어서는 안 된다. 그렇게 하지 않으면 "(XXX) XXX-XXXX"로 된 수많은 데이터를 얻게 될 것이다!

placeholder 속성을 이용해 폼 요소를 점차 향상시키는 예제 자바스크립트 한 토막(jQuery 자바스크립트 라이브러리를 이용하는)을 살펴보자.

---

 jQuery

다음에 나오는 코드 예제를 비롯해 이 책의 나머지 부분에서 자주 jQuery[1] 자바스크립트 라이브러리를 이용하겠다. 이 책에서 추가하려는 효과는 평범한 자바스크립트로도 만들 수 있지만 일반적으로 jQuery 코드가 좀 더 읽기 쉽다고 생각한다. 따라서 이를 이용하는 편이 길고 복잡한 자바스크립트를 설명하는 데 시간을 보내기보다는 이 책의 핵심(HTML5 API)을 설명하는 데 더 도움될 것이다.

1 http://jquery.com/

다음은 placeholder 폴리필이다.

```
[register.html 중에서]
<script>
if (!Modernizr.input.placeholder) {

    $("input[placeholder], textarea[placeholder]").each(function() {
        if ($(this).val()=="") {
            $(this).val($(this).attr("placeholder"));
            $(this).focus(function() {
                if ($(this).val()==$(this).attr("placeholder")) {
                    $(this).val("");
```

```
                    $(this).removeClass('placeholder');
                }
            });
            $(this).blur(function() {
                if ($(this).val()=="") {
                    $(this).val($(this).attr("placeholder"));
                    $(this).addClass('placeholder');
                }
            });
        }
    });

    $('form').submit(function() {
        // 먼저 필수 요소와 폼 유효성을 모두 검사한다.
        // 최종 전송을 하기 전에 플레이스홀더를 제거한다.
        var placeheld = $(this).find('[placeholder]');
        for (var i=0; i<placeheld.length; i++) {
            if ($(placeheld[i]).val() == $(placeheld[i]).attr('placeholder')) {
                // 필수가 아니면 전송하기 전에 값을 공백으로 설정한다.
                $(placeheld[i]).attr('value','');
            }
        }
    });
}
</script>
```

이 스크립트에서 주목할 첫 번째 부분은 placeholder 속성을 지원하는지 알아내기 위해 Modernizr[1] 자바스크립트 라이브러리를 사용하고 있다는 것이다. Modernizr에 관한 좀 더 자세한 사항은 부록 A를 참고한다. 하지만 지금으로서는 브라우저가 해당 HTML5와 CSS3 기능을 지원하는지 여부를 알려주는 여러 true 혹은 false 속성을 제공한다는 사실을 아는 것만으로도 충분하다. 이번 경우에는 우리가 이용하는 속성이 매우 명확하다. 브라우저가 placeholder를 지원하면 Modernizr.input.placeholder는 true 이고, 지원하지 않으면 false가 된다.

placeholder가 지원되지 않는다는 것이 확인되면 페이지 내에서 placeholder 속성을 지닌 모든 input 요소와 textarea 요소를 찾아낸다. 그러한 각 요소에 대해 값이 채워져 있는지 확인하고, 값이 없는 경우에는 그 값을 placeholder 속성의 값으로 대체한다. 이 과정에서 요소에 placeholder 클래스를 추가한다. 이 클래스를 이용하면 CSS 를 이용해 폰트 색깔을 밝게 하거

---

[1] http://www.modernizr.com/

나 좀 더 원래의 placeholder처럼 보이게 만들 수도 있다. 사용자가 가짜 placeholder가 지정된 input에 포커스를 주면 그 값은 없어지고 클래스도 제거된다. 사용자가 포커스를 해제하면 거기에 값이 있는지 확인하고, 만약 없다면 placeholder 텍스트와 클래스를 다시 넣어준다.

이것은 HTML5 폴리필의 멋진 예다. 단지 이 속성을 자체적으로 지원하지 않는 브라우저에서만 자바스크립트를 이용해 기능을 지원하고, 이 또한 자바스크립트에 추가적인 클래스나 특별한 값을 넣는 방식이 아니라 이미 존재하는 HTML5 요소와 속성을 이용하는 것이다.

pattern 속성

pattern 속성을 이용하면 사용자가 입력한 내용이 유효한 값이 되기 위해 반드시 일치해야 하는 정규 표현식을 지정할 수 있다. 임의의 텍스트를 입력할 수 있는 모든 input에서는 pattern 속성을 이용해 어떤 형식이 허용되는지 제한할 수 있다.

pattern에서 사용되는 정규 표현식 언어는 자바스크립트와 마찬가지로 펄(Perl) 기반 정규 표현식 문법이다. 단지, pattern 속성은 입력값의 일부가 아니라 전체 값과 일치해야만 한다. pattern을 포함할 때는 사용자에게 무엇이 기대되는(그리고 필수적인) 패턴인지 항상 알려줘야 한다. 지금은 브라우저에서 마우스 커서를 올렸을 때 title의 값을 툴팁(tooltip)처럼 보여주므로 placeholder 텍스트보다 상세한 pattern 설명을 title로 이용한다.

> **정규 표현식에 대해**
>
> 정규 표현식(regular expression)은 개발자가 문자 패턴을 지정해 특정 문자열이 패턴과 일치하는지 확인할 수 있도록 대부분의 프로그래밍 언어에서 제공하는 기능이다. 초보자들은 정규 표현식을 판독하기 힘든 것으로 유명하다. 예를 들어, 문자열이 이메일 주소 형식에 맞는지 확인하는 정규 표현식은 다음과 같다.
>
> [A-Z0-9._%+-]+@[A-Z0-9.-]+\.[A-Z]{2,4}.
>
> 정규 표현식의 문법을 모두 설명하기에는 지면상 제한이 있지만 좀 더 자세히 알고 싶다면 온라인에 훌륭한 자료와 설명서가 수없이 많으니 참고하기 바란다. 웹에서 검색하거나 목적에 부합하는 패턴을 포럼에서 문의할 수도 있다.

간단한 예로, pattern 요소를 폼의 비밀번호 필드에 추가해 보자. 비밀번호는 최소 6글자 이상이며, 공백이 없어야 한다는 요구사항을 넣을 것이다.

```
[register.html 중에서]
<li>
    <label for="password">비밀번호는 이것이 좋겠어요:</label>
    <p>(최소 6자, 공백없이)</p>
    <input type="password" id="password" name="password" required pattern="\S{6,}">
</li>
```

\S는 '비공백 문자'를 의미하고, {6,}는 '최소 6번 이상'을 의미한다. 문자의 최대 길이도 지정하고 싶다면(예를 들어, 6자와 10자 사이라면) \S{6,10}과 같이 나타낼 수 있다.

required 속성과 마찬가지로 pattern 속성도 패턴이 일치하지 않으면 폼이 전송되지 않고, 오류 메시지를 표시한다.

pattern이 정상적인 정규 표현식이 아니라면 유효성을 검사할 때 무시될 것이다. 또한 placeholder와 required 속성과 비슷하게 이 속성이 지원되지 않는 브라우저에서는 이 속성의 값을 자바스크립트 유효성 검사 코드에서 속성값을 제공해 사용할 수 있을 것이다.

disabled 속성

disabled 논리 속성은 HTML5보다 오래전부터 있었지만 HTML5에서는 다소 확장됐다. 이 속성은 새로운 output 요소를 제외하고는 어떤 폼 컨트롤에서든 이용할 수 있다. 또한 이전 버전의 HTML과 달리 HTML5에서는 fieldset에 대해서도 disabled 속성을 설정할 수 있고, 이 값은 해당 fieldset에 포함된 모든 폼 요소에 적용된다.

일반적으로 disabled 속성을 지닌 폼 요소는 내용이 희미하게 표시된다. 그 텍스트는 활성화된 폼 컨트롤 값의 색상보다 연하다. 그리고 disabled 속성이 설정된 폼 컨트롤에는 포커스를 줄 수 없다. 예를 들어, 이 속성은 모든 필드가 정확하게 채워지기 전까지 전송 버튼이 비활성화돼 있게 하는 데 자주 쓰인다.

CSS에서는 :disabled 가상 클래스를 이용해 비활성화된 폼 컨트롤의 스타일을 지정할 수 있다.

disabled 속성을 지닌 폼 컨트롤은 폼과 함께 전송되지 않는다. 따라서 폼에 입력된 값은 서버 쪽 폼 처리 코드에서 이용할 수 없다. 편집할 수는 없지만 볼 수 있고 전송도 가능한 값을 원한다면 readonly 속성을 이용하면 된다.

readonly 속성

readonly 속성은 disabled 속성과 유사하다. 이 속성도 사용자가 해당 값을 수정할 수 없게 만든다. 하지만 disabled와 달리 이 필드는 포커스를 받을 수 있고, 해당 값이 폼과 함께 전송된다.

댓글 폼에서 현재 페이지의 URL이나 댓글을 달려고 하는 기사의 제목을 포함하고 싶을 수도 있다. 사용자에게는 이 데이터가 수집되지만 데이터를 수정할 수는 없다는 사실을 알려준다.

```
<label for="about">기사 제목</lable>
<input type="text" name="about" id="about" readonly>
```

multiple 속성

multiple 속성은 폼 컨트롤에 값을 여러 개 넣을 수 있음을 나타낸다. 이 속성은 이전 버전의 HTML에서도 사용할 수 있었지만 오직 select 요소에만 적용할 수 있었다. HTML5에서 이 속성은 email과 file 입력 타입에도 추가할 수 있다. 이 속성이 지정돼 있으면 사용자는 하나 이상의 파일을 선택하거나 콤마로 분리된 여러 개의 이메일 주소를 입력할 수 있다.

이 책을 쓰고 있을 당시에는 오직 크롬, 오페라, 파이어폭스에서만 다중 파일 입력을 지원했다.

 공백 혹은 콤마?

이메일 입력을 위한 iOS 터치 키보드가 공백을 포함한다는 것을 알고 있는 사람도 있을 것이다. 물론, 공백은 이메일 주소에서는 허용되지 않는다. 하지만 일부 브라우저는 공백으로 여러 개의 이메일을 구분하는 것을 허용한다. 파이어폭스4와 오페라 모두 여러 개의 이메일을 콤마나 공백으로 구분하는 기능을 지원한다. 웹킷(WebKit)은 터치 키보드에 공백이 포함되지만 공백을 이용한 분리를 지원하지는 않는다.

머지않아 모든 브라우저에서 추가적인 공백을 허용할 것이다. 그리고 아마도 대부분의 사용자가 그렇게 데이터를 입력하게 될 것이다. 게다가 이것은 최근에 규격서에도 추가된 사항이다.

form 속성

form 요소와 혼동하지 말자. HTML5에서 form 속성을 이용하면 폼 요소를 그것들을 감싸고 있지 않은 다른 폼과 연관시킬 수 있다. 이는 이제 필드셋이나 폼 컨트롤을 문서 내의 어떤 다른 폼에 결합시킬 수 있다는 의미다. form 속성은 해당 필드셋이나 컨트롤이 연결돼야 하는 form 요소의 id를 값으로 취한다.

이 속성이 없으면 컨트롤은 오직 자신을 감싸고 있는 form과 함께 전송된다.

autocomplete 속성

autocomplete 속성은 폼이나 폼의 컨트롤이 자동완성 기능을 사용해야 할지 말지를 지정한다. 대부분의 폼 필드에서는 이것이 사용자가 타이핑을 시작하면 나타나는 드롭다운을 의미한다. 비밀번호 필드에서는 브라우저가 비밀번호를 저장하게 하는 기능을 나타낸다. 수년 동안 브라우저에서는 이 속성을 지원해왔지만 HTML5 이전에는 규격상에 표시되지는 않았다.

기본적으로 자동완성 기능은 켜져 있다. 어쩌면 최근 폼을 입력하면서 이 사실을 알아챘을지도 모르겠다. 자동완성 기능을 끄려면 autocomplete="off"를 이용하면 된다. 이 방법은 신용카드 번호나 CAPTCHA(컴퓨터 사용자가 인간인지 컴퓨터 프로그램인지 구별하는 컴퓨터 테스트)와 같이 다시 이용돼서는 안 되는 민감한 정보를 입력할 때 좋은 방법이다.

자동완성은 브라우저에서도 제어한다. 사용자가 브라우저에서 이 기능을 사용하려면 자동완성 기능을 켜야 한다. 하지만 autocomplete 속성을 off로 설정하면 작동하지 않는다.

datalist 요소와 list 속성

데이터리스트는 현재 파이어폭스와 오페라에서만 지원되지만 정말 근사한 기능이다. 이 요소는 미리 정의된 자동완성 옵션을 포함한 텍스트 필드라는 일반적인 요구사항을 충족시키기 위한 요소다. select 요소와는 달리 사용자는 임의의 원하는 데이터를 입력할 수 있지만 입력을 시작하면 드롭다운 형태로 추천 옵션 내용이 표시된다.

select 요소와 마찬가지로 datalist 요소도 각 option 요소를 통해 표현되는 옵션 리스트다. input 요소의 list 속성을 이용하면 datalist와 연결시킬 수 있다. list 속성은 연결시키려고 하는 datalist 요소의 id를 값으로 가진다. 한 datalist를 여러 개의 입력 필드와 연결할 수도 있다.

위에서 설명한 내용은 실제로 다음과 같은 형태다.

```
<label for="favcolor">가장 좋아하는 색깔</label>
<input type="text" list="colors" id="favcolor" name="favcolor">
```

```html
<datalist id="colors">
    <option value="파랑색">
    <option value="초록색">
    <option value="분홍색">
    <option value="보라색">
</datalist>
```

이 기능이 지원되는 브라우저에서는 단순한 텍스트 필드가 표시되는데, 이 텍스트 필드가 포커스를 얻으면 추천 답변 목록이 드롭다운 형태로 나타난다. 그림 4.4에서 그와 같은 모습을 확인할 수 있다.

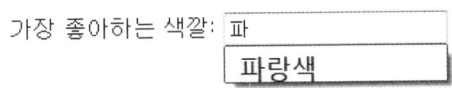

그림 4.4 | 파이어폭스에서 datalist 요소가 작동하는 모습

autofocus 속성

autofocus 논리 속성은 폼 컨트롤이 페이지가 로드되자마자 포커스를 가져야 한다는 것을 명시한다. 해당 페이지에서는 오직 하나의 폼 요소만이 autofocus를 가질 수 있다.

HTML5의 새로운 폼 입력 타입

이미 여러분은 input 요소의 type 속성에 익숙할 것이다. type은 사용자에게 어떤 종류의 입력 폼을 표시할지 결정하는 속성이다. 이 속성을 생략하거나 새로운 input 타입과 이전 버전의 브라우저처럼 이해되지 않는다고 해도 여전히 작동한다. input의 기본은 type="text"다. 이것이 바로 오늘날 HTML5 폼을 사용 가능하게 해주는 핵심이다. email이나 search 같은 새로운 input 타입을 사용한다면 이전 버전의 브라우저는 사용자에게 간단히 표준 text 필드를 표시할 것이다.

현재 우리가 만드는 등록 폼에서는 기존의 10가지 input 타입 가운데 checkbox, text, password, submit을 사용하고 있다. 다음은 HTML5 이전에도 가능했던 전체 타입이다.

- button

- checkbox
- file
- hidden
- image
- password
- radio
- reset
- submit
- text

HTML5는 좀 더 데이터에 특화된 UI 요소와 자체 데이터 유효성 검사를 제공하는 input 타입을 지원한다. HTML5에서 제공하는 전체 13가지의 새로운 input 타입은 다음과 같다.

- search
- email
- url
- tel
- datetime
- date
- month
- week
- time
- datetime-local
- number
- range
- color

이 새로운 타입을 좀 더 자세히 살펴보고, 이것들을 어떻게 이용할 수 있을지 알아보자.

Search

search 입력 타입(type="search")은 검색 필드(하나 혹은 그 이상의 검색어를 입력하기 위한 한 줄 텍스트 입력창)를 제공한다. 규격에서는 다음과 같이 설명한다.

> text 상태와 search 상태의 차이는 주로 외형적인 부분에 있다. search 필드가 일반 text 필드와 구별되는 플랫폼에서 search 상태는 일반 text 필드처럼 보이지 않고 플랫폼의 다른 search 필드와 외관상 일관된 형태로 표현될 수 있을 것이다.

많은 브라우저에서 search 입력은 브라우저나 운영체제의 검색 박스와 같은 형태로 표시된다. 일부 브라우저는 텍스트가 입력되면 필드에 x 아이콘을 표시해 마우스 클릭으로 입력값을 지우는 기능을 추가했다. 그림 4.5는 맥 OS X의 크롬에서 이과 같은 방식으로 작동하는 모습이다.

그림 4.5 | search 입력 타입은 운영체제의 검색 필드와 유사한 형태로 표현된다.

현재, 크롬과 사파리에서만 필드를 지우는 버튼이 제공된다. 오페라 11은 필드 지우기 버튼이 없는 둥근 모서리 박스를 보여주지만, 배경 색상을 포함한 어떤 스타일이라도 적용되면 일반 텍스트 필드로 바꿔서 표시한다.

물론 여전히 검색 필드에 대해 type="text"를 사용할 수도 있지만 새로운 검색 타입은 사용자에게 어디에서 사이트를 검색하는지에 대한 시각적인 힌트를 주며, 사용자에게 익숙한 인터페이스를 제공한다. HTML5 헤럴드에서는 검색 필드를 사용하지 않지만 다음 예제와 같이 검색 필드를 이용할 수 있다.

```
<form id="search" method="get">
    <input type="search" id="s" name="s">
    <input type="submit" value="Search">
</form>
```

다른 모든 새로운 입력 타입처럼 search도 지원되지 않는 브라우저에서는 일반 text 박스로 표시되므로 적절한 경우에는 항상 이용해도 해가 될 일은 없다.

이메일 주소

email 타입(type="email")은 하나나 그 이상의 이메일 주소를 입력하는 데 이용한다. 이 타입에 multiple 논리 속성을 지정하면 콤마로 구분된 여러 개의 이메일 주소를 입력할 수 있다.

등록자의 이메일 주소 항목에서 type="email"을 이용하도록 폼을 변경해보자.

```
[register.html 중에서]
<label for="email">제 이메일 주소는요:</label>
<input type="email" id="email" name="email">
```

위와 같이 입력 타입을 text에서 email로 변경했더라도 사용자 인터페이스에는 시각적으로 차이가 없음을 알 수 있다. input은 여전히 평범한 텍스트 필드처럼 보인다. 하지만 내부적으로는 차이가 있다.

만약 iOS 기기를 이용하고 있다면 그 변화를 확실하게 느낄 수 있을 것이다. 이메일 필드에 포커스를 주면 아이폰, 아이패드, 아이팟은 모두 이메일 입력에 최적화된 키보드를 표시한다(@ 기호가 포함된 키보드, 그림 4.6 참조).

그림 4.6 | iOS 기기에서 email 입력 타입을 지정하면 특화된 키보드가 나타난다.

또 파이어폭스, 크롬, 오페라는 email 입력에 대한 오류 메시지를 제공한다. 하나 혹은 그 이상의 이메일 주소로 인식할 수 없는 정보가 입력된 폼을 전송하려고 하면 브라우저는 무엇이 잘못 됐는지 알려줄 것이다. 기본 오류 메시지는 그림 4.7과 같다.

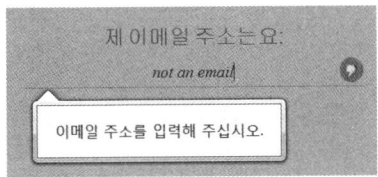 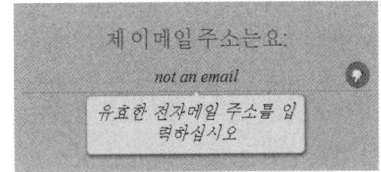

그림 4.7 | 파이어폭스 6(왼쪽)와 오페라 11(오른쪽)에서 나타난 잘못된 형식의 이메일 주소에 대한 오류 메시지

 맞춤 유효성 검사 메시지

기본으로 제공되는 오류 메시지가 마음에 들지 않을 경우 어떤 브라우저에서는 setCustomValidity(errorMsg)를 이용해 자신만의 메시지를 설정할 수 있다. setCustomValidity는 제공하려는 오류 메시지를 유일한 매개변수로 전달한다. 오류 메시지 자체를 없애고 싶다면 setCustomValidity에 빈 문자열을 전달하면 된다.

유감스럽게도 메시지의 내용을 변경할 수는 있지만 적어도 아직까지는 메시지의 외형은 바꿀 수가 없다.

URL

url 타입(type="url")은 웹 주소를 입력하는 데 이용한다. email처럼 url도 마치 일반 텍스트 필드처럼 보인다. 각종 터치스크린에서 나타나는 가상 키보드는 사선(/)과 ".com" 등을 비롯해 웹 주소를 입력하는 데 최적화된 형태로 표시된다.

url 입력 타입을 사용해 등록 폼을 업데이트하자.

```
[register.html 중에서]
<label for="url">제 웹사이트 주소는요:</label>
<input type="url" id="url" name="url">
```

오페라, 파이어폭스, 웹킷은 url 입력 타입을 지원하며, 정확하지 않은 형식의 URL은 부적합한 입력으로 알려준다. 단지 URL의 일반적인 형식만 확인하므로 q://example.xyz에서 q://가 실제 프로토콜이 아니고 .xyz가 실제 최상위 도메인이 아님에도 유효한 것으로 간주한다. 상황이 이러하므로 입력되는 값이 좀 더 구체적인 형식에 맞게 하고 싶다면 label(혹은 placeholder)에 사용자가 알 수 있게 정보를 제공하고, pattern 속성을 이용해 그 값이 맞는지 확인한다. pattern에 관해서는 앞에서 이미 자세히 살펴봤다.

> **웹킷**
>
> 이 책에서 웹킷을 언급할 때 이것은 웹킷 렌더링 엔진을 이용하는 브라우저를 지칭하는 것이다. 여기에는 사파리(데스크톱용과 iOS용 사파리 모두), 구글 크롬, 안드로이드 브라우저, 그리고 각종 모바일 브라우저가 포함된다. 웹킷 오픈소스 프로젝트에 관한 더 자세한 사항은 http://www.webkit.org/에서 확인할 수 있다.

전화번호

전화번호에 대해서는 tel 입력 타입(type="tel")을 이용한다. url, email 타입과 달리 tel 타입은 특별한 형식이나 패턴이 필요하지 않다. 문자와 숫자(실제로는 줄 바꿈이나 캐리지 리턴을 제외한 어떠한 문자라도)이기만 하면 유효하다. 여기에는 그럴만한 이유가 있다. 전 세계의 여러 국가에서는 길이도 다양하고 특수기호 등이 포함된 서로 다른 형태의 전화번호 체계를 사용한다. 따라서 한 형식을 표준으로 명시한다는 것은 불가능하다. 예를 들어, 미국의 경우 +1(415)555-1212는 415.555.1212와 똑같이 취급되고 통용된다.

정확한 형식을 가리키는 플레이스홀더나 입력 창 옆에 예제를 포함한 설명을 적어넣어 특정 형식을 사용하도록 유도할 수 있다. 또, 브라우저상의 유효성 검사를 위한 pattern 속성이나 setCustomValidity 메서드를 이용해 한 가지 형식을 요구할 수도 있다.

숫자

number 타입(type="number")은 숫자 입력을 위한 컨트롤을 제공한다. 일반적으로 이 타입은 숫자를 입력하거나 숫자를 선택하기 위해 상하 화살표를 클릭할 수 있는 '스피너(spinner)' 박스다.

number 입력 타입을 사용하기 위해 수량 필드를 변경해 보자.

```
[register.html 중에서]
<label for="quantity"><cite>HTML5 헤럴드</cite>를 <input type="number"
➡name="quantity" id="quantity">부 받고 싶습니다.</label>
```

그림 4.8은 이 코드가 오페라에서 어떻게 표시되는지 보여준다.

그림 4.8 | 오페라에서 나타나는 number input의 모습

숫자 입력 컨트롤에는 허용되는 최솟값과 최댓값을 명시하는 min과 max 속성이 있다. 이 속성을 이용할 것을 강력히 권장하는데, 만약 이용하지 않는다면 상하 화살표가 브라우저에 따라 다른 값(혹은 매우 이상한 값)을 표시할 수도 있기 때문이다.

> **숫자가 숫자가 아닐 때?**
>
> 실제로는 다른 입력 타입이 더 적절하지만 number를 이용하고 싶을 때가 있다. 예를 들어, 주소에서 번지는 숫자여야 하는 것이 당연해 보인다. 하지만 한번 생각해보자. 과연 스피너 박스에서 34154까지 클릭해서 올라가고 싶을까? 더 중요한 것은 번지수가 종종 숫자가 아닌 부분도 포함한다는 것이다. 24 1/2또는 36B 모두 number 입력 타입에는 적절하지 않다.
>
> 또한 계좌 번호도 문자와 숫자가 혼합된 형태이거나 대시(-)를 포함하고 있다. 여러분이 원하는 숫자의 패턴을 알고 있다면 pattern 속성을 이용해 보자. 단, 숫자의 범위가 너무 광범위하거나 숫자가 아닌 문자를 포함할 수 있는 필수 필드라면 number 타입을 사용하지 말아야 한다. 만일 필드가 필수가 아니라면 터치스크린 기기에서 기본으로 숫자 키보드를 표시하도록 number를 이용하고 싶을 수도 있다.
>
> 만일 number가 최선책이라고 결정했다면 pattern 속성이 number 타입에서는 지원되지 않는다는 점도 기억해 두자. 다시 말해, 브라우저가 number 타입을 지원하면 그것은 어떤 pattern보다도 우선시된다. 하지만 브라우저가 pattern만 지원하고 number 입력 타입은 지원하지 않는 경우를 대비해 pattern을 포함시켜도 좋다.

또한 step 속성을 지정할 수 있는데 이 속성은 상하 화살표를 클릭할 때 얼마만큼의 숫자가 높아지거나 낮아질지를 결정하는 속성이다. min, max와 step 속성은 오페라와 웹킷에서 지원된다.

각종 터치스크린 기기에서 number 입력 타입에 포커스를 주면 숫자 입력 터치 패드가 나타난다(전체 키보드 대신).

범위

range 입력 타입(type="range")은 이 타입을 지원하는 브라우저(현재, 오페라와 웹킷)에서 슬라이더 컨트롤을 표시한다. number 타입처럼 여기서도 min, max, step 속성을 사용할 수 있다. 규격에 따르면 number와 range의 차이점은 range에서는 숫자의 정확한 값이 중요하지 않다는 점이다. 이 타입은 불명확한 숫자를 입력해야 하는 곳에 안성맞춤이다. 그러한 사례로 고객에게 서비스에 대한 평가를 요청하는 고객 만족 설문이 있다.

예제 사이트의 등록 폼에서 range 입력 타입을 이용하도록 변경해보자. 다음은 사용자에게 1부터 10까지의 범위 내에서 자신이 가진 HTML5 지식에 대한 평가를 요청하는 필드다.

```
[register.html 중에서]
<label for="rating">제 HTML5에 대한 지식 수준은요, 1부터 10 중에서:</label>
<input type="range" min="1" max="10" name="rating" type="range">
```

step 속성은 기본값이 1이며, 따라서 이 값은 필수가 아니다. 그림 4.9는 이 입력 타입을 크롬에서 본 모습이다.

그림 4.9 | range 입력 타입을 크롬에서 본 모습

range의 초기값은 이 슬라이더의 중앙이다. 다시 말해, 최솟값과 최댓값 사이의 중간 지점이다.

규격에 따르면 지정된 최댓값이 최솟값보다 작으면 반대 방향 슬라이더(왼쪽에서 오른쪽이 아닌 오른쪽에서 왼쪽으로 값이 증가하는)가 된다. 하지만 현재 이 타입을 지원하는 브라우저는 없다.

색상

color 입력 타입(type="color")은 사용자에게 색상 선택기를 제공한다(혹은 최소한 오페라에서는 그렇다. 그리고 놀랍게도 새로운 블랙베리 스마트폰의 내장 브라우저에서도 그렇다). 이 색상 선택기는 #FF3300과 같은 16진수 RGB 색상 값을 반환할 것이다.

이 입력 타입이 제대로 지원되기 전까지는 색상 입력을 사용하고 싶다면 16진수 RGB 색상 형식이 필요하다는 것을 나타내는 플레이스홀더 텍스트를 제공하고 오직 유효한 16진수 색상 값만 입력하도록 제한하기 위해 pattern 속성을 이용한다.

예제 사이트의 폼에서 색상을 사용하지는 않지만 만약 사용한다면 다음과 같을 것이다.

```
<label for="clr">Color: </label>
<input id="clr" name="clr" type="color" placeholder="#FFFFFF"
➥pattern="#(?:[0-9A-Fa-f]{6}|[0-9A-Fa-f]{3})" required>
```

색상 선택기는 그림 4.10과 같다. '기타...' 버튼을 클릭하면 전체 칼라휠이 나타나 사용자가 어떤 16진수 색상 값이든 선택할 수 있다.

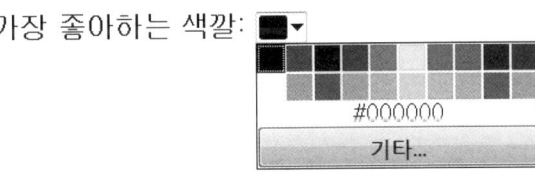

그림 4.10 | color 입력 타입을 위한 오페라의 색상 선택기

웹킷 브라우저도 color 입력 타입을 지원하고, 해당 색상이 유효한지 표시할 수 있다. 하지만 색상 선택기는 아직 지원하지 않는다.

날짜와 시간

date, datetime, datetime-local, month, time, week 등 몇 가지 새로운 날짜와 시간 입력 타입이 있다. 모든 날짜와 시간 입력은 ISO 8601 표준[2]에 따라 형식을 갖춘 데이터를 받아들인다.

date

　　이 타입은 시간을 제외한 날짜(년, 월, 일)로 구성된다. 예: 2004-06-24

month

　　년과 월만 포함한다. 예: 2012-12

2　http://en.wikipedia.org/wiki/ISO_8601

week
: 이 타입은 년과 주 번호(1부터 52)를 포함한다. 예: 2011-W01 또는 2012-W52

time
: 군대 시간 형식(24시간 시계)을 이용해 하루의 시간을 나타낸다. 예: 10.00 p.m. 대신 22:00

datetime
: 이 타입은 "T"로 분리되는 날짜와 시간을 모두 포함한다. 그 뒤에 UTC(국제 표준시, Coordinated Universal Time)를 나타내는 "Z"나 + 또는 – 문자로 표시되는 타임존이 뒤따른다. 예를 들어, "2011-03-17T10:45-5:00"은 국제 표준시보다 5시간 늦은 미국 동부시간 기준으로 2011년 3월 17일 오전 10시 45분을 나타낸다.

datetime-local
: 시간대를 생략한 것을 제외하고는 datetime과 동일하다.

이러한 타입 중 가장 일반적으로 사용되는 것은 date다. 규격에서는 브라우저가 날짜 입력기를 표시하도록 요청하고 있지만, 이 책을 쓰고 있는 지금은 아직 오페라만이 달력 입력기를 제공한다.

구독 시작 날짜 필드를 date 입력 타입을 이용해 변경해보자.

```
[register.html 중에서]
<label for="startdate">이 날짜부터 구독하고 싶어요:</label>
<input type="date" min="1904-03-17" max="1904-05-17"
➥id="startdate" name="startdate" required aria-required="true"
➥placeholder="1911-03-17">
```

이제 오페라에서 폼을 확인해 보면 그림 4.11과 같이 달력 입력기를 볼 수 있다. 유감스럽게도 현재는 CSS를 이용해 스타일을 지정할 수는 없다.

그림 4.11 | date, datetime, datetime-local, week, month 입력 타입에 대한 오페라의 날짜 선택기

오페라는 month와 week 타입에 대해서도 같은 날짜 선택기를 표시하지만 사용자는 단지 전체 달이나 주만 선택할 수 있다. 이 경우에는 개별 날짜를 선택할 수 없다. 대신 한 날짜를 클릭하는 것으로 전체 달이나 주를 선택한다.

현재, 웹킷에서는 number 타입에서 제공하는 것과 유사한 상하 화살표가 포함된 인터페이스를 제공하는 식으로 date 입력 타입을 살짝 지원하고 있다. 사파리는 이 컨트롤과 관련해 약간 특이하게 동작한다. 바로 기본값이 그레고리력의 바로 첫째 날인 1582-10-15로 지정된다는 것이다. 크롬에서의 기본값은 0001-01-01이며, 최댓값은 275760-09-13이다. 오페라에서는 좀 더 자연스럽게 현재 날짜를 기본값으로 사용한다. 이런 특이한 점 때문에 날짜 기반 입력 타입(time을 제외한 위에서 나열된 모든 타입)을 이용할 때는 반드시 최댓값과 최솟값을 포함하는 것이 좋다. 이때도 number에서처럼 min과 max 속성을 이용하면 된다.

위에서 시작 날짜 필드에 추가한 placeholder 속성이 오페라에서는 날짜 선택기 인터페이스로 인해 불필요하게 됐지만 다른 브라우저를 이용하는 사용자를 안내하는 용도로 그대로 남겨 두는 것도 괜찮다.

마침내 모든 브라우저에서 모든 새로운 입력 타입 UI를 지원하게 되면 placeholder 속성은 오로지 text, search, URL, telephone, email, password 타입에서만 의미를 갖게 될 것이다. 그 전까지는 placeholder가 이러한 필드에 어떤 데이터가 요구되는지 사용자에게 알려주는 좋은 방법이다. 비지원 브라우저에서는 이러한 필드가 일반 텍스트 필드처럼 보인다는 점을 염두에 두자.

> **동적 날짜 선택**
>
> 앞서 나온 예제에서는 min과 max 값을 HTML에 직접 입력해 넣었다. 만약 최솟값으로 현재 날짜의 다음날을 지정하고 싶다면(신문 구독 시작일이라면 이해될 것이다), 매일 HTML을 업데이트해야 할 것이다. 가장 좋은 방법은 서버상에서 허용되는 날짜의 최솟값과 최댓값을 동적으로 생성하는 것이다. 다음의 짧은 PHP 코드면 충분할 것이다.
>
> ```
> <?php
> function daysFromNow($days){
>     $added = ($days * 24 * 3600) + time();
>     echo(date("Y-m-d", $added));
> }
> ?>
> ```
>
> 이제, 정적인 날짜를 사용했던 마크업에서 위의 함수를 이용해 동적으로 날짜를 생성한다.
>
> ```
> <li>
>     <label for="startdate">이 날짜부터 구독하고 싶어요:</label>
>     <input type="date" min="<?php daysFromNow(1); ?>"
> ➥max="<?php daysFromNow(60); ?>" id="startdate"
> ➥name="startdate" required aria-required="true"
> ➥placeholder="1911-03-17">
> </li>
> ```
>
> 이런 방식으로 사용자는 폼의 의도에 맞는 날짜만 입력할 수 있게 될 것이다.

또한 date와 time 입력 타입에 step 속성을 포함할 수 있다. 예를 들어, month에서 step="6"는 사용자가 1월 또는 7월만 선택할 수 있게 제한한다. time과 datetime 입력에서 step 속성은 초단위로 표시되어야 하며, 따라서 time 입력 타입에서 step="900"은 15분 단위로 입력 값이 증가되게 한다는 의미다.

HTML5에서의 다른 새로운 폼 컨트롤

대부분의 폼 요소에서 사용 가능한 일부 속성과 함께 input 요소의 type 속성에 추가된 새로운 타입을 살펴봤다. 하지만 HTML5 웹 폼이 제공하는 것이 아직 더 남아 있다! HTML5에는 4가지 새로운 폼 요소가 더 있다. output, keygen, progress, meter가 바로 여기에 해당한다. progress와 meter는 폼 밖에서도 유용하게 자주 쓰이므로 지난 장에서 이미 살펴봤고, 이제 나머지 두 요소를 살펴보자.

output 요소

output 요소의 목적은 계산 결과를 받아 표시하는 것이다. output 요소는 사용자가 결과값을 볼 수는 있지만 직접 그 값을 변경할 수는 없거나 폼에 입력된 다른 값을 가지고 값을 구할 때 사용된다. 그러한 예로 장바구니에서 운송료와 세금이 계산된 전체 비용에 output 요소를 이용할 수 있다.

    output 요소의 값은 여는 태그와 닫는 태그 사이에 포함된다. 일반적으로 브라우저에서는 자바스크립트를 이용해 이 값을 수정할 수 있을 것이다. output 요소는 for 속성을 갖고 있으며, 이러한 for 속성은 output 요소 값의 계산에 사용되는 값의 폼 필드 id를 참조하는 데 사용된다.

    output 요소의 이름과 값은 폼과 함께 전송된다는 점도 알아두자.

keygen 요소

keygen 요소는 공개키-개인키 쌍[3]을 생성하고 그 키 쌍으로부터 공개키를 전송하는 컨트롤이다. 오페라, 웹킷, 파이어폭스 모두 이 요소를 지원하며, 생성된 키의 길이에 대한 옵션을 드롭다운 메뉴로 표시한다. 하지만 모두 각기 다른 옵션을 제공한다.

    keygen 요소는 두 가지 새로운 속성을 이용한다. challenge 속성은 공개키와 함께 전송되는 문자열을 지정하며, keytype 속성은 생성되는 키의 종류를 지정한다. 이 책을 쓰는 당시에는 공개키 암호화에 흔히 사용되는 rsa만이 keytype 값으로 지원됐다.

---

3 http://en.wikipedia.org/wiki/Public-key_cryptography

기존 폼 컨트롤과 속성의 변화

HTML5에서는 폼 컨트롤에서 몇 가지가 더 바뀌었다.

form 요소

이 장의 전체에 걸쳐 다양한 폼 필드 요소에 적용되는 속성에 관해 살펴봤다. 하지만 form 요소 자체에 대한 몇 가지 새로운 속성도 있다.

첫째로, 이미 살펴봤듯이 HTML5는 email, url과 같은 특정 입력 타입뿐 아니라 required와 pattern 속성을 이용해 폼 필드 값을 자체적으로 검증하는 여러 가지 수단을 제공한다. 하지만 이러한 입력 타입과 속성을 스타일링이나 의미적인 이유로만 이용하고 싶을 뿐 이를 통해 폼의 전송을 막고 싶지는 않을 수도 있다. 새로운 novalidate 논리 속성은 소속 필드에 대해 자체적인 유효성 검사를 하지 않고도 폼이 전송되는 것을 허용한다.

다음으로, 이제는 폼에 action 속성을 꼭 정의하지 않아도 된다. action 속성을 생략하면 그 폼은 현재 페이지에 action이 설정된 것처럼 작동할 것이다.

마지막으로, 앞서 살펴본 autocomplete 속성을 직접 form 요소에 추가할 수도 있다. 이 경우에는 폼 내부의 필드에서 직접 autocomplete 속성으로 자신을 무효화하지 않는 한 이 속성은 해당 폼의 모든 필드에 적용된다.

optgroup 요소

HTML5에서는 optgroup을 다른 optgroup의 자식 요소로 가질 수 있으며, 이것은 다중 레벨 선택 메뉴에서 유용하다.

textarea 요소

HTML4에서는 rows와 cols 속성에 값을 지정해 textarea 요소의 크기를 설정해야 했다. HTML5에서는 이러한 속성이 더는 필요하지 않다. textarea의 가로와 세로 길이를 지정하려면 CSS를 이용해야 한다.

HTML5에서는 wrap 속성이 추가됐다. 이 속성은 textarea 요소에 적용되며, soft(기본값) 또는 hard를 값으로 가질 수 있다. soft에서는 사용자가 실제로 입력한 줄바꿈 이외에는 별도의 줄바꿈 없이 텍스트가 전송되는 반면, hard에서는 필드의 길이 제한으로 브라우저에서 추가한 줄바꿈도 함께 전송된다. wrap을 hard로 지정한 경우에는 cols 속성도 지정해야 한다.

결론

HTML5 입력 요소와 속성에 대한 지원이 늘어나면서 점차 클라이언트 측 유효성 검사와 사용자 인터페이스의 개선을 위한 자바스크립트는 줄어드는 반면, 브라우저가 대부분의 힘든 일을 처리하게 될 것이다. 기존의 유저 에이전트는 당분간 그대로 머물러 있을 것 같다. 하지만 꼭 필요한 곳에서 결함을 보완해줄 적절한 폴리필과 대비책을 지닌 HTML5 웹 폼을 이용하지 않고 머뭇거릴 이유는 없다.

다음 장에서는 HTML5의 핵심 기능이라고 일컫는 내장 비디오와 오디오 기능을 추가해 HTML5 헤럴드에 계속해서 살을 붙여나가겠다.

HTML5 & CSS3 FOR THE REAL WORLD

05

HTML5 오디오와 비디오

HTML5에 관한 그 어떤 책도 새로운 video와 audio 요소를 소개하지 않고는 완성될 수 없을 것이다. 이 획기적인 새로운 요소는 비록 제한적이긴 하지만 이미 웹에서 이용되고 있으며, 점점 더 많은 개발자와 콘텐츠 제작자들이 자신들의 프로젝트에 이러한 요소를 포함시키기 시작했다.

HTML5 헤럴드에서는 3단 레이아웃 중 첫 번째 단에 video 요소를 배치해 넣겠다. 그러나 이 video 요소의 세부 내용과 다양한 속성, 그리고 관련 요소를 세부적으로 살펴보기에 앞서 오늘날 웹상의 비디오가 처한 상황을 먼저 간단히 살펴보자.

video 요소를 예제 프로젝트에 사용하고 있으므로 이 장에서는 대체로 video 요소에 초점을 맞추겠다. 하지만 audio 요소도 비교적 동일하게 작동한다. 여기서 사용할 video 요소의 거의 모든 속성과 프로퍼티가 audio에도 마찬가지로 적용된다. 예외사항이 있는 경우에는 해당 부분을 확실히 짚고 넘어가겠다.

탄생 배경

지금까지 웹에서의 멀티미디어 콘텐츠는 대부분 서드파티 플러그인이나 브라우저에 통합되는 애플리케이션의 도움으로 웹 페이지에서 사용됐다. 그러한 소프트웨어의 예로는 퀵타임(QuickTime), 리얼플레이어(RealPlayer), 실버라이트(Silverlight) 등이 있다.

지금까지 비디오와 오디오를 동작시키는 가장 인기 있는 방법은 어도비(Adobe)의 플래시 플레이어 플러그인을 사용하는 것이다. 플래시 플레이어 플러그인은 처음에 매크로미디어(Macromedia)에서 개발했고, 어도비가 2005년에 회사를 인수한 이후로 지금은 어도비에서 관리하고 있다. 이 플러그인은 90년대 중반부터 이용할 수 있었지만 2000년대에 들어와서야 비디오 콘텐츠를 제공하는 대중적인 방법으로 사용되기 시작했다.

HTML5 이전까지는 웹 페이지에서 비디오를 사용하는 표준 방식이 없었다. 어도비의 플래시 플레이어와 같은 플러그인은 오로지 어도비에서만 관리하고 공동 개발을 위해 공개돼 있지 않다.

HTML5에서 video와 audio 요소를 도입하면서 이 문제가 해결되고, img 요소와 같이 멀티미디어가 웹의 자연스러운 한 부분으로 자리 잡았다. HTML5 덕분에 사용자는 콘텐츠를 보기 위해 서드파티 소프트웨어를 내려받을 필요가 없어졌으며, 스크립트를 통해 비디오나 오디오 플레이어에 쉽게 접근할 수 있게 됐다.

기능 지원의 현재 상태

HTML5 비디오와 오디오가 이론적으로는 정말 멋지게 들릴지도 모르지만 유감스럽게도 실제로는 그렇게 단순하지만은 않다. HTML5의 새로운 멀티미디어를 웹 페이지에 포함시키려면 많은 요소를 고려해야 한다.

우선, 브라우저의 지원 상태를 이해해야 한다. 이 책을 쓸 당시 상당한 시장 점유율을 차지하고 있지만 HTML5 비디오와 오디오를 자체적으로 지원하지 않는 브라우저들이 바로 인터넷 익스플로러 8과 그 이전 버전이었다. 공교롭게도 여전히 무시할 수 없을 만큼의 사용자가 이러한 버전을 사용하고 있다.

다른 주요 브라우저 제조사에서는 현재 대중적으로 사용되는 버전에서 HTML5 비디오를 지원하고 있다(크롬 3 이상, 사파리 4 이상, 파이어폭스 3.5 이상). HTML5 비디오를 지원하지 않았던 이전 버전의 크롬(버전 2)은 거의 사용되지 않고 있으며, 사파리와 오페라의 이전 버전도 마찬가지다.

인터넷 익스플로러의 시장 점유율이 상당하다고 하더라도 여러분의 페이지에서는 HTML5 비디오를 바로 사용할 수 있다. 잠시 후에 새로운 video 요소가 어떻게 하위 호환성을 염두에 두고 설계됐는지 살펴보겠다. 이제 video 요소가 지원되지 않는 브라우저를 이용하는 사용자도 여전히 멀티미디어 콘텐츠에 video 요소를 이용할 수 있을 것이다.

비디오 컨테이너 포맷

웹상의 비디오는 컨테이너 포맷과 코덱에 기초한다. ZIP 파일이 일반 파일을 감싸거나 포장하는 것처럼 **컨테이너**(container)는 사용하려는 비디오 파일을 구성하는 모든 필수 데이터를 포함하는 저장고다. 일부 잘 알려진 비디오 컨테이너로는 플래시 비디오(.flv), MPEG-4(.mp4나 .m4v), AVI(.avi)가 있다.

비디오 컨테이너에는 많은 데이터가 담기는데 이 데이터에는 비디오 트랙, 오디오와 비디오를 동기화하는 데 도움을 주는 마커를 비롯한 오디오 트랙, 언어 정보, 내용을 설명하는 여러 가지 메타데이터가 들어 있다.

HTML5와 관련이 있는 비디오 컨테이너 포맷으로는 MPEG-4, Ogg, WebM이 있다.

비디오 코덱

비디오 **코덱**(codec)은 멀티미디어 데이터 스트림을 인코딩, 디코딩하는 알고리즘을 정의한다. 코덱은 데이터 스트림을 전송, 저장, 암호화하기 위해 인코딩할 수 있으며, 데이터 스트림을 재생하거나 편집하기 위해 디코딩할 수 있다. HTML5 비디오에서는 비디오 스트림의 디코딩과 재생을 다룬다. HTML5에 가장 적합한 비디오 코덱은 H.264, Theora, VP8이다.

오디오 코덱

비디오의 프레임이 아닌 사운드의 스트리밍을 다룬다는 것을 제외하면 이론적으로 오디오 코덱은 비디오 코덱과 똑같은 방식으로 작동한다. HTML5에 가장 적합한 오디오 코덱은 AAC와 Vorbis다.

현재 브라우저에서는 어떤 조합이 작동할까?

브라우저가 HTML5의 새로운 video 요소를 이용해 비디오를 끼워 넣는 표준화된 방법을 만들 수 있게 단 하나의 컨테이너, 비디오 코덱, 오디오 코덱을 선택하게 했다면 참 좋았겠지만 유감스럽게도 이렇게 하기가 그리 쉽지는 않다(상황이 호전되고 있긴 하지만).

표 5.1은 가장 인기 있는 브라우저 버전에서 지원하는 비디오 컨테이너와 코덱을 요약해서 보여준다. 이 표에는 HTML5 video 요소를 지원하는 브라우저 버전만 포함돼 있다.

표 5.1 브라우저별 HTML5 video 요소 지원

컨테이너/ 비디오 코덱/ 오디오 코덱	파이어 폭스	크롬	인터넷 익스플로러	오페라	사파리	iOS 사파리	안드로 이드
Ogg/ Theora/ Vorbis	3.5+	3+	—	10.5+	—	—	—
MP4/H.264/ AAC	—	3-11	9+	—	4+	2.1+[a]	4+
WebM/VP8/ Vorbis	4+	6+	9+[b]	10.6+	—	—	2.3+

[a] 안드로이드 2.3 이전 버전은 비디오 재생을 위해 자바스크립트가 필요하다.
[b] 인터넷 익스플로러 9는 사용자가 윈도우에 VP8 코덱을 설치했을 경우 VP8 코덱을 이용해 WebM 비디오 재생을 지원한다.

현재 오페라 미니와 오페라 모바일은 HTML5 video를 지원하지 않지만 오페라는 다음 버전에서 지원할 계획이라고 발표했다.[1]

라이선스 이슈

새로운 video 요소 자체는 어디서나 무료로 이용할 수 있지만 컨테이너와 코덱은 항상 그렇게 간단하진 않다. 예를 들어, Theora와 VP8(WebM) 코덱은 특허가 걸려 있지 않지만 H.264 코덱은 특허가 걸려 있으며, 이 코덱에 대한 라이선스 권한은 MPEG-LA 그룹에 있다.

현재 H.264와 관련해서 비디오가 사용자에게 무료로 제공된다면 로열티를 지불하지 않아도 된다. 하지만 자세한 라이선스 이슈는 이 책의 범위와 목적을 훨씬 넘어서는 내용이므로 여기서는 단지 웹 페이지에 HTML5 video를 포함하려고 할 때 특정 비디오 포맷을 사용하기 전에 약간의 조사가 필요할 수도 있다는 점만 알아두자.

마크업

컨테이너, 코덱, 브라우저 지원과 라이선스 이슈에 관한 필요한 모든 내용을 살펴봤으니, 이제 video 요소 및 그와 관련된 속성에 관한 마크업을 살펴볼 차례다.

---

[1] http://my.opera.com/operamobile/blog/2010/12/04/developing-opera-mobile-for-android/

HTML5 video를 웹 페이지에 포함시키는 가장 간단한 방법은 다음과 같다.

    <video src="example.webm"></video>

그러나 앞서 나온 섹션을 통해 짐작할 수 있듯이, 이 코드는 일부 브라우저에서만 작동한다. 하지만 이것은 HTML5 video가 어느 정도 작동하기 위한 최소한의 코드다. 완벽한 세상이라면 이 코드가 어디서든 작동하겠지만(img 요소가 어디서든 작동하는 것처럼) 아직은 조금 먼 훗날의 일이다.

img 요소와 비슷하게 video 요소도 width와 height 속성을 포함해야 한다.

    <video src="example.webm" width="375" height="280"></video>

마크업에서도 이 크기를 설정할 수는 있지만 비디오의 화면 비율에는 영향을 주지 못한다. 예를 들어, 위 예제에서 비디오의 크기가 실제로는 375×240이고, 마크업이 위와 같다면 비디오는 HTML에서 지정된 280픽셀의 세로 공간 내에서 중앙에 위치할 것이다. 이렇게 하면 비디오가 불필요하게 늘려져서 왜곡돼 보이는 현상을 예방할 수 있다.

width와 height 속성에는 오직 정수만 지정할 수 있으며, 값의 단위는 항상 픽셀이다. 물론 이 값은 스크립트나 CSS로 변경할 수 있다.

내장 컨트롤 사용

동영상을 삽입해 넣었더라도 사용자가 재생, 일시 정지, 정지, 탐색, 볼륨 조절을 할 수 없다면 완성됐다고 할 수 없다. HTML5의 video 요소에는 이 기능을 위한 controls 속성이 있다.

    <video src="example.webm" width="375" height="280" controls></video>

controls는 논리 속성이며, 따라서 값이 필요하지 않다. 마크업에 이 속성이 포함돼 있다는 것은 브라우저가 이 컨트롤을 눈에 보이게 표시해서 사용자가 이용할 수 있게 한다는 의미다.

내장 비디오 컨트롤의 모습은 브라우저마다 다르다. 그림 5.1부터 5.4에서는 이 컨트롤의 모습이 브라우저에서마다 어떻게 다른지 보여준다.

그림 5.1 | 파이어폭스 4에서의 내장 비디오 컨트롤

그림 5.2 | 인터넷 익스플로러 9에서의 내장 비디오 컨트롤

그림 5.3 | 오페라 11에서의 내장 비디오 컨트롤

그림 5.4 | 크롬에서의 내장 비디오 컨트롤

autoplay 속성

대부분의 경우 이 속성을 사용하는 것은 바람직하지 못하므로 이 특수한 속성에 대해 언급하지 않는 편이 더 좋을 수도 있겠지만 이 속성이 적합한 경우도 있을 것이다. autoplay 논리 속성은 정확히 말 그대로 작동한다. 웹 페이지가 가능한 한 빨리 동영상을 재생하게 하는 것이다.

일반적으로 이는 바람직하지 않은 기능이다. 웹 사이트가 로드되자마자 비디오나 오디오가 재생되기 시작하면 얼마나 거슬리는지 대부분 너무나 잘 알고 있다. 특히 스피커가 켜져 있다면 더욱 그렇다. 가장 좋은 방법은 사용자가 직접 요청했을 때만 웹 페이지의 사운드와 움직임이 작동하게 하는 것이다. 하지만 그렇다고 해서 autoplay 속성을 절대 이용하지 말아야 한다는 의미는 아니다.

예를 들어, 요청되는 페이지에 오로지 동영상만 포함돼 있다면(즉, 사용자가 오직 특정 동영상을 볼 목적으로 어떤 페이지에 대한 링크를 클릭했을 때처럼) 이 동영상이 자동으로 재생되게 하는 것이 자연스러울 수도 있다. 물론 비디오의 크기나 주변 콘텐츠와 사용자에 따라 달라지긴 하겠지만 말이다.

이 속성은 다음과 같이 사용한다.

```
<video src="example.webm" width="375" height="280" controls autoplay></video>
```

> **아이폰에서의 자동 재생**
>
> 아이폰의 사파리는 autoplay 속성을 무시할 것이다. 모든 동영상은 사용자가 재생 버튼을 누른 후에야 시작된다. 모바일 대역폭은 흔히 제한적이므로 이렇게 하는 것은 합리적이라고 할 수 있다.

loop 속성

이용하기 전에 신중히 생각해야 할 또 하나의 속성은 loop 논리 속성이다. 이 속성도 명확해서 굳이 설명할 필요가 없을 것이다. 규격서에 따르면 이 속성을 사용하면 브라우저에게 "끝에 도달하면 미디어 리소스가 시작하는 부분으로 되돌아가라"라고 말하는 셈이다.

그러므로 방문자를 화나게 하는 것이 유일한 목적인 웹 페이지를 생성하려면 다음과 같은 코드를 포함하면 된다.

```
<video src="example.webm" width="375" height="280" controls autoplay loop></video>
```

자동 재생과 무한 반복! 여기서 내장 컨트롤만 제거하면 최악의 사례에 필요한 세 가지 요소를 완벽하게 갖추는 셈이다.

물론, loop가 유용할 만한 상황도 일부 있다. 페이지가 열려 있는 동안 계속해서 잔잔한 사운드와 음악이 재생되어야 하는 브라우저 기반 게임을 상상해보자.

preload 속성

앞서 살펴본 두 가지 속성과 달리 preload 속성은 많은 경우에 확실히 도움될 수 있다. preload 속성에는 다음의 세 가지 값 중에서 하나를 지정한다.

auto
: auto 값은 동영상이 재생되기 전에 동영상 및 그와 관련된 메타데이터의 로딩을 시작하게 한다. 이렇게 하면 브라우저는 사용자가 동영상 재생을 요청했을 때 좀 더 빨리 시작할 수 있다.

none

> none 값은 사용자가 재생을 누르기 전에 백그라운드로 동영상이 로드되지 못하게 한다.

metadata

> 이 값은 비록 동영상 자체는 아직 로드되지 않지만 동영상과 관련된 메타데이터(예를 들어, 화면 크기, 전체 재생 시간 등)가 먼저 로드될 수 있다는 점을 제외하고는 none 값처럼 동작한다.

특수한 이 속성은 생략되는 경우에 지정될 기본값이 규격에 정의돼 있지 않다. 각 브라우저가 이 세 값 가운데 어느 값이 기본 상태가 되어야 할지를 결정하는데, 이것은 일리 있는 방식이다. 이런 식으로 데스크톱 브라우저는 동영상과 메타데이터를 함께 혹은 둘 중 하나를 자동으로(실질적인 부정적 효과 없이) 미리 로드하도록 허용하는 반면, 대역폭 제한으로 동영상 다운로드 여부를 선택할 수 있길 원하는 모바일 사용자를 위해 모바일 브라우저에서는 metadata 또는 none 중 하나를 기본값으로 삼을 수 있다.

poster 속성

웹에서 어떤 동영상을 보려고 하면 콘텐츠의 미리보기 화면을 제공하기 위해 일반적으로 해당 동영상의 한 프레임이 표시된다. poster 속성을 이용하면 그러한 미리보기 화면을 손쉽게 선택할 수 있다. 이 속성은 src 속성과 비슷하게 URL을 이용해 서버상의 이미지 파일을 가리킨다.

다음은 video 요소가 poster 속성을 포함했을 때 어떤 모습인지 보여준다.

```
<video src="example.webm" width="375" height="280"
↪poster="teaser.jpg" controls></video>
```

비록 poster 속성이 유용하긴 하지만 iOS3(iOS4에서는 수정됨)에서는 이 속성이 존재하면 동영상을 재생하지 못하는 버그가 있다. 많은 사이트 방문자가 iOS 3.x를 이용한다는 사실을 알고 있다면 poster 속성을 사용하지 않거나 특별히 그러한 기기에 대해서는 이 속성을 제거하는 편이 좋을 것이다.

audio 속성

audio 속성은 video 요소에서의 오디오 트랙의 기본 상태를 제어하며, 현재는 단 한 가지 값만 지원한다. 바로 muted다. 규격에서는 기본 오디오 트랙이나 볼륨을 지정하고자 앞으로 다른 값이 추가될 수도 있다고 기술하고 있다.

muted 값은 동영상의 오디오 트랙이 기본적으로 무음이 되게 하며, 사용자의 기본 선택보다 우선시될 것이다. 이 속성은 오직 요소의 초기 상태만을 제어한다. 사용자가 컨트롤을 이용해 조작하거나 자바스크립트를 이용하면 이를 바꿀 수 있다.

다음은 이 속성이 video 요소에 추가된 모습이다.

```
<video src="example.webm" width="375" height="280"
➥poster="teaser.jpg" audio="muted"></video>
```

다중 비디오 포맷 지원

앞에서 살펴본 바와 같이 하나의 컨테이너 포맷을 이용해 비디오를 서비스하는 것이 video 요소를 사용하는 최종적인 목표이자 앞으로 실현되길 희망하는 방법이지만 현재로서는 불가능하다. 다중 비디오 포맷을 포함할 수 있게 video 요소에 source 요소를 정의할 수 있으며, 이로써 모든 유저 에이전트는 자신에게 적합한 포맷을 이용해 동영상을 재생할 수 있다. 이러한 source 요소는 video 요소의 src 속성과 같은 기능을 제공한다. 따라서 source 요소를 이용할 경우에는 비디오를 대상으로 따로 src를 명시할 필요가 없다.

현재의 브라우저 지원을 고려하면 다음과 같이 source 요소를 선언할 수 있다.

```
<source src="example.mp4" type="video/mp4">
<source src="example.webm" type="video/webm">
<source src="example.ogv" type="video/ogg">
```

source 요소(묘하게도)에는 비디오 파일의 위치를 지정하는 src 속성이 있다. 또한 type 속성을 이용해 해당 리소스의 컨테이너 포맷을 지정할 수 있다. 이 type 속성은 브라우저가 해당 파일을 재생할 수 있을지 판단할 수 있게 해서 지원하지 않는 포맷을 불필요하게 다운로드하는 것을 막는다.

또한 type 속성에는 코덱 매개변수를 구체적으로 지정할 수 있는데, 이 매개변수는 해당 파일의 비디오와 오디오 코덱을 정의한다. 다음은 코덱이 구체적으로 명시된 source 요소의 모습이다.

```
<source src="example.mp4" type='video/mp4; codecs="avc1.42E01E, mp4a.40.2"'>
<source src="example.webm" type='video/webm; codecs="vp8, vorbis"'>
<source src="example.ogv" type='video/ogg; codecs="theora, vorbis"'>
```

컨테이너와 코덱 값을 넣기 위해 type 속성의 구문이 약간 수정된 것을 확인할 수 있다. 값을 감싸고 있던 큰따옴표는 작은따옴표로 바뀌었으며, 또 다른 한 쌍의 큰따옴표로 코덱 값을 포함시켰다.

언뜻 보기에는 약간 혼란스러울 수도 있지만, 일단 비디오 인코딩 방법(이 장의 후반부에 다루게 될)을 한번 설정해 놓으면 대부분의 경우에는 그 값을 단지 복사해서 붙여 넣는 식으로 이용하게 될 것이다. 중요한 점은 브라우저가 어떤 파일을 재생할 수 있을지(할 수 있는 게 있다면) 판단할 수 있게 해당 파일에 대한 정확한 값을 정의하는 것이다.

source 순서

위의 예를 살펴보면 MP4/H.264/AAC 컨테이너/코덱 조합이 맨 처음으로 포함됐다. 이는 비디오가 아이패드에서 제대로 재생될 수 있게 만들기 위해서다. 아이패드에서는 어떤 버그로 인해 오직 첫 번째 source 요소만 인식한다. 다음 버전의 아이패드에서는 이 버그가 고쳐지겠지만 지금으로서는 호환성을 위해 MP4/H.264 파일을 처음에 포함시킬 필요가 있다.

첫 번째 source 요소는 인터넷 익스플로러 9, 사파리, 이전 버전의 크롬에 의해 인식되며, HTML5를 지원하는 상당히 많은 수의 브라우저가 여기에 포함된다.

목록의 다음 요소로는 WebM/VP8/Vorbis 컨테이너/코덱 조합을 정의했다. 이 컨테이너/코덱 조합은 앞으로 H.264에 대한 지원을 그만두게 될 크롬의 최신 버전에서 지원된다. WebM 비디오는 크롬뿐 아니라 파이어폭스 4와 오페라 10.6에서도 재생될 것이다.

마지막으로, 세 번째 source 요소로는 Ogg/Theora/Vorbis 컨테이너/코덱 조합이 선언되며, 이것은 파이어폭스 3.5와 오페라 10.5에서 지원된다. 물론 다른 브라우저도 이 조합을 지원하지만 source의 순서에서 이 포맷보다 다른 포맷이 먼저 나타나므로 다른 포맷이 사용될 것이다. 오직 이 조합만 지원하는 브라우저의 최신 버전에서는 위의 다른 포맷을 지원하고 있다. 따라서 이처럼 오래된 버전이 충분히 드물어지면 앞으로는 이 포맷을 제공하지 않아도 될 것이다.

세 가지 파일 포맷이 선언된 이 source 요소가 video 요소의 자식 요소로 배열되어 이제 코드는 다음과 같은 모습이 된다.

```
[index.html 중에서]
<video width="375" height="280" poster="teaser.jpg" audio="muted">
    <source src="example.mp4" type='video/mp4; codecs="avc1.42E01E, mp4a.40.2"'>
    <source src="example.webm" type='video/webm; codecs="vp8, vorbis"'>
    <source src="example.ogv" type='video/ogg; codecs="theora, vorbis"'>
</video>
```

이제 코드 내의 video 요소에는 src 속성이 없다는 것을 확인할 수 있다. 불필요해졌을 뿐 아니라 이 요소를 사용하면 source 요소에 지정된 비디오 파일을 무용지물로 만들어버릴 것이다.

인터넷 익스플로러 6~8은 어떻게 될까?

video 요소 내에 포함시킨 이 세 가지 source 요소도 최신 브라우저는 모두 커버할 것이다. 그러나 비디오가 아직도 한 부류의 꽤 많은 이용자에게는 재생되지 않을 것이다. 앞서 언급한 것처럼 여전히 상당수의 사용자가 HTML5 비디오를 지원하지 않는 브라우저를 사용하고 있다. 이러한 사용자들은 대부분 인터넷 익스플로러 9 이전 버전을 쓰는 사용자다.

하위 호환성의 원칙에 따라 HTML5 video 요소는 몇 가지 대안적인 방법을 이용해 이전의 브라우저도 이 비디오에 접속할 수 있게 설계됐다. 이 video 요소를 인식하지 못하는 이전의 브라우저는 video의 자식 요소인 source와 함께 이 요소를 간단히 무시할 것이다. 하지만 video 요소가 유효한 HTML로 인식할 수 있는 내용을 포함한다면 브라우저는 대신 그 내용을 읽고 표시할 것이다.

그렇다면 이를 지원하지 않는 브라우저에게는 어떤 종류의 콘텐츠를 제공할 수 있을까? 어도비[2]에 따르면 99%의 사용자가 자신의 시스템에 플래시 플러그인을 설치해서 사용한다고 한다. 게다가 이러한 플래시 플러그인은 대부분 MPEG-4 비디오 컨테이너 포맷을 지원하는 버전 9나 그 이후 버전이다. 인터넷 익스플로러 6부터 8(그리고 HTML5 비디오를 지원하지 않는 다른 오래된 브라우저)까지는 비디오를 재생하게 하기 위한 하나의 대비책으로 내장 플래시 비디오를 이용한다. 다음은 플래시를 이용한 대비책 코드를 포함한 HTML5 헤럴드의 비디오에 대한 전체 코드다.

---

[2] http://www.adobe.com/products/player_census/flashplayer/version_penetration.html

[index.html 중에서]

```html
<video width="375" height="280" poster="teaser.jpg" audio="muted">
    <source src="example.mp4" type='video/mp4; codecs="avc1.42E01E, mp4a.40.2"'>
    <source src="example.webm" type='video/webm; codecs="vp8, vorbis"'>
    <source src="example.ogv" type='video/ogg; codecs="theora, vorbis"'>
    <!-- fallback to Flash: -->
    <object width="375" height="280" type="application/x-shockwave-flash"
data="mediaplayer-5.5/player.swf">
        <param name="movie" value="mediaplayer-5.5/player.swf">
        <param name="allowFullScreen" value="true">
        <param name="wmode" value="transparent">
        <param name="flashvars" value="controlbar=over&amp;image=images/teaser.jpg&amp;file=example.mp4">
        <!-- fallback image -->
        <img src="teaser.jpg" width="375" height="280" alt=""
title="No video playback capabilities">
    </object>
</video>
```

새롭게 추가된 코드의 작동 방식에 대해서는 자세히 다루지 않겠지만(이 책은 절대 플래시 책이 아니므로!) 마크업에 추가된 내용에 대해 알아둬야 할 몇 가지는 다음과 같다.

- object 요소의 width와 height 속성은 video 요소에 정의된 것과 동일해야 한다.
- 여기서는 파일을 재생하는 데 LongTail Video[3]의 오픈소스인 JW Player를 이용한다. 각자 선호하는 비디오 플레이어를 이용하면 된다.
- 플래시 비디오 코드에는 자체적인 대비책이 마련돼 있다. 플래시 비디오에 대한 코드가 작동하지 않으면 이미지 파일을 대신 표시한다.
- 4번째 param 요소에는 재생할 파일을 정의한다(example.mp4). 앞서 언급한 것처럼 대부분의 플래시 플레이어에서는 현재 MPEG-4 컨테이너 포맷을 사용한 비디오 재생을 지원한다. 따라서 또 다른 비디오 포맷을 이용할 필요는 없다.
- HTML5 비디오를 지원하는 브라우저는 규격에 의해 source 태그를 제외하고는 video 요소 내부의 어떤 콘텐츠도 무시하게 돼 있다. 따라서 모든 브라우저에서 이 대비책은 문제가 없다.

---

3 http://www.longtailvideo.com/players/jw-flv-player/

여기서 마지막으로 언급할 내용은 플래시 대비책 콘텐츠 외에도 사용자가 비디오를 로컬 하드 디스크에 복사해 나중에 그것을 볼 수 있게 해주는 별도의 '다운로드 비디오' 링크를 제공할 수도 있다는 것이다. 이렇게 하면 비디오를 보지 못할 사람은 아무도 없을 것이다.

MIME 타입

지금까지 설명한 내용을 열심히 따랐음에도 여전히 비디오가 서버로부터 제대로 작동되지 않는다면 이 문제는 전송되는 content-type 정보와 관련돼 있을 수도 있다.

MIME 타입으로도 알려진 content-type은 브라우저에게 자신이 보고 있는 것이 어떤 종류의 콘텐츠인지 알려준다. 텍스트 파일인가? 그렇다면 종류는? HTML? 자바스크립트? 비디오 파일인가? 이 content-type은 브라우저에게 이러한 질문에 대해 답해준다. 매번 브라우저가 페이지를 요청할 때마다 서버는 브라우저에게 어떤 파일을 보내기 전에 '헤더(header)'를 보낸다. 이러한 헤더는 브라우저에게 뒤따라 오는 파일을 해석하는 방법을 알려준다. content-type은 서버가 브라우저에게 전송하는 헤더의 한 가지 예다.

source 요소를 통해 포함되는 각 비디오 파일에 대한 MIME 타입은 type 속성의 값(코덱 정보를 제외한)과 같다. HTML5 비디오에는 세 가지 MIME이 관여돼 있다. 서버가 세 가지 종류의 비디오 파일을 모두 재생할 수 있게 보장하려면 다음의 코드를 .htaccess 파일(혹은 아파치 이외의 웹 서버를 사용하고 있다면 그에 상응하는 파일)에 추가한다.

```
AddType video/ogg .ogv
AddType video/mp4 .mp4
AddType video/webm .webm
```

이러한 방법으로도 문제를 해결하지 못하면 서버가 정확한 MIME 타입을 사용하고 있는지 호스트나 서버 관리자에게 문의해 보는 것이 좋다. 다른 종류의 웹 서버를 설정하는 방법을 좀 더 알고 싶다면 모질라 개발자 네트워크[4]의 훌륭한 기사인 '서버 MIME 타입 제대로 설정하기 (Properly Configuring Server MIME Types)'를 읽어보자.

---

4 https://developer.mozilla.org/en/properly_configuring_server_mime_types

> **.htaccess 파일이란?**
>
> 아파치 웹 서버를 이용하는 경우 .htaccess 파일을 이용하면 디렉터리별로 설정을 변경할 수 있다. .htaccess 파일 내의 지시어는 이 파일이 포함된 디렉터리 및 모든 하위 디렉터리에 적용된다. .htaccess 파일에 관한 좀 더 자세한 정보는 아파치 문서[1]를 참고한다.
>
> ---
> 1 http://httpd.apache.org/docs/1.3/howto/htaccess.html

웹용 비디오 파일 인코딩

HTML5 헤럴드에 쓰려고 소개한 코드는 사실상 거의 완벽해서 이 페이지를 보는 거의 모든 사람들에게 이 비디오가 보일 것이다. 우리는 최소한 두 가지 포맷(원한다면 세 가지로)으로 비디오를 인코딩해야 하므로 원본 비디오 파일을 이러한 HTML5 가능 포맷으로 인코딩하는 쉬운 방법이 필요하다. 다행히도 정확히 원하는 바를 할 수 있게 만들어주는 몇 가지 온라인 참고자료와 데스크톱 애플리케이션이 있다.

Miro Video Converter[5]는 비디오를 HTML5 비디오에 필요한 모든 종류의 포맷으로 인코딩하는 기능을 제공하는, 인터페이스가 아주 간단한 무료 소프트웨어로서, 맥과 윈도우에서 이용할 수 있다.[6]

단순히 파일을 윈도우 창으로 드래그하거나 일반적인 방법으로 파일을 선택한다. 드롭다운 박스를 통해 Theora, WebM, MPEG-4 등의 포맷으로 비디오를 인코딩하는 옵션을 제공한다. MP3를 위한 옵션 및 특정 기기용 비디오 출력을 위한 설정 등도 있다.

HTML5 비디오 인코딩을 위한 다른 여러 옵션도 있지만, 이 정도로도 99%의 사용자가 비디오를 볼 수 있게 만드는 데 필요한 두어 개의 파일을 생성하는 데 충분할 것이다.

---
5 http://www.mirovideoconverter.com/
6 리눅스 사용자라면 Miro Video Converter를 기반으로 한 커맨드 라인 유틸리티인 FFmpeg[http://ffmpeg.org]을 이용할 수 있다.

맞춤 컨트롤 생성

서드파티 기술을 이용해 비디오를 삽입하는 기존의 방법과 비교하면 HTML5 비디오를 이용할 때 또 하나의 커다란 이득이 있다. HTML5 비디오에서 이용되는 video 요소는 접근하기 어려운 플러그인이 아니라 웹 페이지의 진정한 일부다. 즉, img 요소나 다른 HTML 내장 요소와 동일한 수준으로 웹 페이지의 일부가 되는 것이다. 이는 자바스크립트에서 video 요소와 그것의 다양한 구성요소를 대상으로 삼을 수 있다는 것을 의미한다. 그리고 심지어 CSS를 사용해 video 요소에 스타일을 줄 수도 있다.

앞서 언급한 것처럼 HTML5 비디오를 지원하는 각 브라우저는 사용자가 비디오 콘텐츠를 이용하기 쉽게 자체적인 내장 컨트롤을 제공한다. 이러한 컨트롤은 브라우저마다 겉모습이 다른데, 이 부분이 사이트의 일관성에 신경 쓰는 사람들에게는 걱정거리가 될 수도 있다. 하지만 전혀 문제될 것은 없다. video 요소에서 제공하는 자바스크립트 API를 이용하면 자신만의 맞춤형 컨트롤을 생성하고 그러한 컨트롤을 비디오에 연결할 수 있다.

맞춤 컨트롤은 여러분이 원하는 어떠한 요소로도(이미지를 비롯해 간단한 HTML과 CSS 또는 캔버스 API로 그려진 요소로도) 생성할 수 있다. 선택은 여러분에게 달렸다. 이러한 API를 활용하려면 우선 자신의 고유한 맞춤 컨트롤을 생성해서 페이지에 넣는다. 그리고 나서 자바스크립트를 이용해 이 정적인 그래픽 요소를 동적이면서 완벽히 작동하는 비디오 컨트롤로 전환하면 된다.

첫 시작을 위한 몇 가지 마크업과 스타일

예제 사이트에서는 새로운 HTML5 비디오 API의 기능을 시험해보고자 매우 간단한 비디오 컨트롤을 만들어 보겠다. 우선 그림 5.5는 비디오를 조작하는 데 이용할 컨트롤 세트의 모습이다.

그림 5.5 | 여기서 만들어 볼 간단한 비디오 컨트롤 세트

양쪽에 자리 잡은 두 버튼은 또 하나의 상태를 가지고 있다. 그림 5.6은 비디오가 재생되고, 음소거가 됐을 때 이 컨트롤이 어떤 모습인지 보여준다.

그림 5.6 | 비디오가 재생되고 음소거 상태일 때의 컨트롤의 모습

컨트롤은 다음의 세 가지 구성요소를 포함한다.

- 재생/정지 버튼
- 0부터 증가하는 타이머
- 음소거/음소거 해제 버튼

대체로 맞춤 비디오 컨트롤은 다양한 브라우저에서 기본적으로 제공하는 기본 컨트롤의 모든 특징을 포함해야 한다. 여기서 만들 컨트롤 세트가 기능이 더 적거나 기능이 떨어진다면 사용자가 실망할 것이다.

API를 소개한다는 목적에 걸맞게 브라우저가 실제로 하는 것을 그대로 흉내 내기보다는 비디오 API의 중요한 부분에 대해 차근차근 소개하려고 한다. 이로써 실제 작업을 하는 동시에 이후 작업을 위한 기초를 세울 수 있다.

여기서는 매우 간단하지만 유용한 비디오 컨트롤 세트를 생성하겠다. 이 컨트롤 세트에서 빠진 주요 기능은 비디오에서 특정 부분을 찾기 위해 사용자가 '드래그'할 수 있는 탐색바다. 따라서 페이지를 새로고침하지 않고는 비디오가 시작하는 지점으로 돌아갈 방법이 없다. 그 이외에는 컨트롤이 적절히 작동할 것이다. 사용자는 비디오를 재생, 정지, 음소거 혹은 음소거 해제를 할 수 있다.

다음은 비디오 컨트롤의 다양한 부분을 표시하는 데 사용할 HTML이다.

```
[index.html 중에서]
<div id="controls" class="hidden">
    <a id="playPause">Play/Pause</a>
    <span id="timer">00:00</span>
    <a id="muteUnmute">Mute/Unmute</a>
</div>
```

CSS를 아주 세세하게 살펴보진 않겠지만 다음은 위에서 사용한 코드를 요약한 내용이다(이 모든 내용이 어떻게 실제로 구성되는지 알고 싶다면 코드 보관소에서 데모 페이지의 소스를 볼 수 있다).

- 재생/정지와 음소거/음소거 해제 버튼의 텍스트는 text-indent 속성을 이용해 화면에서 제거된다.
- 하나의 CSS 스프라이트(sprite) 이미지가 이처럼 다양한 버튼의 상태(재생, 정지, 음소거, 음소거 해제)를 표시하기 위한 배경 이미지로 이용된다.
- CSS 클래스는 서로 다른 상태를 나타내는 데 사용된다. 이러한 클래스는 자바스크립트를 이용해 추가되거나 삭제된다.
- 컨트롤 래퍼 요소에는 절대 위치(absolute)를 사용하고 비디오의 하단을 덮도록 배치한다.
- 컨트롤의 기본 불투명도를 50%로 설정하지만 마우스를 위에 올리면 불투명도는 100%로 증가한다(불투명도와 관련된 내용은 6장에서 다룬다).
- 기본값으로 컨트롤의 래퍼 요소는 hidden이라는 class로서, display:none으로 설정되고 이것은 자바스크립트에 의해 제거된다.

예제를 만들어가면서 따라오고 있다면 계속 그렇게 하고 원하는 대로 세 요소의 스타일을 맞춰보자. 이 컨트롤의 겉모습은 우리가 여기서 하려고 하는 목적의 부차적인 부분에 불과하다. 그러므로 만족스러운 모습이 될 때까지 자유롭게 수정해도 좋다.

미디어 요소 API 소개

맞춤 컨트롤을 생성하는 데 필요한 단계를 거쳐가면서 비디오 API의 몇 가지 측면을 살펴보자. 그러고 나면 여기서 만드는 컨트롤에서 사용되지 않는 API의 여타 메서드와 속성을 요약할 것이며, 이로써 API가 포함하는 내용에 대한 전체적인 개요를 잘 살펴볼 수 있을 것이다.

지금 만드는 새로운 맞춤 컨트롤을 다루려면 우선 맞춤 컨트롤을 자바스크립트 변수를 이용해 저장한다. 다음은 이 코드의 처음 몇 줄이다.

```
[js/videoControls.js 중에서]
var videoEl = $('video')[0],
    playPauseBtn = $('#playPause'),
    vidControls = $('#controls'),
    muteBtn = $('#muteUnmute'),
    timeHolder = $('#timer');
```

물론, 해당 요소를 꼭 저장할 필요는 없지만 페이지에서 다양한 요소를 지칭하는 같은 코드를 불필요하게 반복하기보다는 저장된 객체를 이용하는 편이 바람직하다(유지보수와 성능을 위해).

첫 번째 줄은 video 요소 자체를 대상으로 한다. API를 이용할 때 이 videoEl 변수를 상당히 자주 사용하게 될 것이다. 대부분의 API 메서드는 미디어 요소로부터 호출되기 때문이다. 다음 네 줄의 코드는 컨트롤을 구성하는 HTML을 주의 깊게 살펴봤다면 꽤 친숙하게 느껴질 것이다. 이것들은 사용자의 상호작용에 따라 변경될 페이지상의 네 요소다.

첫 번째 과제는 기본 컨트롤이 숨겨져 있게 만드는 것이다. 그러자면 HTML에서 controls 속성을 제거해서 간단히 처리할 수도 있지만 맞춤 컨트롤은 자바스크립트에 의존하므로 그렇게 할 경우 자바스크립트를 비활성화시켜 둔 방문자는 비디오를 제어할 방법이 없다. 따라서 여기서는 다음과 같이 자바스크립트를 이용해 controls 속성을 제거하겠다.

```
[Js/videoControls.js 중에서]
videoEl.removeAttribute("controls");
```

다음 단계는 맞춤 컨트롤이 보이게 하는 것이다. 앞서 언급했듯이 CSS를 이용해 처음에는 화면에서 컨트롤이 보이지 않게 했다. 자바스크립트를 이용해 이 맞춤 컨트롤이 보이게 해서 사용자가 절대로 두 가지 컨트롤을 동시에 보지 않게 한다.

따라서 다음 코드는 아래과 같다.

```
[js/videoControls.js 중에서]
videoEl.addEventListener('canplaythrough', function () {
    vidControls.removeClass("hidden");
}, false);
```

이로써 처음으로 HTML5 비디오 API의 기능을 사용해 봤다. 우선, addEventListener 메서드에 대해 알아보자. 이 메서드는 정확히 이름이 의미하는 그대로 작동한다. 즉, 대상이 되는 요소에서 발생하는 특정 이벤트를 감지하는 것이다.

 하지만 addEventListener는 크로스 브라우징이 되지 않는다!

크로스 브라우징과 관련된 자바스크립트 기술에 익숙하다면 아마 addEventListener 메서드가 크로스 브라우징이 안 된다는 사실을 알고 있을 것이다. 이 경우에 이것은 문제가 되지 않는다. 현재 사용되는 브라우저 가운데 addEventListener를 지원하지 않는 유일한 브라우저는 인터넷 익스플로러 9 이전의 버전이다. 이러한 브라우저에서는 어쨌든 HTML5 비디오를 지원하지 않는다.

여기서 해야 할 일은 HTML5 비디오 API 지원 여부를 알아내기 위해 Modernizr(혹은 그와 비슷한 자바스크립트)를 이용하고, 지원하는 브라우저에서만 이 코드를 실행하는 것이다. 그러한 브라우저에서는 모두 addEventListener를 지원할 것이다.

이번 경우에는 video 요소 자체를 대상으로 삼는다. 여기서 등록하려는 이벤트는 비디오 API의 canplaythrough 이벤트다. 규격에 나온 이 이벤트의 정의에 따르면,[7]

> 유저 에이전트는 만약 지금 재생을 시작할 경우 추가적인 버퍼링을 위해 미디어가 멈출 필요 없이 현재 지정된 속도에 따라 끝까지 표시될 수 있을지 판단한다.

다른 이벤트로도 비디오가 준비됐는지 확인할 수 있으며, 이러한 이벤트는 저마다 특수한 목적을 지니고 있다. 이 가운데 일부는 이 장의 후반부에서 다루겠다. 위에서 사용한 이 특별한 이벤트는 지속적인 재생이 가능하게 해서 뚝뚝 끊겨서 재생되는 현상을 피하고 싶을 때 유용하다.

비디오의 재생과 중지

canplaythrough 이벤트가 발생하면 콜백 함수가 작동한다. 이 함수에는 컨트롤에서 hidden class를 제거하는 단 한 줄의 코드를 넣었고, 따라서 이제 컨트롤이 보이게 된다. 이 컨트롤에 몇 가지 기능을 추가하려고 한다. 우선 click 이벤트 핸들러를 재생/정지 버튼에 연결해 보자.

```
[js/videoControls.js 중에서]
playPauseBtn.bind('click', function () {
    if (videoEl.paused) {
        videoEl.play();
    } else {
        videoEl.pause();
    }
});
```

이 버튼을 클릭하면 if/else 블록이 수행되는데 여기서는 비디오 API에서 제공하는 세 가지 추가적인 기능이 사용된다. 다음은 이 세 가지 기능에 대한 설명이다.

paused 속성은 비디오가 현재 '정지된(paused)' 상태에 있는지 알아보는 데 사용된다. 이것은 반드시 사용자가 비디오를 정지했다는 것을 의미하지는 않는다. 마찬가지로 비디오가 재생되기 전인 시작 지점을 나타낼 수도 있다. 따라서 비디오가 현재 재생되고 있지 않다면 이 속성은 true를 반환한다.

이제 재생/정지 버튼이 클릭됐고, 비디오는 현재 재생 중이 아니라고 판단했으므로 아무 문제 없이 video 요소의 play() 메서드를 호출할 수 있다. 이것으로 비디오는 가장 마지막으로 정지된 위치에서부터 재생될 것이다.

---

[7] http://www.whatwg.org/specs/web-apps/current-work/multipage/video.html#event-media-canplaythrough

마지막으로, paused 속성이 true 값을 반환하지 않는다면 코드의 else 부분이 실행되고, 따라서 비디오를 멈추게 하는 video 요소의 pause() 메서드가 작동한다.

맞춤 컨트롤에는 '멈춤(stop)' 버튼이 (일반적으로 사각형의 아이콘으로 표시되는) 따로 없다는 사실을 알 수 있다. 필요하다는 생각이 든다면 이런 버튼을 추가할 수도 있다. 하지만 비디오의 시작 지점으로 이동하는 데 탐색바를 이용할 수 있으므로 여러 비디오 플레이어에서는 이런 버튼을 제공하지 않는다. 단, 한 가지 주의할 점은 비디오 API에 "stop" 메서드가 없다는 것이다. 이를 대신해 비디오를 정지시킨 후 비디오를 시작 지점으로 옮겨(이와 관련한 내용은 뒤에서 좀 더 살펴본다) 전통적인 '멈춤' 동작을 흉내 낼 수 있다.

if/else 구조에 뭔가 빠진 것이 있다는 점을 느낄 수 있을 것이다. 앞에서는 두 가지 상태를 지닌 컨트롤을 보여주는 두 개의 스크린샷을 봤다. 재생, 정지를 나타내는 스프라이트 이미지의 배경 위치를 바꾸려면 자바스크립트를 이용할 필요가 있다. 즉, '재생하기'에서 '정지하기'로 버튼을 바꾸고 싶은 것이다.

그러자면 다음과 같이 하면 된다.

```
[js/videoControls.js 중에서]
videoEl.addEventListener('play', function () {
    playPauseBtn.addClass("playing");
}, false);
videoEl.addEventListener('pause', function () {
    playPauseBtn.removeClass("playing");
}, false);
```

여기서 addEventListener 메서드(비디오와 오디오 API를 이용하려면 이 메서드에 익숙해져야 할 것이다!)를 두 번 더 사용하게 된다. 첫 번째 블록은 play 이벤트를 감지하는 부분이다. 그래서 여기서 작성한 마우스 클릭 핸들러가 play() 메서드를 실행하면(혹은 페이지 내의 다른 코드나 여타 다른 이유로 비디오가 재생된다면) play 이벤트는 리스너에 의해 감지되고 콜백 함수가 실행된다.

pause 이벤트(paused 속성과 혼동하지 말자)를 감지하는 것을 제외하고 코드의 두 번째 블록에서도 마찬가지로 같은 일이 일어난다.

요소가 재생됐다면 첫 번째 블록에서는 playing 클래스를 재생/정지 버튼에 추가할 것이다. 이 클래스는 재생/정지 버튼의 조각 이미지의 배경 위치를 바꿔 '정지하기' 아이콘이 나타나게 한다. 이와 유사하게 코드의 두 번째 블록은 버튼의 상태가 기본 상태('재생하기' 상태)로 되돌아가게끔 playing 클래스를 제거한다.

어쩌면 여러분은 "그냥 버튼 클릭을 처리하면서 playing 클래스를 추가하거나 제거하면 안 될까?"라고 생각할 수도 있다. 그렇게 할 경우 버튼이 클릭될 때(혹은 키보드로 접근할 때)는 잘 작동하긴 하겠지만 여기서 고려해야 할 또 다른 동작이 있다. 그림 5.7를 살펴보자.

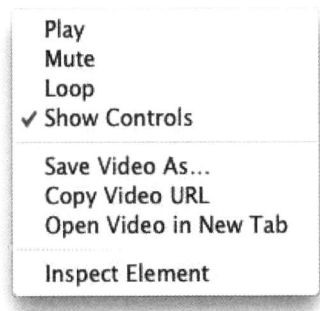

그림 5.7 | 몇 가지 비디오 컨트롤은 콘텍스트 메뉴로도 접근할 수 있다.

위의 메뉴는 video 요소의 콘텍스트 메뉴를 불렀을 때의 모습이다. 위에 보이는 것처럼 video 요소의 컨트롤을 클릭하는 방법 말고도 비디오를 재생/정지하거나 혹은 음소거/음소거 해제하는 방법은 많다.

video 요소의 기능에 어떻게 접근하는가와 관계없이 버튼의 상태가 제대로 바뀌게끔 여기서는 play와 pause 이벤트(그리고 잠시 후에 살펴볼 사운드 관련 이벤트)를 대신 이용해 버튼의 상태를 바꿨다.

콘텍스트 메뉴 비활성화

어쩌면 video 요소의 콘텍스트 메뉴에 "비디오를 다른 이름으로 저장하기...(Save video as....)" 옵션이 있는 사실을 우려하고 있을지도 모르겠다. HTML5 비디오를 저장하는 것이 얼마나 쉽고, 이것이 저작권이 있는 비디오가 배포되는 방법에 영향을 미칠 수 있는지에 관한 토론이 이뤄지고 있다. 일부 콘텐츠 제작자는 이 이유 하나 때문에 HTML5 비디오를 쓰고 싶지 않다고 느낄 수도 있다.

하지만 무엇을 선택하든 웹 비디오와 관련된 현실을 직시해야 한다. 어떠한 보호 조치를 쓰더라도 저작권이 있는 비디오를 복사하고 배포하려는 대부분의 사용자는 그렇게 하는 방법을 찾아낼 것이다. 플래시 기반 비디오조차도 쉽게 복사할 수 있는 웹 앱스나 소프트웨어 툴이 많다. 심지어 video 요소의 콘텍스트 메뉴를 비활성화해 놓더라도 사용자는 여전히 페이지의 소스를 볼 수 있고 비디오 파일의 위치를 알아낼 수 있다는 점을 알아야 한다.

유튜브와 같은 일부 사이트에서는 이미 HTML5 비디오를 사용할 때 이를 방지하는 기능을 구현했다. 유튜브에서는 HTML5 비디오 시범 서비스[1]에 참여할 수 있는 페이지를 제공한다. 시범 서비스에 참여한 후 비디오를 보면서 해당 요소의 콘텍스트 메뉴를 띄우면 맞춤형 콘텍스트 메뉴를 볼 수 있다. 여기서도 '비디오를 다른 이름으로 저장하기...(Save Video As...)' 옵션이 여전히 나타난다. 여기서 잠깐! 이 옵션을 선택하면 (이 책을 쓰는 당시에는) 한마디로 '낚이게 된다.'[2] 음흉하게도!

또한 유튜브에서는 동적으로 video 요소를 페이지에 추가한다. 그래서 소스에서 비디오 파일의 URL을 아무리 뒤져도 찾을 수 없다.

그러므로 방법이 있다는 사실, 즉 사용자가 저작권이 있는 비디오를 복사하는 것을 훨씬 어렵게 하는 것이 (비록 불가능하진 않더라도) 가능하다는 점을 알아두자. 그러나 또한 약간의 이득을 위해 스크립트와 마크업을 복잡하게 만듦으로써 발생하는 성능 및 유지보수상의 문제점뿐 아니라 사용자의 기대와 다르게 작동하는 등의 단점이 있다는 사실을 알아두자.

---

1 http://www.youtube.com/html5
2 http://en.wikipedia.org/wiki/Rickrolling

비디오의 오디오 트랙에 대한 음소거 및 음소거 해제

다음으로 스크립트에 추가할 기능은 음소거/음소거 해제 버튼이다. 이 부분의 코드는 재생/정지 버튼에서 이용한 코드와 거의 같다. 이번에는 음소거/음소거 해제 버튼에 click 이벤트를 연결한다. 그 뒤에는 이전과 유사한 if/else 구조가 뒤따른다.

[js/videoControls.js 중에서]
```js
muteBtn.bind('click', function () {
    if (videoEl.muted) {
        videoEl.muted = false;
    } else {
        videoEl.muted = true;
    }
});
```

이 코드 블록에서는 새로운 API가 사용된다. 바로 muted 속성이다. 음소거 버튼이 클릭되면 이 속성의 상태를 확인한다. 만약 true(사운드가 소거됐다는 의미)라면 이 값을 false(사운드 소거가 해제됐다는 의미)로 설정한다. 만약 false면 그 상태를 true로 설정한다.

다시 한 번 말하지만 재생/정지 버튼에 관해 살펴볼 때 언급한 것과 같은 이유로 여기서는 버튼의 상태를 조작하지 않았다. 콘텍스트 메뉴로도 음소거와 음소거 해제를 할 수 있으므로 버튼 클릭이 아닌 실질적인 비디오의 음소거와 음소거 해제에 따라 음소거 버튼의 상태를 바꿀 것이다.

하지만 재생/정지 버튼과는 달리 우리는 mute와 unmute 이벤트를 감지할 수 없다. 대신, API에서는 volumechange 이벤트를 제공한다.

[js/videoControls.js 중에서]
```js
videoEl.addEventListener('volumechange', function () {
    if (videoEl.muted) {
        muteBtn.addClass("muted");
    } else {
        muteBtn.removeClass("muted");
    }
}, false);
```

특정 이벤트(이 경우에는 볼륨의 변화)가 발생할 때마다 약간의 코드를 실행하기 위해 또다시 이벤트 리스너를 이용한다. 이 이벤트의 이름에서 추측해 볼 수 있듯이 volumechange 이벤트는 단지 음소거와 음소거 해제를 감지하는 데만 한정돼 있지는 않다. 이 이벤트는 볼륨의 변화를 감지할 수 있다.

일단 볼륨에 변화가 있다는 것을 감지하면 video 요소의 muted 속성의 상태를 확인하고, 그에 따라 음소거/음소거 해제 버튼의 클래스를 변경한다.

비디오 재생이 끝났을 때의 반응

지금까지 작성한 코드는 사용자가 비디오를 재생하고 정지할 수 있으며, 사운드를 소거하고 다시 해제할 수 있게 만들어준다. 이 모든 것은 여기서 만든 맞춤 컨트롤을 이용해 수행된다.

이 시점에서 비디오 재생이 끝난다면 비디오는 마지막 프레임에서 멈출 것이다. 이때 비디오를 다시 첫 프레임으로 보내 다시 재생을 준비하게 하는 것이 가장 좋은 방법일 것이다. 이것으로 API의 두 가지 새로운 기능을 소개할 수 있다.

```
[js/videoControls.js 중에서]
videoEl.addEventListener('ended', function () {
    videoEl.currentTime = 0;
    videoEl.pause();
}, false);
```

이 코드 블록은 비디오가 끝에 도달해서 멈췄다는 것을 알려주는 ended 이벤트를 감지한다. 일단 이 이벤트가 감지되면 비디오의 currentTime 속성을 0으로 설정한다. 이 속성은 현재의 재생 위치를 나타내며 초 단위(소수점 이하와 함께)로 표시된다.

이는 자연스럽게 다음 단계의 코드로 이어진다.

비디오 재생에 따른 시간 업데이트

이제 마지막 단계로 비디오가 재생됨에 따라 현재 재생 시간을 업데이트하는 타이머가 필요하다. 앞에서 이미 currentTime 속성을 살펴봤다. #timeHolder 요소의 콘텐츠를 업데이트하는 데 이 속성을 이용할 수 있다. 그 방법은 다음과 같다.

```
[js/videoControls.js 중에서]
videoEl.addEventListener('timeupdate', function () {
    timeHolder[0].innerHTML = secondsToTime(videoEl.currentTime);
}, false);
```

이번에는 timeupdate 이벤트를 감지한다. timeupdate 이벤트는 비디오의 시간이 바뀔 때마다 발생하며, 이것은 이 이벤트가 1초 이내에도 여러 번 발생할 수 있음을 의미한다.

이것만으로도 기본 타이머를 만들기에는 충분하다. 하지만 유감스럽게도 이 시간은 도움도 되지 않고 보기에도 좋지 않은데, 이는 그림 5.8과 같이 밀리초마다 바뀌는 시간이 수많은 소수점 아래 숫자로 표시되기 때문이다.

그림 5.8 | HTML 내에서 직접 currentTime 속성을 이용하는 것은 결코 바람직하지 않다.

게다가 이 상태에서 타이머는 분이나 시간은 없이 단지 초로만 표시한다. 이것은 비디오의 길이에 따라 수백 또는 수천이 될 수도 있다. 너무나 실용적이지 못하다.

이렇게 초 형태로 표시된 것을 좀 더 사용자가 쉽게 알 수 있는 시간으로 구성하고자 secondsToTime()이라는 함수를 작성하고 이 함수를 위의 timeupdate 핸들러에서 호출하게 한다. 여기서는 밀리초로 보고 싶지 않으므로 타이머를 가장 가까운 초 단위로 올림한다. 다음은 이 함수의 시작 부분이다.

```
[js/videoControls.js 중에서]
var h = Math.floor(s / (60 * 60)),
    dm = s % (60 * 60),
    m = Math.floor(dm / 60),
    ds = dm % 60,
    secs = Math.ceil(ds);
```

이와 같은 다섯 줄의 코드 이후에 마지막 변수 secs는 올림된 초의 숫자를 갖게 되는데 이 숫자는 이 함수로 전달된 초로부터 계산된 값이다.

다음으로 한 자릿수의 초나 분이 그냥 5가 아닌 05와 같이 표시되게 할 것이다. 다음 코드 블록에서 이 내용을 다룬다.

```
[js/videoControls.js 중에서]
if (secs === 60) {
    secs = 0;
    m = m + 1;
}

if (secs < 10) {
    secs = "0" + secs;
}

if (m === 60) {
    m = 0;
    h = h + 1;
}
```

```
if (m < 10) {
    m = "0" + m;
}
```

마지막으로, 비디오의 현재 시간을 적절한 형식으로 나타내는 문자열을 반환한다.

[js/videoControls.js 중에서]
```
if (h === 0) {
    fulltime = m + ":" + secs;
} else {
    fulltime = h + ":" + m + ":" + secs;
}

return fulltime;
```

비디오가 1시간인지 그 이상인지를 확인하기 위해 if/else 구조를 이용한다. 만약 한 시간보다 길다면 두 개의 콜론을 이용해 시간을 구성하게 될 것이다. 그렇지 않으면 시간은 초와 분을 나누는 하나의 콜론을 이용해 구성되고 대부분의 경우 이와 같이 될 것이다.

이 함수를 어디서 실행하고 있는지 기억해두자. 여기서는 이 코드를 timeupdate 이벤트 핸들러 내에 포함시켰다. 이 함수의 반환값은 timeHolder 요소(timer라는 id를 가진 요소가 저장된)의 내용이 된다.

[js/videoControls.js 중에서]
```
timeHolder[0].innerHTML = secondsToTime(videoEl.currentTime);
```

timeupdate 이벤트는 1초에도 여러 번 발생하므로 timeHolder 요소의 내용은 아주 빠르게 바뀔 것이다. 하지만 가장 가까운 초 값으로 그 값을 올림하기 때문에 기술적으로 타이머 요소의 콘텐츠가 더욱 빠르게 변하더라도 시각적인 변화는 초당 한 번만 시간이 바뀐다.

이로써 맞춤 컨트롤이 완성됐다. 버튼은 기대하는 대로 작동할 테고 타이머도 원활하게 작동한다. 앞서 언급한 것처럼 이것은 기능이 완전한 컨트롤은 아니다. 하지만 여러분은 최소한 자바스크립트를 이용해 HTML5 비디오를 제어하는 기본적인 방법을 터득했다. 그러므로 이제 기초는 갖췄으니 무엇을 더 추가할 수 있는지 살펴보자.

미디어 요소 API의 추가적인 기능

API에는 지금까지 다룬 내용보다 더 많은 내용이 포함돼 있다. 다음은 별도의 맞춤 컨트롤을 만든다거나 video와 audio 요소를 다룰 때 이용할 수 있는 몇 가지 이벤트와 속성을 요약한 내용이다.

한 가지 기억해둘 점은 이러한 API 메서드와 속성은 자바스크립트 내의 어디서나 이용할 수 있다는 점이다. 이것들이 꼭 맞춤 컨트롤에 연결돼야 하는 것은 아니다. 마우스가 올려졌을 때 해당 비디오를 재생하고 싶다거나 웹 애플리케이션이나 게임과 관련된 사운드를 재생하는 데 audio 요소를 사용하고 싶을 때는 적절한 메서드를 호출하기만 하면 된다.

이벤트

앞에서 canplaythrough, play, pause, volumechange, ended, timeupdate 이벤트를 살펴봤다. 다음은 HTML5 비디오 및 오디오와 관련된 작업을 할 때 이용할 수 있는 다른 이벤트다.

canplay

    이 이벤트는 canplaythrough 이벤트와 비슷하지만 단지 몇 프레임일지라도 비디오가 재생 가능하면 바로 발생한다(기억하고 있겠지만 비디오를 재버퍼링 없이 끝까지 재생할 수 있다고 판단되는 순간에서야 발생되는 canplaythrough 이벤트와는 뚜렷한 차이를 보인다).

error

    이 이벤트는 에러가 발생하면 전달된다. error 속성도 있다.

loadeddata

    미디어의 첫 번째 프레임의 로드가 완료됐다.

loadedmetadata

    이 이벤트는 미디어의 메타데이터 로딩이 끝나면 전달된다. 여기에는 크기, 지속 시간, 텍스트 트랙(자막을 위한)이 포함된다.

playing

미디어가 재생을 시작했다는 것을 의미한다. playing과 play의 차이는 비디오가 처음으로 돌아가 재생을 다시 시작할 때 playing 이벤트는 보내지지만 play 이벤트는 보내지지 않는다는 것이다.

seeking

이 이벤트는 탐색 작업이 시작되면 전달된다. 사용자가 비디오나 오디오의 새로운 부분을 선택하고자 탐색바를 움직이기 시작할 때 발생할 수 있다.

seeked

이 이벤트는 탐색 작업이 완료되면 발생한다.

속성

이미 살펴본 속성 외에도 여러 유용한 속성을 이용할 수 있다.

playbackRate

기본 재생 속도는 1이다. 재생 속도를 높이거나 낮추기 위해 이 값을 변경할 수 있다. 이 속성은 빨리 감기나 되감기, 또는 느리게 재생하거나 느리게 되감기 버튼을 만들 때도 유용하다.

src

이름이 의미하는 것처럼 이 속성은 재생되고 있는 비디오의 URL을 반환한다. 이 속성은 오직 video 요소에 src 속성을 사용하고 있을 때만 작동한다.

currentSrc

이 속성은 비디오 파일이 video 요소의 src 속성이든 source 요소 중 하나이든 현재 재생되고 있는 비디오 파일에 대한 URL 값을 반환한다.

readyState

이 속성은 0부터 4까지의 숫자 값을 반환하는데, 이 숫자는 미디어 요소의 준비 수준을 나타내는 상태를 의미한다. 예를 들어, "1"은 미디어의 메타데이터를 이용할 수 있음을 나타낸다. "4"는 canplaythrough 이벤트가 발생하는 조건과 거의 동일하며, 비디오가 재생될 준비가 됐고 버퍼링이나 로딩에 의해 중단되지 않을 것임을 의미한다.

duration
> 비디오의 길이를 초단위로 반환한다.

buffered
> 버퍼링이 완료되어 브라우저가 재생할 수 있는 비디오의 시간 범위를 나타낸다.

videoWidth, videoHeight
> 이 값은 비디오의 원본의 크기(비디오가 인코딩될 때의 실제 가로/세로의 크기)를 반환한다. HTML이나 CSS에서 선언된 값은 width와 height 속성을 통해 이용할 수 있다.

또 preload, controls, autoplay, loop, poster와 같이 HTML에 직접 선언할 수 있는 속성에도 접근할 수 있다.

오디오는 어떤가?

HTML5 비디오와 HTML5 비디오 API와 관련해서 살펴본 많은 부분들은 시각적인 부분과 관련된 것을 제외하고는 audio 요소에도 똑같이 적용된다.

video 요소와 마찬가지로 preload, autoplay, loop, controls 속성은 audio 요소에서도 사용할 수(혹은 사용되지 않을 수도!) 있다.

컨트롤을 사용하지 않으면 audio 요소는 아무것도 표시하지 않을 것이다. 하지만 이 요소의 컨트롤이 없다고 해도 스크립팅을 통해 여전히 이 요소에 접근할 수 있다. 이것은 사이트에는 사운드를 이용하지만 사용자에게는 사운드와 연결된 컨트롤을 표시하고 싶지 않을 때 유용하다. video 요소와 유사하게 audio 요소도 source 태그를 포함할 수 있으며, source 태그가 아닌 다른 자식 요소는 audio를 지원하지 않는 브라우저에 대한 대비 콘텐츠로 이용될 것이다.

코덱/포맷 지원과 관련해 파이어폭스, 오페라, 크롬은 모두 Ogg/Vorbis를 지원한다. 사파리, 크롬, 인터넷 익스플로러 9는 MP3를 지원한다. 그리고 모든 브라우저가 WAV를 지원한다. 사파리에서는 AIFF를 지원한다. 현재로서는 MP3와 Ogg/Vorbis로 모든 지원하는 브라우저를 커버하기에 충분할 것이다.

접근 가능한 미디어

브라우저의 자체 지원 기능을 통해 키보드 접근 가능성이 근본적으로 향상(예를 들어, tabindex를 이용해)됐을 뿐 아니라 HTML5 미디어 요소에 재생된 미디어 파일의 제목이나 자막을 표시할 수 있는 track 요소를 이용할 수 있다. source 요소와 마찬가지로 track 요소도 video나 audio 요소의 자식 요소로 배치돼야 한다.

track 요소는 여전히 유동적이지만 video 요소의 자식 요소로 포함된다면 다음 예제와 같은 모습일 것이다(규격에 나오는 예제와 유사하다).

```
<video src="brave.webm">
    <track kind="subtitles" src="brave.en.vtt" srclang="en" label="English">
    <track kind="captions" src="brave.en.vtt" srclang="en" label="English
➥ for the Hard of Hearing">
    <track kind="subtitles" src="brave.fr.vtt" srclang="fr" label="Francais">
    <track kind="subtitles" src="brave.de.vtt" srclang="de" label="Deutsch">
</video>
```

위의 코드에는 4개의 track 요소가 있으며 각각은 다양한 언어(혹은, 두 번째 경우에는 같은 언어에서의 추가적인 콘텐츠)로 제공되는 자막을 표시하기 위한 텍스트 트랙을 참조한다.

kind 속성은 subtitles, captions, descriptions, chapters, metadata 중 하나를 값으로 취할 수 있다. src 속성은 필수이며, 트랙 정보를 담고 있는 외부 파일을 가리킨다. srclang 속성은 언어를 명시한다. 끝으로, label 속성은 트랙에 대해 사용자가 읽을 수 있는 제목을 제공한다.

이 글을 쓸 당시에는 track 요소가 아직 어떤 브라우저에서도 지원되지 않고 있었다. 이 새로운 요소에 대한 더욱 자세한 정보는 W3C 규격[8]을 참조하자.

---

[8] http://dev.w3.org/html5/spec/Overview.html#the-track-element

쇼타임

웹에서 비디오와 오디오는 플래시의 본거지였다. 하지만 지금까지 살펴본 것처럼 HTML5가 그것을 변화시킬 것이다. 코덱과 포맷의 상태는 현재 분열돼 있지만, 반면 플러그인을 이용하지 않고 브라우저 자체에서 오디오와 비디오를 실행하는 데 따른 성능 향상과 더불어 스크립트로 완전히 제어 가능한 멀티미디어 콘텐츠에 대한 장래성은 웹디자이너와 개발자, 정보 제공자에게 매력적으로 다가선다.

너무나 간단한 대체 기술을 이용할 수 있으므로 이러한 요소를 지금 당장 시험해보지 않을 이유가 없다. 최소한 브라우저 지원이 좀 더 보편화될 때를 좀더 대비할 수 있을 것이다.

지금까지 '진짜' HTML5(즉, HTML5 규격에 있는 내용)에 관한 모든 내용을 살펴봤다. 이후의 장에서는 관심을 CSS3로 돌려 HTML5 헤럴드의 겉모습을 좀 더 화려하게 만들어 보겠다. 그리고 나서 "HTML5"라는 용어와 흔히 함께 사용되는 자바스크립트의 새로운 API를 살펴보고 마무리하겠다.

HTML5 & CSS3 FOR THE REAL WORLD

06
CSS3 소개

드디어 내용과 관련된 부분을 마쳤다! 이제 내용을 예쁘게 꾸밀 시간이다. 이후에 소개할 네 개의 장에서는 프레젠테이션에 초점을 맞추겠다. 먼저 이번 장에서는 기본적인 내용을 어느 정도 다루면서 시작하겠다. 우선 CSS 선택자를 간략하게 소개하고 CSS3에서 새롭게 쓸 수 있는 무기가 어떤 것이 있는지 살펴본다. 그리고 나서 색상을 명시하는 몇 가지 새로운 방법을 알아본다. 그 후에 둥근 모서리, 그림자 효과 및 텍스트 그림자 효과를 살펴보겠다. 디자인을 맞추고자 수많은 둥근 모서리 이미지와 텍스트 이미지를 사용하지 않고도 페이지 스타일을 맞추는 비법과 요령을 살펴본다.

하지만 먼저, 이전의 브라우저가 예제 페이지의 새 요소를 제대로 인식하는지 확실히 해 둘 필요가 있다. 그래야 그러한 요소에 스타일을 줄 수 있을 것이다.

이전 브라우저 지원

1장에서 언급한 것처럼 이전 버전의 인터넷 익스플로러에서 새로운 HTML5 요소에 스타일을 적용하려면 HTML5 shiv라고 하는 자바스크립트 코드가 필요하다. 하지만 부록 A에 소개된 Modernizr 라이브러리(HTML5 shiv와 비슷한 코드를 포함하고 있는)를 이용하고 있다면 문제될 게 없다.

하지만 이 자바스크립트를 사용하고 있더라도 아직 시작할 준비가 다 된 것은 아니다. 이제 인터넷 익스플로러 6부터 8까지도 이러한 새로운 요소를 인식하게 되겠지만 여전히 기본 스타일이 부족하다. 사실, 이는 다른 브라우저의 이전 버전에서도 마찬가지일 것이다. 이것들이 임의의 요소를 허용할 수는 있겠지만, 가령 **article**은 블록 레벨(block-level)이어야 하고 **mark**는 인라인(inline)이여야 한다는 것까지는 알 수 없다. 기본적으로 요소는 인라인으로 표시되므로 어떤 요소가 블록 레벨이어야 하는지 브라우저에 알려주는 것이 당연할 것이다.

이 문제는 다음과 같은 간단한 CSS 규칙으로 해결할 수 있다.

```
[css/styles.css 중에서]
article, aside, figure, footer, header, hgroup, nav, section {
    display:block;
}
```

이 CSS와 필요한 자바스크립트를 사용하면 이제 모든 브라우저에서는 HTML5 요소에 스타일을 적용할 때 같은 출발선상에서 시작할 수가 있다.

CSS3 선택자

CSS 선택자는 CSS의 심장이라고 할 수 있다. 페이지상의 요소를 타겟으로 삼는 선택자가 없다면 요소의 CSS 속성을 수정하는 유일한 방법은 요소의 style 속성을 이용해 스타일을 인라인으로 선언하는 것이다. 이렇게 하면 보기에도 흉할 뿐 아니라 다루기도 불편하며 유지보수도 불가능하다. 그래서 선택자를 이용한다. 본래 CSS는 type, class, 그리고/또는 id를 이용해 요소를 선택할 수 있었다. 이를 이용해 연결하고 같은 종류의 요소를 서로 구별하기 위해 마크업에 class와 id 속성을 추가할 필요가 있었다. CSS2.1에서는 가상 요소(pseudo-elements), 가상 클래스(pseudo-classes), 결합자(combinator)가 추가됐다. CSS3에서는 다양한 종류의 선택자를 이용해 페이지상의 어떠한 요소도 선택할 수 있다.

다음에 나올 설명에서는 이전 버전의 CSS에서 제공한 선택자도 함께 포함할 것이다. 당장 CSS3 선택자를 이용해 시작할 수 있긴 하지만 이전 버전의 CSS 선택자도 여전히 지원되므로 이것들을 여기에 포함시킬 것이다. 오래전부터 존재하던 선택자 가운데 많은 것들이 이제서야 브라우저에서 제대로 지원되어 쓸만한 상태가 됐기 때문에 이러한 선택자를 한번쯤 확인해 보면 도움될 것이다.

관계형 선택자

관계형 선택자는 마크업 내에서 다른 요소와의 관계를 기반으로 요소를 선택한다. 여기에 포함된 모든 선택자는 인터넷 익스플로러 7 이상, 파이어폭스, 오페라 및 웹킷에서 지원된다.

하위(Descendant) 선택자(E F)

이 선택자에는 확실히 익숙해져야 할 것이다. 하위 선택자는 E 요소의 하위에 있는 어떤 F 요소(자식, 손자, 증손자 등등)든 대상으로 삼는다. 예를 들어, ol li는 순서 있는 목록(ol) 내부에 있는 li 요소를 대상으로 삼는다. 여기에는 ol 요소로 감싼 ul 내에 있는 li 요소도 포함된다. 어쩌면 원하는 바가 아닐 수도 있다.

자식(Child) 선택자(E > F)

이 선택자는 E 요소의 직접적인 자식에 해당하는 F 요소에 매치된다. 추가적으로 감싼 요소는 무시된다. 위의 예를 다시 한 번 들어보면 ol > li는 단지 ol 내부에 직접적으로 존재하는 li 요소만을 대상으로 하며, ul 내에 감싼 것들은 생략된다.

인접 형제(Adjacent Sibling) 선택자(E + F)

이것은 E와 같은 부모를 공유하고 마크업에서 E 요소의 바로 뒤에 따라오는 임의의 F 요소와 매치된다. 예를 들어, li + li는 특정 컨테이너의 첫 번째 li를 제외한 모든 li 요소를 대상으로 한다.

일반 형제(General Sibling) 선택자(E ~ F)

이 선택자는 약간 까다롭다. 이것은 임의의 E와 같은 부모를 공유하고 마크업에서 그 뒤에 따라오는 어떠한 F 요소와도 매치된다. 따라서 h1~h2는 이것들이 같은 직계 부모를 공유한다면 h1의 뒤에 나오는 어떤 h2에도 매치된다. 즉, h2를 감싸는 요소가 아무것도 없다면 말이다.

다음의 짧은 예를 살펴보자.

```
<article>
    <header>
        <h1>제목 </h1>
        <h2>이 부제목은 매치된다</h2>
    </header>
```

```
<p>이렇고 저렇고.......</p>
<h2>이것은 h1~h2에는 매치되지 않고, header~h2에는 매치된다</h2>
<p>이렇고 저렇고.......</p>
</article>
```

선택자 문자열 h1~h2는 첫 번째 h2에 매치되는데, 둘 모두 header의 자식 요소, 즉 직접적인 하위 요소이기 때문이다. 두 번째 h2는 매치되지 않는다. 왜냐하면 이 요소의 부모는 header가 아니라 article이기 때문이다. 하지만 header~h2에는 매치된다. 이와 비슷하게 h2~p는 오직 마지막 단락에만 매치되는데, 첫 번째 단락은 그것과 같은 부모 article을 지닌 h2보다 앞서 나오기 때문이다.

> **뒤로 향하는(Backwards) 선택자는 없다**
>
> 아마 여러분은 '부모' 또는 '조상' 선택자가 없다는 사실을 눈치챘을 것이다. 또한 '선행하는 (preceding) 형제' 선택자도 없다. 이것은 때로는 성가신 일일 수도 있지만 여기에는 그만한 이유가 있다. 만약 브라우저가 DOM 트리를 거슬러 올라가야 한다거나 스타일을 적용해야 할지 말아야 할지 결정하기 전에 하위 요소를 모두 순회해서 확인해야 한다면 렌더링이 기하급수적으로 느려지고 프로세싱 측면에서도 부담이 커질 것이다. 이 이슈와 관련한 좀 더 자세한 설명은 http://snook.ca/archives/html_and_css/css-parent-selectors를 참조한다.

HTML5 헤럴드의 스타일시트를 살펴보면 많은 곳에서 이러한 선택자를 사용하고 있음을 알 수 있다. 예를 들어, 사이트의 전체 레이아웃을 정할 때 우리는 3단 div가 왼쪽으로 정렬되기를 원한다. 이 스타일이 내부에 감싸진 다른 div에도 적용되는 것을 막기 위해 자식 선택자를 이용한다.

[css/styles.css 중에서]
```
#main > div {
    float: left;
    overflow:hidden;
}
```

다음 일부 장에서도 이 사이트에 새로운 스타일을 추가해 나갈 것이므로 이러한 선택자 타입을 많이 볼 수 있을 것이다.

속성 선택자

CSS2에서는 몇 가지 속성 선택자를 도입했다. 속성 선택자를 이용하면 속성에 기초해 요소를 매칭할 수 있다. CSS3에서는 이러한 속성 선택자를 확대해 패턴 매칭을 바탕으로 요소를 선택할 수 있다.

E[attr]

요소 E에 attr 속성이 있으면, 그 값에 관계없이 매치한다. 앞서 4장에서 필수 입력값의 스타일을 맞추는 데 이 요소를 이용했다. input:required는 최신 브라우저에서 작동한다. 하지만 input[required]도 같은 효과를 내며, 약간 이전 버전의 브라우저에서도 작동한다.

E[attr=val]

요소 E의 attr 속성값이 대소문자 구분 없이 정확히 val 값이면 매치한다. 새로운 내용은 아니지만 폼 입력 타입을 대상으로 삼는 경우 유용하다. 예를 들어, input[type=checkbox]는 체크박스를 대상으로 한다.

E[attr|=val]

요소 E의 attr 속성이 val 값을 가지거나 val-로 시작하면 매치한다. 이것은 가장 일반적으로 lang 속성(lang="en-us"에서처럼)에 이용된다. 예를 들어, p[lang|="en"]은 영어로 정의된 단락이면 그것이 UK 영어이든 US 영어이든 관계없이 매치된다.

E[attr~=val]

요소 E의 attr 속성값 내에 공백으로 분리된 전체 val 값이 포함되면 매치한다. 예를 들어, .info[title~=more]는 "Click here for more information"과 같이 title 속성에 "more"라는 단어가 포함돼 있고 info라는 class를 가진 모든 요소가 매치된다.

E[attr^=val](IE8+, 웹킷, 오페라, 모질라)

요소 E의 attr 속성값이 val 값으로 시작하면 매치한다. 다시 말해, val은 속성값이 시작하는 부분과 일치한다.

E[attr$=val](IE8+, 웹킷, 오페라, 모질라)

요소 E의 attr 속성값이 val 값으로 끝나면 매치한다. 다시 말해, val 값이 속성값의 끝 부분과 일치한다.

E[attr*=val](IE8+, 웹킷, 오페라, 모질라)

요소 E의 attr 속성값 내에서 어디서든 val 값과 일치하면 매치한다. 다시 말해, val 문자열이 속성값 내에 있으면 매치된다. 위의 E[attr~=val]와 유사하지만 여기서는 val이 단어의 일부가 될 수도 있다. 위에서 살펴본 예제를 이용한다면 .fakelink[title~=info] {}는 "Click here for more information"과 같이 info라는 문자열이 포함된 title 속성이 있으면서 fakelink라는 class를 지닌 모든 요소가 매치된다.

가상 클래스

일부 사용자 상호작용 가상 클래스(Pseudo-classes)는 이미 잘 알고 있을 것이다. 이를테면, :link, :visited, :hover, :active, :focus 같은 것이 여기에 해당한다.

 기억해야 할 점

1. :visited 가상 클래스는 보안상의 위험을 내포할 수 있으며, 앞으로는 제대로 지원되지 않을 수도 있다. 요컨대, 악의적인 사이트에서는 visited 링크에 스타일을 적용한 후 자바스크립트를 사용해 인기 사이트로 향하는 링크의 스타일을 확인할 수 있다. 그러면 공격자가 사용자의 검색 기록을 사용자의 허가 없이 살펴볼 수가 있다. 그 결과, 일부 브라우저에서는 :visited로 적용될 수 있는 스타일을 제한하기 시작했으며, 다른 브라우저(특히, 사파리5)에서는 이 기능을 완전히 사용할 수 없게 했다.

   규격에서는 이러한 변화를 명백하게 허용한다. "따라서 UA[유저 에이전트]는 모든 링크를 방문하지 않은(unvisited) 링크로 취급하거나 방문한 링크와 방문하지 않은 링크로 다르게 표시하면서 사용자의 프라이버시를 지킬 수 있는 다른 방법을 구현할 수 있다."

2. 더 나은 접근성을 위해 :hover를 포함시킬 때마다 :focus를 추가한다. 왜냐하면 모든 방문자가 여러분의 사이트를 이동해 다니는 데 마우스를 이용하지는 않을 것이기 때문이다.

3. :hover는 단지 링크나 폼 컨트롤만이 아니라 페이지상의 어떤 요소에도 적용할 수 있다.

4. :focus와 :active는 링크, 폼 컨트롤 및 tabindex 속성이 있는 모든 요소에 적합하다.

오랫동안 이러한 기본 가상 클래스를 사용해왔지만 이제는 더 많은 다른 가상 클래스도 이용할 수 있다. 이것들 중 몇 가지는 수년 동안 규격에 있었음에도 브라우저가 그것들을 좀 더 제대로 이용할 수 있게 해준 새로운 HTML5 폼 속성을 지원할 때까지는 가상 클래스가 제대로 지원되지 않았다(혹은 일반적으로 알려지지 않았다).

다음의 가상 클래스는 속성, 사용자 상호작용, 폼 컨트롤 상태를 기반으로 요소를 매치한다.

:enabled

사용 가능한 사용자 인터페이스 요소

:disabled

사용 불가능한 사용자 인터페이스 요소

:checked

선택되거나 눌린 라디오 버튼 또는 체크박스

:indeterminate

선택되지도 선택 안 되지도 않은 폼 요소. 이 가상 클래스는 여전히 구상 중이며 장차 규격에 포함될 수도 있다.

:target

이 선택자는 현재 활성화된 페이지 내 링크의 대상이 되는 요소를 가리킨다. 좀 복잡하게 들릴 수도 있지만 그렇게 복잡하진 않다. 아마 여러분은 대상의 id와 함께 # 문자를 이용해 페이지 내의 특정 위치에 대한 링크를 만들 수 있다는 사실을 알고 있을 것이다. 예를 들어, 페이지에 <a href="#content">콘텐츠로 이동</a>라는 링크가 있는 경우, 이것을 클릭하면 id가 content인 요소로 이동할 것이다.

이때 주소창의 URL은 thispage.html#content로 바뀐다. 그리고 :target 선택자는 #content 선택자를 사용한 것과 마찬가지로 #content 요소에 임시로 매치된다. '임시로'라고 말하는 이유는 사용자가 다른 앵커를 클릭하면 :target은 그 대상으로 다시 변경될 것이기 때문이다.

:default

비슷한 요소 간에 기본값이 되는 하나나 그 이상의 UI 요소에 적용된다.

:valid

type 혹은 pattern 속성(4장에서 다룬)을 기반으로 유효한 요소에 적용된다.

:invalid

> 필수이지만 비어 있는 요소, 그리고 type 또는 pattern 속성에 의해 정의된 필요조건과 일치하지 않는 요소에 적용된다.

:in-range

> 범위 제한이 있는 요소 가운데 그 값이 해당 제한 범위 내에 있는 요소에 적용된다. 예를 들어, min과 max 속성을 지닌 number나 range 입력 타입이 여기에 해당한다.

:out-of-range

> :in-range와 반대로 요소의 값이 제한 범위를 벗어나서 존재하는 요소.

:required

> required 속성이 지정된 폼 컨트롤에 적용된다.

:optional

> required 속성이 없는 모든 폼 컨트롤에 적용된다.

:read-only

> 사용자가 콘텐츠를 변경할 수 없는 요소에 적용된다. 일반적으로 폼 필드 이외의 대부분의 요소가 여기에 해당한다.

:read-write

> 텍스트 입력 필드와 같이 사용자가 콘텐츠를 변경할 수 있는 요소에 적용된다.

이러한 가상 클래스에 대한 브라우저 지원은 제각각이지만 상당히 빠르게 개선되고 있다. required와 pattern 같은 폼 컨트롤 속성을 지원하는 브라우저는 이와 관련된 :valid 및 :invalid 가상 클래스도 함께 지원한다.

인터넷 익스플로러 6는 링크 이외의 요소에 대해서는 :hover를 이해하지 못하며, 인터넷 익스플로러 6와 7 모두 :focus를 이해하지 못한다. 인터넷 익스플로러 8과 이전 버전은 :checked, :enabled, :disabled, :target을 지원하지 않는다. 하지만 좋은 소식은 인터넷 익스플로러 9는 이러한 선택자를 지원한다는 것이다.

아직 지원이 부족하긴 하지만 jQuery와 같은 자바스크립트 라이브러리가 비지원 브라우저에서 이러한 가상 클래스를 사용하는 데 도움을 줄 수 있다.

구조적 가상 클래스

지금까지는 요소를 속성과 상태에 기초해 선택하는 방법을 살펴봤다. 또한 CSS3를 이용하면 마크업 내의 위치를 바탕으로 간단하게 요소를 선택할 수 있다. 이러한 선택자는 구조적 가상 클래스[1]라는 이름으로 분류된다.

지금 당장은 복잡하게 보일 수 있지만 나중에 선택자를 적용하는 방법을 살펴보면 좀 더 잘 이해될 것이다. 이러한 선택자는 인터넷 익스플로러 9에서 지원되며, 마찬가지로 모든 다른 브라우저의 현재 및 과거 버전에서도 지원된다. 인터넷 익스플로러 8과 그 이전 버전은 제외다.

:root
> 항상 html 요소인 root 요소.

E F:nth-child(n)
> 부모 요소 E의 n번째 자식 요소 F.

E F:nth-last-child(n)
> 마지막 항목으로부터 계산해 부모 요소 E의 n번째 자식 요소 F. 예를 들어, li:nth-last-child(1)은 리스트의 마지막 항목에 매치된다. 이것은 li:last-child와 같다(아래 참조).

E:nth-of-type(n)
> 특정 부모 요소 내에서 해당 타입의 요소 중 n번째 요소.

E:nth-last-of-type(n)
> 부모 요소 내에서 마지막 항목으로부터 계산하는 것을 제외하고 nth-of-type(n)과 같다.

E:first-child
> 어떤 부모 요소의 첫 번째 자식 요소인 요소 E. 이것은 :nth-child(1)과 같다.

E:last-child
> 어떤 부모 요소의 마지막 자식 요소인 요소 E로, :nth-last-child(1)과 같다.

E:first-of-type
> :nth-of-type(1)과 같다.

---

[1] http://www.w3.org/TR/css3-selectors/#structural-pseudos

E:last-of-type

:nth-last-of-type(1)과 같다.

E:only-child

부모 요소가 오직 하나의 자식을 둔 요소.

E:only-of-type

부모 요소 내에 지정한 타입이 오직 하나인 요소.

E:empty

자식이 없는 요소. 이것은 텍스트 노드도 포함한다. 따라서 <p>hello</p>는 매치되지 않는다.

E:lang(en)

지정된 두 개의 축약문자 (en)로 언어가 표시된 요소.

E:not(exception)

이것은 특히 유용한 가상 클래스다. 괄호 안의 선택자에 매치되지 않는 요소를 선택하게 된다.

:not 가상 클래스를 지닌 선택자는 우선적으로 콜론의 왼쪽에 매치시키고, 거기에 매치된 그룹으로부터 콜론의 오른쪽에 매치되는 요소를 제외시킨다. 즉, 왼쪽의 매칭이 먼저 이뤄지는 것이다. 예를 들어, p:not(.copyright)는 우선 문서 내의 모든 단락을 선택한다. 그리고 나서 그중에서 copyright라는 class가 지정된 모든 단락을 제외시킨다. 여러 개의 :not 가상 클래스를 함께 묶을 수도 있다. h2:not(header > h2):not(.logo)는 header 내에 있는 h2와 logo라는 class가 지정된 h2를 제외한 페이지의 모든 h2에 매치된다.

> **n이란?**
>
> 괄호에 n이라는 매개변수가 지정된 4 개의 가상 클래스로 :nth-child(n), :nth-last-child(n), :nth-of-type(n),:nth-last-of-type(n)이 있다.
>
> 가장 간단한 경우는 n이 정수인 경우다. 예를 들어, :nth-of-type(1)은 일련의 요소 속에서 첫 번째 요소를 타겟으로 한다. 또한, 하나 걸러 한 요소를 타겟으로 삼기 위해 odd(홀수)와 even(짝수)이라는 두 가지 키워드 중 하나를 전달할 수도 있다. 좀 더 강력한 방식으로 :nth-of-type(3n+1)과 같은 수식을 넘겨줄 수도 있다. 3n은 빈도수를 나타내는데, 모든 세 번째 요소를 의미하고 +1은 오프셋이다. 기본 오프셋은 0이며, 따라서 :nth-of-type(3n)은 3번째, 6번째, 9번째 요소에 해당하고 :nth-of-type(3n+1)은 첫 번째, 4번째, 7번째 등에 매치된다. 음수 오프셋도 허용된다.
>
> 이러한 숫자가 사용되는 가상 클래스를 이용해 마크업에 클래스를 추가하지 않고도 목표로 하는 요소의 위치를 정확하게 나타낼 수 있다. 가장 일반적인 예로는 테이블에서 인접한 열 중 하나를 약간씩 더 어둡게 설정해 쉽게 읽을 수 있게 만드는 것을 들 수 있다. 기존에는 이것을 표현하기 위해 모든 tr에 odd 또는 even 클래스를 추가해야 했다. 이제는 마크업에 손대지 않고도 간단히 tr:nth-of-type(odd)를 선언해 모든 홀수 줄을 대상으로 지정할 수 있다. 여기서 좀 더 나아가 삼색 줄무늬 테이블을 나타낼 수도 있다. 즉, :nth-of-type(3n), :nth-of-type(3n+1), :nth-of-type(3n+2)를 이용해 각기 다른 색깔을 적용한다.

가상 요소와 생성된 콘텐츠

가상 클래스 외에도 CSS에서는 가상 요소를 제공한다. 가상 요소는 문서의 일부가 되는 텍스트를 대상으로 삼을 수 있는데, 이것들은 가상 요소 없이는 문서 구조 내에서 선택할 수 없는 것들이다. 가상 클래스는 CSS에서 쉽게 또는 제대로 알아낼 수 없는 종류의 속성이나 요소의 상태를 반영하는 데 이용할 수 있다. 반면 가상 요소는 DOM으로 표현되지 않는 문서의 어떤 구조를 나타낸다.

예를 들어, 모든 텍스트 노드는 첫 번째 문자와 첫 번째 줄을 지니고 있다. 하지만 span으로 그것들을 감싸지 않고 어떻게 그것들을 타겟으로 지정할 수 있을까? CSS에서는 각각 텍스트의 첫 번째 문자와 첫 번째 줄에 매치되는 ::first-letter와 ::first-line 가상 요소를 제공한다. 또한 이것들은 :first-line과 :first-letter와 같이 한 개의 콜론으로도 작성할 수 있다.

> **왜 더블 콜론으로 귀찮게 만드는 걸까?**
>
> 더블 콜론이 정확한 문법이지만 싱글 콜론이 더 잘 지원된다. 인터넷 익스플로러 6, 7, 8은 오직 싱글 콜론 표기만 이해한다. 다른 모든 브라우저는 양쪽 모두 지원한다. 비록 :first-letter, :first-line, :first-child, :before, :after는 이미 CSS2부터 있었지만 이러한 가상 요소를 가상 클래스와 구별하고자 CSS3에서는 더블 콜론을 이용해 재정의했다.

생성된 콘텐츠

::before와 ::after 가상 요소는 마크업에 존재하는 콘텐츠를 나타내는 것이 아니라 CSS 내에서 직접 생성되어 추가될 콘텐츠를 삽입할 수 있는 위치를 나타낸다. 이렇게 생성된 콘텐츠는 DOM의 일부가 되지는 않지만 스타일이 적용될 수 있다.

가상 요소에 넣을 콘텐츠는 content 속성을 이용해 생성한다. 예를 들어, 페이지 내의 모든 외부 링크에 대해 사용자가 페이지를 떠나게 될 것임을 확실하게 알 수 있게 해당 URL을 괄호로 묶어서 링크 뒤에 표시하고 싶다고 하자. 이때 마크업에 URL을 직접 입력하는 대신 속성 선택자와 ::after 가상 요소의 조합을 이용할 수 있다.

```
a[href^=http]:after {
    content: " (" attr(href) ")";
}
```

attr()은 선택된 요소의 속성에 접근할 수 있게 해주는데 여기서는 링크의 대상을 표시하는 데 매우 유용하게 사용된다. 그리고 속성 선택자에 관해 다른 내용을 기억한다면 a[href^=http]가 "href 속성이 http로 시작하는 모든 a 요소"를 의미한다는 사실을 알고 있을 것이다. 바꿔 말하자면, 외부 링크다.

다음은 또 다른 예다.

```
a[href$=pdf] {
    background: transparent url(pdficon.gif) 0 50% no-repeat;
    padding-left: 20px;
}
a[href$=pdf]:after {
    content: " (PDF)";
}
```

위의 스타일은 PDF에 대한 링크 뒤에 PDF 아이콘과 텍스트로 "(PDF)"를 추가할 것이다. [attr$=val] 선택자는 속성의 끝부분에 매치된다는 점을 기억하자. 따라서 document.pdf는 매치되지만 page.html은 매치되지 않는다.

::selection

::selection 가상 요소는 강조되는 텍스트에 매치한다.

이것은 웹킷에서 지원되며, 제조사 접두사인 –moz를 포함하는 경우 파이어폭스에서도 지원된다. HTML5 헤럴드에서 선택 부분의 배경과 텍스트 색상을 이 사이트의 나머지 부분의 단색 스타일과 보조를 맞추기 위해 이것을 이용해보자.

```
[css/styles.css 중에서]
::-moz-selection{
    background: #484848;
    color:#fff;
}
::selection {
    background:#484848;
    color:#fff;
}
```

CSS3 색

아마 여러분은 CSS3의 정말 멋진 기능을 실제로 적용해보고 싶어서 조바심이 날 것이다. 하지만 그 전에 살펴봐야 할 내용이 하나 더 있다. CSS3는 페이지 내의 색상을 표시하는 몇 가지 새로운 방법을 지원한다. 앞으로 살펴볼 일부 장에서는 예제 내에서 이것들을 이용하므로 지금 이 내용을 다룰 필요가 있다.

CSS3 이전에는 대개 16진수 형식(흰색의 경우 #FFF나 #FFFFFF)을 이용해 색상을 선언했다. 또, 정수(0-255)나 퍼센트를 지정하는 rgb() 표기법을 이용해 색상을 선언하는 것도 가능했다. 예를 들어, 흰색은 rgb(255,255,255) 또는 rgb(100%,100%,100%)다. 그뿐만 아니라 purple(보라), lime(라임), aqua(바다색), red(빨강)와 같은 일부 이름이 붙여진 색상을 이용할 수도 있었다. 색상 키워드 목록은 CSS3 색상 모듈[2]에 147개의 추가적인 키워드 색상(일반적으로 잘 지원

---

[2] http://www.w3.org/TR/css3-color/

되는)이 포함되면서 확장됐지만 CSS3에서는 HSL, HSLA, RGBA와 같은 몇 가지 다른 선택사항도 제공한다. 이러한 새로운 색상 타입에서 가장 눈에 띄는 변화는 반투명 색상을 선언할 수 있다는 것이다.

RGBA

RGBA는 4번째 값인 alpha, 불투명도 레벨을 추가한다는 점을 제외하면 RGB처럼 작동한다. 처음 세 가지 값은 여전히 빨간색, 녹색, 파란색을 나타낸다. 알파 값에서 1은 완전히 불투명함, 0은 완전히 투명함, 그리고 0.5는 50% 불투명하다는 것을 의미한다. 알파 값으로는 0과 1을 포함해서 그 사이의 숫자를 설정할 수 있다.

#RRGGBB와 같이 16진수 표기법으로도 표현할 수 있는 RGB와는 달리 RGBA에는 16진수 표기법이 없다. #RRGGBBAA와 같이 RGBA를 표현할 8자의 16진수 값을 포함하자는 논의가 어느 정도 있었지만 아직 명세서에는 추가되지 않았다.

예를 들어, 예제 사이트의 등록 폼을 살펴보자. 사이트 배경의 거친 질감은 계속 유지하면서도 폼을 좀 더 어두운 색상으로 표현하고 싶은데, 이를 위해 0,0,0,0.2의 RGBA 색상을 이용할 것이다. 다시 말하면 이것은 투명도가 80%인 검정색이다.

```
[css/styles.css 중에서]
form {
    ...
    background: rgba(0,0,0,0.2) url(../images/bg-form.png) no-repeat bottom center;
}
```

인터넷 익스플로러 8과 이전 버전에서는 RGBA를 지원하지 않으므로 RGBA 색상을 선언하려고 한다면 먼저 인터넷 익스플로러가 이해할 수 있는 색상을 그 앞에 위치시킨다. 인터넷 익스플로러는 자신이 이해하는 마지막 색상을 표시할 것이므로 RGBA 색상은 그냥 건너뛸 것이다. 다른 브라우저에서는 두 색상을 모두 이해할 수 있지만 CSS 캐스케이드 덕분에 뒤에 나오는 RGBA 색상이 인터넷 익스플로러에서 사용할 색상을 대체할 것이다.

위 예제에서는 우리가 이용하려는 색상이 어차피 거의 투명하기 때문에 배경 색상을 갖지 않는 인터넷 익스플로러의 이전 버전에서도 사실상 별 문제가 없다.

HSL과 HSLA

HSL은 색상(hue), 채도(saturation), 명도(lightness)를 의미한다. 정확하게 세 가지 색상 값을 변경함으로써 색상의 채도나 명도를 조절하는 RGB와는 달리, HSL로는 같은 기본 색상을 유지하면서 채도나 명도만 변경할 수 있다. HSL을 나타내는 구문은 색상을 나타내는 정수 값과 채도, 명도를 나타내는 퍼센트 값으로 구성된다.[3]

비록 모니터는 RGB를 이용해 색상을 표시하지만 브라우저는 사용된 HSL 값을 모니터가 표시할 수 있는 것으로 간단히 바꾸게 된다.

hsl() 선언은 세 값을 받아들인다.

- 0부터 359도로 나타내는 색상(예: 0 = red, 60 = yellow, 120 = green, 180 = cyan, 240 = blue, 300 = magenta). 물론, 이 사이의 값을 모두 자유롭게 이용할 수 있다.
- 퍼센트로 표시하는 채도. 채도의 기준은 100%다. 100%의 채도는 온전한 색상이 되며 채도의 0 값은 회색 그림자를 표시한다. 기본적으로 색상 값이 무시되게 만든다.
- 퍼센트로 표시되는 명도는 50%가 기준이다. 100%의 명도는 흰색이며, 50%는 실제 색상, 그리고 0%는 검은색이다.

또한 HSL은 불투명도 값을 허용한다. 예를 들어, hsla(200, 100%, 50%, 0.5)는 50%의 불투명도와 함께 완전한 채도와 일반 명도에 해당하는 자홍색(magenta)이다.

HSL은 인간의 눈이 색을 인지하는 방식을 흉내 낸다. 그래서 디자이너가 좀 더 직관적으로 이해할 수 있을 것이다. 그리고 위에서 언급했듯이 좀 더 빠르고 쉽게 조정할 수 있다. 자신이 가장 편안하게 느끼는 문법을 이용한다. 하지만 인터넷 익스플로러 8이나 이전 버전에서도 지원하게 하려면 16진수 표기법을 이용하는 편이 좋다는 사실을 기억해 두자.

CSS에서 색상을 다루는 모든 방법을 다시 살펴보면서 요약해보자. 진한 빨간색은 다음과 같이 작성할 수 있다.

- #800000
- maroon

---

3   색상 이론의 자세한 설명(채도와 명도라는 용어가 의미하는 바와 함께)은 이 책의 범위를 넘어선다. 좀 더 자세히 알고 싶다면 색상에 관한 훌륭한 입문서인 제이슨 비어드(Jason Beaird)의 『The Principles of Beautiful Web Design(SitePoint:Melbourne, 2010)』 [http://www.sitepoint.com/books/design2/]을 참고한다. 번역서로 『뷰티풀 웹 디자인 : 좋아 보이는 웹사이트를 만드는 디자인 원칙』(인사이트, 2009)이 있다.

- rgb(128,0,0)
- rgba(128,0,0,1.0)
- hsl(0,100%,13%)
- hsla(0,100%,13%,1.0)

불투명도

HSLA와 RGBA 색상으로 투명도를 지정하는 방법 외에도 CSS3에서는 opacity 속성도 제공한다. opacity는 해당 요소의 불투명도를 설정한다. 알파 투명도와 유사하게 opacity 값은(0도 포함) 0에서 1사이의 실수다. opacity 값이 0이면 요소가 완전히 투명하다는 것을 의미하며, 그에 반해 opacity 값이 1이면 요소가 완전히 불투명하다는 의미다.

다음 예를 살펴보자.

```
div.halfopaque {
    background-color: rgb(0, 0, 0);
    opacity: 0.5;
    color: #000000;
}

div.halfalpha{
    background-color: rgba(0, 0, 0, 0.5);
    color: #000000;
}
```

위에 선언한 두 블록은 얼핏 보기에는 동일해 보여도 실질적으로 중요한 차이가 있다. opacity는 요소와 그 요소의 모든 자식에 대한 불투명도 값을 지정하지만 반투명 RGBA나 HSLA 색상은 선언되는 요소 이외의 요소에는 영향을 미치지 않는다.

위의 예를 살펴보면 halfopaque div 내의 모든 텍스트는 50%의 불투명도(아마도 읽기가 어려울 정도로)를 나타낼 것이다. 하지만 halfalpha div 내의 텍스트는 여전히 100%로 불투명할 것이다.

따라서 opacity 속성은 반투명 요소를 생성하는 빠르고 쉬운 해법이지만 그에 따르는 결과도 알고 있어야 한다.

실전 적용

이제 이용 가능한 모든 CSS 선택자와 새로운 색상 타입을 살펴봤으므로 정말로 스타일을 적용할 준비가 끝났다.

이 장의 나머지 부분에서는 HTML5 헤럴드 초기 페이지의 여러 작은 섹션에 스타일을 적용할 것이다. 초기 페이지에 스타일을 적용해 보면서 둥근 모서리, 텍스트 그림자 효과, 박스 그림자 효과를 어떻게 추가하는지 보여주겠다.

HTML5 헤럴드 초기 페이지에서 오른편의 사이드바에는 갖가지 기발한 광고가 나와 있다. 앞서 2장에서 봤듯이 aside 내에 포함된 article 요소로 이러한 광고를 작성했다. 이 가운데 첫 번째는 예전 '수배자' 포스터 스타일의 광고로서, 독자에게 무기를 소지하고 위험한 HTML5와 CSS3를 조심할 것을 알려준다. 이 광고의 최종 모습은 그림 6.1과 같다.

그림 6.1 | 예제 웹 페이지의 '수배자' 광고

광고 중앙에 위치한 진회색 박스가 3차원 입체 효과와 함께 둥근 모서리에 중첩된 테두리가 적용돼 있음을 확인할 수 있다. "<HTML5>&{CSS3}"라고 적힌 텍스트 또한 배경으로부터 구분돼 보이게 하는 그림자가 지정돼 있다. CSS3 덕분에 이미지나 자바스크립트에 의존하지 않고도 이 모든 효과를 약간의 간단한 코드만으로 얻을 수 있다. 이제 어떻게 하는지 알아보자.

박스에 대한 마크업은 간단히 <a href="..."><HTML> & {CSS3}</a>다. HTML 개체를 제외하면 이보다 더 간단할 수 없다!

여기에 어떤 스타일을 적용하기 전에 그것을 선택할 필요가 있다. 물론, 그냥 class 속성을 마크업에 추가할 수도 있겠지만 그렇게 하면 아무런 재미도 없을 것이다. 지금은 CSS3를 배우는 중이므로 몇 가지 멋지고 새로운 선택자를 사용해봐야 한다.

박스가 이 페이지에 포함된 유일한 a 요소는 아니지만 이것이 사이드바에서 단락 바로 뒤에 나오는 유일한 a일 것이다. 그러므로 이러한 사실을 이용하면 충분히 박스를 선택할 수 있다. 또한 기본적인 스타일 적용을 위해 CSS3 이전 방식을 이용하는 방법을 알고 있으므로 그렇게 해보자.

[css/styles.css 중에서]
```css
aside p + a {
    display: block;
    text-decoration: none;
    border: 5px double;
    color: #ffffff;
    background-color: #484848;
    text-align: center;
    font-size: 28px;
    margin: 5px 5px 9px 5px;
    padding: 15px 0;
    position: relative;
}
```

나쁘지 않다! 그림 6.2와 같이 원하는 모습으로 거의 다 만들어가고 있다. 또한 9장에서 추가하게 될 폰트 스타일을 제외하고는 인터넷 익스플로러 8과 이전 버전에서도 같은 모습일 것이다.

그림 6.2 | 과거 버전의 브라우저에서 보게 될 광고 링크의 기본 모습

인터넷 익스플로러 6은 인접 형제 선택자를 지원하지 않는다는 점을 기억하자. 따라서 이 브라우저를 지원해야 한다면 좀 더 일반적인 id 혹은 class 선택자를 이용해야 한다.

이 외양은 괜찮으며 웹 페이지에 포함할 만하다. 웹 페이지가 모든 브라우저에서 동일하게 보여야 할 필요는 없다. 이전 버전의 인터넷 익스플로러를 사용 중인 사용자들은 뭔가 빠져 있다는 사실을 알아채지 못할 것이다. 하지만 물론 더 나은 브라우저에는 추가적인 혜택을 제공할 수 있다. 이제부터는 페이지에 좀 더 광택을 내 보자.

둥근 모서리: border-radius

border-radius 속성을 이용하면 이미지나 추가적인 마크업 없이도 둥근 모서리를 만들 수 있다. 박스에 둥근 모서리를 추가하려면 다음 코드를 추가하기만 하면 된다.

```
-moz-border-radius: 25px;
border-radius: 25px;
```

사파리, 크롬, 오페라, 인터넷 익스플로러 9, 파이어폭스 4는 제조사 접두사 없이(그냥 border-radius) 둥근 모서리를 지원한다. 파이어폭스 3.6과 이전 버전에서는 여전히 제조사 접두사인 -moz-border-radius를 지정해야 한다. 하지만 여러분이 이 책을 읽을 때쯤이면 해당 버전의 사용량이 충분히 줄어 더는 이 기능이 필요하지 않을 수도 있다.

그림 6.3은 링크에 이러한 속성을 추가하고 나면 어떤 모습으로 바뀌는지 보여준다.

그림 6.3 | 링크에 둥근 모서리를 추가한 모습

border-radius 속성은 사실 약칭 표기다. 그림 6.3의 a 요소에서는 모서리가 모두 같은 크기이고 대칭을 이룬다. 다른 크기의 모서리를 원한다면 border-radius: 5px 10px 15px 20px;와 같은 식으로 각기 다른 값을 선언할 수도 있다. padding, margin, border와 같이 개별적으로 값을 설정할 수도 있다.

```
border-top-left-radius: 5px;
border-top-right-radius: 10px;
border-bottom-right-radius: 15px;
border-bottom-left-radius: 40px;
```

파이어폭스의 이전 버전에 대한 -moz-를 앞에 붙인 형태는 약간 다른 문법을 이용한다.

```
-moz-border-radius-topleft: 5px;
-moz-border-radius-topright: 10px;
-moz-border-radius-bottomright: 15px;
-moz-border-radius-bottomleft: 40px;
```

결과적으로 생겨난 이상한 모양의 박스는 그림 6.4와 같다.

그림 6.4 | 각 모서리의 반경을 개별적으로 설정할 수도 있다.

약칭 표기의 border-radius를 이용할 때 모서리의 순서는 왼쪽 위, 오른쪽 위, 오른쪽 아래, 왼쪽 아래다. 또, 값을 두 개만 선언할 수도 있는데 그렇게 하면 첫 번째 값은 왼쪽 위와 오른쪽 아래에 적용되고, 두 번째 값은 오른쪽 위와 왼쪽 아래에 적용된다. 값을 세 개 선언하면 첫 번째는 왼쪽 위, 두 번째는 오른쪽 위와 왼쪽 아래, 세 번째는 오른쪽 아래를 각각 나타낸다.

약칭 border-radius를 사용할 것을 권장하는데, 이것이 훨씬 짧고 이전 버전의 파이어폭스를 지원하기 위해 두 개의 서로 다른 구문을 사용하지 않아도 되기 때문이다.

또한 각 측면에 반경이 서로 다른 비대칭 모서리를 만들 수도 있다. 이것들은 원형이라기보다는 타원형으로 나타난다. 4개의 일반 표기 값 가운데 어떤 것에 두 개의 값을 설정한다면 각각 한 모서리에 표시될 4분의 1에 해당하는 타원의 수평과 수직 반경을 정의하는 셈이다. 예를 들어, border-bottom-left-radius: 20px 10px;는 타원형 왼쪽 아래 모서리를 생성한다.

타원형 모서리를 표현하고자 약칭 표기를 사용한다면 사선으로 수평과 수직 반경을 분리한다. border-radius: 20px / 10px;는 4개의 동일한 타원형 모서리를 생성하며, border-radius: 5px 10px 15px 20px / 10px 20px 30px 40px;는 4개의 같지 않은 타원형 모서리를 만들어낸다. 마지막 예제는 그림 6.5와 같은 모습의 모서리를 만들어 낸다. 재미는 있지만 미학적인 측면으로는 별로다.

그림 6.5 | 네 개의 서로 다른 재미있는 타원형 모서리

 미래를 고려한다면

접두사가 있는 속성을 포함할 때는 항상 그 뒤에 접두사가 없고 표준을 따르는 제대로 된 구문을 사용하자. 이렇게 하면 사이트에 대한 미래 호환성이 보장된다!

HTML5 헤럴드에서 둥근 모서리를 사용하는 또 다른 요소가 하나 있다. 바로 등록 폼의 전송 버튼이다. 이 모서리를 지금 둥글게 만들어 보자.

`[css/styles.ss 중에서]`
```
input[type=submit] {
    -moz-border-radius: 10%;
    border-radius: 10%;
}
```

위의 CSS에서 두 가지 사항을 알 수 있다. submit 입력 타입을 대상으로 삼고자 속성 선택자를 이용했으며 둥근 모서리를 표현하고자 픽셀 값 대신 퍼센트를 이용했다. 이러한 방식은 나중에 사이트에 좀 더 많은 폼을 추가할 때 여러모로 편리하다. 다른 전송 버튼은 등록 폼 페이지에 있는 전송 버튼보다 조금 작을 수 있으며, 퍼센트를 이용해 둥근 모서리가 버튼 크기에 비례하게 된다.

border-radius 속성은 모든 요소에 적용될 수 있지만 border-collapse 속성이 collapse로 설정된 table 요소에는 적용되지 않는다.

 이전의 브라우저는 어떨까?

일반적으로 얘기하면 이전의 브라우저에서도 똑같은 겉모습을 제공해야 할 필요는 없지만 때로는 고객이 이를 요구할 수도 있다. 둥근 모서리의 경우 한 가지 일반적인 방법은 동적으로 각 모서리에 대한 4개의 추가적인 요소를 생성하는 것이다. 그리고 자바스크립트를 이용해 둥글게 만들고자 하는 모든 요소에 4개의 span을 추가하고, CSS에서는 관련 모서리에 대응하는 각 스팬에 배경 이미지를 지정한다.

이와 같은 방법은 원하는 겉모습을 보여주긴 하지만 그러자면 자바스크립트, 마크업, CSS, 그리고/또는 이미지가 필요하다. 게다가 디자인이 변경된다면(예를 들어, 색상, 반경 혹은 보더) 배경 이미지를 다시 만들어야 할 것이다. 다행히 추가적인 이미지나 마크업 없이도 이전의 인터넷 익스플로러 버전에서 CSS3 데코레이션을 제공하는 일부 자바스크립트 해결책이 있다. CSS3 PIE[1]는 살펴볼 만한 가치가 있다.

---

1 http://css3pie.com/

그림자 효과

CSS3에서는 box-shadow 속성을 이용해 요소에 그림자 효과(drop shadow)를 추가할 수 있다. 이 속성으로는 요소에 하나 또는 여러 개의 내부 그리고/또는 외부 그림자 효과의 색상, 길이, 폭, 블러 및 오프셋을 지정할 수 있다.

일반적으로 그림자 효과를 어떤 요소가 페이지 위에 '떠' 있으면서 그림자를 갖고 있는 것처럼 보이게 하는 효과로 생각한다. 하지만 이처럼 정교한 설정을 이용하면 좀 더 창의적으로 만들 수 있다. 예제 사이트의 광고 링크에서는 3차원 입체 박스 모양을 만들고자 블러 값 없이 box-shadow를 이용할 수 있다.

box-shadow 속성의 값으로는 콤마로 구분된 그림자 목록이 온다. 각 그림자는 두 개에서 4개의 크기 값, 색상, 그리고 내부에 그림자를 드리운다는 의미인 inset 키워드로 구성된다. inset을 지정하지 않으면 기본적으로 요소의 바깥쪽에 그림자가 그려진다.

각 값의 의미를 이해할 수 있게 예제에 사용하는 그림자를 살펴보자.

```
[css/styles.css 중에서]
-webkit-box-shadow: 2px 5px 0 0 rgba(72,72,72,1);
-moz-box-shadow: 2px 5px 0 0 rgba(72,72,72,1);
box-shadow: 2px 5px 0 0 rgba(72,72,72,1);
```

첫 번째 값은 수평 오프셋이다. 양수 값은 요소의 오른쪽에, 음수 값은 요소의 왼쪽에 그림자를 생성한다. 이 예제에서는 a의 오른쪽에 2픽셀 크기의 그림자가 생긴다.

두 번째 값은 수직 오프셋이다. 양수 값은 그림자를 아래로 밀어, 요소의 아래로 그림자를 만든다. 음수 값을 지정하면 그림자가 위로 올라간다. 이 예제에서는 5픽셀 크기의 그림자가 a 아래에 생긴다.

생략 가능한 세 번째 값은 그림자의 블러(흐림) 정도다. 값이 커질수록 그림자가 더욱 흐려진다. 여기에는 양수 값만 지정할 수 있다. 예제 사이트에 추가할 그림자는 흐려지지 않으므로 이 값을 0으로 설정하거나 이 값을 완전히 생략할 수 있다.

네 번째 값은 그림자의 확장거리를 결정한다. 양수 값은 그림자가 모든 방향으로 확장되는 형태로 만든다. 음수 값을 지정하면 그림자가 축소된다. 예제에서는 그림자를 확장하지 않으므로 이 값을 0으로 지정하거나 완전히 생략할 수 있다.

다섯 번째 값은 색상이다. 일반적으로 그림자에는 색상을 지정한다. 규격에서는 이 값을 생략하면 요소의 color 속성과 같은 값이 기본값이 된다고 기술돼 있다. 오페라와 파이어폭스에서는 이러한 기본 방식을 지원하지만 웹킷에서는 그렇지 않으므로 색상을 반드시 포함시킨다. 위의 예에서는 RGBA 색상을 이용했다. 위와 같이 특별한 경우에는 그림자가 단색이므로 16진수 값을 이용할 수도 있었다. 하지만 대체로 그림자는 약간 투명하게 표현하므로 일반적으로 RGBA나 HSLA를 이용하게 될 것이다.

이렇게 선언해서 생성된 그림자 효과는 그림 6.6과 같다.

그림 6.6 | 박스에 그림자 효과를 추가하면 마치 깊이가 있는 듯 착각하게 된다.

기본적으로 그림자는 박스의 바깥쪽에 생기는 그림자 효과다. 그림자 선언이 시작되는 부분에 inset이라는 단어를 추가해 안쪽으로 그림자를 생성할 수도 있다.

오페라, 파이어폭스 4, 인터넷 익스플로러 9에서는 접두사가 없는 문법을 지원한다. 하지만 여전히 파이어폭스 3.6과 이전 버전에 대해서는 접두사 –moz-를, 사파리와 크롬에 대해서는 접두사 –webkit-을 지정해야 한다. 그러나 웹킷의 현재 개발 버전에서는 접두사가 없는 방식을 지원하며, 파이어폭스 4는 조만간 이전 버전을 대신하게 될 것이므로 접두사가 필요할 일은 없어질 것이다.

 인터넷 익스플로러 6 이상에서의 그림자 효과

인터넷 익스플로러 6~8에서 박스 그림자 효과를 지정하려면 아래 예제 코드에 나온 것과 같은 특수한 필터를 사용해야 한다. 하지만 주의할 점은 CSS3의 섀도와 똑같은 모습을 만드는 것은 거의 불가능하다는 것이다. 또한 필터는 성능 측면에서 눈에 띄는 영향을 준다는 점도 알아둬야 한다. 따라서 이전 버전의 브라우저에서는 반드시 그림자가 보여야 할 경우에만 사용한다. 그뿐만 아니라 이러한 스타일은 조건문을 이용해 이전 버전의 인터넷 익스플로러에서만 사용되도록 별도의 스타일시트로 분리해야 한다. 그렇지 않으면 인터넷 익스플로러 9에서 표준 CSS3 그림자와 함께 뒤죽박죽이 되어 버릴 것이다.

```
filter: shadow(color=#484848, direction=220, Strength=8);
filter:progid:DXImageTransform.Microsoft.dropshadow(OffX=2,
↪OffY=5, Color='#484848', Positive='true');
```

> **비직사각형 그림자 효과?**
>
> 그림자 효과는 여기서 예제로 만들어본 둥근 모서리 등을 비롯해 직사각형 요소에 잘 어울린다. 예제에서는 요소에 border-radius 속성을 이용하고 있으며, 따라서 그림자가 모서리의 곡선을 따라 형성되고 보기도 좋다.
>
> 하지만 그림자는 콘텐츠의 실제 픽셀보다는 요소의 가장자리를 따른다는 사실에 유의해야 한다. 따라서 그림자 효과를 반투명 이미지에 이용한다면 보기 싫은 모습이 될 것이다. 그림자는 이미지 콘텐츠의 윤곽이 아닌 이미지의 직사각형 모서리를 따라 형성된다.

한 요소에 하나 이상의 박스 그림자 효과를 적용하려면 콤마로 분리된 그림자 목록을 정의하면 된다. 하나 이상의 그림자가 정의되면 그림자는 앞에서 뒤로 층을 이뤄 마치 브라우저가 마지막 그림자를 맨 처음 그리고, 그 전의 그림자를 그 위에 그린 것 같은 모습이 된다.

요소의 외곽선처럼 박스 그림자 효과는 박스 모델 측면에서는 보이지 않는 것으로 돼 있다. 다시 말해서 페이지 배치에 영향을 끼쳐서는 안 된다. 필요한 경우에 이것들은 다른 박스를 그리고 그러한 박스의 그림자와 겹쳐질 것이다. 앞에서 "돼 있다"라고 얘기한 이유는 일부 브라우저에서는 오류가 있기 때문이다. 물론 많지는 않고 곧 수정될 것이다.

Inset과 여러 개의 그림자 효과

HTML5 헤럴드 등록 폼은 모서리 주위에 그라디언트 배경처럼 보이는 것을 가지고 있는데, 사실 이것은 몇 개의 inset 박스 그림자 효과다.

내부의 박스 그림자를 생성하려면 inset 키워드를 선언에 추가한다. 여기서는 네 개의 측면을 모두 다루고자 두 개의 그림자를 포함해야 한다. 한 그림자는 왼쪽 위, 나머지 하나는 오른쪽 아래에 적용된다.

```
[css/styles.css 중에서]
form {
    -webkit-box-shadow:
        inset 1px 1px 84px rgba(0,0,0,0.24),
        inset -1px -1px 84px rgba(0,0,0,0.24);
    -moz-box-shadow:
        inset 1px 1px 84px rgba(0,0,0,0.24),
        inset -1px -1px 84px rgba(0,0,0,0.24);
    box-shadow:
```

```
                inset 1px 1px 84px rgba(0,0,0,0.24),
                inset -1px -1px 84px rgba(0,0,0,0.24);
}
```

보다시피 요소에 그림자를 여러 개 추가하려면 같은 구문을 콤마로 구분해서 반복하기만 하면 된다.

 웹킷과 Inset 그림자 효과

웹킷 기반 브라우저의 현재 버전에서는 HTML5 헤럴드의 등록 폼에 사용하고 있는 것처럼 blur 값이 큰 내부 박스 그림자를 표시할 때 성능이 매우 떨어진다.

웹킷은 box-shadow 속성에 대해 webkit- 접두사가 있는 형태와 없는 형태를 모두 지원하므로 완성된 CSS에서는 이것들을 모두 생략해야만 했다. 오직 -moz- 접두사 속성만 포함할 수 있었고, 따라서 유감스럽게도 파이어폭스가 이 크고 멋진 내부 그림자의 유일한 수혜자다.

이 버그는 현재 개발 버전의 웹킷 엔진에서는 수정됐지만 이러한 수정 사항이 모든 웹킷 기반 브라우저에 적용되기까지는 얼마간의 시간이 걸릴 것이다. 그러므로 내부 그림자를 이용하려고 한다면 반드시 많은 브라우저에서 테스트해 보자.

텍스트 그림자 효과

box-shadow로 박스에 그림자를 추가할 수 있다면 text-shadow로는 텍스트 노드의 개별 글자에 그림자를 추가할 수 있다. text-shadow는 CSS2에 추가되어 사파리에서는 버전 1부터 지원하고, 인터넷 익스플로러 9를 제외한 현재 모든 브라우저에서 지원된다.

text-shadow 속성의 문법은 접두사, 오프셋, 여러 개의 그림자 지원 등 box-shadow와 매우 유사하다. 예외 사항은 확장거리가 없다는 점과 내부 그림자가 허용되지 않는다는 점이다.

```
/* 단일한 그림자 */
text-shadow: topOffset leftOffset blurRadius color;

/* 여러 개의 그림자 */
text-shadow: topOffset1 leftOffset1 blurRadius1 color1,
             topOffset2 leftOffset2 blurRadius2 color2,
             topOffset3 leftOffset3 blurRadius3 color3;
```

box-shadow처럼 여러 개의 그림자를 선언하면 맨 처음 그림자가 가장 위로 오면서 앞에서부터 뒤쪽으로 그려진다. 텍스트 그림자는 텍스트 자신의 뒤쪽에 나타난다. 그림자가 너무 커서 다른 문자와 겹친다면 여전히 그 문자의 뒤쪽에 표시된다.

텍스트에는 반투명 그림자가 오른쪽 아래에 적용돼 있다.

```
[css/styles.css 중에서]
text-shadow: 3px 3px 1px rgba(0, 0, 0, 0.5);
```

이는 그림자가 문자 아래로 3픽셀, 문자 오른쪽으로 3픽셀 확장되며, 약간 흐려지고(1픽셀), 그리고 50% 수준의 불투명도에 해당하는 검은색임을 나타낸다.

적절한 스타일로 광고 링크가 거의 완벽해졌다(그림 6.7). 끝 마무리(사용자 지정 폰트)는 9장에서 추가하겠다.

그림 6.7 | 광고 링크가 꽤 멋져 보인다!

더 많은 그림자 효과

이제 블록 수준의 요소와 텍스트 노드 양쪽에 모두 그림자 효과를 주는 방법을 알게 됐다. 하지만 지금까지는 예제 페이지의 일부분에만 스타일을 적용했다(사실, 한 광고 내의 링크 하나였다). 다음 장으로 넘어가기에 앞서 나머지 부분에도 그림자를 추가해 보자.

사이트 디자인을 다시 확인해 보면 페이지의 모든 h1 요소는 대문자이면서 그림자 효과가 적용돼 있음을 알 수 있다. 이것은 오른쪽 아래에 아주 미묘한 순수 흰색의 그림자 효과가 적용된 진회색 텍스트이고 약간의 깊이가 더해졌다.[4] 사이트 헤더의 태그 라인에도 드롭 섀도가 적용돼 있지만 모두 소문자. 반면, 기사의 태그라인에는 그림자 효과가 없다.

'CSS3 선택자'라는 섹션을 통해 클래스를 이용하지 않고도 이러한 모든 요소를 선택할 수 있다는 사실을 알게 됐다. 추가적인 마크업 없이 이러한 요소를 대상으로 지정해보자.

---

[4] http://twitter.com/#!/themaninblue/status/27210719975964673

```
[css/styles.css 중에서]
h1, h2 {
    text-transform: uppercase;
    text-shadow: 1px 1px #FFFFFF;
}
:not(article) > header h2 {
    text-transform: lowercase;
    text-shadow: 1px 1px #FFFFFF;
}
```

첫 번째로 선언한 내용은 페이지에서 모든 h1 요소와 h2 요소를 지정한다. 두 번째로는 header 내에 있는 모든 h2 요소를 지정하는데, 이때 이 header는 article 요소 내에 감싸져 있지 않아야 한다.

예제 사이트의 텍스트 그림자는 순수 흰색이므로 알파 투명 색상이나 블러 값을 이용할 필요가 없다.

다음으로

이제 섀도와 둥근 모서리를 익혔으니 CSS3를 이용해 좀 더 즐겨볼 시간이다. 다음 장에서는 CSS3 그라디언트와 다중 배경 이미지를 살펴보겠다.

HTML5 & CSS3 FOR THE REAL WORLD

07
CSS3 그라디언트와 다중 배경

6장에서는 페이지에 추가적인 마크업이나 이미지를 사용하지 않고도 그림자나 둥근 모서리와 같은 장식 용도의 스타일링 기능을 적용하는 방법을 배웠다. 그다음으로 자주 이미지를 이용해 웹 사이트에 추가했던 기능은 그라디언트다. CSS3에서는 방사형과 선형 그라디언트를 자체적으로 제공할 뿐 아니라 어떤 요소에서든 여러 개의 배경 이미지를 지정할 수 있다. CSS3를 이용하면 과거 수년 동안 그랬던 것처럼 무수한 JPEG를 생성하거나 마크업에 의미 없는 요소를 추가할 필요가 없어진다.

그라디언트와 다중 배경에 대한 브라우저 지원은 여전히 개선 중이지만 이 장에서 확인할 수 있는 것처럼 인터넷 익스플로러 9를 비롯한 모든 주요 브라우저의 최신 버전을 지원하게끔 개발하는 것이 가능하다.

먼저 CSS3 그라디언트를 살펴보자. 그런데 그라디언트란 뭘까? 그라디언트(Gradient)는 두 가지 혹은 그 이상의 색상으로 부드럽게 전환하는 것이다. 그라디언트를 생성할 때 컬러 스톱(color stop)이라고 하는 중간 색상 값을 여러 개 지정할 수 있다. 각 컬러 스톱은 색상과 위치로 구성된다. 브라우저는 각 스톱에서 다음 스톱으로 서서히 색상을 희미하게 만들면서 부드러운 그라디언트를 생성한다. 그라디언트는 배경 이미지가 이용될 수 있는 곳이라면 어디서든 활용할 수 있다. 이는 이론적으로 그라디언트를 background-image, border-image, 심지어 list-style-type과 같이 CSS 내에서 url() 값을 이용할 수 있는 모든 곳에서 쓸 수 있다는 의미다. 하지만 지금으로서는 배경 이미지에서 가장 잘 지원된다.

이미지를 대신해 CSS3 그라디언트를 이용하면 사용자가 추가적인 이미지를 다운로드하게 하지 않아도 되고, 유연한 레이아웃을 만들기가 쉬워지며, 이미지를 이용했을 때처럼 확대했을 때 픽셀이 커지는 현상이 발생하지 않는다.

현재 CSS3에서 이용할 수 있는 그라디언트에는 선형과 방사형으로 두 가지 종류가 있다. 각각 차례로 살펴보자.

선형 그라디언트

선형 그라디언트(Linear gradient)는 위에서 아래로, 왼쪽에서 오른쪽으로, 혹은 어떤 임의의 중심축을 따라 색상이 직선 전체에 걸쳐 변화하는 것이다. 포토샵이나 파이어웍스와 같은 이미지 편집 툴을 사용해본 적이 있다면 아마 선형 그라디언트에 익숙할 것이다. 복습의 의미로 그림 7.1에서 몇 가지 예를 볼 수 있다.

그림 7.1 | 선형 그라디언트의 예

이미지 편집 프로그램과 유사하게 선형 그라디언트를 생성하려면 방향, 시작 색상, 종료 색상, 그리고 그 선을 따라 추가하고 싶은 컬러 스톱을 지정한다. 브라우저는 그라디언트 선에 수직으로 같은 색상의 선을 칠하면서 전체 구성요소를 채워 나머지 부분을 처리한다. 한 색상에서 다음 색상으로 부드럽게 바뀌는 색상을 만들면서 지정된 방향으로 진행하게 된다.

브라우저와 선형 그라디언트에 관해서라면 약간 복잡한 이야기가 있다. 웹킷에서는 수년 전에 그라디언트를 처음 도입했지만 이 그라디언트의 문법은 매우 까다로웠고 많은 사람들이 복잡하게 여겼다. 그 후 모질라에서 좀 더 간단하고 쉬운 문법을 이용해 그라디언트를 구현했다. 그리고 2011년 1월, W3C에서는 CSS3에 새로 제안된 문법을 포함시켰다. 이 새로운 문법은 파이어폭스의 기존 구현 내용과 매우 흡사하다. 사실, 새로운 문법으로 작성된 모든 그라디언트가 파이어폭스에서 잘 작동할 거라 해도 과언이 아니었다. 또한 W3C 문법은 웹킷에서도 채택됐지만 이 글을 쓸 당시에는 최신 개발 버전(nightly build)에만 적용돼 있었고 크롬과 사파리에는 아직 적용된 상태가 아니었다(크롬과 사파리는 여전히 이전 스타일의 문법을 이용한다). 하위 호환성을 목적으로 이러한 브라우저에서는 표준 폼이 구현된다고 해도 이전 문법을 계속 지원할 것이다. 또한, 오페라는 릴리스 버전 11.10에서 선형 그라디언트에 대한 새로운 W3C 표준을 지원한다. 현재 모든 구현은 제조사별 접두사(-webkit-, -moz-, -o-)를 이용한다.

> **웹킷 최신 개발 버전**
>
> 크롬과 사파리의 심장부에 위치한 웹킷 엔진은 오픈소스 프로젝트로서 http://www.webkit.org/에 독립적으로 존재한다. 그러나 웹킷에서 구현되는 새로운 기능이 크롬이나 사파리에 배포되기까지는 얼마간의 시간이 걸린다. 그동안에는 소위 최신 개발 버전(nightly build) 중 하나를 설치하면 이러한 기능을 시험해볼 수 있다. 최신 개발 버전이라고 하는 이유는 커뮤니티에서 그날그날의 작업에서 나온 새로운 기능이나 코드의 변경사항을 통합해 매일 만들어 배포하기 때문이다. 이러한 빌드는 흔히 개발 도중에 배포되므로 미완성된 기능이나 버그가 들어 있을 수도 있고 불완전할 때도 있다. 그럼에도 크롬이나 사파리에 아직 적용되지 않은 새로운 기능(W3C 그라디언트 문법과 같은)을 테스트하고 싶다면 최신 개발 버전으로도 충분하다. 맥이나 윈도우용 웹킷의 최신 개발 버전을 얻고 싶다면 http://nightly.webkit.org/에서 구할 수 있다.

인터넷 익스플로러와 오페라의 이전 버전에서 어떻게 그라디언트를 다루는지에 대한 의문은 여전히 남아 있다. 다행히도 인터넷 익스플로러 9와 오페라 11.01, 그리고 이전 버전에서는 SVG 배경을 지원한다. 그리고 SVG에서 그라디언트를 생성하는 방법은 아주 간단하다(11장에서 SVG에 대해 좀 더 자세히 다루겠다). 마지막으로, 모든 인터넷 익스플로러 버전은 기본 선형 그라디언트를 생성하는 특수한 필터를 지원한다.

혼란스러운가? 혼란스러워하지 말자. 그라디언트를 이해하는 것은 중요하지만 모든 브라우저의 문법을 기억할 필요는 없다. 여기서는 새로운 문법뿐 아니라 곧 잊혀지게 될 이전 스타일의 웹킷 문법도 살펴보겠다. 그리고 작은 비밀을 알려줄 것이다. 즉, 필요한 모든 스타일을 생성해줄 도구가 있다. 그러므로 각 문법과 관련된 모든 세부사항을 기억할 필요는 없다. 그럼 시작해보자.

HTML5 헤럴드에는 그림 7.2에 나온 것처럼 두 번째 광고 블록에 선형 그라디언트가 하나 있다(우연히도 바로 이 책을 광고하고 있다). 그라디언트가 위에서 어두운 색으로 시작해서, 밝아지고, 자전거를 타는 사람 아래에서는 마치 길을 만들듯이 잠시 어두워졌다가 다시 한 번 밝아지는 것을 알 수 있다.

그림 7.2 | HTML5 헤럴드에서의 선형 그라디언트

광고에 쓸, 다양한 브라우저에서 작동하는 그라디언트를 만들고자 새로운 표준 문법부터 시작하겠다. 이 새로운 문법은 이해하기 매우 쉽고 간단하며, 아마도 몇 년 후에는 반드시 사용해야 할 유일한 문법이 될 것이다. 그라디언트를 만들기 위한 새로운 문법을 살펴보고 나면 이전의 웹킷과 파이어폭스 문법이 이와 어떻게 다른지 알아보겠다.

W3C 문법

다음은 선형 그라디언트의 기본 문법이다.

```
background-image: linear-gradient( ... );
```

이 괄호 안에 그라디언트의 방향을 지정하고, 그런 다음 몇 가지 컬러 스톱을 지정한다. 방향으로는 그라디언트가 진행해 나가야 할 각도나 그라디언트가 시작하는 측면 또는 모서리 중 하나를 지정하면 된다. 이 경우 그라디언트는 반대쪽 측면이나 모서리를 향해 진행된다. 각도에는 각도 값(deg, 도)을 사용할 수 있다. 0deg는 오른쪽을, 90deg는 위쪽을 나타내며, 반시계 방향으로 움직인다. 측면이나 모서리에 대해서는 top, bottom, left, right 키워드를 사용한다. 방향 다음에는 컬러 스톱을 지정한다. 이 컬러 스톱은 색상과 그라디언트상의 거리로 구성되며, 거리는 퍼센트나 길이로 표시한다.

이해하기에 좀 많은 양이므로 그라디언트 예제를 살펴보자. 설명을 위해 #FFF(흰색)에서 #000(검정색)으로 진행되는 두 가지 컬러 스톱이 지정된 그라디언트를 이용하겠다.

그림 7.3과 같이 요소의 위에서 아래로 진행하는 그라디언트를 표시하려면 다음과 같은 값으로 지정하면 된다(예제에서는 접두사 -moz-를 이용하고 있지만 -webkit-과 -o-도 같은 문법을 지원한다는 점을 기억하자).

```
background-image: -moz-linear-gradient(270deg, #FFF 0%, #000 100%);
background-image: -moz-linear-gradient(top, #FFF 0%, #000 100%);
background-image: -moz-linear-gradient(#FFF 0%, #000 100%);
```

그림 7.3 | 요소의 위에서 아래로 진행하며 흰색에서 검은색이 되는 그라디언트

지정된 방향이 없으면 top이 기본값이 되므로 마지막 선언에서 방향이 지정되지 않았더라도 작동한다.

첫 번째 컬러 스톱은 0%로 간주되고, 마지막 컬러 스톱은 100%로 간주되므로 이 예제에서는 퍼센트를 생략해도 같은 결과를 얻을 수 있다.

```
background-image: -moz-linear-gradient(#FFF, #000);
```

이제 그라디언트에 각도를 지정하고 추가적인 컬러 스톱을 배치해보자. 검정색에서 흰색으로 됐다가 다시 검은색으로 되돌아 오게 하고 싶다면

```
background-image: -moz-linear-gradient(30deg, #000, #FFF 75%, #000);
```

그림 7.4에 나온 것처럼 중간에 있는 컬러 스톱을 75%로 지정했으므로 하얀색 띠는 그라디언트가 시작하는 점보다 끝나는 점에 좀 더 가깝게 위치한다.

그림 7.4 | 세 개의 컬러 스톱이 지정된 그라디언트

첫 컬러 스톱을 0% 이외의 다른 곳에 놓을 수 있으며, 마지막 컬러 스톱을 100% 이외의 곳에 배치할 수 있다. 0%와 첫 번째 스톱 사이의 모든 공간은 첫 번째 스톱과 같은 색상으로 채워지며, 마지막 스톱과 100% 사이의 공간은 마지막 스톱의 색상이 된다. 다음은 그러한 예다.

```
background-image: -moz-linear-gradient(30deg, #000 50%, #FFF 75%, #000 90%);
```

결과로 나오는 그라디언트는 그림 7.5와 같다.

그림 7.5 | 시작과 끝 컬러 스톱을 옮겨 좁은 띠처럼 된 그라디언트

사실 컬러 스톱의 위치를 지정할 필요는 없다. 이것들을 생략하면 이러한 컬러 스톱은 균등하게 분포될 것이다. 다음은 그러한 예다.

```
background-image:
    -moz-linear-gradient(45deg,
        #FF0000 0%,
        #FF6633 20%,
        #FFFF00 40%,
        #00FF00 60%,
        #0000FF 80%,
        #AA00AA 100%);

background-image:
    -moz-linear-gradient(45deg,
        #FF0000,
        #FF6633,
        #FFFF00,
        #00FF00,
        #0000FF,
        #AA00AA);
```

앞에 있는 선언은 모두 각도가 그다지 매려적이지 않은 무지개가 된다. 여기서는 쉽게 읽을 수 있게 줄 바꿈과 들여쓰기를 추가했다는 점을 염두에 두자. 반드시 이렇게 할 필요는 없다.

색상은 한 색에서 다음 색으로 부드럽게 바뀐다. 하지만 그라디언트상의 같은 위치에 두 가지 컬러 스톱이 배치되면 색상은 희미해지지 않고, 견고한 선에서 끝나고 시작하게 될 것이다. 이런 식으로 그림 7.6에 나온 것처럼 줄무늬 배경 효과를 만든다.

그림 7.6 | 컬러 스톱을 인접하게 배치해 줄무늬 배경을 생성할 수 있다.

다음은 앞의 예제를 구성하는 스타일이다.

```
background-image:
    -moz-linear-gradient(45deg,
        #000000 30%,
        #666666 30%,
        #666666 60%,
        #CCCCCC 60%,
        #CCCCCC 90%);
```

잠시 후면 오로지 이러한 업데이트된 문법으로만 작성하고 싶다고 생각하게 될 것이다. 하지만 아직 거기까지 가지는 않았다.

이전의 웹킷 문법

앞서 언급한 것처럼 웹킷 최신 개발 버전에서는 W3C 문법을 채용했다. 하지만 현재 대부분의 웹킷 기반 브라우저는 좀 더 복잡한 과거의 문법을 여전히 사용 중이다. 아직까지는 이러한 브라우저를 지원해야 하므로 처음에 사용한 흰색에서 검은색으로 변하는 그라디언트 예제를 다시 한 번 이용해 이전의 문법을 잠시 살펴보자.

```
background-image:
    -webkit-gradient(linear, 0% 0%, 0% 100%, from(#FFFFFF), to(#000000));
```

선형 그라디언트에만 쓰는 linear-gradient 속성을 이용하는 대신 첫 번째 매개변수로 그라디언트의 타입(이 경우에는 선형)을 지정하는 일반적인 용도의 –webkit-gradient 속성을 이용한다. 선형 그라디언트는 그라디언트의 방향을 결정하기 위한 시작 지점과 끝 지점이 필요하다. 시작 지점과 끝 지점은 퍼센트, 숫자 값 또는 키워드인 top, bottom, left, right, center를 이용해 지정할 수 있다.

다음 단계로 그라디언트의 컬러 스톱을 선언한다. from 키워드를 이용해 시작 색상을, to 키워드를 이용해 끝나는 색상을 지정할 수 있다. 그러고 나서 컬러 스톱을 생성하는 color-stop() 함수로 중간 색상을 몇 개든 지정할 수 있다. color-stop() 함수의 첫 매개변수는 스톱의 위치로서 퍼센트로 표시되며, 두 번째 매개변수는 그 위치에서의 색상이다.

다음 예제는 지금까지 설명한 내용을 보여준다.

```
background-image:
    -webkit-gradient(linear, left top, right bottom,
        from(red),
        to(purple),
```

```
        color-stop(20%, orange),
        color-stop(40%, yellow),
        color-stop(60%, green),
        color-stop(80%, blue));
```

이로써 약 1996년경의 개인 홈페이지 서비스인 지오시티를 떠올리게 하는 기울어진 무지개를 다시 한번 만들었다.

사실 from과 to를 이용해 시작 색상과 끝 색상을 지정하는 부분은 불필요하다. from(red)는 color-stop(0, red)와 동일하므로 다음과 같이 작성해도 된다.

```
background-image:
    -webkit-gradient(linear, left top, right bottom,
        color-stop(0, red),
        color-stop(20%, orange),
        color-stop(40%, yellow),
        color-stop(60%, green),
        color-stop(80%, blue),
        color-stop(100%, purple));
```

from 혹은 0%의 컬러 스톱을 선언하지 않으면 첫 번째 컬러 스톱의 색상이 첫 번째 스톱까지의 모든 영역에 이용된다. 이 요소의 가장자리부터 첫 번째로 지정된 컬러 스톱까지 같은 색상으로 채워지며, 거기서부터 다음 컬러 스톱의 색상으로 그라디언트의 변화가 나타난다. 마지막 스톱부터는 마지막 컬러 스톱 색상이 이용된다. 즉, 첫 번째 컬러 스톱이 40%에 있고 마지막 컬러 스톱은 60%에 있다면 첫 번째 색상은 0%에서 40%까지에 이용될 것이고, 마지막 색상은 60%에서 100%까지 표시될 것이며, 40%에서 60%까지의 영역은 이 두 색상 사이의 그라디언트 변화로 채워질 것이다.

위에서 확인할 수 있듯이 이것은 모질라의 문법보다 복잡하다. 다행히도 임의의 그라디언트를 만드는 데 필요한 모든 코드를 자동으로 생성하는 도구가 있다. 이 절이 끝나기 전에 이러한 도구 중 일부를 살펴보겠다. 하지만 우선은 HTML5 헤럴드 사이트에서 사용할, 다양한 브라우저에서 표시되는 그라디언트를 생성하고자 양쪽 문법을 어떻게 이용하는지 살펴보겠다. 좋은 소식은 이전의 웹킷 문법이 다른 속성 이름(-webkit-linear-gradient 대신 -webkit-gradient)을 사용하기 때문에 두 가지 문법을 혼동하지 않고도 나란히 이용할 수 있다는 것이다. 사실, 이전 문법은 여전히 새로운 웹킷에서도 지원된다. 그래서 브라우저는 어떤 문법이든 마지막에 선언된 것을 그냥 이용할 것이다.

종합 예제

이제 선형 그라디언트를 선언하는 방법을 이해했을 테니 예제 사이트에 넣을 그라이디언트를 선언해 보자.

만약 디자이너가 디자인에 그라디언트를 포함시켰다면 이것은 포토샵이나 혹은 다른 이미지 편집 프로그램으로 만들어졌을 것이다. 여러분은 이것을 효과적으로 이용할 수 있다. 원본 파일이 있다면 디자이너가 의도한 것을 정확하게 복제하는 일은 꽤 간단하다.

포토샵을 열고 예제 사이트의 광고에 이용하고 싶은 그라디언트를 살펴본다(그림 7.7 참조). 이용하려는 그라디언트는 선형이며 단순히 한 가지 색상(검정색)의 불투명도만 변경하는 다섯 개의 컬러 스톱이 지정돼 있다.

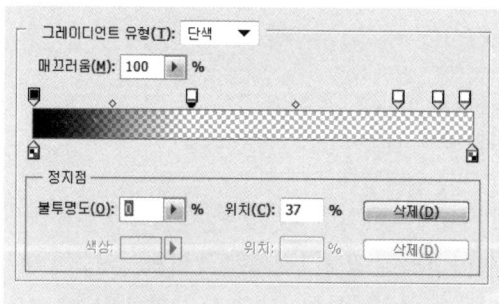

그림 7.7 | 포토샵, 선형 그라디언트의 예

위의 포토샵 화면을 보면 색상이 40% 불투명도에서부터 시작하고, 첫 번째 컬러 스톱의 위치는 37%이며, 불투명도는 0%라는 사실을 알 수 있다. 이 툴을 이용해 CSS 선언에 필요한 데이터를 얻을 수 있으며, 이 데이터는 파이어폭스, 오페라 11.10, 새로운 웹킷 브라우저에서 채택한 W3C 문법 선언으로 시작된다.

```
[css/styles.css 중에서]
#ad2 {
    ...
    background-image:
        -moz-linear-gradient(
            270deg,
            rgba(0,0,0,0.4) 0,
            rgba(0,0,0,0) 37%,
            rgba(0,0,0,0) 83%,
            rgba(0,0,0,0.06) 92%,
            rgba(0,0,0,0) 98%
```

```
            );
        background-image:
            -webkit-linear-gradient(
                270deg,
                rgba(0,0,0,0.4) 0,
                rgba(0,0,0,0) 37%,
                rgba(0,0,0,0) 83%,
                rgba(0,0,0,0.06) 92%,
                rgba(0,0,0,0) 98%
            );
        background-image:
            -o-linear-gradient(
                270deg,
                rgba(0,0,0,0.4) 0,
                rgba(0,0,0,0) 37%,
                rgba(0,0,0,0) 83%,
                rgba(0,0,0,0.06) 92%,
                rgba(0,0,0,0) 98%
            );
    }
```

예제 사이트에서는 광고의 꼭대기에서 바닥까지 이어지는 그라디언트가 필요하므로 각도를 270deg(바닥을 향해)로 설정했다. 그리고 나서 포토샵 그라디언트에서 얻은 모든 컬러 스톱을 추가했다. 여기서 그라디언트의 끝 지점을 생략했다는 것에 주의하자. 왜냐하면 마지막 컬러 스톱이 98%에 있기 때문이다. 그 이후로는 해당 스톱과 같은 색상이 될 것이다(이 경우에는 0% 불투명도의 검은색, 즉 완전 투명).

이제 이전의 웹킷 문법을 비롯해 미래에도 방금 선언한 내용을 활용할 수 있게 접두사가 없는 버전도 추가해 보자.

```
[css/styles.css 중에서]
#ad2 {
    ...
    background-image:
        -webkit-gradient(linear,
            from(rgba(0,0,0,0.4)),
            color-stop(37%, rgba(0,0,0,0)),
            color-stop(83%, rgba(0,0,0,0)),
            color-stop(92%, rgba(0,0,0,0.16)),
            color-stop(98%, rgba(0,0,0,0)));
    background-image:
```

```
        -webkit-linear-gradient(
            270deg,
            rgba(0,0,0,0.4) 0,
            rgba(0,0,0,0) 37%,
            rgba(0,0,0,0) 83%,
            rgba(0,0,0,0.06) 92%,
            rgba(0,0,0,0) 98%
        );
    background-image:
        linear-gradient(
            270deg,
            rgba(0,0,0,0.4) 0,
            rgba(0,0,0,0) 37%,
            rgba(0,0,0,0) 83%,
            rgba(0,0,0,0.06) 92%,
            rgba(0,0,0,0) 98%
        );
}
```

이렇게 해서 모질라, 오페라, 웹킷 기반 브라우저에서 제대로 보이는 그라디언트가 만들어졌다.

SVG를 이용한 선형 그라디언트

아직 선형 그라디언트를 추가해야 할 일부 브라우저가 남아 있다. 오페라 11.01과 이전 버전, 특히 인터넷 익스플로러 9 버전에서는 배경 이미지로 SVG 파일을 선언할 수 있다. SVG 파일로 그라디언트를 생성하고 해당 SVG를 요소의 배경 이미지로 선언해 CSS3 그라디언트로 달성한 것과 같은 효과를 만들어 낼 수 있다.

SVG란?

SVG는 가변 벡터 도형 처리(Scalable Vector Graphics)를 의미한다. 이는 여러 요소를 이용해 벡터 그래픽을 정의하는 XML 기반 언어다(HTML에서 문서의 구조를 정의하고자 요소를 이용하는 것처럼). 11장에서 좀더 깊이 있게 SVG를 다루겠지만 지금 생성하려는 것은 간단한 그라디언트이므로 우선은 기본적인 내용을 살펴보자.

SVG 파일이라고 하면 좀 어렵게 들리지만 그라디언트의 생성과 관련해서는 꽤 간단하다. 다음은 예제 사이트에 추가한 그라디언트를 SVG 형태로 나타낸 것이다.

```
[images/gradient.svg 중에서]
<?xml version="1.0" standalone="no"?>
<!DOCTYPE svg PUBLIC "-//W3C//DTD SVG 1.0//EN"
    "http://www.w3.org/TR/2001/REC-SVG-20050904/DTD/svg10.dtd">
<svg xmlns="http://www.w3.org/2000/svg"
        xmlns:xlink="http://www.w3.org/1999/xlink" version="1.1">
<title>Module Gradient</title>
    <defs>
        <linearGradient id="grad" x1="0" y1="0" x2="0" y2="100%">
            <stop offset="0" stop-opacity="0.3" color-stop="#000000" />
            <stop offset="0.37" stop-opacity="0" stop-color="#000000" />
            <stop offset="0.83" stop-opacity="0" stop-color="#000000" />
            <stop offset="0.92" stop-opacity="0.06" stop-color="#000000" />
            <stop offset="0.98" stop-opacity="0" stop-color="#000000" />
        </linearGradient>
    </defs>
    <rect x="0" y="0" width="100%" height="100%" style="fill:url(#grad)" />
</svg>
```

위의 SVG 파일을 살펴보면 CSS3에서의 선형 그라디언트 문법과 상당히 비슷하다는 사실을 알 수 있다. linearGradient 요소에서 그라디언트 종류와 방향을 지정하고, 다음으로 컬러 스톱을 추가한다. 방향은 x1, y1에서 x2, y2까지의 시작과 끝 좌표로 설정된다. 컬러 스톱은 상당히 명확한데, 이것들의 위치를 결정하는 0과 1사이의 오프셋과 색상을 나타내는 **stop-color**가 지정돼 있다. 그라디언트를 선언하고 나면 직사각형(rect 요소)을 생성하고, **style** 속성을 이용해 그라디언트로 채워야 한다.

이렇게 해서 쓸 만한 작은 그라디언트를 만들었다. 하지만 사이트에 이것을 어떻게 적용해야 할까? 위의 SVG 파일을 확장자 .svg로 저장한다. 그러고 나서 CSS에서 JPEG, GIF 또는 PNG를 사용할 때와 같은 문법으로 SVG를 간단하게 배경 이미지로 선언한다.

```
[css/styles.css 중에서]
#ad2 {
    ...
    background-image: url(../images/gradient.svg);
    ...
}
```

이 SVG 배경은 CSS3 그라디언트 이전에 선언해야 하는데, 그렇게 하면 양쪽을 모두 이해하는 브라우저는 후자를 이용하게 될 것이다. 대부분의 브라우저는 SVG 배경이 또 다른 background-image 속성으로 덮어씌워지면 아예 SVG를 다운로드하지 않을 정도로 똑똑하다.

CSS 선형 그라디언트와 SVG 버전 사이의 주된 차이점은 SVG 배경 이미지는 CSS의 그라디언트 방식처럼 자동으로 컨테이너의 높이와 너비의 100%로 되지 않는다는 것이다. SVG가 컨테이너를 채우게 하려면 SVG 사각형의 height와 width를 100%로 선언해야 한다.

IE 필터를 이용한 선형 그라디언트

인터넷 익스플로러 9 이전 버전에서는 간단한 그라디언트를 생성하고자 특수한 IE 필터 구문을 이용할 수 있다. IE 그라디언트 필터는 컬러 스톱, 그라디언트 각도, 또는 뒤에서 살펴볼 방사형 그라디언트를 지원하지 않는다. 다만 지정할 수 있는 것은 그라디언트의 수평/수직 여부와 '시작'과 '종료' 색상이다. 이는 상당히 기초적인 방식이지만 이전 브라우저에서 그라디언트가 필요하다면 이 방법으로 해결책을 모색할 수 있을 것이다.

IE의 필터 구문은 다음과 같다.

```
filter:progid:DXImageTransform.Microsoft.gradient(GradientType=0,
↪startColorstr='#COLOR', endColorstr='#COLOR'); /* IE6 & IE7 */
-ms-filter:"progid:DXImageTransform.Microsoft.gradient(GradientType=
↪0,startColorstr='#COLOR', endColorstr='#COLOR')"; /* IE8 */
```

GradientType 매개변수에는 수평 그라디언트는 1로, 수직 그라디언트는 0으로 설정해야 한다.

예제 사이트의 광고에서 이용하는 그라디언트에는 컬러 스톱이 필요하므로 IE 필터를 이용하는 것은 생략한다. 그라디언트가 없더라도 이 광고는 괜찮게 보이므로 아무런 문제가 없다.

 다 빨아들이는 필터

앞서 언급했듯이, IE의 필터는 성능에 큰 영향을 끼치므로 꼭 필요하더라도 가급적 덜 이용하는 편이 좋다. 필터 효과를 표시하는 데는 처리 시간이 걸린다. 그리고 어떤 효과는 특히 더 느리다. SVG도 조금은 덜 하지만 유사한 영향을 미칠 수 있다. 그러므로 이러한 기법을 이용하려고 한다면 반드시 여러 브라우저에서 사이트를 테스트해봐야 한다.

이용 가능한 도구

이제 선형 그라디언트를 생성하는 방법을 이해했으며, 복잡하게 뒤얽혀 있는 문법을 숙달했으므로 앞서 배운 내용은 거의 잊어도 괜찮다. 각기 다른 브라우저 구문을 사용하고자 네 번이나 코드를 반복하지 않고도 선형 그라디언트를 생성할 수 있는 정말 멋진 도구가 몇 가지 있다.

존 앨섭(John Allsopp)이 만든 http://www.westciv.com/tools/gradients/는 파이어폭스와 웹킷에서 모두 지원하고 컬러 스톱을 지정할 수 있는 그라디언트를 생성하는 도구다. 이 도구에는 파이어폭스와 웹킷, 그리고 방사형과 선형 그라디언트를 구분한 분리 탭이 있다는 점을 참고하자. 이 도구는 16진수 색상 표기를 이용한 그라디언트만 생성하지만, 코드를 복사해서 붙여 넣는 것이 가능하므로 이 코드를 복사한 후 원한다면 16진수 색상에서 RGB나 HSLA 값으로 변환할 수 있다.

데미안 갤러자(Damian Galarza)의 http://gradients.glrzad.com/은 컬러 스톱과 RGB를 모두 제공한다. 또한 HSL 색상 선택기로도 색상을 설정할 수 있다. 하지만 코드에서는 RGB로 변환된다. 알파 투명도는 시원하지 않지만 RGB로 코드가 생성되므로 수정하기기 쉽다. 이 그리디언트 생성기는 존 앨섭의 Westciv보다 좀 더 강력하지만 초보자가 쓰기에는 조금 버거울 수도 있다.

마지막으로, 폴 아이리시의 http://css3please.com/을 이용하면 선형 그라디언트를 생성할 수 있지만 컬러 스톱을 지원하지 않는다. 그렇다면 이것이 왜 언급될 만한 가치가 있는 것인지 궁금할 수도 있다. 하지만 그럴 만한 가치가 있는 이유는 지금까지 언급한 도구 가운데 유일하게 다른 그라디언트 문법과 함께 인터넷 익스플로러용 필터 문법도 제공하기 때문이다. 게다가 그라디언트뿐 아니라 그림자나 둥근 모서리와 같은 다른 여러 기능에 필요한 (다양한 브라우저에서 동작하는) 크로스 브라우저 문법을 제공하기 때문이다.

방사형 그라디언트

방사형 그라디언트(Radial gradients)는 원형이나 타원형 그라디언트다. 직선 축을 따라 진행되는 것이 아니라 색상이 하나의 시작 지점에서 모든 방향으로 섞여 나간다. 방사형 그라디언트는 웹킷과 모질라(파이어폭스 3.6부터)에서 지원된다. 오페라 11.10은 선형 그라디언트를 지원하기 시작했지만 방사형 그라디언트는 지원하지 않는다. 그러나 선형 그라디언트와 마찬가지로 방사형 그라디언트도 SVG로 생성할 수 있으며 이를 오페라와 인터넷 익스플로러 9에 제공할 수 있다. 방사형 그라디언트는 인터넷 익스플로러 8과 이전 버전에서는 전혀 지원되지 않으며, 필터조차도 전혀 지원되지 않는다.

W3C 문법

표준 문법을 설명하고자 간단한 원형 그라디언트로 시작해보자.

```
background-image: -moz-radial-gradient(#FFF, #000);
background-image: -moz-radial-gradient(center, #FFF, #000);
background-image: -moz-radial-gradient(center, ellipse cover, #FFF, #000);
```

위의 세 선언은 기능적으로 동일하며, 모두 그림 7.8과 같은 그라디언트가 될 것이다. 적어도 시작 색상과 마지막 색상은 지정해야 한다. 또는 첫 번째 매개변수로 그라디언트 중앙의 위치를, 두 번째 매개변수로 모양과 크기를 지정할 수도 있다.

그림 7.8 | 중심에서 시작하는 간단한 방사형 그라디언트

자, 그림 위치를 다뤄보자.

```
background-image: -moz-radial-gradient(30px 30px, #FFF, #000);
```

위 코드를 실행하면 그림 7.9와 같이 그라디언트의 중심이 요소의 위쪽으로부터 30픽셀, 왼쪽으로부터 30픽셀에 위치한다. background-position과 마찬가지로 그라디언트의 위치를 설정하기 위해 값, 퍼센트, 또는 키워드를 이용할 수 있다.

그림 7.9 | 중심에서 벗어난 그라디언트

이제 모양과 크기 매개변수를 살펴보자. 모양은 circle(원형)과 ellipse(타원형)로 두 가지 값 중 하나를 지정할 수 있으며 타원형이 기본값이다.

크기에 대해서는 다음과 같은 값 중 하나를 사용할 수 있다.

closest-side

> 그라디언트의 모양이 원이면 중심에서 가장 가까운 박스의 측면에 닿는 크기의 원이 되고, 타원이면 중심에서 가장 가까운 수직, 수평의 양 측면에 모두 닿는 크기의 타원이 된다.

closest-corner

> 그라디언트의 크기는 중심으로부터 박스의 가장 가까운 모서리에 정확히 닿을 수 있는 크기가 된다.

farthest-side

> 중심으로부터 가장 먼 박스의 측면(혹은 타원형의 경우 가장 먼 수직과 수평 측면에)에 닿을 수 있는 크기가 된다는 점을 제외하고는 closest-side와 유사하다.

farthest-corner

> 그라디언트의 크기는 중심으로부터 박스의 가장 먼 모서리에 정확히 닿을 수 있는 크기가 된다.

contain

>   closest-side의 동의어.

cover

>   farthest-corner의 동의어.

규격에 따르면 방사형 그라디언트의 수평 및 수직 크기를 명확하게 정의하고자 두 번째 세트 값도 제공할 수 있다. 이것은 현재 웹킷에서만 지원되지만 가까운 장래에 파이어폭스에도 추가될 것이다. 하지만 우선은 지원하는 모든 브라우저에서 같은 그라디언트를 생성하고 싶다면 위의 제약사항을 따라야 할 것이다.

컬러 스톱 문법은 선형 그라디언트와 동일하다. 색상 값과 필요한 경우에는 스톱 위치도 지정한다. 마지막 예제를 살펴보자.

```
background-image: -moz-radial-gradient(30px 30px, circle
➥farthest-side, #FFF, #000 30%, #FFF);
```

결과적으로 그림 7.10과 같은 그라디언트가 만들어진다.

그림 7.10　|　변경된 크기와 모양, 그리고 추가적인 컬러 스톱을 갖는 방사형 그라디언트

이전의 웹킷 문법

사파리와 크롬에서 현재 지원되는 이전의 웹킷 문법을 사용해 그림 7.10의 예와 같이 생성하려면 다음과 같은 코드를 작성해야 한다.

```
background-image: -webkit-gradient(radial, 30 30, 0, 30 30, 100%,
➥from(#FFFFFF), to(#FFFFFF), color-stop(.3,#000000))
```

앞서 선형 그라디언트에 사용된 것과 동일한 -webkit-gradient 속성이 방사형 그라디언트에서도 사용된다. 그 차이는 첫 번째 매개변수로 radial을 지정하는 것이다. 그다음 네 개의 매개변수는 두 원의 각 중심과 반경으로, 안쪽의 원으로부터 바깥쪽 원으로 진행해나가는 그라디언트다. 더 혼동스러운 부분은 이 값들을 px 단위가 없는 픽셀 값으로 정의한다는 것이다. 또, 퍼센트로도 이 값들을 정의할 수 있는데 이 경우에는 반드시 % 기호를 넣어줘야 한다. 그러면 왜 W3C가 이 문법 대신 모질라 버전의 문법을 선택했는지 이해되기 시작할 것이다.

또한, 내부 원은 외부 원의 중앙에 위치할 필요가 없다. 첫 번째 원의 중심이 두 번째 원의 중심과 같으면 그라디언트는 그림 7.10에 표시된 것처럼 대칭이 된다. 하지만 둘의 위치가 다르다면 내부 원은 중심에서 벗어나므로 그라디언트는 비대칭이 된다. 내부 원의 중심이 외부 원 경계의 바깥쪽에 있으면 원의 내부에 다른 원이 있는 형태가 아니라 그림 7.11에 나온 것처럼 매우 특이한 삼각형 그라디언트 효과가 만들어진다.

그림 7.11 | 이전의 웹킷 방사형 그라디언트 문법에서는 몇 가지 재미있는 효과를 허용했다.

이 그라디언트를 생성하는 데 사용되는 코드는 다음과 같다.

```
background-image:-webkit-gradient(radial, 200 200, 100, 100 100, 40,
    from(#FFFFFF), to(#000000));
```

선형 그라디언트와 마찬가지로 color-stop 함수를 이용해 좀 더 많은 색상을 추가할 수 있다. 컬러 스톱의 문법은 선형과 방사형 그라디언트 양쪽 모두 동일하다.

일반적으로 이전 버전의 크롬과 사파리에서도 그것들의 새로운 버전과 파이어폭스에서 보이는 것과 같은 그라디언트를 만들고 싶을 것이므로 W3C 문법을 이용해 만들 수 있는 종류의 그라디언트만 이용하는 편이 좋을 것이다. 하지만 특별히 웹킷 브라우저(예를 들어, 모바일 플랫폼용으로)를 위한 웹 페이지를 제작한다면 이러한 추가적인 방법이 있다는 사실을 알아두면 도움될 것이다. 앞서 언급한 것처럼 당분간은 웹킷 브라우저에서 이전의 문법이 계속 지원될 것이다.

모든 내용을 통합하면

지금까지 배운 내용을 이용해 HTML5 헤럴드에서 쓸 방사형 그라디언트를 구현해 보자. 아직 눈치채지 못했을 수도 있지만 폼 전송 버튼의 배경에 방사형 그라디언트가 이용됐다. 이 방사형 그라디언트의 중심은 버튼 영역의 바깥쪽에 있으며 중앙에서 약간 왼쪽으로 버튼의 약간 아래에 있다(그림 7.12).

그림 7.12 | HTML5 헤럴드 등록 폼에 있는 버튼의 방사형 그라디언트

우리는 최소한 세 개의 배경 이미지를 지정할 것이다. 즉, 오페라와 인터넷 익스플로러 9를 위한 SVG 파일, 크롬과 사파리를 위한 이전 웹킷 문법, 그리고 파이어폭스를 위한 -moz- 제조사 접두사 버전이 여기에 해당한다. 또, 접두사가 없는 버전과 새로운 웹킷 제조사 접두사 버전(현재는 오직 웹킷 최신 개발 버전에서만 지원되는)도 선언할 수 있을 것이다.

```
[css/styles.css 중에서]
input[type=submit] {
    ...
    background-color: #333;
    /* SVG for IE9 and Opera */
    background-image: url(../images/button-gradient.svg);
    /* Old WebKit */
    background-image: -webkit-gradient(radial,
        30% 120%, 0, 30% 120%, 100,
        color-stop(0,rgba(144,144,144,1)),
        color-stop(1,rgba(72,72,72,1)));
    /* W3C for Mozilla */
```

```css
        background-image: -moz-radial-gradient(30% 120%, circle,
            rgba(144,144,144,1) 0%,
            rgba(72,72,72,1) 50%);
    /* W3C for new WebKit */
        background-image: -webkit-radial-gradient(30% 120%, circle,
            rgba(144,144,144,1) 0%,
            rgba(72,72,72,1) 50%);
    /* W3C unprefixed */
        background-image: radial-gradient(30% 120%, circle,
            rgba(144,144,144,1) 0%,
            rgba(72,72,72,1) 50%);
}
```

원의 중앙은 왼쪽으로부터 30%, 위쪽에서 120%이므로 실질적으로는 컨테이너 바닥 가장자리의 아래에 있다. 색상을 표현하고자 #484848(또는 rgb(72,72,72))과 #909090(또는 rgb(144,144,144))으로 두 개의 컬러 스톱을 지정했다.

그리고 다음은 대비책으로 이용되는 SVG 파일이다. 문법 자체가 이해하기 쉽고, 또 11장에서 SVG를 다룰 예정이므로 여기서는 SVG에 대해 설명하지 않겠다.

```
[button-gradient.svg 중에서]
<?xml version="1.0" standalone="no"?>
<!DOCTYPE svg PUBLIC "-//W3C//DTD SVG 1.0//EN"
↪"http://www.w3.org/TR/2001/REC-SVG-20050904/DTD/svg10.dtd">
<svg xmlns="http://www.w3.org/2000/svg" xmlns:xlink="
↪http://www.w3.org/1999/xlink" version="1.1">
<title>Button Gradient</title>
    <defs>
        <radialGradient id="grad" cx="30%" cy="120%" fx="30%" fy="120%" r="50%"
↪gradientUnits="userSpaceOnUse">
            <stop offset="0" stop-color="#909090" />
            <stop offset="1" stop-color="#484848" />
        </radialGradient>
    </defs>
<rect x="0" y="0" width="100%" height="100%" style="fill:url(#grad)" />
</svg>
```

반복 그라디언트

때때로 요소의 배경에 반복되는 그라디언트 '패턴'을 넣고 싶을 수도 있다. 선형 반복 그라디언트는 배경 이미지를 반복해서 만들 수 있지만(background-repeat을 이용해), 반복되는 방사형 그라디언트를 같은 방법으로 쉽게 만들 수는 없다. 하지만 다행히도 CSS3에서는 repeating-linear-gradient와 repeating-radial-gradient 문법으로 이 문제를 해결할 수 있다. 제조사 접두사를 지정한 repeating-linear-gradient 문법은 파이어폭스 3.6 이상, 사파리 5.0.3 이상, 크롬 10 이상, 그리고 오페라 11.10 이상의 버전에서 지원된다.

repeating-linear-gradient와 repeating-radial-gradient는 반복되지 않는 버전과 문법이 동일하다.

다음은 파이어폭스 3.6, 크롬 10, 웹킷 최신 개발 버전(즉, 사파리 6)에서 지원되며, 단지 몇 줄의 CSS를 이용해 만들 수 있는 예제다(간결하게 하고자 다시 한 번 –webkit- 접두사 문법만 이용한다).

```css
.repeat_linear_1 {
    background-image:
        -webkit-repeating-linear-gradient(left,
            rgba(0,0,0,0.5) 10%,
            rgba(0,0,0,0.1) 30%);
}
.repeat_radial_2 {
    background-image:
        -webkit-repeating-radial-gradient(top left, circle,
            rgba(0,0,0,0.9),
            rgba(0,0,0,0.1) 10%,
            rgba(0,0,0,0.5) 20%);
}
.multiple_gradients_3 {
    background-image:
        -webkit-repeating-linear-gradient(left,
            rgba(0,0,0,0.5) 10%,
            rgba(0,0,0,0.1) 30%),
        -webkit-repeating-radial-gradient(top left, circle,
            rgba(0,0,0,0.9),
            rgba(0,0,0,0.1) 10%,
            rgba(0,0,0,0.5) 20%);
}
```

결과로 나오는 그라디언트는 그림 7.13과 같다.

그림 7.13 | 반복 그라디언트의 몇 가지 예

다중 배경 이미지

어쩌면 선형 그라디언트를 이용하는 예제 사이트의 광고가 아직 미완성된 상태라는 사실을 알아챘을지도 모른다. 바로, 자전거가 빠져 있다. CSS3 이전에는 자전거를 넣으려면 새로운 배경 이미지를 포함할 수 있게 마크업에 별도의 요소를 추가해야 했을 것이다. CSS3에서는 각 배경 이미지를 나타내려고 요소를 포함할 필요가 없다. CSS3에서는 어떤 요소에든, 심지어 가상 요소조차도 하나 이상의 배경 이미지를 추가할 수 있다.

다중 배경 이미지를 이해하려면 다양한 배경 속성의 문법과 값을 이해할 필요가 있다. background-image와 그것의 약칭인 background 속성을 비롯해 모든 배경 속성의 값을 나타내는 문법은 배경 이미지가 하나이든 그 이상이든 동일하다. 다중 배경 이미지를 선언하려면 간단히 각 개별 이미지 값을 콤마로 분리하면 된다. 예를 들면,

```
background-image:
    url(firstImage.jpg),
    url(secondImage.gif),
    url(thirdImage.png);
```

위 코드는 약칭인 background 속성을 이용해도 동일하게 작동한다.

```
background:
    url(firstImage.jpg) no-repeat 0 0,
    url(secondImage.gif) no-repeat 100% 0,
    url(thirdImage.png) no-repeat 50% 0;
```

배경 이미지는 맨 처음 선언된 것이 마치 높은 z-index 값을 가진 것처럼 맨 위에 오게 해서 한 이미지가 다른 이미지의 위에 겹겹이 쌓인다. 마지막 이미지는 마치 낮은 z-index 값을 가진 것처럼 그 이미지보다 앞서 선언된 모든 이미지 아래에 그려진다. 기본적으로 맨 위에 첫 이미지가 놓이고 맨 아래에 마지막 이미지가 놓이는 것처럼 이미지가 역순으로 쌓인다고 생각하면 된다.

배경 색상을 선언하고 싶다면(이건 꼭 필요한데, 특히 어두운 색상의 배경 이미지 위에 밝은 색상의 텍스트가 있는 경우라면 더더욱 그렇다) 마지막에 선언한다. 대개 background-color 속성을 이용해 따로 분리해서 선언하는 편이 더 간단하고 읽기가 쉽다.

다시 한 번 언급하자면 약칭 **background** 속성은 8개의 축약하지 않은 일반 표기(**longhand**) 배경 속성을 줄인 것이다. 약칭을 이용하면 선언에서 생략된 속성값은 자동으로 일반 표기 속성의 기본(또는 초기)값을 갖게 된다. 다양한 배경 속성의 기본값은 아래 목록과 같다.

- background-color: transparent;
- background-image: none;
- background-position: 0 0;
- background-size: auto;
- background-repeat: repeat;
- background-clip: border-box;
- background-origin: padding-box;
- background-attachment: scroll;

단일 배경 이미지에 대한 선언과 마찬가지로 여러 개의 배경 이미지 중 하나로 그라디언트를 포함시킬 수 있다. 다음은 이것을 예제 사이트의 광고에 어떻게 적용했는지 보여준다. 간결하게 표시하기 위해 접두사가 없는 버전만 보여주고 있다. 자전거 이미지는 각 background-image 선언에서 비슷하게 포함된다.

```
[css/styles.css 중에서]
#ad2 {
    ...
    background-image:
        url(../images/bg-bike.png),
        linear-gradient(top,
```

```
            rgba(0,0,0,0.4) 0,
            rgba(0,0,0,0) 37%,
            rgba(0,0,0,0) 83%,
            rgba(0,0,0,0.06) 92%,
            rgba(0,0,0,0) 98%);
        background-position: 50% 88%, 0 0;
    }
```

자전거를 그라디언트 위에 놓기 위해 배경 이미지 가운데 맨 마지막이 아니라 맨 처음에 자전거 그림을 놓았다는 점에 유의하자. 또한 background-image 속성에서 이미지를 선언한 것과 같은 순서로 각 배경 이미지의 위치를 선언했다. 만약 한 세트의 값만 선언했다면(예를 들어, background-position: 50% 88%;와 같이) 모든 이미지는 마치 background-position: 50% 88%, 50% 88%;로 선언한 것처럼 모두 배경 위치가 같을 것이다. 예제 사이트에서는 처음에 선언한 50% 88%에는 자전거를 배치하고, 0 0(혹은 left top)에는 그라디언트를 배치한다.

한 브라우저는 오직 하나의 background-image 속성 선언만 따르므로(선언된 이미지가 한 개든 여러 개든 관계없이) 자전거 이미지는 각 background-image 선언 내에 모두 포함돼 있어야 한다. 각 선언은 모두 다른 브라우저를 대상으로 하기 때문이다. 브라우저는 이해하지 못하는 CSS는 무시한다는 점을 기억하자. 따라서 사파리가 –moz-linear-gradient를 이해하지 못하면(실제로 이해하지 못한다) 사파리는 해당 속성/값 쌍 전체를 무시할 것이다.

등록 폼의 제목에도 배경 이미지가 두 개 지정돼 있다. 이 경우에는 전체 폼에 걸치게끔 하나의 아주 넓은 이미지를 붙일 수도 있겠지만 그럴 필요가 없다! CSS3에서는 다중 배경 이미지를 통해 두 개의 분리된 작은 이미지 혹은 각기 배경 위치가 다른 하나의 이미지 스프라이트를 두 번 붙일 수 있다. 따라서 대역폭도 절약하고 제목을 늘려야 할 때도 유용하다. 하나의 이미지로 크기가 다른 요소를 모두 다루지는 못할 것이다. 이번에는 약칭 background를 이용한다.

```
    background:
        url(../images/bg-formtitle-left.png) left 13px no-repeat,
        url(../images/bg-formtitle-right.png) right 13px no-repeat;
```

background의 약칭 표기

이용 가능한 모든 배경 속성이 완전하게 지원된다면 다음의 두 선언문은 동일하다.

```
div {
    background: url("tile.png") no-repeat scroll center
↪bottom / cover rgba(0, 0, 0, 0.2);
}

div {
    background-color: rgba(0,0,0,0.2);
    background-position: 50% 100%;
    background-size: cover;
    background-repeat: no-repeat;
    background-clip: border-box;
    background-origin: padding-box;
    background-attachment: scroll;
    background-image: url(form.png);
}
```

하지만 현재는 오직 일부 브라우저만이 모든 값을 이용할 수 있도록 지원하므로 color, position, repeat, attachment, image를 약칭 표기 선언에 포함시키고, 그다음으로 clip, origin, size를 별도로 포함시키거나 약칭 표기를 완전히 사용하지 말 것을 권장한다. 약칭에서 명확하게 선언되지 않은 값은 마치 기본값을 선언한 것처럼 취급되므로 약칭 표기는 꼭 일반 표기 속성 전에 선언해야 한다.

배경 크기

background-size 속성을 이용하면 원하는 크기로 배경 이미지를 지정할 수 있다. 이론적으로는 약칭 background 선언 내에서 background-size를 background 위치 뒤에 사선(/)으로 구분해서 포함시킬 수 있다. 하지만 현재로서는 어떤 브라우저도 이것을 이해하지 못한다. 사실, 브라우저에서 이를 정확하지 않은 형식으로 간주하기 때문에 이 형식을 이용하면 전체 background 선언이 무시될 것이다. 따라서 background-size 속성은 따로 분리된 선언으로 사용해야 한다.

background-size에 대한 지원 사항은 다음과 같다.

- 오페라 11.01 이상 버전: background-size (접두사 없이)
- 사파리와 크롬: 현재 버전은 접두사 없이 지원하지만 이전 버전에는 –webkit-background-size가 필요하다.
- 파이어폭스: 3.6 버전에 대해서는 -moz-background-size, 4 이상 버전에서는 background-size
- 인터넷 익스플로러 9: background-size

보다시피 이 문법의 접두사 없는 버전은 매우 빠르게 채택됐다. 이것은 바뀔 것 같지 않은, 구현 방법이 명확한 간단한 속성으로서, CSS에 왜 접두사 없는 버전을 항상 포함시켜야 하는지에 대한 좋은 예로 볼 수 있다.

배경 이미지 크기를 픽셀로 선언하려고 한다면 이미지가 왜곡되지 않게 주의해야 한다. 가로나 세로 중 하나(양쪽 다가 아니라)만 정의하고, 다른 값은 auto로 설정한다. 이렇게 하면 이미지의 가로/세로 비율을 보존할 수 있다. 값을 하나만 지정하면 두 번째 값은 auto로 간주된다. 즉, 아래의 두 코드는 의미가 같다.

```
background-size: 100px auto, auto auto;
background-size: 100px, auto auto;
```

모든 배경 속성과 마찬가지로 선언된 각 이미지에 해당하는 값은 콤마로 분리한다. 만약 자전거를 정말 크게 만들고 싶다면 다음과 같이 선언할 수 있다.

```
-webkit-background-size: 100px, cover;
-moz-background-size: 100px, cover;
-o-background-size: 100px, cover;
background-size: 100px auto, cover;
```

이미지의 가로만 선언함으로써 두 번째 값은 자동으로 auto가 되며, 브라우저는 가로/세로의 비율에 따라 이미지의 정확한 세로 길이를 결정하게 된다.

배경 이미지의 기본 크기는 이미지의 실제 크기다. 때때로 이미지가 컨테이너보다 약간 작거나 좀 더 클 때가 있다. 배경 이미지의 크기는 픽셀(위의 예처럼) 또는 퍼센트로 정의할 수 있으며, contain이나 cover 키워드를 이용할 수도 있다.

contain 값은 이미지의 가로/세로 비율을 유지하면서 이미지 크기를 바꾼다. 그러므로 이것은 덮이지 않은 여백 공간을 남길 수도 있다. cover 값은 해당 이미지가 요소를 완전히 덮도록 이미지의 크기를 바꾼다. 즉, 요소와 배경 이미지의 가로/세로 비율이 서로 다른 경우에는 이미지가 잘릴 수도 있다.

 화면 픽셀 밀도, 또는 해상도(DPI)

background-size 속성은 최신 스마트폰처럼 픽셀 밀도가 다양한 기기에 유용하다. 예를 들어, 아이폰4는 이전 아이폰보다 픽셀 밀도가 4배 높다. 그러나 이전의 핸드폰을 대상으로 디자인된 페이지가 작게 보이는 현상을 방지하고자 아이폰4에 탑재된 브라우저는 마치 화면 크기가 320×480인 것처럼 작동한다. 본질적으로 CSS 내의 모든 픽셀은 화면상의 4개의 픽셀에 대응한다. 이미지는 여기에 맞추기 위해 늘어나는데, 그래서 화면에 표시되는 텍스트의 부드러움과 비교하면 이미지가 약간 거칠어 보일 때도 있다.

이런 문제를 해결하고자 더 높은 해상도의 이미지를 아이폰4에 제공할 수 있다. 예를 들어, 아이폰용 고해상도 자전거 이미지를 제공한다고 하면 이미지는 37×45px 대신 74×90px이 될 것이다. 그러나 사실 이미지가 두 배로 큰 것을 원하는 것은 아니다! 단지 37×45px에 해당하는 공간을 차지하게 하고 싶은 것이다. 다음과 같이 고해상도 이미지가 여전히 적절한 크기의 공간을 차지하도록 background-size를 이용할 수 있다.

```
-webkit-background-size: 37px 45px, cover;
-moz-background-size: 37px 45px, cover;
-o-background-size: 37px 45px, cover;
background-size: 37px 45px, cover;
```

배경으로

CSS3의 배경과 그라디언트에 관한 내용은 여기까지다. 다음 장에서는 변형, 애니메이션, 전환을 살펴보겠다. 이런 기능을 활용하면 대역폭과 프로세서에 부담을 주는 자바스크립트에 의존하지 않고도 페이지에 움직임과 역동적인 효과를 줄 수 있다.

HTML5 & CSS3 FOR THE REAL WORLD

08

CSS3 변형과 전환

예제 사이트의 페이지는 상당히 정적이다. 사실 완전히 정적이라고 할 수 있다. 4장에서는 :invalid와 :valid 가상 클래스를 이용해 요소의 상태에 따라 폼의 외형을 바꾸는 방법을 약간 살펴봤다. 하지만 정말로 움직이게 만드는 것은 어떨까? 요소를 회전시키거나 비틀어 외형을 바꾸는 것은 어떨까?

수년간 웹 디자이너들은 페이지 내에서 애니메이션을 구현하고자 할 때 자바스크립트에 의존해왔고, 텍스트를 기울여서 표시하는 유일한 방법은 이미지를 이용하는 것이었다. 이 방법은 이상적이지 않다. CSS3에서는 자바스크립트나 JPEG 없이도 쉽게 요소를 기울이고, 늘리고, 움직이고 심지어 뒤집을 수도 있다.

이제 어떻게 할 수 있는지 살펴보자.

변형(Transform)

파이어폭스 3.5 이상, 오페라 10.5, 웹킷 3.2부터(크롬1) 지원하고 심지어 인터넷 익스플로러 9에서도 지원하는 CSS3 transform 속성을 이용하면 페이지의 요소를 이동하고, 회전하고, 늘리고, 비틀 수 있다. 이 효과 중 일부는 기존의 CSS 기능(상대적, 절대적 위치 지정과 같은)을 사용해서도 가능했지만, CSS3를 이용하면 요소의 형태를 훨씬 더 자유자재로 바꿀 수 있다.

transform 함수를 이용하면 요소의 외형을 조작할 수 있다. transform 속성의 값은 하나 또는 그 이상의 공백으로 구분된 transform 함수이며, 이것들은 제공된 순서에 따라 적용된다. 이 책에서는 모든 이차원 transform 함수를 다루겠다. 또한 웹킷은 3D 공간에서의 개체의 변형(3차원 변형)을 지원하지만, 이는 이 책의 범위를 넘어서는 내용이다.

개체 변형의 작동 방식을 설명하고자 그림 8.1에 보이는 것과 같이 HTML5 헤럴드의 또 다른 광고 블록을 이용하겠다.

그림 8.1 | 이 블록을 CSS3 변형을 설명하는 데 사용하겠다.

이동(Translation)

이동 함수는 요소를 왼쪽, 오른쪽, 위, 아래로 움직이는 데 사용한다. 이러한 기능은 top과 left를 선언하는 position: relative의 작동 방식과 유사하다. 이동 함수를 이용하면 문서의 흐름에는 영향을 주지 않으면서 요소를 움직일 수 있다.

요소의 현재 위치나 부모 또는 다른 조상의 위치에 대해 위치를 지정할 수 있는 position: relative와 달리, 여기서는 오직 요소의 현재 위치를 기준으로만 움직일 수 있다.

translate(x, y) 함수는 왼쪽으로부터 x, 위쪽으로부터 y만큼 요소를 움직인다.

```
-webkit-transform: translate(45px,-45px);
-moz-transform: translate(45px,-45px);
-ms-transform: translate(45px,-45px);
-o-transform: translate(45px,-45px);
transform: translate(45px,-45px);
```

요소를 수평 혹은 수직으로만 움직일 때는 translatex 또는 translatey 함수를 이용할 수 있다.

```
-webkit-transform: translatex(45px);
-moz-transform: translatex(45px);
-ms-transform: translatex(45px);
-o-transform: translatex(45px);
transform: translatex(45px);

-webkit-transform: translatey(-45px);
-moz-transform: translatey(-45px);
-ms-transform: translatey(-45px);
-o-transform: translatey(-45px);
transform: translatey(-45px);
```

예제 사이트의 광고에서는 사용자가 마우스를 위에 갖다 대면 마치 콧수염을 기른 권투선수가 주먹으로 친 것처럼 "dukes"라는 단어를 오른쪽으로 움직이고 싶다고 해보자.

```
<h1>Put your <span>dukes</span> up sire</h1>
```

h1에 마우스를 갖다 댈 때마다 이 스타일을 적용해 보자. 이렇게 하면 span 자체에 마우스가 올려질 때만 실행되게 하는 것보다 우연히 발견될 가능성이 좀 더 높아질 것이다.

[css/styles.css 중에서]
```
#ad3 h1:hover span {
    color: #484848;
    -webkit-transform: translateX(40px);
    -moz-transform: translateX(40px);
    -ms-transform: translateX(40px);
    -o-transform:translateX(40px);
    transform: translateX(40px);
}
```

위 코드는 대부분의 브라우저에서 작동한다. 하지만 웹킷에서는 작동하지 않는다는 사실을 알아챘을지도 모른다. 어떻게 된 일일까? 그 이유는 웹킷은 오직 블록 레벨의 요소만 변형시킬 수 있도록 허용하기 때문이다. 따라서 인라인 요소에서는 사용할 수 없다. 이 문제는 쉽게 고칠 수 있다. span에 display: inline-block;을 추가하기만 하면 된다.

[css/styles.css 중에서]
```
#ad3 h1 span {
    font-size: 30px;
    color: #999999;
    display:inline-block;
    ...
```

이 결과는 그림 8.2와 같다.

그림 8.2 | translate 변형의 결과

멋지다. 하지만 이를 좀 더 개선할 수 있다! 이번에는 어떻게 하면 텍스트를 늘려서 더 커지게 할 수 있는지 알아보자.

크기변환

scale(x, y) 함수는 각각 수평, 수직으로 정의된 값으로 요소의 크기를 조절한다. 오직 한 개의 값만 제공된다면 이것은 x와 y에 함께 이용될 것이다. 예를 들어, scale(1)은 요소를 같은 크기로 두며, scale(2)는 두 배가 되고, scale(0.5)는 그것의 절반이 되는 식이다. 예상하다시피 서로 다른 값을 제공한다면 요소가 일그러질 것이다.

```
-webkit-transform: scale(1.5,0.25);
-moz-transform: scale(1.5,0.25);
-ms-transform: scale(1.5,0.25);
-o-transform: scale(1.5,0.25);
transform: scale(1.5,0.25);
```

translate와 마찬가지로 scalex(x) 혹은 scaley(y) 함수도 이용할 수 있다. 이러한 함수는 오직 수평적 혹은 수직적으로만 크기를 늘리거나 줄이게 된다. 이것들은 각각 scale(x, 1)과 scale(1, y)와 동일하다.

확대 혹은 축소된 요소는 중심으로부터 바깥쪽으로 확대되거나 자신의 중심을 향해 안쪽으로 수축된다. 다시 말해, 요소의 크기는 변하지만 요소의 중심은 같은 위치에 머무른다는 것이다. 이러한 기본 방식을 바꾸려면 잠시 후에 살펴볼 transform-origin 속성을 이용하면 된다.

span에 크기변환을 적용해 보자.

```
[css/styles.css 중에서]
#ad3 h1:hover span {
    color: #484848;
    -webkit-transform: translateX(40px) scale(1.5);
    -moz-transform: translateX(40px) scale(1.5);
    -ms-transform: translateX(40px) scale(1.5);
    -o-transform: translateX(40px) scale(1.5);
    transform: translateX(40px) scale(1.5);
}
```

새로운 transform을 선언할 필요가 없다는 점에 유의하자. 공백으로 구분한 변형 함수의 목록을 제공할 것이므로 scale을 목록의 끝에 추가하기만 하면 된다.

이동과 마찬가지로 크기변환도 문서의 흐름에 영향을 주지 않는다는 점도 기억해둘 필요가 있다. 이는 인라인 텍스트를 늘리거나 줄여도 주변의 텍스트가 바뀐 부분을 수용하고자 재배열되지는 않는다는 의미다. 그림 8.3에서는 왜 이것이 문제가 될 수 있는지 예를 보여준다. 이와 같은 경우에는 어쩌면 스케일 변형 대신 요소의 높이와 너비 혹은 폰트 크기를 조절하는 편이 나을 수도 있다. 이러한 속성을 변경하면 브라우저가 요소에 할당하는 공간이 변경될 것이다.

Transforming inline ext

그림 8.3 | 인라인 텍스트에서 scale 함수를 이용하면 원치 않는 결과가 나타날 수도 있다.

그러나 예제에서는 텍스트가 주변의 텍스트를 재배열하지 않고 광고에서 튀어나오길 원하므로 크기변환이 적절하다. 그림 8.4는 기존의 이동에 크기변환을 추가한 후 마우스를 올리면 어떻게 보이는지 표시한다.

그림 8.4 | 광고는 이제 굉장히 화려해 보인다.

광고가 꽤 멋져 보인다. 하지만 아직도 추가해야 할 것이 남았다.

회전

ratate() 함수는 지정된 각도 값에 의해 원점(scale과 마찬가지로 기본값은 요소의 중심이다)을 중심으로 요소를 회전시킨다. 일반적으로 각도는 각도의 단위인 도로 선언하며, 각도가 양수 값이면 시계 방향으로, 음수 값이면 반시계 방향으로 움직인다. 각도 외에도 그래드(grad), 라디안(radian) 혹은 턴(turn)을 이용해 값을 지정할 수 있다. 하지만 여기서는 각도만 이용할 것이다.

"dukes"에 rotate를 추가해 보자.

```
#ad3 h1:hover span {
    color: #484848;
    -webkit-transform:rotate(10deg) translateX(40px) scale(1.5);
    -moz-transform:rotate(10deg) translateX(40px) scale(1.5);
    -ms-transform:rotate(10deg) translateX(40px) scale(1.5);
    -o-transform:rotate(10deg) translateX(40px) scale(1.5);
    transform:rotate(10deg) translateX(40px) scale(1.5);
}
```

여기서는 텍스트가 강력한 어퍼컷을 맞은 듯한 효과를 주고자 span을 시계방향으로 10도 회전시킬 것이다. 회전을 translate 앞에 추가해서 그것이 먼저 적용되게 할 것이다. 변환은 제공된 순서대로 적용된다는 점을 기억하자. 때로는 이렇게 해도 아무런 차이가 없을 때도 있다. 하지만 어떤 효과가 원하는 바와 다르게 동작한다면 변환 순서를 바꿔보는 것도 의미 있을 것이다.

변형된 텍스트의 최종 형태는 그림 8.5와 같다.

그림 8.5 | 텍스트는 이제 움직이고, 확대되며, 회전까지 된다. 정말 멋지다!

아직 다루지 않은 변형 타입이 하나 더 남아 있다. 이것은 HTML5 헤럴드에서는 사용되지 않지만 잠시 살펴보겠다.

비틀기

skew(x, y) 함수는 X축과 Y축으로의 비틀기를 지정한다. 예상하겠지만 x는 X축으로의 비틀기를, 그리고 y는 Y축으로의 비틀기를 지정한다. 두 번째 매개변수를 생략하면 skew는 X축에서만 발생할 것이다.

```
-webkit-transform: skew(15deg, 4deg);
-moz-transform: skew(15deg, 4deg);
-ms-transform: skew(15deg, 4deg);
-o-transform: skew(15deg, 4deg);
transform: skew(15deg, 4deg);
```

예를 들어, 제목에 위의 스타일을 적용하면 그림 8.6에서와 같이 제목이 비틀어지는 효과가 나타난다.

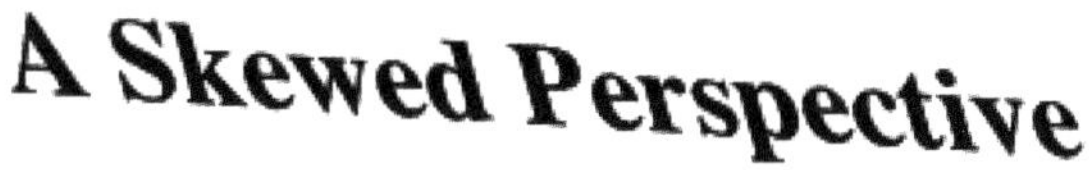

A Skewed Perspective

그림 8.6 | 비틀기 변형이 적용된 텍스트

translate와 scale과 마찬가지로 특정 축 버전의 비틀기 변형도 있다. 바로 skewx()와 skewy()다.

변형의 원점 변경

앞서 잠깐 언급했듯이 변형을 적용할 때 사용될 원점을 제어할 수 있다. 이것은 transform-origin 속성을 이용해 수행할 수 있다. transform-origin 속성은 background-position 속성과 문법이 같고, 객체의 중심(따라서 확대축소나 회전은 기본적으로 박스의 중심을 기준으로 일어난다)을 기본값으로 삼는다.

원을 하나 변형시킨다고 가정해보자. 기본 transform-origin은 원의 중앙이므로 원에 rotate 변형을 적용하더라도 시각적인 효과가 나타나지는 않을 것이다. 90도로 회전되는 원은 여전히 회전되기 전의 모습과 완전히 똑같아 보인다. 그러나 원에 10% 10%의 transform-origin을 준다면

그림 8.7에서 보는 것처럼 원의 회전을 인지할 수 있을 것이다.

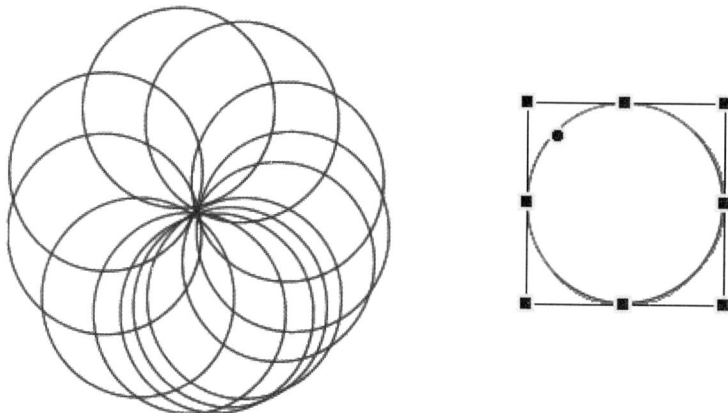

그림 8.7 | 원의 회전은 오직 transform-origin이 지정됐을 때만 효과가 있다.

transform-origin 속성은 웹킷, 파이어폭스, 오페라에서 제조사의 접두사를 지정해서 이용할 수 있다.

```
-webkit-transform-origin: 0 0;
-moz-transform-origin: 0 0;
-o-transform-origin: 0 0;
transform-origin: 0 0;
```

인터넷 익스플로러 8과 이전 버전 지원

CSS3 변형은 인터넷 익스플로러 6, 7 또는 8에서는 지원되지 않지만 필터를 포함해 다른 CSS 속성을 이용하면 이러한 효과를 흉내 낼 수 있다. '이동'을 위해서는 position: relative;와 top, left 값을 이용한다.

```
.translate {
    position: relative;
    top: 200px;
    left: 200px;
}
```

또한 요소의 가로와 세로를 변경해 요소를 확대/축소할 수도 있다. 하지만 변형된 요소는 여전히 확대/축소가 되기 전과 마찬가지로 공간을 차지하므로 가로나 세로를 변경하면 해당 요소를 담기 위해 할당된 공간이 바뀌고, 레이아웃에 영향을 줄 수 있다는 점을 기억하자.

인터넷 익스플로러에서는 필터를 이용해 요소를 회전시킬 수도 있지만, 이 방법은 보기 흉하다.

```
.rotate {
    transform: rotate(15deg);
    filter: progid:DXImageTransform.Microsoft.Matrix(
        sizingMethod='auto expand', M11=0.9659258262890683,
        M12=-0.25881904510252074, M21=0.25881904510252074,
        M22=0.9659258262890683);
    -ms-filter: "progid:DXImageTransform.Microsoft.Matrix(
        M11=0.9659258262890683, M12=-0.25881904510252074,
        M21=0.25881904510252074, M22=0.9659258262890683,
        sizingMethod='auto expand')";
    zoom: 1;
}
```

여기서 이 필터의 문법을 살펴보는 것은 큰 의미가 없을 것이다. 인터넷 익스플로러에서 요소를 회전시키고 싶다면 http://css3please.com/ 사이트에서 회전에 대한 크로스 브라우저 코드를 참고한다. 단지 rotation 값을 수정하기만 하면 다른 버전은 그에 따라 변경될 것이다.

전환(Transition)

인터넷 익스플로러 9에서도 이 기능을 지원한다면 정말 좋겠지만 한 번 더 그 브라우저는 제외시켜야겠다. 오페라, 파이어폭스, 웹킷은 모두 CSS 전환을 지원하지만 인터넷 익스플로러 9에서는 아직 이 기능을 지원하지 않는다.

전환을 이용하면 CSS 속성의 값을 시간이 지남에 따라 변경되게 할 수 있다. 즉, 기본적으로 간단한 애니메이션을 제공하는 셈이다. 예를 들어, 마우스가 올려지면 링크의 색상이 바뀌게 할 때 갑자기 색상을 바꾸는 것이 아니라 한 색에서 다른 색으로 서서히 바뀌게 할 수 있다.

마찬가지로 바로 앞에서 본 변형에서도 움직임을 가미해 페이지가 좀 더 역동적으로 느껴지게 할 수 있다.

물론 지금까지도 자바스크립트를 이용해 애니메이션을 구현할 수는 있었지만 내장 CSS 전환은 클라이언트 측의 프로세싱이 훨씬 덜 필요하다. 그래서 내장 CSS 전환은 대개 좀 더 부드럽게 표시된다. 특히 컴퓨팅 파워가 제한된 모바일 기기에서 이 기능은 훨씬 더 큰 효과를 발휘할 수 있다.

CSS 전환은 요소의 일반 스타일과 함께 선언한다. 대상 속성이 바뀔 때마다 브라우저는 전환을 적용할 것이다. 예를 들어, 가장 흔하게 변화가 일어나는 경우는 마우스가 올려진 상태에서 다른 스타일이 적용되는 경우다. 물론 해당 속성이 자바스크립트를 이용해 변경돼도 전환은 잘 작동할 것이다. 이것은 무척 큰 의미를 지닌다. 자바스크립트를 이용해 애니메이션을 직접 구현하는 대신 간단히 속성 값만 변경하고 나머지 모든 복잡한 애니메이션은 브라우저가 자체적으로 지원하는 전환을 통해 처리하게 할 수 있다.

다음은 CSS만을 이용해 간단한 전환을 만들어 내는 방법이다.

1. 기본 스타일 선언 내에 요소의 원래 상태를 선언한다.
2. 변형된 요소의 최종 상태를 선언한다(예: 마우스가 올려진(hover) 상태).
3. 기본 스타일 선언 내에 전환 함수를 포함시킨다. 이때 transition-property, transition-duration, transition-timing-function, transition-delay와 같은 속성을 이용할 수 있다. 이러한 각 속성이 어떻게 작동하는지는 곧 살펴보겠다.

이때 주의를 기울여야 할 가장 중요한 점은 전환이 기본 상태에 선언된다는 것이다. 현재, 전환 함수를 이용하려면 웹킷, 오페라, 파이어폭스용 제조사 접두사인 -webkit-, -o-, -moz-를 각각 포함시켜야 한다.

지금까지 설명한 내용은 당장 이해하기에 조금 부담될 수도 있겠다. 그럼 이제 다양한 전환 값에 대해 살펴보자. 여기서는 진행해 나가면서 지난 절에서 예제 웹사이트의 광고에 추가했던 변형에 전환을 적용할 것이다. 그러면 마우스을 올렸을 때 "dukes"가 부드럽게 새로운 위치로 움직일 것이다.

transition-property

transition-property는 전환돼야 할 요소의 CSS 속성을 나열한다. 전환 가능한 속성에는 배경, 보더, 박스 모델 관련 속성이 있다. 글꼴 크기와 글꼴 두께를 전환할 수는 있지만 글꼴을 전환할 수는 없다. 다음은 W3C가 2010년 8월 업데이트한 전환 가능한 속성 목록이다.

- background-color, background-position
- border-color, border-spacing, border-width
- bottom, top, left, right
- clip

- color
- crop
- font-size, font-weight
- height, width
- letter-spacing
- line-height
- margin
- max-height, max-width, min-height, min-width
- opacity
- outline-color, outline-offset, outline-width
- padding
- text-indent
- text-shadow
- vertical-align
- visibility
- word-spacing
- z-index

일부 브라우저에서는 변형 함수를 비롯한 더 많은 속성을 전환에 이용할 수 있지만, 이것들은 (아직) 규격서에는 명시되지 않았다. 또, 위에 열거한 모든 속성에 대한 전환을 모든 브라우저에서 지원하지는 않는다는 점에 유의하자. 적어도 이 글을 쓰는 현재 시점에서는 그러하다.

transition-property 선언에 콤마로 구분해서 얼마든지 CSS 속성을 제공할 수 있다. 혹은, 모든 지원되는 속성을 움직이게 한다는 의미로 all 키워드를 사용할 수 있다.

예제 사이트의 광고에는 transform 속성에 전환을 적용하겠다.

```
#ad2 h1 span {
    -webkit-transition-property: -webkit-transform;
    -moz-transition-property: -moz-transform;
    -o-transition-property: -o-transform;
    transition-property: transform;
}
```

접두사가 있는 속성 폼을 지정해야 한다는 점에 유의하자. 예를 들어, -moz-transform만 이해하는 브라우저에서는 transform을 움직이게 할 수는 없다.

전환할 수 있는 속성의 목록은 바뀌므로 속성을 포함시킬 때는 주의하자. 페이지를 작성할 당시에는 움직이지 않던 속성이 나중에는 결국 그렇게 될 가능성이 있으므로 속성을 잘 선별해서 지정한다. 그리고 정말 모든 속성이 움직이길 원할 때만 all 키워드를 이용한다.

아직까지도 이러한 스타일은 효과가 없을 것이다. 왜냐하면 전환의 지속 시간을 지정해야 하기 때문이다.

transition-duration

transition-duration 속성은 transition이 얼마나 지속될 것인지를 지정한다. 이것은 초(s)나 밀리초(ms)로 지정할 수 있다. 여기서는 애니메이션을 꽤 빠르게 동작하게끔 만들고 싶기 때문에 0.2초나 200밀리초로 설정한다.

```
-webkit-transition-duration: 0.2s;
-moz-transition-duration: 0.2s;
-o-transition-duration: 0.2s;
transition-duration: 0.2s;
```

이런 스타일을 설정하면 span에 마우스가 올렸을 때 전환하게 된다. 또, 요소가 자신의 이전 위치로 되돌아오는 '역' 전환도 같은 지속 시간으로 발생한다는 점을 알아두자.

 전환이 지원되지 않는 브라우저에서의 작동 방식

아직까지는 일부 브라우저에서만 전환이 지원되지만 전환에 대한 선언이 변화하는 속성과 분리되어 선언되기 때문에 전환을 지원하지 않는 브라우저에서도 여전히 속성의 변화가 나타날 것이다. 물론 상태 변화가 시간이 흐름에 따라 서서히 일어나지는 않겠지만 여전히 :hover (혹은 다른) 상태는 잘 적용될 것이다.

transition-timing-function

transition-timing-function을 이용하면 전환 속도를 좀 더 섬세하게 제어할 수 있다. 애니메이션이 천천히 시작해서 더 빨라지게 한다거나, 빨리 시작해서 느리게 끝내거나, 계속해서 가속화하거나, 또는 다른 다양한 변화를 주고 싶다면 ease, linear, ease-in, ease-out, ease-in-out 키워드 중 하나를 지정할 수 있다. 이러한 키워드에 익숙해지는 가장 좋은 방법은 이것들을 모두 이용해보는 것이다. 보통은 이 중 한 가지가 여러분이 생성하고자 하는 효과에 적합하다는 느낌이 들 것이다. 타이밍 함수를 테스트할 때는 상당히 긴 transition-duration을 설정하자. 이것이 너무 빠르면 어떤 차이가 있는지 구별하기 어려울 것이다.

이 다섯 개의 키워드뿐 아니라 cubic-bezier() 함수를 이용해 좀 더 정밀하게 타이밍 함수를 표현할 수도 있다. 이 함수는 4 개의 매개변수를 받는다. 예를 들면, linear는 cubic-bezier(0.0, 0.0, 1.0, 1.0)과 같다. 고등학교 미적분학을 배운 적이 있다면 3차원 베지어(cubic Bézier) 함수를 이용하는 것이 이해될 것이다. 그렇지 않으면 5개의 기본 타이밍 함수를 그대로 이용하고 싶을 수도 있다. 또한, http://www.netzgesta.de/dev/cubic-bezier-timing-function.html과 같이 다양한 값을 테스트해 볼 수 있는 온라인 툴을 살펴볼 수도 있다.

예제 사이트의 전환에서는 ease-out을 이용한다.

```
-webkit-transition-timing-function: ease-out;
-moz-transition-timing-function: ease-out;
-o-transition-timing-function: ease-out;
transition-timing-function: ease-out;
```

이렇게 하면 전환이 처음에는 빠르다가 진행해가면서 점점 느려진다. 물론, 0.2초의 지속 시간으로는 그 차이를 느끼기는 쉽지 않다.

transition-delay

마지막으로 transtion-delay 속성을 이용해 애니메이션 시작을 지연시키는 것이 가능하다. 일반적으로 전환은 즉시 시작하고, 그래서 기본값은 0이다. 전환을 지연시키고자 밀리초(ms)나 초(s)를 지정해 보자.

```
-webkit-transition-delay: 250ms;
-moz-transition-delay: 250ms;
-o-transition-delay: 250ms;
transition-delay: 250ms;
```

> **음수 지연 시간**
>
> 흥미롭게도 전체 전환 지속시간보다 작은 음수 지연 시간을 이용하면 전환이 즉시 시작되지만 애니메이션의 중간부터 시작할 것이다. 예를 들어, transition이 2s이고, 지연 시간이 -500ms라면 이 전환은 진행 시간의 4분의 1이 되는 시점부터 시작하고 1.5초 동안 지속된다. 이것은 뭔가 재미있는 효과를 만드는 데 이용할 수 있으므로 알아둘 필요가 있다.

transition 약칭 표기 속성

4개의 속성과 3개의 제조사 접두사가 있으므로 하나의 transition에 16줄에 걸친 CSS를 작성해야 할 수도 있다. 하지만 다행히도 다른 속성과 마찬가지로 약칭 표기가 가능하다. transition 속성은 앞에서 설명한 4개의 전환 함수를 나타내는 약칭 표기다. 지금까지 보여준 전환을 다시 한 번 살펴보자.

```css
#ad2 h1 span {
    -webkit-transition-property: -webkit-transform, color;
    -moz-transition-property: -moz-transform, color;
    -o-transition-property: -o-transform, color;
    transition-property: transform, color;
    -webkit-transition-duration: 0.2s;
    -moz-transition-duration: 0.2s;
    -o-transition-duration: 0.2s;
    transition-duration: 0.2s;
    -webkit-transition-timing-function: ease-out;
    -moz-transition-timing-function: ease-out;
    -o-transition-timing-function: ease-out;
    transition-timing-function: ease-out;
}
```

이러한 모든 값을 약칭 표기 선언으로 통합해보자.

[css/styles.css 중에서]
```css
#ad2 h1 span {
    -webkit-transition: -webkit-transform 0.2s ease-out;
    -moz-transition: -moz-transform 0.2s ease-out;
    -o-transition: -o-transform 0.2s ease-out;
    transition: transform 0.2s ease-out;
}
```

각 값의 순서는 중요하며 꼭 다음과 같아야 한다(하지만 항상 4개의 값을 모두 지정해야 하는 것은 아니다).

1. transition-property
2. transition-duration
3. transition-function
4. transition-delay

다중 전환

transition 속성은 한 번 호출할 때 여러 개의 transition을 지정할 수 있다. 예를 들어, 회전과 크기를 변경하는 동시에 색상까지도 변경하고 싶다면 그렇게 할 수 있다.

그냥 회전만 시키는 것이 아니라 텍스트의 color 속성도 마찬가지로 전환한다고 해보자. 우선 color 속성을 전환될 스타일 선언에 포함시켜야 하며, 그러고 나서 transition-property 값 목록에 color 속성이나 all 키워드를 사용한다.

```
transition-property: transform, color;
transition-duration: 0.2s;
transition-timing-function: ease-out;
```

또한 전환되는 각 속성에 대해 서로 다른 지속시간과 타이밍 함수를 지정할 수 있다. transition-property에서와 같은 순서로 각 값을 콤마로 분리해서 추가하기만 하면 된다.

```
transition-property: transform, color;
transition-duration: 0.2s, 0.1s;
transition-timing-function: ease-out, linear;
```

위의 속성은 transform을 0.2초 동안 ease-out 방식으로 전환하고, color는 0.1초 동안 linear 방식으로 전환할 것이다.

또, 약칭 표기를 위한 transition 속성을 이용해 여러 개의 전환을 지정하는 것도 가능하다. 이 경우에는 각 전환에 필요한 값을 모두 함께 지정하고, 각 전환은 콤마로 구분한다.

```
transition: color 0.2s ease-out, transform 0.2s ease-out;
```

양쪽의 속성을 같은 속도와 지연 시간으로 바꾸고 싶다면 두 속성의 이름을 함께 포함시키거나, 혹은 마우스가 올려진 상태에서 모든 열거된 속성을 전환하려는 것이므로 all 키워드를 사용할 수도 있다.

all 키워드를 사용하면 모든 속성이 같은 속도와 지연 시간으로 전환된다.

```
-webkit-transition: all 0.2s ease-out;
-moz-transition: all 0.2s ease-out;
-o-transition: all 0.2s ease-out;
transition: all 0.2s ease-out;
```

모든 속성이 같은 속도로 전환되는 것을 원치 않거나 선택된 몇 개의 속성만 전환 효과를 내게 하고 싶다면 다양한 전환 속성을 콤마로 분리된 목록으로 나열하고, 각각에 최소한 transition-property와 transition-duration을 지정해야 한다.

애니메이션

전환은 시간이 흐르면서 요소를 움직인다. 그러나 이러한 전환 기능만으로 할 수 있는 것에는 한계가 있다. 시작과 끝의 상태를 정의할 수 있지만, 그 사이의 중간 상태를 정교하게 제어할 수는 없다. CSS 애니메이션은 전환과는 다르게 키 프레임(keyframe)을 통해 각 단계의 애니메이션을 제어할 수 있다. 플래시를 다뤄봤다면 키 프레임 개념에 굉장히 익숙할 것이다. 그렇지 않더라도 키 프레임은 매우 간단하므로 걱정할 필요는 없다. 키 프레임은 어떤 부드러운 전환의 시작과 끝 지점을 정의하는 스냅샷이다. CSS 전환을 이용하면 기본적으로 첫 번째 키 프레임과 마지막 키 프레임만 정의할 수 있다. CSS 애니메이션은 좀 더 복잡한 방식으로 애니메이션을 관리할 수 있게 그 사이에 수많은 키 프레임을 추가하게 해준다.

이 글을 쓰는 시점에서는 오직 웹킷만이 CSS 애니메이션을 지원한다. 그러므로 데스크톱에서의 지원은 제한적이지만 iOS와 안드로이드의 기본 브라우저가 모두 웹킷에서 구동되므로 모바일 기기에서의 지원은 상당이 좋은 편이다. 앞서 언급했듯이 각종 모바일 기기에는 강력한 프로세서가 탑재돼 있지 않으므로 CSS 애니메이션은 무겁고 CPU를 많이 사용하는 자바스크립트 애니메이션의 훌륭한 대안이 될 수 있다.

키 프레임

CSS에서 요소를 움직이려면 우선 이름이 지정된 애니메이션을 생성하고, 요소의 속성 선언 블록 내에서 해당 요소에 애니메이션을 연결한다. 애니메이션은 그 자체로는 아무 일도 하지 않는다. 요소를 움직이려면 요소에 애니메이션을 연결해야 한다.

애니메이션을 생성하려면 @keyframes 규칙, 또는 현재의 웹킷 구현상으로는 @-webkit-keyframes 뒤에 원하는 이름을 지정하는데, 이 이름은 애니메이션 식별자로 사용된다. 그러면 이제 해당 키 프레임을 지정할 수 있다.

myAnimation이라는 애니메이션을 작성하려면 @keyframes 규칙이 다음과 같은 모습이 될 것이다.

```
@-webkit-keyframes 'myAnimation'{
    /* 여기에 애니메이션 키 프레임을 넣는다 */
}
```

각 키 프레임은 녹립적인 CSS 선언 블록과 같은 모습이다. 하지만 신댁자 대신 from 또는 to 기워드, 퍼센트 값, 또는 콤마로 분리된 퍼센트 값을 이용한다. 이 값은 키 프레임이 전체 애니메이션 과정 중 어디쯤에 위치하게 될지를 지정한다.

각 키 프레임에는 원하는 속성과 값을 포함시킨다. 각 키 프레임 사이의 값은 브라우저의 애니메이션 엔진에 의해 부드럽게 채워질 것이다.

키 프레임은 어떤 순서로든 지정할 수 있다. 애니메이션에서 키 프레임의 순서를 결정하는 것은 선언 순서가 아니라 키 프레임에 지정한 퍼센트 값이다.

다음은 몇 가지 간단한 애니메이션이다.

```
@-webkit-keyframes 'appear' {
    0% {
        opacity: 0;
    }
    100% {
        opacity: 1;
    }
}

@-webkit-keyframes 'disappear' {
    to {
        opacity: 0;
```

```
        }
        from {
            opacity: 1;
        }
    }

    @-webkit-keyframes 'appearDisappear' {
        0%, 100% {
            opacity: 0;
        }
        20%, 80% {
            opacity: 1;
        }
    }
```

마지막 애니메이션에는 좀 더 특별한 관심을 기울일 만하다. 같은 스타일을 0%와 100%에, 그리고 20%와 80%에 적용했다. 이 경우에는 요소가 보이지 않는 상태(opacity: 0;)에서 시작해 서서히 보이다가 전체 지속시간의 20%에서는 완전히 보이고, 그 상태로 80%까지 유지되다가 다시 사라진다.

여기서는 세 가지 애니메이션을 생성했지만 어떤 요소에도 연결되지 않았다. 일단 애니메이션을 정의하면 그다음 단계는 다양한 애니메이션 속성을 이용해 그것을 하나나 그 이상의 요소에 적용하는 것이다.

애니메이션 속성

-webkit- 제조사 접두사를 통해 웹킷에서 지원되는 애니메이션 속성은 다음과 같다.

animation-name

이 속성은 애니메이션(앞서 @keyframes 문법을 이용해 정의된)을 요소에 연결하는 데 이용한다.

```
    -webkit-animation-name: 'appear';
```

속성 값과 @keyframe 선택자에서 애니메이션 이름을 감싸고 있는 따옴표는 꼭 필요한 것은 아니다. 충돌을 피하고 가능하면 좀 더 읽기 쉬운 스타일을 유지할 수 있게 따옴표를 포함할 것을 권장한다.

animation-duration

animation-duration 속성은 애니메이션이 한 번의 반복(0%부터 100%까지)을 완료하는 데 걸리는 시간의 길이를 초나 밀리초로 정의한다.

    -webkit-animation-duration: 300ms;

animation-timing-funtion

transition-timing-function 속성과 같이 animation-timing-function은 지속 시간 동안 애니메이션이 어떻게 진행될지를 결정한다. 옵션은 transition-timing-function과 동일하며, ease, linear, ease-in, ease-out, ease-in-out, cubic-bezier를 지정할 수 있다.

    -webkit-animation-timing-function: linear;

animation-iteration-count

이 속성은 애니메이션을 몇 번 재생할지 정의한다. 이 값은 일반적으로 정수지만 소수점이 있는 숫자(이 경우 애니메이션이 중간에 끝나게 된다), 또는 무한 반복되는 애니메이션에 대해서는 infinite 값도 지정할 수 있다. 값을 생략하면 기본값은 1이 되고, 애니메이션은 한 번만 발생한다.

    -webkit-animation-iteration-count: infinite;

animation-direction

애니메이션이 반복될 때 한 주기 걸러 한 번씩 애니메이션을 거꾸로 재생시키기 위해 animation-direction 속성에 alternate 값을 사용할 수 있다. 예를 들어, 공이 튀기는 애니메이션에서 떨어지는 공에 대한 키 프레임을 제공하고, 그러고 나서 두 번째 재생마다 방향을 거꾸로 하기 위해 animaition-direction: alternate;를 지정할 수 있다.

    -webkit-animation-direction: alternate;

기본값은 normal이며, 따라서 애니메이션은 매번 처음부터 재생될 것이다.

애니메이션이 반대로 재생되면 타이밍 함수도 반대가 된다. 예를 들어, ease-in은 ease-out이 된다.

animation-delay

이 속성은 브라우저가 애니메이션을 시작하기 전에 몇 초 혹은 몇 밀리초를 기다릴지 정의하는 데 사용한다.

```
-webkit-animation-delay: 15s;
```

animation-fill-mode

animation-fill-mode 속성은 애니메이션이 시작하기 전이나 애니메이션이 끝난 후에 무슨 일이 발생할지를 정의한다. 기본적으로 애니메이션은 애니메이션 실행 중이 아닌 때의 속성 값에 영향을 미치지 않지만 animation-fill-mode를 지정하면 이러한 기본 작동 방식을 변경할 수 있다. 애니메이션에게 애니메이션이 시작할 때까지 첫 번째 키 프레임에서 "가만히 기다려"라고 지시하거나 애니메이션이 끝나고 원래 값으로 되돌아가지 않고 마지막 키 프레임에서 멈추거나 혹은 이 둘을 모두 적용하라고 지시하는 것이다.

이용 가능한 값으로는 none, forwards, backwards, both가 있다. 기본값은 none이며, 이 경우 애니메이션은 예상대로 진행하고 끝나는데, 애니메이션이 최종적인 반복을 완료하면 초기의 키 프레임으로 돌아가게 된다. forwards로 설정하면 애니메이션이 끝난 후 마지막 키 프레임 값을 계속 적용한 채로 남는다. backwards로 설정하면 애니메이션 스타일이 요소에 적용되자마자 애니메이션의 최초 키 프레임이 바로 적용된다. 예상했겠지만 both는 backwards와 forwards의 효과를 모두 적용한다.

```
-webkit-animation-fill-mode: forwards;
```

animation-play-state

animation-play-state 속성은 애니메이션이 running(실행 중)인지 paused(정지된)인지 정의한다. 정지된 애니메이션은 중단된 애니메이션의 현재 상태를 그대로 표시한다. 정지된 애니메이션이 다시 재개될 때는 현재 위치에서 다시 시작한다. 이로써 자바스크립트를 이용해 CSS 애니메이션을 제어하는 간단한 수단을 제공한다.

약칭 표기 animation 속성

다행히도, 이 모든 애니메이션 속성을 나타내는 약칭 표기가 있다. animation 속성의 값으로는 animation-name, animation-duration, animation-timing-function, animation-delay, animation-iteration-count, animation-direction, animation-fill-mode 속성의 값을 공백으로 구분해서 나열한다.

```
.verbose {
    -webkit-animation-name: 'appear';
    -webkit-animation-duration: 300ms;
    -webkit-animation-timing-function: ease-in;
    -webkit-animation-iteration-count: 1;
    -webkit-animation-direction: alternate;
    -webkit-animation-delay: 5s;
    s-webkit-animation-fill-mode: backwards;
}
/* 약칭 표기 */
.concise {
    -webkit-animation: 'appear' 300ms ease-in 1 alternate 5s backwards;
}
```

여러 개의 애니메이션을 선언하려면 각 애니메이션 이름과 그에 대한 약칭 표기 그룹을 콤마로 구분해서 나열한다. 다음은 그러한 예다.

```
.target {
    -webkit-animation:
        'animationOne' 300ms ease-in 0s backwards,
        'animationTwo' 600ms ease-out 1s forwards;
}
```

넘어가면서

여기서는 변환, 전환, 애니메이션을 이용해 예제 사이트가 좀 더 동적으로 보이게끔 만들었다. 하지만 '할 수 있다고 해서 꼭 해야만 하는 것은 아니다'라는 오랜 격언을 기억하자. 90년대 후반에 웹에는 애니메이션이 넘쳐났다. 많은 사람들이 번쩍이는 배너와 움직이는 광고를 기억하고 있으며, 어느 정도는 그 문제가 아직까지도 남아 있다. 사용자 경험을 향상시킬 수 있는 적절한 곳에 애니메이션과 전환을 이용하고, 그 이외의 모든 곳에서는 사용하지 말자.

예제 웹 사이트를 예전 스타일의 신문처럼 보이게 하려면 CSS3에서 배워야 할 내용이 아직 몇 가지 더 있다. 다음 장에서는 float에 의존하지 않고 칼럼을 생성하는 방법과 사용자의 컴퓨터에 기본적으로 설치돼 있지 않은 화려한 폰트를 포함시키는 방법을 다루겠다.

HTML5 & CSS3 FOR THE REAL WORLD

09

웹 폰트와 다단 레이아웃

지금까지 HTML5 헤럴드에 꽤 많은 장식을 했지만 이 사이트가 정말 옛날 스타일의 신문처럼 느껴지게 할 수 있는 일부 핵심 구성요소가 여전히 빠져 있다. 실제 신문처럼 보이게 하려면 기사의 텍스트는 좁은 단 안에 배치해야 하고, 그 시기에 어울릴 만한 적절한 폰트를 사용해야 한다.

이 장에서는 CSS3의 단과 @font-face를 이용해 실습 웹사이트의 외형과 느낌을 마무리하겠다.

@font-face를 이용한 웹 폰트

웹의 초창기부터 디자이너들은 아름다운 글씨체로 사이트를 제작하는 것을 꿈꿔왔다. 그러나 너무나 잘 알고 있듯이 브라우저는 사용자가 시스템에 설치한 폰트만 이용해 텍스트를 표시할 수밖에 없었다. 이로써 대부분의 사이트에서는 실질적으로 Arial, Verdana, Times, Georgia 등의 일부 폰트만 이용할 수 있었다.

수년 동안 우리는 이 문제를 해결하고자 많은 방안을 고안해냈다. 사이트의 제목, 로고, 버튼, 내비게이션 요소에 쓸 JPEG와 PNG를 만들었다. 그런데 이러한 요소의 상태가 바뀌거나 요소를 수정해야 한다면 더 많은 이미지를 만들거나 페이지를 가볍고 빠르게 만들기 위해 이미지 스프라이트를 이용하기도 했다. 그리하여 디자인이나 텍스트가 변경될 때마다 이러한 모든 이미지도 다시 만들어야 했다.

이 방법이 페이지에서 일부 요소에 대한 해결책으로 받아들여질 수도 있겠지만, 모든 새로운 기사의 제목을 디자이너들이 포토샵을 이용해 손으로 만들어 내고 그것을 다시 웹사이트에 업로드하기란 너무나 비현실적이다. 따라서 자주 변경해야 하는 핵심적인 페이지 요소에는 그와 같은 몇 가지 폰트만을 이용해야 했다.

이런 글씨체에 대한 공백을 채우고자 플래시와 자바스크립트를 기반으로 한 sIFR과 캔버스 기반의 Cufón과 같은 정말 멋진 폰트 삽입 스크립트가 개발됐다. 이러한 방법은 원하는 폰트를 포함할 수 있게 해준다는 점에서는 훌륭한 임시방편이었지만, 심각한 결점도 있었다. 때로는 구현하기가 까다로웠고, 자바스크립트가 활성화돼 있어야 했으며, sIFR의 경우 플래시가 플러그인으로 설치돼 있어야 한다. 게다가 페이지 다운로드와 표시 속도를 눈에 띄게 느리게 만들었다.

다행히도 이제 더 나은 방법이 있다. @font-face는 폰트 삽입을 위한 순수 CSS 솔루션이다. 그리고 @font-face는 시장 점유율에 상관없이 모든 브라우저에서 지원된다. 인터넷 익스플로러는 6 이후 버전부터 지원한다.

HTML5 헤럴드 사이트에는 두 가지 폰트를 포함시킬 것이다. The League of Movable Type[1]의 League Gothic과 Ben Weiner of Reading Type[2]의 Acknowledgement Medium이 바로 여기에 해당한다. 이 두 폰트는 각각 그림 9.1과 그림 9.2와 같다.

League Gothic

그림 9.1 | League Gothic 폰트

ACKNOWLEDGEMENT

그림 9.2 | Acknowledgement Medium 폰트

이제 이러한 폰트를 어떻게 끼워 넣고, 예제 사이트의 텍스트에서 어떻게 이용할 수 있는지 살펴보겠다. 마치 이 두 폰트가 사용자의 컴퓨터에 설치돼 있는 것처럼 말이다.

---

1 http://www.theleagueofmoveabletype.com/
2 http://www.readingtype.org/

@font-face 구현

@media, @import, @page 그리고 앞에서 본 @keyframes와 같이 @font-face는 CSS의 일부 @규칙(at-rules) 중 하나다. @규칙은 브라우저의 CSS 처리기에게 지시사항을 알려주기 위해 선언 내에 일부 규칙을 함께 묶어 넣는 방법이다. @font-face 규칙을 이용하면 다른 선언 블록에서 사용할 수 있는 맞춤형 폰트를 지정할 수 있다.

@font-face를 이용해 폰트를 포함하려면

1. 모든 다양한 브라우저를 지원하기 위한 다양한 형식의 폰트 파일을 서버에 로드한다.
2. @font-face 규칙 내에 해당 폰트의 이름과 속성, 그리고 폰트에 대한 링크를 지정한다.
3. 시스템 폰트와 마찬가지로 font-family 속성 값에 폰트의 이름을 지정한다.

이미 서버에 파일을 업로드하는 방법은 알고 있을 테니 다음 절에서는 다양한 파일 타입에 대한 세부 내용을 다루겠다. 우선 지금은 두 번째와 세 번째 단계에 초점을 맞춰 @font-face 문법에 익숙해지자.

다음은 @font-face 블록의 한 예다.

```
@font-face {
    font-family: 'fontName';
    src: source;
    font-weight: weight;
    font-style: style;
}
```

font family(폰트 패밀리)와 source(소스)는 필수지만 weight(굵기)와 style(스타일)은 선택사항이다.

사이트에 포함하는 모든 폰트에 대해 @font-face 규칙을 분리해서 포함시켜야 한다. 또한 폰트의 각 변형(regular, thin, thick, italic, black 등)에 대해서도 분리된 @규칙을 포함시켜야 할 것이다. HTML5 헤럴드에서는 두 개의 외부 폰트가 필요하므로 두 개의 @font-face 블록을 포함시킬 것이다.

```
[css/styles.css 중에서]
@font-face {
    ...
}

@font-face {
    ...
}
```

@font-face 규칙 선언의 font-family 부분은 이미 익숙한 font-family 속성과 약간 다르다. 여기서는 지정된 이름을 지닌 폰트를 요소에 할당하는 게 아니라 폰트에 대한 이름을 선언하는 것이다. 폰트 이름은 어떤 것이든 가능하다. 이것은 단지 폰트 파일로의 참조를 나타내는 것이므로 반드시 폰트의 이름과 연관돼야 하는 것도 아니다. 물론, CSS를 좀 더 읽기 쉽고 유지보수도 용이하게 만들려면 폰트의 이름을 사용하는 편이 적절할 것이다. 한 가지를 관례로 만들고 모든 폰트에 대해 그 방침을 고수하는 것도 좋다. 예제 사이트에 사용할 두 폰트에 대해서는 카멜 표기법(각 단어를 공백 없이 붙이고 단어의 앞머리는 대문자로 표기)을 사용하겠다.

```
[css/styles.css 중에서]
@font-face {
    font-family: 'LeagueGothic';
}

@font-face {
    font-family: 'AcknowledgementMedium';
}
```

폰트 소스 선언

@font-face 규칙에 쓸 골격을 만들고 각 규칙에 이름을 지정했으므로 이제 실제 폰트 파일을 연결할 차례다. src 속성은 다양한 형식을 취할 수 있다. 또, 하나 이상의 소스를 선언할 수도 있다. 브라우저가 첫 번째 소스를 찾는 데 실패하면 다음 소스를 대상으로 시도하고, 또 하고, 결국 브라우저는 소스를 찾거나 혹은 더는 찾을 소스가 없을 때까지 시도하게 된다.

Leage Gothic 선언에 몇 가지 형식을 더 추가해보자.

```
[css/styles.css 중에서]
@font-face {
    font-family: 'LeagueGothicRegular';
    src: url('../fonts/League_Gothic-webfont.eot') format('eot'),
```

```
url('../fonts/League_Gothic-webfont.woff') format('woff'),
url('../fonts/League_Gothic-webfont.ttf') format('truetype'),
url('../fonts/League_Gothic-webfont.svg#webfontFHzvtkso') format('svg');
}
```

위 코드 블록에서는 네 개의 폰트 소스가 나열돼 있다. 첫 번째 선언은 EOF 폰트 선언으로서, 인터넷 익스플로러 전용 형식이며 오직 인터넷 익스플로러 4~8에서만 사용 가능한 파일 형식이다.

그다음으로 WOFF(표준으로 부상하고 있는 Web Open Font Format), OTF(OpenType), TTF(TrueType)와 SVG(Scalable Vector Graphics) 폰트 파일을 지정한다. 대부분의 데스크톱 브라우저는 첫 세 가지 선언 가운데 하나를 이용하겠지만 SVG 형식도 꼭 포함하자. 이 형식은 처음부터 아이폰에서 지원됐던 유일한 형식이다.[3]

표 9.1에서는 브라우저에서 지원하는 다양한 형식을 보여준다. 보다시피 모든 브라우저가 지원하는 형식은 존재하지 않으므로 5장에서 비디오를 대상으로 했던 것처럼 여러 개의 형식을 제공해야 한다.

표 9.1 브라우저 지원 폰트 형식

	인터넷 익스플로러	사파리	크롬	파이어폭스	오페라	iOS
@font-face	4+	3.1+	4+	3.5+	10+	3.2+
WOFF	9+	6+	6+	3.6+	11.1+	
OTF		3.1+	4+	3.5+	10+	4.2+
TTF	9+?	3.1+	4+	3.5+	10+	4.2+
SVG		3.1+	4+		10+	3.2+
EOT	4+					

이러한 폰트 형식을 추가하면 모든 브라우저를 대상으로 확실히 지원할 수 있지만 유감스럽게도 인터넷 익스플로러 9 이전 버전에서는 문제가 발생한다. 인터넷 익스플로러에서는 첫 번째 url('와 마지막 ') 사이의 모든 내용을 하나의 URL로 보기 때문에 폰트를 로드하지 못하게 된다. 이것은 어쩌면 인터넷 익스플로러를 지원하는 것과 다른 모든 브라우저를 지원하는 것 중 하나를 선택해야 하는 문제처럼 보일 수도 있겠지만 다행히도 해결책이 있다. FontSpring 블로그 포스트[4]에 상세하게 나와 있듯이 바로 EOT URL의 끝에 질의 문자열을 추가하는 방법이다. 이 방

---

3 아이폰은 최근 4.2버전에서 OTF를 지원하기 시작했지만 당분간은 SVG를 포함하는 것이 좋을 것이다.
4 http://www.fontspring.com/blog/the-new-bulletproof-font-face-syntax

법은 브라우저가 src 속성의 나머지 부분은 이 질의 문자열이 계속되는 것이라고 생각하게끔 만들어 브라우저가 정확한 URL을 찾아 폰트를 로드하게 된다.

```
@font-face {
    font-family: 'LeagueGothicRegular';
    src: url('../fonts/League_Gothic-webfont.eot?#iefix') format('eot'),
         url('../fonts/League_Gothic-webfont.woff') format('woff'),
         url('../fonts/League_Gothic-webfont.ttf') format('truetype'),
         url('../fonts/League_Gothic-webfont.svg#webfontFHzvtkso') format('svg');
}
```

이 문법에는 한 가지 실패 가능성이 있다. 인터넷 익스플로러 9에는 호환성 모드(compatibility mode)라는 기능이 있는데, 이것은 인터넷 익스플로러 9가 인터넷 익스플로러 7이나 8과 같은 방식으로 페이지를 표시하게 하는 기능이다. 이 기능은 좀 더 표준에 따라 화면을 표시하는 인터넷 익스플로러 9에서 오래된 웹 사이트가 깨져 보이는 현상을 예방하기 위해 도입됐다. 그러나 인터넷 익스플로러 9가 호환성 모드에서 EOT 폰트를 로딩할 때 기존의 버그까지 따라 하지는 않기 때문에 위 선언은 실패하게 된다. 이를 보완하고자 분리된 src 속성에 추가적으로 EOT URL를 덧붙일 수 있다.

```
@font-face {
    font-family: 'LeagueGothicRegular';
    src: url('../fonts/League_Gothic-webfont.eot');
    src: url('../fonts/League_Gothic-webfont.eot?#iefix') format('eot'),
         url('../fonts/League_Gothic-webfont.woff') format('woff'),
         url('../fonts/League_Gothic-webfont.ttf') format('truetype'),
         url('../fonts/League_Gothic-webfont.svg#webfontFHzvtkso') format('svg');
}
```

사용자가 사이트를 보는 동안 의도적으로 인터넷 익스플로러를 호환성 모드로 전환해야 이런 문제가 발생하기 때문에 이것은 어쩌면 불필요한 예방책일 수 있다. 다른 대안으로 문서의 head에 아래의 meta 요소를 추가해 인터넷 익스플로러가 호환성 모드에서 빠져나오게끔 강제할 수도 있다.

```
<meta http-equiv="X-UA-Compatible" content="IE=Edge">
```

또한, 추가적인 HTTP 헤더를 덧붙여 같은 결과를 만들어내는 것도 가능하다. 이 부분은 .htaccess 파일(혹은 비슷한 파일)에 직접 넣을 수도 있다.

```
<IfModule mod_setenvif.c>
    <IfModule mod_headers.c>
        BrowserMatch MSIE ie
        Header set X-UA-Compatible "IE=Edge"
    </IfModule>
</IfModule>
```

폰트 속성 기술자

폰트 속성 기술자(descriptor), 이를테면 font-style, font-vatiant, font-weight 등은 폰트 형태의 특징을 정의할 목적으로 선택적으로 추가될 수 있으며, 지정된 폰트 형태와 스타일을 매치하는 데 이용된다. 이러한 값은 상응하는 CSS 속성의 값과 같다.

```
@font-face {
    font-family: 'LeagueGothicRegular';
    src: url('../fonts/League_Gothic-webfont.eot');
    src: url('../fonts/League_Gothic wcbfont.cot?#icfix') format('cot'),
        url('../fonts/League_Gothic-webfont.woff') format('woff'),
        url('../fonts/League_Gothic-webfont.ttf') format('truetype'),
        url('../fonts/League_Gothic-webfont.svg#webfontFHzvtkso') format('svg');
    font-weight: bold;
    font-style: normal;
}
```

앞서 언급한 font-family와 마찬가지로 이 방식은 예상하는 바와 다를 수 있다. 여기서 이렇게 지정하는 것은 브라우저에게 폰트를 굵게 하라고 지시하는 것이 아니라 이것이 해당 폰트의 볼드체라고 폰트 형태를 설정하는 것이다. 이 부분은 조금 헷갈릴 수도 있을 테고, 이러한 작동 방식은 일부 브라우저에서는 차이가 있을 수도 있다.

그러나 @font-face 규칙 선언에서 font-weight나 font-style 기술자를 이용하는 이유가 있다. 같은 font-family 이름에 여러 개의 폰트 소스를 선언할 수 있기 때문이다.

```
@font-face {
    font-family: 'CoolFont';
    font-style: normal;
    src: url(fonts/CoolFontStd.ttf);
}
```

```
@font-face {
    font-family: 'CoolFont';
    font-style: italic;
    src: url(fonts/CoolFontItalic.ttf);
}

.whichFont {
    font-family: 'CoolFont';
}
```

위 선언에서 두 @규칙에 같은 font-family 이름을 사용하지만 서로 다른 폰트 스타일이라는 데 유의하자. 이 예제에서 .whichFont 요소는 @규칙에서 같은 스타일인 CoolFontStd.ttf 폰트를 이용할 것이다. 그러나 .whichFont 요소가 이탤릭 폰트 스타일을 사용한다면 CoolFontItalic.ttf 폰트를 대신 사용할 것이다.

유니코드 범위

unicode-range 기술자도 이용할 수 있는데 이것은 폰트가 지원하는 유니코드 문자의 범위를 정의하는 데 사용한다. 이 속성을 생략하면 폰트 파일 내에 포함된 전체 문자를 이용할 수 있을 것이다.

예제 웹 사이트에서는 유니코드 범위를 사용하진 않지만 다음 예제에서는 이것이 어떤 형태를 띄는지 보여준다.

```
unicode-range: U+000-49F, U+2000-27FF, U+2900-2BFF, U+1D400-1D7FF;
```

폰트 적용

일단 @font-face 구문을 이용해 폰트를 선언하면, 그다음에는 CSS 내의 일반 시스템 폰트에서처럼 폰트를 참조할 수 있다. 이것을 font-family 속성 값으로 '스택'에 포함시키자. 여러분이 지정한 폰트가 로드되지 못하는 경우에 대비해 한두 개의 대비 폰트를 선언하는 편이 좋다.

HTML5 헤럴드에서 한 가지 예를 살펴보자.

```
[css/style.css 중에서]
h1 {
    text-shadow: #fff 1px 1px;
    font-family: LeagueGothic, Tahoma, Geneva, sans-serif;
```

```
            text-transform: uppercase;
            line-height: 1;
        }
```

두 폰트는 스타일 시트 내의 여러 다양한 곳에서 이용되지만 이미 다 이해했을 테니 자세한 설명은 생략한다.

법적 고려 사항

실습 사이트에 두 가지 폰트에 대한 마크업은 포함시켰지만 아직 적절한 위치에 폰트 파일 자체를 넣지는 않았다. 이 두 폰트는 모두 온라인상에서 무료로 이용할 수 있다. 두 폰트는 모두 **프리웨어**(freeware)로 배포되고 있다. 즉, 개인적인 용도로든 상업적인 용도로든 자유롭게 이용할 수 있다는 것이다. 별도의 다른 서비스를 이용 중이 아니라면 @font-face에 이용해야 할 유일한 폰트의 종류라고 생각해도 좋다.

@font-face가 이미지 파일에서 특정 폰트를 사용하는 것과 어떻게 다를까? 인터넷에 웹 사이트를 구축하면 폰트의 소스 파일이 공개적으로 이용할 수 있게 웹 서버에 올려진다. 따라서 이론상 누구든 해당 폰트를 내려 받을 수 있다. 사실, 페이지의 텍스트를 표시하기 위해 브라우저는 폰트 파일을 다운로드해야만 한다. @font-face를 이용함으로써 사이트를 방문하는 모든 사람에게 폰트를 배포하는 셈이다. 따라서 웹 사이트에 폰트를 포함시키려면 폰트를 배포할 수 있게 합법적으로 허가를 받아야 한다.

폰트를 소유하거나 구입한다고 해서 폰트를 재배포할 수 있는 합법적인 권리가 생긴다는 의미는 아니다. 이는 아이튠즈에서 노래를 구입했다고 해서 그 노래를 웹 사이트에 올려 다른 사람이 다운로드하게 할 수 있는 권리가 생기지 않는 것과 같다. 폰트를 배포하도록 허용하는 라이선스는 개인적인 혹은 상업적인 용도로 한 컴퓨터에서 폰트를 이용하도록 허용하는 라이선스보다 훨씬 비싸다(그리고 찾기 힘들다).

그러나 크리에이티브 커먼즈(Creative Commons)[5], 셰어웨어, 프리웨어 라이선스를 가지고 있고, 무료 다운로드가 가능한 웹 폰트를 제공하는 일부 웹 사이트가 있다. 혹은, 폰트를 구입하거나 대여할 수 있게 해주는 유료 및 가입형 서비스도 있다. 이러한 서비스에서는 일반적으로 @font-face로 쉽게 이용할 수 있게 이미 만들어져 있는 스크립트나 스타일 시트를 제공한다.

---

5 크리에이티브 커먼즈 라이선스에 대해 좀 더 자세히 알고 싶다면 다음 사이트를 참조한다. http://creativecommons.org/.

웹 폰트 서비스를 제공하는 일부 사이트로는 Typekit[6], Typotheque[7], Webtype[8], Fontdeck[9], Fonts.com[10] 등이 있다.

구글의 웹 폰트 디렉터리[11]에는 구글 서버에서 제공되는 무료 폰트 모음을 보유하고 있고 제공되는 폰트 모음의 수도 점점 많아지고 있다. 이 폰트 모음에서는 @font-face 규칙에 필요한 모든 것이 포함된 스타일 시트의 URL을 제공하는데, 폰트를 이용하려면 문서에 link 요소를 추가하기만 하면 된다.

서비스를 선택할 때 폰트 모음과 가격은 확실히 중요하다. 하지만 고려해야 할 사항이 또 있다. 이용하려는 서비스의 다운로드 속도를 반드시 고려해야 한다. 폰트 파일은 수천 개의 문자를 포함할 수 있기 때문에 상당히 커질 수 있다. 좋은 서비스라면 파일 크기를 줄이고자 font-style의 일부뿐 아니라 문자의 일부를 선택할 수 있다. 또, 어떤 서비스를 이용하려면 자바스크립트가 필요하다는 점도 기억하자.

다양한 폰트 파일 생성: 폰트 스쿼럴

만일 합법적으로 재배포 가능한 폰트를 가지고 있다면 위에서 언급한 폰트 서비스를 이용할 필요가 없을 것이다. 하지만 시장에 나와 있는 모든 브라우저와 호환되는 다양한 형식으로 폰트를 변환해야 할 것이다. 그러면 어떻게 이 모든 형식으로 폰트를 변환해야 할까?

이러한 목적으로 이용할 수 있는 가장 쉬운 도구 중 하나가 바로 폰트 스쿼럴(font squirrel)의 @font-face 생성기(generator)다.[12] 이 서비스는 몇 번의 마우스 클릭으로 데스크톱에서 폰트를 선택할 수 있으며, 이것들을 TTF, EOT, WOFF, SVG, SVGZ를 비롯해 심지어 Base64로 인코딩된 버전[13]으로도 변환해준다.

---

6   http://typekit.com/
7   http://www.typotheque.com/
8   http://www.webtype.com/
9   http://fontdeck.com/
10 http://webfonts.fonts.com
11 http://code.google.com/apis/webfonts/
12 http://www.fontsquirrel.com/fontface/generator
13 Base64 인코딩은 CSS 파일 내에 직접 폰트 파일의 전체 내용을 포함시키는 방법이다. 때때로 이 방법은 추가적인 HTTP 요청을 하지 않게 해서 성능상의 이점을 제공할 수 있지만 이 내용은 이 책의 범위를 벗어난다. 하지만 걱정할 필요는 없다. 기본 설정으로 생성되는 파일로도 대부분의 경우에 문제가 없을 것이다.

@font-face 집합을 생성하고자 기본값으로 OPTIMAL 옵션이 선택돼 있다. 하지만 경우에 따라서는 EXPERT...를 선택하고 문자의 부분집합을 생성함으로써 파일 크기를 줄일 수 있다. 폰트 파일에서 이용할 수 있는 모든 문자를 포함하는 대신 사이트에서 이용될 것으로 보이는 문자로 제한하는 것이다.

예를 들어, HTML5 헤럴드 사이트에서 Acknowledgement Medium 폰트는 특정 광고 블록과 제목 내에서만 사용되므로 약간만 필요할 뿐이다. 이 폰트에서 모든 텍스트는 대문자이므로 그림 9.3과 같이 폰트를 대문자와 구두점, 숫자로 한정하자.

Subsetting:	○ Basic Subsetting Western languages	● Custom Subsetting... Custom language support	○ No Subsetting
Character Encoding:	□ Mac Roman		
Character Type:	□ Lowercase ☑ Uppercase ☑ Numbers ☑ Punctuation	□ Currency □ Typographics □ Math Symbols □ Alt Punctuation	□ Lower Accents □ Upper Accents □ Diacritics

그림 9.3 | 폰트 스퀴럴의 @font-face 생성기에서 문자의 일부분만 선택한다.

아래의 그림 9.4에서는 기본 문자 집합과 비교해 여기서 선택한 부분집합 폰트의 파일 크기를 보여준다. 이 경우 대문자와 구두점만으로 된 폰트가 기본 문자 집합보다 25~30% 작다. 폰트 스퀴럴을 이용하면 심지어 부분집합에 포함될 특정 문자를 지정할 수도 있다. 그러므로 어떤 문자를 이용하지 않을지 알고 있다면 해당 알파벳의 모든 글자를 다 포함할 필요조차 없다.

acknowledgement-subset.eot	12 KB
acknowledgement-subset.svg	25 KB
acknowledgement-subset.ttf	20 KB
acknowledgement-subset.woff	12 KB
Acknowledgement-webfont.eot	29 KB
Acknowledgement-webfont.svg	37 KB
Acknowledgement-webfont.ttf	29 KB
Acknowledgement-webfont.woff	16 KB

그림 9.4 | 부분적으로 선택된 부분집합 폰트의 파일 크기는 상당히 작을 수 있다.

League Gothic 폰트에 대해서는 좀 더 확장된 문자 부분집합이 필요할 것이다. 이 폰트는 기사 제목에 이용되며, 광고처럼 모두 대문자이므로 다시 한 번 소문자를 생략할 수 있다. 그러나 제목의 내용은 좀 더 광범위한 문자를 포함할 수 있다는 점을 고려해야 한다. 게다가 사용자는 페이지의 내용을 번역하기 위해 브라우저 내장 도구나 구글 번역기를 사용할 수도 있다. 이 경우 다른 문자가 필요할 수도 있다. 그러므로 League Gothic에 대해서는 기본 Basic 설정을 이용하겠다. 이 설정에서는 서양 언어에 필요한 모든 문자를 제공한다.

@font-face를 이용할 때는 일반적으로 가능한 한 폰트 파일 크기를 최소화해야 한다. 하지만 한편으로는 사이트가 번역되더라도 여전히 접근 가능하게끔 반드시 충분한 문자를 포함하게 해야 한다.

일단 사용할 폰트를 업로드하고 모든 옵션을 선택했다면 Download Your Kit를 누른다. 폰트 스쿼럴은 다음과 같은 내용을 다운로드할 수 있게 제공한다. 즉, 요청된 확장자를 지닌 폰트 파일, 각 font face 스타일에 대한 예제 HTML 파일, CSS에 직접 복사해서 붙여 넣을 수 있는 스타일 시트가 여기에 해당한다.

 폰트 스쿼럴의 폰트 목록

@font-face 생성기 외에도 폰트 스쿼럴 사이트에서는 웹에서 무료로 이용할 수 있는 엄선된 폰트 목록을 제공한다. 사실, HTML5 헤럴드에서 사용하는 두 폰트 역시 @font-face 모음에서 찾을 수 있는데, 생성기를 전혀 사용하지 않고도 이미 완성돼 있는 @font-face 모음을 바로 다운로드할 수 있다.

모든 브라우저를 타겟으로 하려면 TTF, WOFF, EOT, SVG 폰트 파일 형식을 생성했는지 다시 한 번 확인한다. 일단 폰트 파일을 생성했으면 서버로 웹 폰트를 업로드한다. 제공된 CSS를 복사해서 붙여 넣는데, 경로는 폰트를 업로드한 폴더로 바꿔준다. @font-face 규칙 내에 지정된 font-family 이름이 스타일에서 사용하는 이름과 일치하는지 반드시 확인한다. 그러면 이제 준비가 다 끝났다!

@font-face 문제 해결

폰트가 어떤 브라우저에서 표시되지 않고 있다면 문제는 CSS 내의 경로 때문일 수도 있다. 폰트 파일이 실제로 여러분이 생각하는 곳에 있는지 확실히 확인한다. 브라우저 기반 디버깅 툴(웹킷의 Web Inspector, 오페라의 Dragonfly, 파이어폭스의 확장기능인 Firebug와 같은)에서는 해당 파일이 없다면 표시해 줄 것이다.

경로도 정확하고 파일도 있어야 할 곳에 위치해 있다면 해당 폰트를 제공할 수 있게 서버가 정확히 설정됐는지 확인한다. Windows IIS 서버는 폰트 파일의 MIME 타입을 인식할 수 없으면 파일을 제공하지 않을 것이다. 그러므로 WOFF와 SVG를 MIME 타입(EOF와 TTF는 기본적으로 지원된다) 목록에 추가해본다.

```
.woff application/x-font-woff
.svg  image/svg+xml
```

마지막으로, 어떤 브라우저에서는 폰트 파일이 폰트가 삽입돼 있는 페이지와 같은 도메인에서 제공돼야 한다.

 브라우저 기반 개발 도구

사파리, 크롬, 오페라는 모두 웹 개발자인 여러분의 시간을 절약하는 데 도움이 되는 도구를 마련해 놓고 있다. 크롬과 오페라에는 이미 이러한 도구가 설정돼 있다. 간단히 마우스 오른쪽 버튼(맥에서는 컨트롤 + 클릭)을 클릭하고 Inspect Element(요소 검사하기)를 선택한다. 브라우저의 하단에서 패널이 열리면서 선택한 요소의 HTML이 강조 표시된다. 또한 요소에 적용된 CSS도 볼 수 있다.

사파리에도 이 도구가 포함돼 있지만 수동으로 활성화해야 한다. 이 도구를 활성화하려면 **Safari > 환경설정**으로 가서 고급 탭을 클릭한다. 메뉴 막대에서 개발자용 메뉴 보기 체크박스를 체크했는지 꼭 확인한다.

파이어폭스에는 이러한 툴이 포함돼 있지는 않다. 하지만 다행히도 파이어버그(Firebug)라고 하는 그와 똑같은 기능을 제공하는 무료 파이어폭스 플러그인이 있다(http://getfirebug.com/에서 내려받을 수 있다).

다른 고려 사항

임베디드 폰트는 이미지로 된 텍스트와 비교했을 때 성능을 향상시키고 유지보수 시간을 줄일 수 있다. 하지만 폰트 파일이 클 수 있다는 점을 기억하자. 배너 광고에 특정 폰트가 필요하다면 (한정된 양의 텍스트가 필요하다는 점을 고려할 때) 폰트 파일을 포함하는 대신 간단히 이미지를 생성하는 편이 더 나을 수도 있다.

사이트에 다수의 폰트 파일을 포함하는 것을 생각할 때 성능도 고려해야 한다. 다수의 폰트는 사이트의 다운로드 시간을 증가시키며 폰트를 남용하면 페이지가 조잡해 보일 수도 있다. 더구나 적합하지 않은 폰트는 콘텐츠의 가독성도 떨어뜨린다. 본문 텍스트에는 거의 항상 웹에서 안전한 일반적인 폰트 모음을 이용하는 편이 좋다.

전체 폰트를 다운로드하기 전까지는 브라우저가 @font-face 폰트를 표시할 수 없다는 점도 고려해야 한다. 브라우저마다 다운로드가 완료되기 전에 콘텐츠를 표시하는 방식이 다르다. 어떤 브라우저는 시스템 폰트로 텍스트를 표시할 것이며 또 다른 브라우저는 텍스트를 전혀 표시하지 않기도 할 것이다.

이런 효과는 폴 아이리시가 만든 용어인 '스타일이 적용되지 않은 텍스트의 깜박거림(flash of unstyled text)' 혹은 FOUT로 불린다.[14] 이러한 현상이 발생하는 것을 방지하려면(혹은 그 지속 시간을 최소화하려면) 가능한 한 파일 크기를 작게 만들거나 파일을 Gzip으로 압축하고, CSS 파일 내에 @font-face 규칙을 가급적 마크업에서 가장 위쪽에 포함시킨다. 소스에서 @font-face 선언 위에 script가 있으면 인터넷 익스플로러에서는 폰트가 다운로드될 때까지 아무것도 표시하지 않는 버그가 있다. 그러므로 페이지에서 폰트를 반드시 모든 스크립트의 위에 선언한다.

@font-face가 성능에 미치는 영향을 완화하는 또 다른 방법은 페이지가 표시된 이후로 폰트 파일의 다운로드를 미루는 것이다. 하지만 이 방법으로 전체적인 페이지 로드는 좀 더 빨라지더라도 훨씬 뚜렷한 FOUT 효과를 가져올 수 있어 디자이너나 고객에게는 실현 불가능한 방법일 수 있다.[15]

물론, 겁을 줘서 @font-face를 사용하지 않게 하려는 것은 아니지만 결과를 고려하지 않고 새롭게 찾아낸 자유를 지나치게 남용하지 않는 것은 중요하다. 얻는 것이 있으면 또한 잃는 것이 있

---

14 http://paulirish.com/2009/fighting-the-font-face-fout/

15 @font-face와 성능, 그리고 폰트 파일을 어떻게 '나중에 로드'하는지에 관한 예는 http://www.stevesouders.com/blog/2009/10/13/font-face-and-performance/를 참조한다.

다는 사실을 기억하고 웹 폰트가 적절하게 필요한 곳에서는 사용하되, 이용 가능한 다른 대안도 고려하자.

CSS3 다단 레이아웃

텍스트의 단이 촘촘하게 채워진 상태로 나열돼 있는 것만큼 확실하게 '신문'을 상징하는 것도 없을 것이다. 거기에는 그만한 이유가 있다. 너무 긴 텍스트 줄은 읽기가 힘들기 때문에 신문에서는 기사를 여러 개의 단으로 쪼개는 것이다. 브라우저의 윈도우는 인쇄된 책보다 넓을 수 있으며 심지어 신문만큼 넓을 수도 있다. 따라서 CSS가 콘텐츠를 단에 맞출 수 있게 해주는 것은 일리가 있다.

어쩌면 float 속성을 이용해 항상 단과 같은 효과를 내는 것이 줄곧 가능했다는 생각이 들 수도 있다. 하지만 float의 작동 방식은 우리가 추구하는 것과는 조금 다르다. 신문 스타일의 단은 고정된 위치에서 강제로 단을 나누지 않는 한 CSS와 HTML을 이용해 구현한다는 것은 거의 불가능에 가까웠다. 사실, 각 단이 마치 모여 있는 것처럼 보이려고 기사를 div로 나눌 수도 있을 것이다. 하지만 콘텐츠가 동적이라면 어떻게 해야 할까? 서버의 코드는 필요한 div 태그를 삽입하기 위해 각 단이 어디서 시작하고 어디서 끝나야 할지 알아야 한다.

CSS3의 단을 이용하면 추가적인 마크업 없이 브라우저가 한 단을 언제 끝내고 다음 단을 언제 시작할지 결정한다. 페이지의 마크업으로 가서 그것을 바꾸지 않아도 단의 개수뿐 아니라 너비에 대한 유연성도 얻을 수 있다.

하지만 현재로서는 단의 폭과 단 사이의 여백을 조절하면서 몇 개의 단에 걸쳐 콘텐츠를 나누는 것만 제한적으로 이용할 수 있다. 단에 대한 지원의 폭이 넓어지면 단을 나눌 수도 있고, 여러 개의 단에 걸쳐서 요소를 나열할 수도 있을 것이다. 단에 대한 CSS3의 지원은 현재 보통 수준이다. 파이어폭스와 웹킷은 제조사 접두사를 통해 수년 동안 지원해왔고, 오페라는 11.10(제조사 접두사 없이)에서 이제 막 단 지원 기능을 추가했으며, 인터넷 익스플로러는 여전히 지원하지 않는다.

HTML5 헤럴드의 메인 페이지에서는 거의 모든 내용이 단으로 나뉜다. 자, 이제 CSS3의 단을 구성하는 속성을 자세히 살펴보고, 실습 사이트에서 이러한 효과를 어떻게 내는지 알아보자.

column-count 속성

column-count 속성은 희망하는 단의 개수, 그리고 허용되는 최대 단의 수를 지정한다. 기본값인 auto는 요소가 하나의 단을 갖는다는 것을 의미한다. 웹 페이지의 가장 왼쪽에 있는 기사는 3개의 단으로 나뉘어 있으며, 광고 블록 아래에 있는 기사는 두 개의 단으로 구성돼 있다.

```
[css/styles.css 중에서]
#primary article .content {
    -webkit-column-count: 3;
    -moz-column-count: 3;
    column-count: 3;
}

#tertiary article .content {
    -webkit-column-count: 2;
    -moz-column-count: 2;
    column-count: 2;
}
```

페이지에 단을 생성하는 것은 이걸로 끝난다. 기본적으로 단 사이에는 좁은 틈이 있다. 단의 전체 너비에 단 사이의 틈을 합하면 그 요소가 차지한 폭의 100%를 채우게 된다.

하지만 좀 더 세밀한 제어를 위해 이용할 수 있는 다른 속성도 많다.

column-gap 속성

column-gap 속성은 단 사이에 자리 잡은 공간의 폭을 지정한다.

```
[css/styles.css 중에서]
#primary article .content,
#tertiary article .content {
    -webkit-column-gap: 10px;
    -moz-column-gap: 10px;
    column-gap: 10px;
}
```

ems나 pixel과 같은 길이 단위, 또는 normal 키워드를 이용해 폭을 선언한다. normal의 의미는 브라우저가 어떻게 결정하느냐에 달렸지만 규격에서는 1em을 제안한다. 여기서는 이 간격을 10px 폭으로 선언했다. 결과적으로 나타나는 단의 모습은 그림 9.5와 같다.

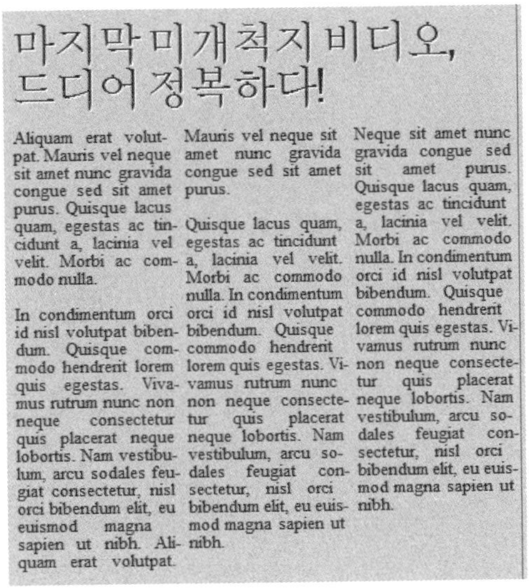

마지막 미개척지 비디오,
드디어 정복하다!

Aliquam erat volutpat. Mauris vel neque sit amet nunc gravida congue sed sit amet purus. Quisque lacus quam, egestas ac tincidunt a, lacinia vel velit. Morbi ac commodo nulla.

In condimentum orci id nisl volutpat bibendum. Quisque commodo hendrerit lorem quis egestas. Vivamus rutrum nunc non neque consectetur quis placerat neque lobortis. Nam vestibulum, arcu sodales feugiat consectetur, nisl orci bibendum elit, eu euismod magna sapien ut nibh. Aliquam erat volutpat.

Mauris vel neque sit amet nunc gravida congue sed sit amet purus.

Quisque lacus quam, egestas ac tincidunt a, lacinia vel velit. Morbi ac commodo nulla. In condimentum orci id nisl volutpat bibendum. Quisque commodo hendrerit lorem quis egestas. Vivamus rutrum nunc non neque consectetur quis placerat neque lobortis. Nam vestibulum, arcu sodales feugiat consectetur, nisl orci bibendum elit, eu euismod magna sapien ut nibh.

Neque sit amet nunc gravida congue sed sit amet purus. Quisque lacus quam, egestas ac tincidunt a, lacinia vel velit. Morbi ac commodo nulla. In condimentum orci id nisl volutpat bibendum. Quisque commodo hendrerit lorem quis egestas. Vivamus rutrum nunc non neque consectetur quis placerat neque lobortis. Nam vestibulum, arcu sodales feugiat consectetur, nisl orci bibendum elit, eu euismod magna sapien ut nibh.

그림 9.5 | 가장 왼쪽에 위치한 콘텐츠 영역에는 3개의 단으로 나뉜 기사가 위치한다.

column-width 속성

column-width 속성은 단에 min-width 속성이 있는 것과 비슷하다. 브라우저는 요소를 채우고자 지정된 폭 이상의 단을 가능한 한 많이 포함시킨다(최대 column-count 속성 값까지). 이용 가능한 공간을 모두 채우기 위해 단이 더 넓어져야 한다면 그렇게 될 것이다.

예를 들어, 400픽셀 너비의 부모, 10픽셀의 단 간격, 그리고 150px로 선언된 column-width가 있다면 브라우저는 두 개의 단으로 맞출 수 있다.

(400px 너비 – 10px 단 간격) ÷ 150px 너비 = 2.6

위 값을 내림해서 브라우저는 결국 두 개의 단을 만들어 내는데, 할당된 공간 내에서 가능한 한 단을 크게 만든다. 이 경우 각 단의 폭은 195px이다. 이것은 전체 너비에서 단 사이의 간격을 뺀 값을 단의 수로 나눈 것이다. column-count을 3으로 설정하더라도 정해진 폭으로는 세 개의 단을 포함할 충분한 공간이 없으므로 여전히 두 개의 단만 생길 것이다. 다시 말해, column-count 속성은 최대 단 수를 지정하는 것으로 생각하면 된다.

단이 column-width보다 좁아지는 유일한 상황은 부모 요소 자체가 지정된 폭을 지닌 하나의 단을 넣기에도 좁은 경우다. 이 경우에는 전체 부모 요소를 채우는 하나의 단이 만들어진다.

단 내의 각 행에 대한 최소 문자의 수를 확실히 하기 위해 column-width를 ems로 선언하는 것도 좋은 생각이다. 여기서는 콘텐츠 단에 9em의 column-width를 추가하자.

```css
[css/style.css 중에서]
#primary article .content,
#tertiary article .content {
    ...
    -webkit-column-width: 9em;
    -moz-column-width: 9em;
    column-width: 9em;
}
```

이제, 브라우저에서 폰트 크기를 증가시키면 최소 너비를 유지하는 데 필요한 만큼으로 단의 수가 줄어드는 것을 확인할 수 있다. 이는 그림 9.6에서 볼 수 있듯이 가독성을 보장해준다.

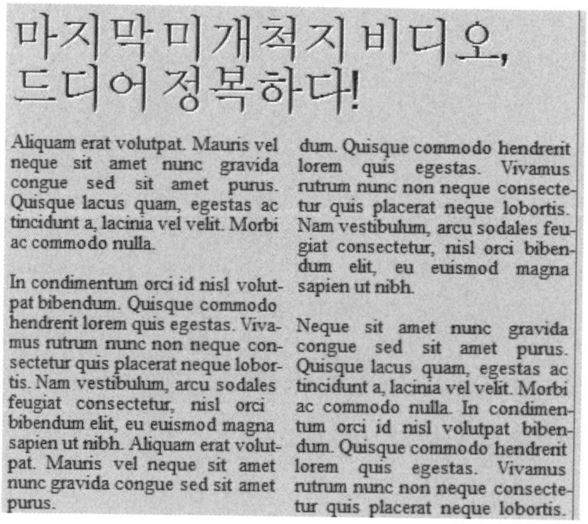

그림 9.6 | column-width를 ems로 지정해 각 행에서 최소한의 문자 수를 보장한다.

columns 약칭 표기 속성

columns 약칭 표기 속성은 colmun-width와 column-count 속성을 혼합한 것이다. 앞에서 설명한 것처럼 두 매개변수(각 단의 너비와 단의 수)를 선언한다.

이 글을 쓰는 당시에는 이 혼합 속성이 오직 웹킷에서만 지원됐다. 그러므로 적어도 모질라계열 브라우저를 위한 속성은 계속 지원해야 할 것이다.

```
[css/style.css 중에서]
#primary article .content {
    -webkit-columns: 3 9em;
    -moz-column-count: 3;
    -moz-column-width: 9em;
    columns: 3 9em;
}
```

-webkit-과 -moz-를 대상으로 서로 다른 방식의 속성을 지정하기보다는 당장은 분리된 column-width와 column-count 속성을 이용하는 편이 좀 더 간단할 것이다. 선택은 여러분의 몫으로 남긴다.

단과 height 속성

요소에 height가 지정되지 않은 위의 선언을 이용하면 브라우저에서는 자동으로 단의 높이를 맞출 것이므로 각 단 내의 콘텐츠는 높이가 대략 비슷해진다.

하지만 height를 선언하면 어떻게 될까? height 속성이 다단 블록에 설정되면 각 단은 지정된 높이까지 커질 수 있지만 새 단이 추가되기 전까지는 더는 커지지 않는다. 브라우저는 첫 번째 단에서 시작해 필요한 만큼의 단을 생성하며, 텍스트의 양이 너무 적으면 오직 첫 번째 단만 생성한다. 마지막으로, 너무 작은 공간이 할당돼 있으면 콘텐츠가 박스에서 넘쳐 나올 것이다. 또는 overflow: hidden으로 설정되면 콘텐츠가 잘린다.

요소에 height를 선언하고 싶지만 한편으론 콘텐츠가 단 전체에 걸쳐 퍼져 있게 만들고 싶다면 column-fill 속성을 사용할 수 있다. 이 속성이 지원되고 balance로 설정되면 브라우저는 선언된 height가 없어도 단의 높이를 맞추게 된다.

 마진과 패딩

height를 선언했더라도 단락의 아래쪽 마진(Margin)으로 인해 단은 여전히 정확히 원하는 높이로 표시되지 않을 수 있다. 현재 웹킷은 경우에 따라 뒤따라 오는 단의 위쪽에 여분의 공간을 추가해 단 사이의 마진과 패딩(Padding)을 나누고 있다. 파이어폭스는 다음 단의 위에 마진이 나타나게 하는 것이 아니라 마진이 박스의 하단을 넘어갈 수 있도록 허용하는데, 이것이 좀 더 이치에 맞는 듯하다.

column-width와 마찬가지로 height도 픽셀 대신 ems로 선언하고 싶을 수도 있다. 이렇게 하면 사용자가 폰트 크기를 늘려도 콘텐츠가 잘리거나 넘칠 가능성이 줄어들 것이다.

그 밖의 단 기능

count, width, gap 속성 말고도 CSS3에서는 다단 콘텐츠를 배치하기 위한 몇 가지 추가적인 기능을 제공하며 이러한 기능 중 일부는 아직 지원되지 않는다.

column-rule 속성

단 경계선(rules)은 본질적으로 단과 단 사이의 경계다. column-rule 속성은 단 경계선의 색상, 스타일, 폭을 지정한다. 이 규칙은 단 간격의 중앙에 나타난다. 이 속성은 사실 column-rule-color, column-rule-style, column-rule-width 속성에 대한 약칭 표기다.

이 값에 대한 문법은 border 및 이와 관련된 border-width, border-style, border-color 속성과 정확히 일치한다. width는 border-width처럼 medium, thick, thin키워드를 비롯해 어떠한 길이 단위도 사용할 수 있다. 색상은 지원되는 모든 색상 값을 이용할 수 있다.

```
[css/styles.css 중에서]
-webkit-column-rule: 1px solid #CCCCCC;
-moz-column-rule: 1px solid #CCCCCC;
column-rule: 1px solid #CCCCCC;
```

단 나누기

어디서 단 나누기(Column Break)가 나타나야 할지를 정의할 수 있는 세 가지 단 나누기 속성이 있다. break-before, break-after, break-inside 속성은 제한된 수의 키워드를 값으로 지정한다. 이 값들은 단 나누기가 각각 요소의 앞, 뒤 혹은 내부에서 발생할 수 있고 발생해야 하는지를 정의한다. 또한 이 값들은 기본이 되는 단 속성을 정의한 요소에 적용되는 게 아니라 요소 내부에 감싸져 있는 다른 요소에 적용된다.

이용할 수 있는 값은 CSS2.1의 page-break-after, page-break-before, page-break-inside에 대한 값과 동일하다. 그 값은 auto, always, avoid, left, right다. 또한 CSS3에서는 몇 가지 새로운 값이 이 속성에 추가됐다. 바로 page, column, avoid-page, avoid-column이다. page와 column 값은 always처럼 작용하며 강제로 나눠지게 한다. 차이점으로 page는 오직 페이지가 나눠지게 하며, column은 단에만 적용된다는 것이다. 이것들은 분할을 관리할 때 좀 더 많은 융통성을 확보해준다. avoid-page와 avoid-column은 둘 다 avoid처럼 작용한다는 점을 제외하고는 유사하다.

예를 들어, 콘텐츠에서 h2 요소 바로 뒤에 단 나누기가 발생하지 않게 하고 싶을 수도 있다. 아래는 그렇게 하는 방법이다.

```
.columns {
    column-count: 3;
    column-gap: 5px;
}

.columns h2 {
    break-after: avoid;
}
```

현재 단 나누기를 지원하는 유일한 브라우저 엔진은 웹킷이다. 제조사 접두사가 붙을 뿐 아니라 웹킷 속성은 제안된 규격서 내에 있는 것과 다른 문법을 채용하고 있다(속성 이름에 column이란 단어가 추가되는 것에 주의하자).

```
-webkit-column-break-after: always;
-webkit-column-break-before: auto;
-webkit-column-break-inside: never;
```

스패닝 컬럼

column-span 속성은 요소를 몇 개의 단에 걸쳐 놓는 것을 가능케 한다. 요소가 column-span: all;로 설정되면 마크업에서 해당 요소 이전에 오는 모든 콘텐츠는 그 요소 위의 단에 위치할 것이며, 마크업에서 해당 요소의 이후에 나타나는 모든 콘텐츠는 걸쳐진 요소 아래에 있는 단에 위치할 것이다.

현재, column-span은 웹킷에서만 -webkit-column-span으로 지원된다. 이 기능을 지원하지 않는 경우에는 매우 다양한 모습의 결과가 나타나기 때문에 아마도 당분간은 사용을 자제하는 것이 최선일 것이다. 모든 방문자가 웹킷을 사용하리라는 확신이 없다면 말이다.

예를 들어, HTML5 헤럴드의 첫 번째 기사에서는 column 속성을 .content div가 아니라 article 요소에 적용하고, 비디오가 article의 전체 너비에 걸치게끔 column-span을 사용할 수도 있었을 것이다. 하지만 이렇게 하면 파이어폭스와 같이 단은 지원하지만 스패닝은 지원하지 않는 브라우저에서는 심하게 깨져 보이므로 그렇게 하는 대신 단의 콘텐츠에서 비디오를 분리한 것이다.

다른 고려 사항

지금까지 예제를 잘 따라왔다면 어떤 텍스트 블록 안에 그림 9.7에서와 같은 보기 흉한 구멍이 있다는 것을 눈치챘을 것이다.

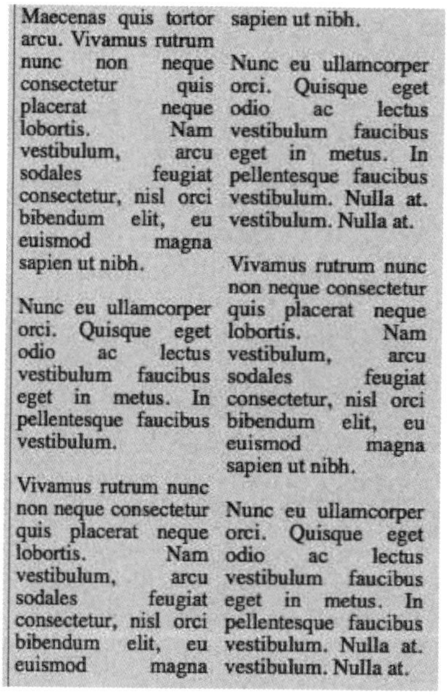

그림 9.7 | 단이 너무 좁을 때는 텍스트에 '흉한 구멍'이 나타날 수 있다.

이 문제는 text-align: justify;로 설정된 텍스트가 너무 좁은 단에 위치할 때 발생하는데, HTML5 헤럴드에서 그렇게 하고 있다. 이는 브라우저가 워드 프로세서에서 하는 것처럼 단어를 하이픈으로 이어서 사용하는 방법을 모르기 때문이며, 따라서 브라우저에서는 단어가 왼쪽과 오른쪽 가장자리에 잘 맞춰지게끔 이상한 간격을 두고 배치한다.

HTML5 헤럴드에서는 단어를 하이픈으로 연결하고, 텍스트가 깔끔하게 보이도록 Hyphenator[16]라는 자바스크립트 라이브러리를 이용했다. 하지만 특정 사이트에서는 이 방법이 필요하지 않을 수도 있다. 예제 사이트의 단은 옛날 스타일의 신문을 모방하기 위해 아주 좁게 설정했기 때문이다. 물론 일부 실제 사이트에서도 이렇게 좁게 정렬을 맞춘 단이 필요할 수도 있을 것이다. 따라서 이러한 문제와 마주치게 됐을 때 이용할 수 있는 해결책이 있다는 점은 다행일 것이다.

---

16   http://code.google.com/p/phphenator/

점진적 향상

단에 대한 브라우저의 지원은 여전히 제한적이지만 디자이너가 세부적인 사항에 대해서까지도 깐깐하게 굴지 않는다면 사이트에 단을 포함시킨다고 해가 될 일은 없다. 단은 점진적 향상으로 볼 수 있다. 단을 지원하지 않는 브라우저를 쓰는 사용자들은 여전히 뭐가 **빠졌는지** 알지 못할 것이다. 예를 들어, 그림 9.8에서 볼 수 있듯이 HTML5 헤럴드를 인터넷 익스플로러 9에서 보면 단이 나타나지 않을 것이다. 하지만 이 사이트는 전혀 깨져 보이지 않으며 단지 브라우저의 능력에 맞춰진 것에 불과하다.

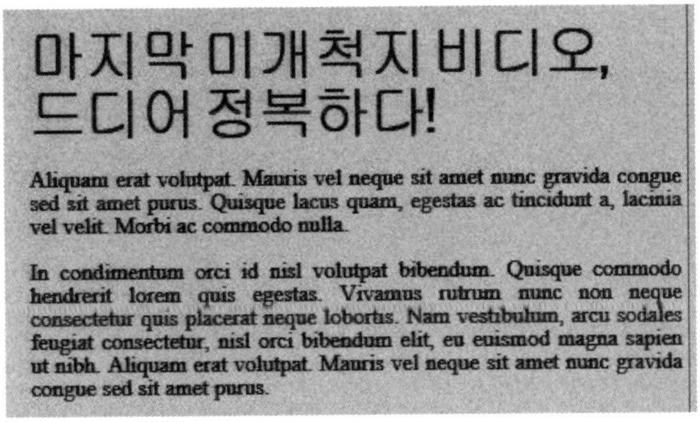

그림 9.8 | 실습 사이트를 인터넷 익스플로러 9에서 보면 단이 없다. 하지만 아무 문제도 없다!

하지만 디자인에서 단이 중요한 특징이고 모든 방문자에게 반드시 제공해야 하는 기능이라면 아담 울프(Adam Wulf)의 jQuery 플러그인인 Columnizer[17]와 같은 스크립트가 도움될 것이다.

미디어 쿼리

지금까지 CSS3에서 향상된 몇 가지 기능을 HTML5 헤럴드에 추가했다. 그러면서 실습 사이트에서는 사용되지 않는 CSS3의 다른 측면들도 보여줌으로써 어느 정도 지식 공백을 메워왔다. 그러므로 단과 관련한 주제를 다루는 김에 다양한 기기를 이용하는 방문자를 고려하는 디자이너 사이에서 크게 주목을 받고 있는 또 하나의 CSS3 기능을 소개하는 것도 좋을 것 같다.

1장에서는 모바일 기기의 성장률과 모바일 사용자의 필요를 고려하는 일이 얼마나 중요한지 이야기했다. CSS3 미디어 쿼리를 통해 바로 그렇게 할 수 있다. 즉, 다양한 스크린 해상도에 맞춰 크기를 재조정하는 레이아웃을 만드는 것이다.

---

17 http://welcome.totheinter.net/columnizer-jquery-plugin/

미디어 쿼리는 **반응형 웹 디자인**(responsive web design)이라고 하는 최근 디자인 트렌드의 핵심이다. 반응형 웹 디자인은 이미지와 위젯을 비롯한 페이지의 모든 요소가 사용자가 사용하는 브라우저의 능력과 크기에 맞춰 매끄럽고 우아하게 크기가 조절되고 구성되도록 설계하고 코딩하는 것을 의미한다.

미디어 쿼리란?

CSS3가 나오기 이전에 개발자들은 media 속성을 이용해 스타일 시트에 대한 미디어 타입을 지정할 수 있었다. 아마 다음과 같은 link 요소를 본 적이 있을 것이다.

```
<link rel="stylesheet" href="print.css" media="print">
```

media 타입이 print로 지정된 것에 유의하자. print 이외에 이용 가능한 값으로는 screen, handheld, projection, all 및 자주 접하지 않는 다른 값이 있다. media 속성에는 사이트가 표시될 기기의 유형에 따라 어떤 스타일 시트가 로드돼야 하는지를 지정한다. 이는 출력을 위한 스타일 시트를 제공하기 위한 상당히 일반적인 방법으로 자리 잡았다.

W3C 규격에 따르면 CSS3의 미디어 쿼리를 이용해 "스타일 시트에 대한 좀 더 정확한 라벨링을 허용함으로써 미디어 타입의 기능을 확장시킬 수 있다". 이를 위해 미디어 타입과 특정 미디어 기능이 존재하는지 확인하는 표현식의 조합을 이용한다.

따라서 미디어 쿼리를 이용하면 콘텐츠 자체(HTML)를 변경하지 않고도 다양한 기기를 대상으로 콘텐츠의 표현 방식(CSS)을 바꿀 수 있다.

문법

위의 예를 이용해 간단한 미디어 쿼리 표현식을 구현해보자.

```
<link rel="stylesheet" href="style.css" media="screen and (color)">
```

위 코드는 브라우저에게 해당 스타일 시트가 모든 컬러 화면 기기에서 사용돼야 한다는 것을 알려준다. 간단하다. 그리고 이것은 웹사이트 방문자를 거의 대부분 커버할 것이다. @import를 이용해서도 같은 결과를 낼 수 있다.

```
@import url(color.css) screen and (color);
```

또한, 이 장의 앞 부분에서 @font-face를 설명하면서 다뤘던 @media @규칙을 이용해 미디어 쿼리를 구현할 수 있다. @media는 아마 미디어 쿼리에서 가장 잘 알려진 활용법이며, 여러분이 가장 자주 이용하게 될 방법이다.

```
@media handheld and (max-width: 380px) {
    /* 여기에 스타일을 나열한다 */
}
```

이 표현식은 최대 디스플레이 폭이 380픽셀인 모든 소형기기에 적용된다. 이 블록 내의 모든 스타일은 이 표현식에 들어맞는 기기에만 적용될 것이다.

다음은 @media를 이용하는 미디어 쿼리의 좀 더 긴 예로서, 표현식이 얼마나 유연하고 다양할 수 있는지 알 수 있다. 이 스타일은 화면 기반 기기 가운데 최소 기기 폭(또는 화면 폭)이 320픽셀이며 최대 기기 폭은 480픽셀인 기기에만 적용될 것이다.

```
@media only screen and (min-device-width: 320px) and (max-device-width: 480px) {
    /* 여기에 스타일을 나열한다 */
}
```

다음은 조금 더 복잡한 예다.

```
@media only screen and (-webkit-min-device-pixel-ratio: 1.5),
↪only screen and (min-device-pixel-ratio: 1.5) {
    /* 여기에 스타일을 나열한다 */
}
```

위 예제에서는 or 키워드와 동일하게 동작하는 콤마 외에도 and 키워드와 only 키워드를 사용한다. 이 코드는 특별히 아이폰4에 장착된 더 높은 해상도의 디스플레이를 대상으로 하는데, 해당 기기에서 다른 종류의 이미지를 표시하고 싶은 경우에 유용할 것이다.

미디어 쿼리의 유연성

미디어 쿼리는 앞에서 보여준 문법을 이용해 다양한 환경에 따라 사이트나 애플리케이션의 레이아웃을 변경할 수 있게 만들어준다. 예를 들어, 사이트에서 2단 레이아웃을 이용한다면 더 낮은 해상도에서는 사이드바 단이 밑으로 내려가게 하고/또는 수평으로 배열되게 하거나 아니면 완전히 없앨 수도 있다. 스마트폰처럼 화면 크기가 작은 기기에서는 기본적인 필수 내용을 제외하고 모든 것을 제거하는 완전히 다른 스타일 시트를 제공할 수도 있다.

이뿐만 아니라 일반적으로 사용자의 기기나 화면 해상도에 따라 유동적이지 않은 요소와 이미지의 크기를 변경할 수도 있다. 이러한 유연성은 가장 중요한 정보와 사이트 브랜딩에 모든 사용자가 접근할 수 있게 하면서도, 사실상 모든 유형의 기기에 최적화할 수 있게 만들어준다.

브라우저 지원

미디어 쿼리에 대한 지원은 아주 좋은 편이다.

- 인터넷 익스플로러 9 이상
- 파이어폭스 3.5 이상
- 사파리 3.2 이상
- 크롬 8 이상
- 오페라 10.6 이상
- iOS 3.2 이상
- 오페라 미니 5 이상
- 오페라 모바일 10 이상
- 안드로이드 2.1 이상

유일하게 걱정할 부분은 인터넷 익스플로러의 이전 버전이다. 이전 버전의 인터넷 익스플로러를 지원하는 데는 두 가지 방법이 있다. 하나는 이전 버전의 인터넷 익스플로러에는 일반적인 화면 크기에 맞는 레이아웃을 제공하면서 미디어 쿼리를 사용하지 않는 '기본' 스타일 시트를 지원하는 방법이다. 다른 방법으로는 자바스크립트 기반의 폴리필을 이용할 수 있다. 이미 만들어져 있는 솔루션 중 하나를 http://code.google.com/p/css3-mediaqueries-js/에서 찾을 수 있다.

따라서 CSS3 미디어 쿼리의 장점을 이용함으로써 생각할 수 있는 거의 모든 기기와 플랫폼을 대상으로 삼는 강력한 방법을 쉽게 고안해낼 수 있을 것이다.

추가 참고 자료

이 책에서 미디어 쿼리의 모든 측면을 설명하기란 불가능하다. 미디어 쿼리 자체에 관해서는 책 한 권이 나올 수 있을 것이다. 그것도 중요한 책으로 말이다. 하지만 미디어 쿼리에 대해 좀 더 자세히 살펴보고 싶다면 다음의 기사를 살펴보길 권장한다.

- A List Apart의 "Responsive Web Design"[18]
- Smashing Magazine의 "How to Use CSS3 Media Queries to Create a Mobile Version of Your Site"[19]
- 좀 더 비판적인 측면에 관해서는 the Cloud Four blog의 "CSS Media Query for Mobile is Fool's Gold"[20]

스타일리시하게 살기

지금까지 HTML5 헤럴드를 만드는 데 활용한(그리고 몇 가지 활용하지 않은) CSS의 모든 새로운 기능을 살펴봤다. 비록 CSS3에서 제공하는 모든 기능을 다루지는 않았지만 당장 이용할 수 있는 몇 가지 기술과 머지않아 매우 유용해질 몇 가지 기술을 살펴봤다. 이러한 기능은 모두 변경될 여지가 있으므로 규격서를 확인하는 일을 잊지 말고, 브라우저 지원에 대한 최신 정보에도 늘 관심을 기울이자. 모든 것이 빠르게 변화하고 있다. 이런 변화는 웹 개발자에게 굉장히 요긴하기도 하지만 또 한편으로는 책임이 더해지는 것이기도 하다.

다음 장에서는 이제 방향을 바꿔 일부 새로운 자바스크립트 API를 다루겠다. 앞서 이야기한 것처럼 이것은 엄밀히 따지자면 HTML5나 CSS3의 일부는 아니다. 하지만 흔히 새로운 기술에 관해 얘기할 때 함께 묶어서 거론되는 부분이기도 하며, 정말 흥미로운 내용이기도 하다. 그러니 어찌 살펴보지 않을 수 있겠는가?

---

18 http://www.alistapart.com/articles/responsive-web-design/
19 http://www.smashingmagazine.com/2010/07/19/how-to-use-css3-media-queries-to-create-a-mobileversion-of-your-website/
20 http://www.cloudfour.com/css-media-query-for-mobile-is-fools-gold/

HTML5 & CSS3 FOR THE REAL WORLD

10

지오로케이션, 오프라인 웹 앱, 그리고 웹 스토리지

막연하게 'HTML5'의 일부로 생각되는 많은 것들이 엄밀히 말하자면 HTML이 아니다. 이것들은 웹 사이트를 훨씬 잘 만들 수 있게 다양한 기능을 제공하는 추가적인 API 집합에 해당한다. 앞서 1장에서 API의 개념을 소개했지만, 여기서 잠깐 다시 살펴보자. API는 프로그램에 대한 인터페이스다. 하지만 사용자가 버튼을 클릭해서 뭔가가 발생하게 하는 시각적인 인터페이스가 아니라 여러분이 작성하는 코드에 메서드라는 형태로 어떤 기능에 접근할 수 있게 만들어주는 가상의 '버튼'을 제공한다. 이 장에서는 이러한 API 가운데 가장 유용한 몇 가지를 익힐 수 있게 살펴볼 것이며, 다른 API에 대해 간단히 알아보고 더 알고 싶어할 만한 올바른 방향을 제시하겠다.

이러한 API를 사용하면 방문자의 현재 위치를 알아내고, 웹 사이트가 온라인에서 더 빠르게 작동할 뿐만 아니라 오프라인에서도 이용할 수 있으며, 웹 애플리케이션의 상태 정보를 저장해 사용자가 사이트로 되돌아왔을 때 사용자가 그만둔 곳에서 다시 시작하게 할 수 있다.

> **산너머 산**
>
> 경고 한마디: 여러분도 알다시피 API에서 P는 프로그래밍을 의미한다. 그러므로 다음 두 장에서는 약간의 ■바스크립트 코드가 등장할 것이다. 자바스크립트에 생소하더라도 걱정할 필요는 없다! 철저한 설명을 가미한 간단한 예제를 이용해 이러한 새로운 기능을 사용하는 방법을 잘 익힐 수 있게 최선을 다할 것이다. 여러분이 기초적인 내용은 알고 있을 것으로 가정하겠지만 자바스크립트는 굉장히 큰 주제다. 자바스크립트에 관해 좀 더 알고 싶다면 케빈 양크와 케머런 아담스가 쓴 『Simply JavaScript』를 참고한다.1 또한, 모질라 개발자 네트워크의 자바스크립트 가이드도 유용할 것이다.2
>
> ---
> 1 Melbourne: SitePoint, 2007
> 2 https://developer.mozilla.org/en/JavaScript/Guide

지금까지 나온 이 책의 모든 자바스크립트 예제와 마찬가지로 예제를 되도록 짧고 읽기 쉽게 유지하고자 jQuery 라이브러리를 이용하겠다. 여기서는 크로스 브라우저 자바스크립트 코드를 작성하는 복잡한 내용이 아니라 API 자체를 어떻게 사용하는지 보여주려고 한다. 다시 한 번 얘기하지만 여기에 나오는 모든 코드는 아주 쉽게 평범한 자바스크립트로도 작성할 수 있다.

지오로케이션

여기서 다룰 첫 번째 새로운 API는 지오로케이션(Geolocation)이다. 지오로케이션을 이용하면 방문자가 자신의 현재 위치를 공유할 수 있다.

방문자가 어떻게 사이트에 방문하느냐에 따라 방문자의 위치는 다음과 같은 사항에 의해 결정될 것이다.

- IP 주소
- 무선 네트워크 연결
- 셀 타워(cell tower)
- 기기의 GPS 하드웨어

위 목록 가운데 어떤 방법이 이용될지는 브라우저와 기기의 성능에 달렸다. 그러면 브라우저는 위치를 정하고, 그것을 다시 지오로케이션 API에 전달한다. W3C Geolocation 규격에서 설명하는 것처럼 다음 사항에 유의해야 한다. "API가 기기의 실제 위치를 넘겨준다는 보장은 없다".[1]

지오로케이션은 다음과 같은 브라우저에서 지원된다.

- 사파리 5 이상
- 크롬 5 이상
- 파이어폭스 3.5 이상
- 인터넷 익스플로러 9 이상
- 오페라 10.6 이상
- iOS (모바일 사파리) 3.2 이상
- 안드로이드 2.1 이상

프라이버시에 대한 배려

이러한 위치 정보에서 비롯되는 프라이버시에 대한 우려사항이 있으므로 모든 사람이 자신의 위치를 공유하려 하지는 않을 것이다. 따라서 방문자가 자신의 위치를 공유할 것에 동의해야 한다. 사용자가 동의하지 않는다면 여러분의 웹 사이트나 웹 애플리케이션으로는 어떤 정보도 전달되지 않을 것이다.

사용자는 이 결정을 브라우저 상단의 확인창을 통해 내린다. 그림 10.1은 크롬에서 이 확인창이 어떤 모습인지 보여준다.

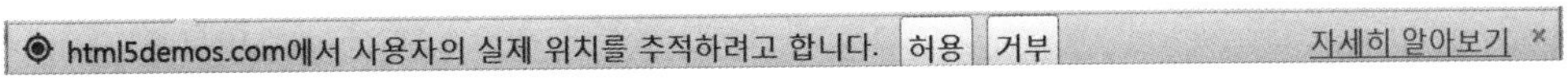

그림 10.1 | 위치 정보 사용자 확인창

---

[1] http://dev.w3.org/geo/api/spec-source.html#introduction

> **크롬에서의 위치 정보 확인창 차단**
>
> 인터넷 서버에 있는 페이지가 아니라 로컬에 존재하는 페이지를 보고 있다면 크롬이 위치 정보 확인창이 보이는 것을 완전히 차단할 수도 있다는 사실을 알아두자. 이런 일이 발생한다면 그러한 내용을 알려주는 아이콘을 주소 표시줄에서 볼 수 있을 것이다.
>
> 현재로서는 이 문제에 대한 해결책은 없다. 위치 정보를 이용하는 페이지를 다른 브라우저에서 테스트하거나, 코드를 테스트 서버(여러분이 사용 중인 컴퓨터의 로컬 서버, 가상 머신, 혹은 실제 인터넷 서버일 수 있다)로 배포해야 할 것이다.

지오로케이션 메서드

지오로케이션을 통해 사용자의 현재 위치를 결정할 수 있다. 또한 위치가 변경될 경우 통보를 받을 수도 있는데, 가령 실시간 운전 방향을 알려주는 웹 애플리케이션에서 이를 활용할 수 있을 것이다.

이러한 다양한 작업은 현재 지오로케이션 API에서 이용 가능한 세 가지 메서드를 이용해 제어할 수 있다.

- getCurrentPosition
- watchPosition
- clearPosition

먼저 첫 번째 메서드인 getCurrentPosition을 살펴보자.

Modernizr를 이용한 지원 여부 확인

지오로케이션 API를 이용하기 전에 우선 방문자의 브라우저가 이를 지원하는지 확인해야 한다. Modernizr를 이용하면 지원 여부를 확인할 수 있다.

determineLocation이라는 함수를 만드는 것부터 시작하겠다. 이를 독립적인 자바스크립트 파일인 geolocation.js에 넣었으며, 이 파일을 페이지에 포함시켰다.

함수의 내부에서는 먼저 지오로케이션이 지원되는지 확인하고자 Modernizr를 사용하겠다.

```
[geolocation.js 중에서]
function determineLocation() { ❶
    if (Modernizr.geolocation) { ❷
        navigator.geolocation.getCurrentPosition(displayOnMap);
    }
    else {
        // 현재 브라우저에서 지오로케이션을 지원하지 않는다.
    }
}
```

이 코드를 줄 단위로 살펴보자.

❶ 위치를 확인하는 코드를 담을 determineLocation이라는 함수를 선언한다.

❷ 현재 브라우저에서 지오로케이션이 지원되는지 확인하고자 Modernizr 객체의 geolocation 속성을 확인한다. Modernizr 객체의 작동 방식에 관한 좀 더 자세한 사항은 부록 A를 참고한다. 지오로케이션이 지원되면 if 문 내부에 있는 세 번째 줄로 이동한다. 지오로케이션이 지원되지 않으면 else 문 내부로 이동한다.

여기서는 지오로케이션이 지원되는 것으로 가정해보자.

현재 위치 조회

getCurrentPosition 메서드는 인자를 하나, 둘, 또는 세 개를 전달받는다. 다음은 W3C의 Geolocation API 규격서에 나온 이 메서드의 정의를 요약한 것이다.[2]

```
void getCurrentPosition(successCallback, errorCallback, options);
```

첫 번째 인자인 successCallback만 필수다. successCallback은 위치가 결정되고 나면 호출할 함수의 이름이다.

위 예제에서는 위치가 성공적으로 확인되면 displayOnMap 함수가 새로운 Position 객체를 인자로 호출될 것이다. 이 Position 객체에는 기기의 현재 위치가 담겨 있다.

---

2   http://dev.w3.org/geo/api/spec-source.html

콜백

콜백(Callback)은 다른 함수에 인자로 전달되는 함수다. 콜백은 부모 함수가 끝난 이후에 실행된다. getCurrentPosition의 경우 successCallback은 일단 getCurrentPosition이 완료돼야만 실행되며, 해당 시점의 위치는 이미 결정된 상태다.

지오로케이션의 Position 객체

Geolocation API에 정의돼 있는 내용을 바탕으로 Position 객체를 좀 더 자세히 살펴보자. Position 객체에는 두 가지 속성이 있다. 하나는 위치에 대한 좌표가 담겨 있으며(coords), 다른 하나는 위치가 결정됐을 때의 타임스탬프가 포함돼 있다(timestamp).

```
interface Position {
    readonly attribute Coordinates coords;
    readonly attribute DOMTimeStamp timestamp;
};
```

인터페이스

HTML5, CSS3, 그리고 기타 관련 규격은 위에 나온 것과 같은 여러 '인터페이스'를 포함한다. 언뜻 보기에는 어려워 보일 수도 있겠지만 걱정할 필요는 없다. 이것들은 그저 특정한 속성, 메서드 혹은 객체를 구성하는 모든 것에 대한 요약 설명에 불과하다. 대부분의 경우 그 의미는 명료할 것이며, 그렇지 않은 경우에는 속성을 설명하는 내용을 적어두겠다.

하지만 위도와 경도는 어디에 저장되는 걸까? 이것들은 Coordinates 객체 안에 있다. Coordinates 객체 또한 W3C Geolocation 규격에 정의돼 있으며 속성은 다음과 같다.

```
interface Coordinates {
    readonly attribute double latitude;
    readonly attribute double longitude;
    readonly attribute double? altitude;
    readonly attribute double accuracy;
    readonly attribute double? altitudeAccuracy;
    readonly attribute double? heading;
    readonly attribute double? speed;
};
```

일부 속성에 있는 double 뒤의 물음표는 간단히 해당 속성이 있음을 보장할 수 없다는 의미다. 브라우저가 이러한 속성을 얻을 수 없으면 속성 값은 null이 된다. 예를 들어, 고도계가 탑재된 컴퓨터나 스마트폰은 아주 드물다. 따라서 대부분의 경우에는 위치 정보에서 altitude 값을 얻지 못할 것이다. 항상 존재하는 세 가지 속성은 latitude, longitude, accuracy다.

latitude(위도)와 langitude(경도)는 따로 설명할 필요가 없으며 예상하는 바로 그 값을 전달한다. 바로 사용자의 위도와 경도다. accuracy 속성은 미터 단위로 위도와 경도 정보의 정확도를 알려준다.

altitude 속성은 미터 단위의 고도이고, altitudeAccuracy 속성은 고도의 정확성을 나타내며, 이 또한 미터 단위다.

heading과 speed 속성은 사용자를 여러 위치에 걸쳐 추적하는 경우에만 의미가 있다. 이 두 속성은 실시간으로 자전거나 운전 방향을 제공하는 경우에는 중요할 것이다. heading은 북쪽을 기준으로 사용자가 움직이는 방향을 각도로 말해주고, speed는 사용자가 얼마나 빨리 움직이는 시 초당 미터로 일러준다.

위도와 경도 구하기

예제에서는 successCallback을 displayOnMap 함수로 설정했다. 다음은 이 함수가 어떤 모습인지 보여준다.

```
[geolocation.js 중에서]
function displayOnMap(position) {
    var latitude = position.coords.latitude;
    var longitude = position.coords.longitude;
    // 구글 맵스를 이용해 위치를 표시한다
}
```

이 함수의 첫 줄에서는 API를 통해 콜백으로 전달한 Position 객체에게서 Coordinates 객체를 구한다. Coordinates 객체 내에는 latitude라고 하는 속성이 있고, 여기서는 이 속성을 latitude라는 변수에 저장한다. longitude도 마찬가지로 longitude라는 변수에 저장한다.

사용자의 위치를 지도에 표시하고자 여기서는 구글 맵스 자바스크립트 API를 이용하겠다. 하지만 먼저 HTML 페이지에 이 자바스크립트 API에 대한 참조를 추가해야 한다. 이때 구글 맵스 자바스크립트 라이브러리를 내려받아 서버에 저장하는 대신, 구글이 공개해 둔 API 버전을 바로 지정할 수 있다.

```
[geolocation.js 중에서]
    ...
    <!-- google maps API -->
    <script type="text/javascript" src="http://maps.google.com/maps/
↪api/js?sensor=true">
    </script>
</body>
</html>
```

구글 맵스에는 사용자의 위치를 결정하기 위해 이 애플리케이션의 센서(GPS 기기) 여부를 알려주는 sensor 매개변수가 있다. 위의 예제 코드를 sensor=true라고 하는 것이 바로 여기에 해당한다. 이 값은 true나 false로 명확하게 설정해야 한다. W3C Geolocation API는 여러분이 얻는 정보가 센서에서 오는 것인지 알 방법이 없으므로 안전하게 대부분의 웹 애플리케이션에 대해서는 false를 지정하면 된다(특별히 아이폰과 같이 GPS 기능을 탑재한 기기를 대상으로 만들어진 것이 아니라면).

지도 불러오기

구글 맵스 자바스크립트를 포함시켰으므로 우선 지도를 표시하기 위해 페이지에 요소를 추가해야 하고, 두 번째로는 사용자가 버튼을 클릭해 determineLocation 메서드를 호출할 수 있게 해야 한다.

첫 번째 단계로 HTML5 헤럴드 사이드바의 세 번째 광고 박스 아래에 네 번째 박스를 만든다. 다른 모든 광고에 했던 것처럼 이것도 article 요소 안으로 감싸 넣을 것이다. 그 안에 지도를 넣을 공간으로 mapDiv라는 div를 생성한다. 또한 우리가 알아내려고 하는 바를 사용자에게 알려주는 제목을 추가한다.

```
[index.html 중에서]
<article id="ad4">
    <div id="mapDiv">
        <h1>지금 계신 곳이 어딘가요?</h1>
        <form id="geoForm">
            <input type="button" id="geobutton" value="알려주세요!">
        </form>
    </div>
</article>
```

여기서 HTML에 약간의 스타일도 추가한다.

```
[css/styles.css 중에서]
#ad4 h1 {
    font-size: 30px;
    font-family: AcknowledgementMedium;
    text-align: center;
}

#ad4 {
    height: 140px;
}

#mapDiv {
    height: 140px;
    width: 236px;
}
```

그림 10.2는 새로운 사이드바 박스의 모습을 보여준다.

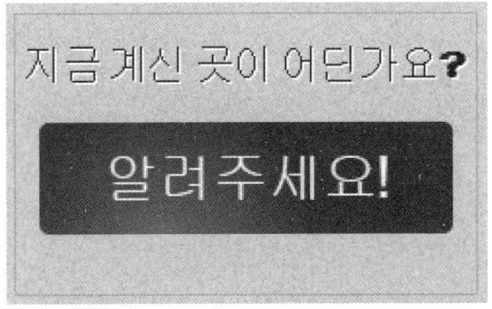

그림 10.2 | 사용자의 현재 위치를 알려주는 새로운 위젯

두 번째 단계는 버튼을 눌렀을 때 determineLocation을 호출하는 것이다. jQuery를 이용하면 버튼 클릭 이벤트에 함수를 연결하기가 아주 쉽다.

```
[js/geolocation.js 중에서]
$('document').ready(function(){
    $('#geobutton').click(determineLocation);
});
```

페이지가 완전히 로드되면

위의 코드에서 두 번째 줄이 모든 핵심적인 일을 하는 부분이다. @('document').ready(function(){...});은 단지 페이지가 완전히 로드될 때까지는 이 코드를 실행하지 말 것을 jQuery에게 말해준다. 이는 꼭 필요한 부분인데, 이 부분이 없다면 요소가 존재하기도 전에 #geobutton 요소를 찾게 되고, 결국 오류가 발생하기 때문이다.

이것은 자바스크립트와 jQuery에서는 매우 일반적인 패턴이다. 프론트엔드 프로그래밍을 이제 막 시작하는 단계라면 이러한 패턴을 굉장히 자주 보게 될 것이다.

이 코드가 준비되면 determineLocation은 이제 버튼이 클릭될 때마다 호출된다.

이제, displayOnMap 함수로 돌아가서 실제로 지도를 표시하는 핵심 내용을 살펴보자. 우선, 구글 맵에 넘겨줄 몇 가지 옵션을 저장할 myOptions 변수를 생성한다.

```js
[js/geolocation.js 중에서]
function displayOnMap(position) {
    var latitude = position.coords.latitude;
    var longitude = position.coords.longitude;

    // 구글 맵스를 이용해 위치를 표시한다
    var myOptions = {
        zoom: 14,
        mapTypeId: google.maps.MapTypeId.ROADMAP
    };
```

설정할 첫 번째 옵션은 줌 레벨(zoom level)이다. 지구 전체를 완전히 표시하려면 줌 레벨 0을 이용하면 된다. 줌 레벨이 높아질수록 지정된 장소에 가까워지고 보여지는 영역은 더 작아질 것이다. 여기서는 거리 수준까지 확대하고자 줌 레벨 14를 이용한다.

설정할 두 번째 옵션은 표시하길 원하는 지도의 종류다. 아래에 나열한 값 중 하나를 선택할 수 있다.

- google.maps.MapTypeId.ROADMAP
- google.maps.MapTypeId.SATELLITE
- google.maps.MapTypeId.HYBRID
- google.maps.MapTypeId.TERRAIN

구글 맵스를 이용해 본 적이 있다면 이러한 지도 유형에 익숙할 것이다. ROADMAP(지도)은 기본값이고, SATELLITE(위성)는 사진 타일을 보여주며, HYBRID(혼합)는 ROADMAP과 SATELLITE의 조합, 그리고 TERRAIN(지형)은 고도 및 수면과 같은 요소를 표시한다. 여기서는 기본값인 ROADMAP을 이용한다.

> **구글 맵스의 옵션**
>
> 구글 맵스의 옵션을 좀 더 자세히 알고 싶다면 구글 맵스 튜토리얼의 Map Options 섹션을 참고한다.[1]
>
> ---
> [1] http://code.google.com/apis/maps/documentation/javascript/tutorial.html#MapOptions

옵션을 설정했으니 이제 지도를 생성할 차례다! new google.maps.Map()을 이용해 새로운 구글 맵스 객체를 생성하면 된다.

전달할 첫 번째 매개변수는 DOM 메서드 getElementById의 결과로서, 이것은 index.html에 지도를 표시할 공간으로 만든 div를 구하는 데 사용한다. 이 메서드의 결과를 새로운 구글 맵스에 넘겨준다는 것은 생성될 지도가 해당 요소의 내부에 위치하게 된다는 의미다.

두 번째 매개변수는 방금 설정한 옵션이다. 결과로 나오는 구글 맵스 객체는 map이라는 변수에 저장한다.

```
[js/geolocation.js 중에서]
function displayOnMap(position) {
    var latitude = position.coords.latitude;
    var longitude = position.coords.longitude;

    // 구글 맵스를 이용해 위치를 표시한다.
    var myOptions = {
        zoom: 16,
        mapTypeId: google.maps.MapTypeId.ROADMAP
    };

    var map = new google.maps.Map(document.getElementById("mapDiv"), myOptions);
```

이제 지도를 갖게 됐으니 사용자를 발견한 위치를 표시하는 마커를 추가해보자. 마커는 구글 맵스에서 위치를 표시할 때 보여주는 작고 빨간 물방울 표시다.

새로운 구글 맵스 마커 객체를 생성하려면 또 다른 종류의 객체를 전달해야 한다. 바로 google.maps.LatLng 객체다. 이 객체는 단지 위도와 경도를 담은 컨테이너에 불과하다. 다음에 새로 추가된 첫 줄은 new googld.maps.LatLng를 호출하고 latitude와 longitude 변수를 매개변수로 전달해 이 객체를 생성한다.

google.maps.LatLng 객체를 만들었으면 이제 마커를 생성할 수 있다. new google.maps.Marker를 호출하고, 그다음으로 두 개의 중괄호({}) 사이의 position에는 LatLng 객체를, map에는 map 객체를, title에는 "Hello World!"를 설정한다. 타이틀은 마커 위에 마우스가 올려지면 표시될 것이다.

```
[js/geolocation.js 중에서]
function displayOnMap(position) {
    var latitude = position.coords.latitude;
    var longitude = position.coords.longitude;

    // 구글 맵스를 이용해 위치를 표시한다
    var myOptions = {
        zoom: 16,
        mapTypeId: google.maps.MapTypeId.ROADMAP
    };

    var map = new google.maps.Map(document.getElementById("mapDiv"), myOptions);

    var initialLocation = new google.maps.LatLng(latitude, longitude);

    var marker = new google.maps.Marker({
        position: initialLocation,
        map: map,
        title: "Hello World!"
    });
}
```

마지막 단계는 시작점을 지도의 중앙에 놓는 것으로서, 이는 map.setCenter를 호출할 때 LatLng 객체를 전달해서 수행한다.

```
map.setCenter(initialLocation);
```

온라인 문서[3]에서 구글 맵스의 자바스크립트 API 버전 3에 관한 여러 문서를 찾을 수 있다.

---

3 http://code.google.com/apis/maps/documentation/javascript/

이전의 모바일 기기에 대한 마지막 한마디

W3C 지오로케이션 API는 현재 모바일 기기의 브라우저에서 잘 지원되기는 하지만 이전의 모바일 기기를 감안해야 하고, 이용 가능한 모든 위치 정보 API를 지원해야 할 수도 있다. 이러한 경우 오픈소스 라이브러리인 geo-location-javascript[4]를 참고한다.

오프라인 웹 애플리케이션

웹 사이트 방문자의 이동이 점차 늘고 있다. 많은 사람들이 줄곧 모바일 기기를 이용한다고 해서 웹 사이트 방문자가 항상 인터넷에 연결돼 있을 거라고 가정하는 것은 현명하지 못하다. 방문자가 오프라인인 경우에도 웹 사이트를 살펴보거나 웹 애플리케이션을 이용한다면 얼마나 좋을까? 다행히도 오프라인 웹 애플리케이션을 이용해 그렇게 할 수 있다.

HTML5의 오프라인 웹 애플리케이션은 오프라인인 경우에도 웹 사이트와 상호작용할 수 있다. 이 말은 얼핏 모순처럼 들릴 수도 있다. 웹 애플리케이션은 말 그대로 온라인에 존재하는 것이다. 하지만 오프라인에서도 이용 가능해졌을 때 혜택을 얻을 수 있는 웹 기반 애플리케이션이 점점 증가하고 있다. 아마 여러분은 지메일(Gmail) 같은 웹 기반 이메일 클라이언트를 이용할 것이다. 회사로 가는 지하철 안에서 앱으로 초안을 작성할 수 있다면 참 유용하지 않겠는가? 온라인 할 일 목록, 연락처 관리자, 혹은 오피스 애플리케이션은 어떤가? 이 모든 사례는 온라인에 있음으로써 혜택을 누릴 수 있는 애플리케이션이지만 인터넷 연결이 끊겨도 계속 사용하고 싶을 것이다.

오프라인 웹 애플리케이션 규격은 아래와 같은 브라우저에서 지원된다.

- 사파리 4 이상
- 크롬 5 이상
- 파이어폭스 3.5 이상
- 오페라 10.6 이상
- iOS (모바일 사파리) 2.1 이상
- 안드로이드 2.0 이상

오프라인 웹 애플리케이션은 모든 인터넷 익스플로러 버전에서 지원하지 않는다.

---

4   http://code.google.com/p/geo-location-javascript/

작동 방법: HTML5 애플리케이션 캐시

오프라인 웹 애플리케이션은 애플리케이션 캐시(application cache)로 알려진 것을 이용해 동작한다. 애플리케이션 캐시는 모든 자바스크립트, HTML, CSS뿐 아니라 모든 이미지와 리소스를 비롯해 전체 웹 사이트를 오프라인으로 저장할 수 있다.

멋져 보이기도 하지만 궁금증이 생기기도 한다. 변경사항이 생기면 어떻게 될까? 이것이 바로 애플리케이션 캐시의 아름다움이다. 애플리케이션은 사용자가 온라인 상태로 페이지를 방문할 때마다 자동으로 업데이트된다. 파일에서 단 한 바이트라도 바뀌면 애플리케이션 캐시는 해당 파일을 다시 로드한다.

 애플리케이션 캐시 vs. 브라우저 캐시

브라우저는 웹 사이트의 로딩 속도를 높이고자 자체적인 캐시를 유지한다. 하지만 이러한 캐시는 이미 가지고 있는 파일을 다시 로드하는 것을 막는 데 이용될 뿐이다. 인터넷 연결이 끊기면 이용되지 않는다. 페이지에 포함된 모든 파일이 브라우저에 의해 캐시에 저장됐더라도 말이다. 따라서 인터넷 연결이 끊어졌을 때 링크를 클릭하면 오류 메시지가 나타난다.

오프라인 웹 애플리케이션을 이용하면 어떤 파일을 캐시에 저장하거나 네트워크에서 불러와야 하고, 캐시가 실패한 경우에는 무엇을 대신 이용해야 할지 브라우저에게 지시할 수가 있다. 이로써 웹 사이트를 캐시하는 방법을 훨씬 더 섬세하게 제어할 수 있다.

오프라인에서 작동하도록 사이트 설정하기

오프라인 웹 애플리케이션을 만들기 위한 세 가지 단계는 다음과 같다.

1. cache.manifest 파일을 생성한다.
2. 매니페스트(manifest) 파일이 정확한 콘텐츠 타입으로 제공되는지 확인한다.
3. 모든 HTML 파일이 캐시 매니페스트를 가리키게 한다.

HTML5 헤럴드는 실제로 애플리케이션이 아니며, 오프라인 기능을 제공하고 싶을 만한 종류의 사이트는 아니다. 하지만 방법이 굉장히 간단하고, 실질적으로 부정적인 측면도 없으니 페이지를 오프라인에서도 이용 가능하게 만드는 각 단계를 살펴보겠다.

cache.manifest 파일

cache.manifest 파일은 이름은 화려하지만 실제로 특정 형식을 따르는 텍스트 파일에 불과하다.

다음은 간단한 cache.manifest 파일의 예다.

```
CACHE MANIFEST
CACHE:
index.html
photo.jpg
main.js
NETWORK:
*
```

cache.manifest 파일의 첫 줄은 CACHE MANIFEST라고 적혀 있어야 한다. 다음에는 CACHE:를 입력하고, 그다음에는 방문자의 하드디스크에 저장하고 싶은 파일을 모두 열거한다. CACHE: 섹션은 명시적 섹션(명시적으로 브라우저에게 이 파일을 캐시에 저장하라고 지시하는 것이므로)으로도 알려져 있다.

방문자가 cache.manifest가 포함된 페이지를 처음 방문하면 브라우저는 이 섹션에 정의된 모든 파일의 복사본을 로컬에 저장해 둔다. 그러면 그 이후로는 브라우저가 해당 파일의 로컬 복사본을 로드하게 된다.

오프라인에 저장되길 바라는 파일을 모두 열거하고 나면 온라인 화이트리스트(online whitelist)를 지정할 수 있다. 여기에는 오프라인에 저장되지 말아야 할 파일을 정의한다. 이러한 파일은 대개 콘텐츠가 의미를 지니려면 인터넷에 접속해야 하는 파일이다. 예를 들어, lastTenTweets.php라는 PHP 스크립트가 있는데, 이 스크립트는 트위터에서 최신 10개의 업데이트 내용을 가져와 HTML 페이지에 내용을 표시한다고 하자. 이 스크립트는 온라인 상태에서만 최신 10개의 트윗을 가져올 수 있을 것이므로 이 페이지를 오프라인으로 저장한다는 것은 이치에 맞지 않는다.

이 섹션의 첫 줄은 NETWORK라는 단어다. NETWORK 섹션에 지정되는 모든 파일은 항상 사용자가 온라인이 되면 다시 로드하게 되고, 오프라인에서는 이용할 수 없다.

다음은 온라인 화이트리스트 섹션의 예다.

```
NETWORK
lastTenTweets.php
```

오프라인에 저장하고 싶은 모든 파일을 공을 들여 일일이 열거해야 했던 명시적 섹션과 달리, 온라인 화이트리스트 섹션에는 약칭 표기를 이용할 수 있다. 바로 와일드카드인 *를 이용하는 방법이다. 이 별표는 명시적 섹션에서 언급되지 않은(그러므로 애플리케이션 캐시에 저장되지 않는) 모든 파일이나 URL을 서버에서 불러와야 한다는 사실을 브라우저에 알려준다.

다음은 와일드 카드를 이용하는 온라인 화이트리스트 섹션의 예다.

```
NETWORK
*
```

 모두 확인받아야 한다

웹 사이트에 있는 모든 URL은 cache.manifest 파일에서 확인받아야 하는데, 심지어 단순히 링크해 놓은 URL조차도 그렇다. 매니페스트 파일에서 확인받지 않으면 해당 리소스나 URL은 온라인이더라도 로드하는 데 실패한다. 이 문제를 방지하려면 NETWORK 섹션에 *를 사용해야 한다.

또, cache.manifest 파일에는 #으로 시작하는 주석을 추가할 수 있다. # 이후에 나오는 모든 내용은 무시된다. 참고로 cache.manifest 파일의 첫 줄에 주석을 달아서는 안 된다. 앞서 이야기했듯이 첫 번째 줄은 반드시 CACHE MANIFEST여야 한다. 그러나 다른 줄에는 어디서든 주석을 추가할 수 있다.

cache.manifest 파일의 버전 번호를 주석으로 다는 것은 좋은 습관이다(그 이유는 잠시 후에 알게 될 것이다).

```
CACHE MANIFEST
# version 0.1
CACHE:
index.html
photo.jpg
main.js

NETWORK:
*
```

서버에 콘텐츠 타입 설정하기

웹 사이트를 오프라인에서 이용할 수 있게 만드는 다음 단계는 서버가 매니페스트 파일을 정확히 제공하도록 구성됐는지 확인하는 것이다. 그러자면 서버에서 cache.manifest 파일에 대한 콘텐트 타입을 설정하면 된다. 콘텐트 타입에 대해서는 5장의 'MIME 타입'이라는 섹션에서 살펴봤으므로 기억을 더듬을 필요가 있다면 잠시 시간을 내서 다시 살펴봐도 좋다.

아파치 웹 서버를 사용 중이라면 .htaccess 파일에 다음과 같은 내용을 추가한다.

```
AddType text/cache-manifest .manifest
```

HTML에서 매니페스트 파일 가리키기

오프라인에서도 이용 가능한 웹 사이트를 만드는 마지막 단계는 HTML 페이지가 매니페스트 파일을 가리키게 하는 것이다. 그러자면 각 페이지의 html 요소에 manifest 속성을 설정하면 된다.

```
<!doctype html>
<html manifest="/cache.manifest">
```

일단 이렇게 하기만 하면 끝난다! 이제 웹 페이지를 오프라인에서도 이용할 수 있을 것이다. 더 좋은 점은, 마지막으로 접속한 이후로 변경되지 않은 모든 콘텐츠가 로컬로 저장될 것이므로 이제 방문자가 온라인 상태에 있을 때조차도 웹 페이지가 훨씬 더 빨리 로드되리라는 것이다.

 모든 페이지에서 해야 할 일

웹 사이트에 있는 각 HTML 페이지는 html 요소에 manifest 속성이 설정돼 있어야 한다. 이를 꼭 확인하자. 그렇지 않으면 애플리케이션이 애플리케이션 캐시에 저장되지 않을 수도 있다! 전체 애플리케이션에 대해서는 오직 하나의 cache.manifest 파일만 있어도 되지만 웹 애플리케이션의 모든 HTML 페이지에는 〈html manifest="/cache.manifest"〉가 필요하다.

사이트를 오프라인으로 저장하기 위한 허가 얻기

지오로케이션과 마찬가지로 웹 사이트에서 cache.manifest 파일을 사용하고 있으면 브라우저는 허가 확인창을 보여준다. 하지만 위치 정보와 달리 모든 브라우저가 다 그런 것은 아니다. 확인창이 나타난다면 웹 사이트를 오프라인에서도 사용할 수 있게 만들고 싶은지 사용자에게 묻는 것이다. 그림 10.3은 파이어폭스에서 나타나는 확인창이다.

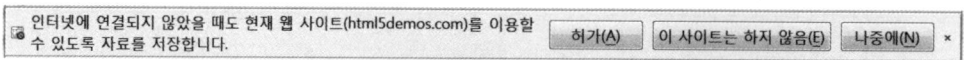

그림 10.3 | 앱 캐시에 오프라인 웹 애플리케이션 스토리지를 허용할지 묻는다

오프라인 테스트

오프라인 웹 사이트를 만들기 위한 이 세 가지 단계를 모두 완료했으면 오프라인에서 페이지를 테스트해 볼 수 있다. 파이어폭스와 오페라는 오프라인으로 작동시키는 메뉴 옵션을 제공하므로 인터넷 연결을 끊지 않아도 된다. 파이어폭스에서 그렇게 하려면 **파이어폭스 > 개발자 도구 > 오프라인으로 작업**을 선택한다(그림 10.4).

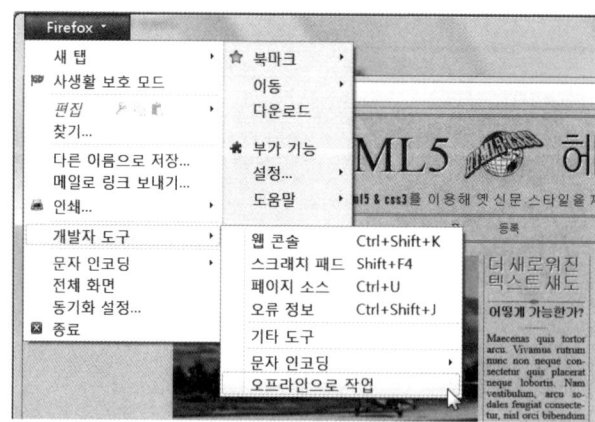

그림 10.4 | 파이어폭스의 오프라인으로 작업 모드를 활용한 오프라인 웹 애플리케이션 테스트

브라우저 메뉴를 이용해 오프라인 상태가 되는 것이 편리하기는 하지만 오프라인 웹 애플리케이션을 테스트할 때는 완전히 네트워크 연결을 끊는 편이 가장 이상적이다.

애플리케이션 캐시의 사이트 저장 여부 테스트하기

오프라인 상태가 되는 것도 애플리케이션 캐시가 작동하는지 살펴보는 좋은 방법이지만, 좀 더 철저한 디버깅을 위해서는 좀 더 좋은 도구가 필요하다. 다행히도, 크롬의 웹 인스펙터(Web Insepcptor) 툴에서는 애플리케이션 캐시를 시험하는 데 활용할 수 있는 몇 가지 훌륭한 기능을 제공한다.

cache.manifest 파일의 콘텐트 타입이 정확한지 확인하려면 크롬에서 다음과 같은 단계를 따라 한다(http://html5laboratory.com/s/offline-application-cache.html에서는 따라 해 볼 수 있는 예제를 제공한다).

1. 크롬에서 홈페이지 URL로 이동한다.
2. Web Inspector(렌치 아이콘을 클릭하고, **도구 > 개발자 도구**를 선택)를 연다.
3. Console 탭을 클릭해 cache.manifest 파일과 관련된 오류가 있는지 확인한다. 모두 잘 작동한다면 "Document loaded from Application Cache with manifest"로 시작되고, cache.manifest 파일의 경로로 끝나는 줄이 보일 것이다. 오류가 있다면 그러한 내용은 Console에 표시되므로 오류나 경고가 나타나는지 확인한다.
4. Resources 탭을 클릭한다.
5. Application Cache 섹션을 펼친다. 그러면 도메인(예제에서는 www.html5laboratory.com)이 열거될 것이다.
6. 도메인을 클릭한다. 그림 10.5와 같이 오른편에 크롬의 애플리케이션 캐시에 저장된 모든 리소스가 나타난다.

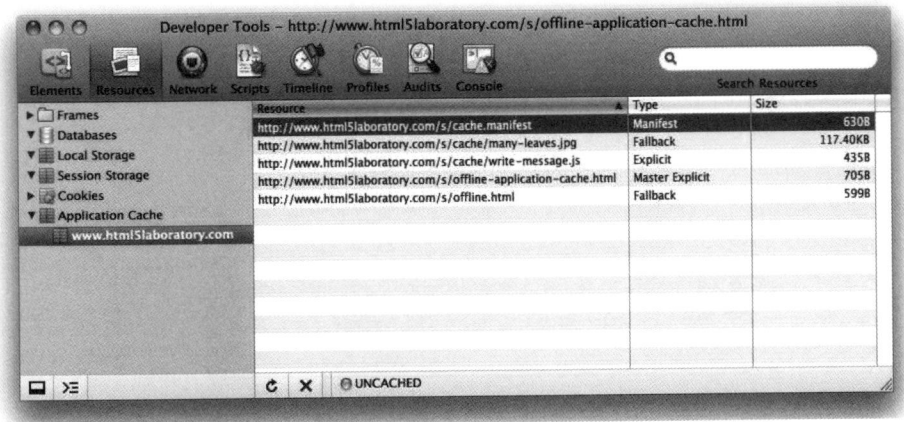

그림 10.5 | 크롬의 애플리케이션 캐시에 저장된 내용

오프라인에서도 이용 가능한 HTML5 헤럴드 만들기

이제 웹 사이트를 오프라인에서도 이용할 수 있게 만드는 데 필요한 사항을 이해했으므로 배운 내용을 HTML5 헤럴드에 적용해 보자. 첫 번째 단계는 cache.manifest 파일을 생성하는 것이다. 맥에서는 텍스트 편집기, 윈도우에서는 메모장과 같은 프로그램으로 이 파일을 생성할 수 있다. 하지만 이 파일은 평범한 텍스트 파일이어야 한다. 윈도우를 사용 중이라면 운이 좋은 것이다! 이 파일을 생성하는 데 메모장을 이용한다면 파일이 평범한 텍스트로 만들어질 것이다. 맥의 텍스트 편집기에서 텍스트 파일을 만들려면 **포맷 > 일반 텍스트로 만들기**를 선택한다. CACHE MANIFEST 줄을 맨 위에 적는 것으로 파일 만들기를 시작한다.

다음으로는, 명시적 섹션에 오프라인에서도 이용할 수 있게 만들고 싶은 모든 리소스를 추가해야 한다. 이 부분은 CACHE:라는 용어로 시작한다. 이 섹션에는 모든 파일을 열거해야 한다. 사이트에서 네트워크 접근(사실, 한 가지가 있지만 이 부분은 나중에 다루겠다)이 필요한 것은 없으므로 NETWORK 섹션에는 명시적 섹션에서 빠졌을 수 있는 모든 파일을 빠짐없이 포함시키고자 별표(*)만 추가하겠다.

다음은 이렇게 작성한 cache.manifest 파일의 일부다.

```
[cache.manifest 중에서]
CACHE MANIFEST
#v1
index.html
register.html

js/hyphenator.js
js/modernizr-1.7.min.js
css/screen.css
css/styles.css
images/bg-bike.png
images/bg-form.png
...
fonts/League_Gothic-webfont.eot
fonts/League_Gothic-webfont.svg
...

NETWORK:
*
```

일단 파일에 리소스를 모두 추가했으면 그것을 cache.manifest로 저장한다. 파일의 확장자는 .txt나 다른 것이 아닌 반드시 .manifest로 지정한다.

그다음으로는 매니페스트 파일이 적절한 콘텐트 타입으로 배포될 수 있게 서버를 설정한다.

마지막 단계는 두 HTML 페이지 내의 html 요소에 manifest 속성을 추가하는 것이다.

manifest 속성을 index.html과 register.html에 다음과 같이 추가한다.

```
<!doctype html>
<html lang="en" manifest="cache.manifest">
```

드디어 준비가 모두 끝났다! 이제 인터넷 연결 여부와 상관없이 HTML5 헤럴드를 언제든지 이용할 수 있다.

오프라인 웹 애플리케이션 저장 공간의 제약

오프라인 웹 애플리케이션의 규격에는 애플리케이션 캐시에 대한 저장 공간의 제약이 특별히 정의돼 있진 않지만 브라우저가 저장 공간의 제약을 만들고 그것을 적용해야 한다고 기술하고 있다. 일반적으로 이용 가능한 공간이 5MB를 넘지 않는다고 가정하는 편이 좋다.

오프라인으로 저장하도록 지정한 파일 중 일부는 비디오 파일이다. 비디오 파일의 크기에 따라 그러한 파일을 오프라인에서도 사용 가능하게 만드는 것이 의미가 없을 수도 있다. 그러한 파일이 저장 공간의 제한 용량을 초과할 수도 있기 때문이다.

이런 경우에는 어떻게 해야 할까? 아마 NETWORK 섹션에 크기가 큰 비디오 파일을 배치시킬 수 있겠지만, 그렇게 한다면 브라우저에서 오프라인으로 해당 비디오를 가져오려고 할 때 사용자는 그다지 유쾌하지 않은 오류 메시지를 보게 될 것이다.

더 나은 방법은 cache.manifest 파일의 선택적인 섹션을 이용하는 것이다. fallback 섹션이 바로 여기에 해당한다.

대체 수단 섹션

이 섹션에서는 리소스 로드에 실패했을 때 사용자가 보게 될 내용을 정의할 수 있다. HTML5 헤럴드에서는 비디오 파일을 오프라인으로 저장하도록 명시적 섹션에 배치하는 것이 아니라 대체 수단(fallback) 섹션을 이용하는 편이 좀 더 이치에 맞을 것이다.

대체 수단 섹션에서 각 줄에는 두 개의 항목이 필요하다. 첫 번째 항목은 어떤 파일에 대해 대체 콘텐츠를 제공하고 싶은지 나타낸다. 여기에는 특정한 파일, 혹은 media/와 같은 부분적인 경로를 지정할 수 있는데, **media/**는 media 폴더에 위치한 모든 파일을 의미한다. 두 번째 항목은 지정된 파일이 로드되는 데 실패하는 경우 표시하고 싶은 것을 나타낸다.

파일이 로드되지 못한다면 필름의 첫 번째 프레임 이미지를 대신 로드할 수 있을 것이다. 여기서는 두 개의 비디오 파일을 위한 대체 수단을 한 번에 정의하고자 부분 경로인 **media/**를 사용하겠다.

[cache.manifest 중에서]
```
FALLBACK:
media/ images/ford-plane-still.png
```

물론, 이것은 불필요할 수도 있다. 이미 5장에서 다뤘듯이 HTML5 video 요소에는 이미 비디오가 로드되지 않는 경우에 표시되는 대체 이미지가 포함돼 있기 때문이다.

따라서 이 개념에 대한 실습으로, 또 다른 대체 수단을 추가해 보자. 웹 페이지가 로드되지 않는 경우 사이트가 오프라인임을 알려주는 대체 파일을 정의하는 것도 좋겠다. 간단한 offline.html 파일을 다음과 같이 생성할 수 있다.

[offline.html 중에서]
```html
<!doctype html>
<html lang="ko" manifest="/cache.manifest">
    <head>
        <meta charset="utf-8">
        <title>오프라인 상태입니다!</title>
        <link rel="stylesheet" href="css/styles.css?v=1.0"/>
    </head>
    <body>
        <header>
            <h1>죄송합니다. 현재 오프라인 상태입니다!</h1>
        </header>
    </body>
</html>
```

이제, 캐시 매니페스트의 대체 수단 섹션에서 해당 사이트의 모든 페이지와 매치하는 /를 지정할 수 있다. 어떤 페이지가 로드되는 데 실패하거나 애플리케이션 캐시에 존재하지 않는다면 offline.html 페이지로 대체되어 표시될 것이다.

[cache.manifest 중에서]
```
FALLBACK:
media/ images/video-fallback.jpg
/ /offline.html
```

> **사파리의 오프라인 애플리케이션 캐시는 미디어 파일을 로드하지 못한다**
>
> 사파리 5에는 현재 .mp3와 .mp4와 같은 미디어 파일이 오프라인 애플리케이션 캐시에서 로드되지 않는 버그가 있다.

캐시 리프레싱

캐시 매니페스트를 이용하면 명시적 섹션에 지정된 파일은 이후에 뭔가 조치가 있을 때까지 캐시에 저장된다. 개발할 때 이 부분이 골치 아프게 작용할 수 있다. 한 파일을 변경했는데 페이지에는 그러한 변경사항이 반영된 것을 확인할 수 없다면 머리를 긁적일 수밖에 없을 것이다.

하지만 더 중요한 것은 일단 파일이 실제 웹 사이트에서 올려져 있으면 애플리케이션 캐시에 대한 업데이트가 필요하다고 브라우저에게 전달할 방법이 필요하다는 것이다. 이를 위해 cache.manifest 파일을 수정할 수 있다. 브라우저가 cache.manifest가 포함된 사이트를 로드할 때 브라우저는 매니페스트 파일이 바뀌었는지 알아보고자 확인하는 과정을 거친다. 바뀐 사항이 없다면 브라우저는 기존의 애플리케이션 캐시가 이 애플리케이션을 실행하는 데 필요한 전부라고 생각하게 된다. 따라서 아무 것도 다운로드하지 않을 것이다. 반면 cache.manifest 파일이 수정됐다면 브라우저는 모든 지정된 파일을 다시 내려받아 애플리케이션 캐시를 재구축할 것이다.

이것이 바로 우리가 cache.manifest에 주석으로 버전 숫자를 지정한 이유다. 이런 방식으로 파일의 목록은 똑같이 남아 있더라도 애플리케이션 캐시를 업데이트해야 한다고 브라우저에게 지시하는 방법을 마련한 셈이다. 우리는 버전 번호를 올리기만 하면 된다.

캐시를 캐시하기

어쩌면 엉뚱하게 들릴 수도 있지만 cache.manifest 파일은 그 자체가 브라우저에 의해 캐시에 저장될 수도 있다. 왜냐고? 바로 HTTP가 캐싱을 처리하는 방식 때문이다.

HTTP 규격에 정의된 규칙에 따르면[5] 전체적인 웹 페이지 성능을 향상시키고자 브라우저에 의해 캐싱이 이뤄진다. 이 규칙과 관련해서 알아둬야 할 사항은 뭘까? 브라우저는 특정 헤더를 받는데 거기에는 Expire 헤더가 포함돼 있다. 이 Expire 헤더는 브라우저에게 파일이 언제 캐시에서 만료돼야 하고, 언제 파일을 서버로부터 업데이트해야 하는지 알려준다.

---

[5] http://www.w3.org/Protocols/rfc2616/rfc2616-sec13.html

서버에서 캐시에 저장하라는 명령이 포함된 매니페스트 파일을 제공하고 있다면(보통 정적 파일은 기본적으로 캐시가 되므로) 브라우저는 서버로부터 업데이트된 버전을 가져오는 대신 기꺼이 해당 파일의 캐시된 버전을 이용할 것이다. 그 결과, 브라우저는 매니페스트 파일이 변경되지 않았다고 생각하기 때문에 애플리케이션 파일 중 어떤 것도 다시 내려받지 않을 것이다!

애플리케이션 캐시가 강제로 리프레시되지 않는 경우가 발생하면 일반 브라우저의 캐시를 비워보자. 또, cache.manifest 파일을 캐시하지 않게 하는 명시적인 명령을 보내도록 서버의 설정을 바꿀 수도 있다.

사이트의 웹 서버가 아파치라면 .htaccess 파일에 다음과 같은 내용을 추가해 아파치가 cache.manifest를 캐시하지 않게 할 수 있다.

```
[.htaccess 중에서]
<Files cache.manifest>
    ExpiresActive On
    ExpiresDefault "access"
</Files>
```

`<Files cache.manifest>`는 아파치 서버에게 오직 cache.manifest 파일에만 다음 규칙을 적용할 것을 지시한다. ExpiresActive On과 ExpiresDefault "access"의 조합은 웹 서버가 항상 cache.manifest 파일을 캐시에서 만료시키도록 강제한다. 그 결과, cache.manifest 파일은 브라우저에서 절대 캐시되지 않을 것이다.

지금 온라인 상태일까?

때때로 사용자가 페이지를 온라인으로 보는지 아니면 오프라인으로 보는지 알아야 할 때가 있다. 예를 들어, 웹 메일 앱에서 온라인 상태일 때는 초안을 저장할 때 웹 서버에 보내서 데이터베이스에 저장되게 할 것이다. 하지만 오프라인이라면 초안을 로컬에 대신 저장하고, 그것을 서버로 보내기 위해 사용자가 다시 온라인으로 돌아올 때까지 기다려야 할 것이다.

오프라인 웹 앱 API는 이를 관리할 수 있는 몇 가지 편리한 메서드와 이벤트를 제공한다. HTML5 헤럴드에서는 이 페이지가 오프라인에서도 충분히 잘 작동한다는 사실을 눈치챘을 것이다. 여러분은 메인 페이지에서 등록 폼으로 이동할 수 있고, 비디오를 재생할 수 있으며, 아무런 어려움 없이 느긋하게 즐길 수 있다. 하지만 이 장의 앞부분에서 살펴본 지오로케이션 위젯을 사용해보려고 하면 잘 되지 않는다. 이것은 일리가 있다. 인터넷에 연결하지 않고는 페이지가 여러분의 위치(사용 중인 기기에 GPS가 탑재돼 있지 않는 한)를 알아낼 방법이 없고, 하물며 구글 지도를 통해 지도를 검색하는 것은 더더욱 말할 것도 없다.

이 문제를 어떻게 바로잡을 수 있는지 살펴보자. 여기서는 사용자에게 이 기능은 오프라인에서는 이용할 수 없다는 사실을 알리는 간단한 메시지를 제공하고 싶다. 이렇게 하기는 사실 아주 쉽다. 오프라인 웹 애플리케이션을 제공하는 브라우저에서는 navigator.onLine 속성에 접근할 수 있으며, 이 속성은 브라우저가 온라인이면 true가, 그렇지 않으면 false가 된다. 다음은 이를 determineLocation 메서드에서 어떻게 이용하는지 보여준다.

```
[js/geolocation.js 중에서]
function determineLocation(){
    if (navigator.onLine) {
        // 위치를 찾고 displayOnMap을 호출한다.
    } else {
        alert("이 기능을 사용하려면 온라인 상태여야 합니다.");
    }
}
```

한번 실제로 해보자. 우선 파이어폭스나 오페라를 이용해 페이지로 이동한 후 버튼을 클릭해 지도를 불러온다. 일단 작동하는 데 만족했다면 **오프라인으로 작업**을 선택하고, 페이지를 다시 로드해 다시 한 번 버튼을 클릭해 본다. 이번에는 지도에 접속하려면 온라인 상태여야 한다는 유익한 메시지가 나타날 것이다.

유용할 만한 몇 가지 다른 기능으로는 브라우저가 온라인이나 오프라인이 될 때 발생하는 이벤트가 있다. 이러한 이벤트는 window 요소에 대해 발생하며 간단히 window.online과 window.offline이라고 한다. 이러한 이벤트를 이용하면 각 상태 변화에 따라 스크립트가 반응하게 만들 수 있는데, 가령 온라인에 연결되면 서버에 정보를 동기화하게 하고 오프라인이 되면 로컬에 데이터를 저장하게 할 수 있을 것이다.

일부 다른 이벤트와 메서드도 애플리케이션 캐시를 다루는 데 이용할 수 있지만 여기서 살펴본 것들이 가장 중요하다. 이것들은 대부분의 웹 사이트와 애플리케이션을 문제없이 오프라인에서도 작동하게 하는 데 충분할 것이다.

추가 참고 자료

오프라인 웹 애플리케이션에 관해 더 알아보고 싶다면 다음은 좋은 참고자료가 될 것이다.

- WHATWG 오프라인 웹 애플리케이션 규격서[6]
- HTML5 연구소의 "오프라인 작업을 위한 캐시 매니페스트 활용"[7]
- 오페라의 오프라인 애플리케이션 개발자 가이드[8]
- 피터 러버스(Peter Lubbers)의 오프라인 웹 애플리케이션에서의 슬라이드 쉐어 프레젠테이션[9]
- 마크 필그림 (Mark Pilgrim)의 오프라인 웹 애플리케이션 이용법[10]
- 사파리의 오프라인 애플리케이션 프로그래밍 가이드[11]

웹 스토리지

웹 스토리지 API는 간단한 데이터를 사용자의 컴퓨터나 기기에 로컬로 저장하는 방법에 대한 표준을 정의한다. 웹 스토리지 표준이 출현하기 전에 웹 개발자들은 흔히 쿠키나 플러그인을 통해 사용자 정보를 저장했다. 이제는 웹 스토리지를 통해 웹 사이트나 웹 애플리케이션에서 생성한 간단한 데이터를 5MB까지 저장하는 방법을 위한 표준화된 정의가 마련됐다. 더 좋은 점은 웹 스토리지가 이미 인터넷 익스플로러 8.0에서 작동한다는 것이다!

웹 스토리지는 오프라인 웹 애플리케이션의 훌륭한 보완책인데, 왜냐하면 오프라인으로 작업하는 동안 모든 사용자 데이터를 저장할 어딘가가 필요하며, 웹 스토리지가 그러한 공간을 제공하기 때문이다.

웹 스토리지는 다음과 같은 브라우저에서 지원된다.

---

6 http://www.whatwg.org/specs/web-apps/current-work/multipage/offline.html#offline
7 http://www.html5laboratory.com/working-offline.php
8 http://dev.opera.com/articles/view/offline-applications-html5-appcache/
9 http://www.slideshare.net/robinzimmermann/html5-offline-web-applications-silicon-valley-usergroup
10 http://diveintohtml5.info/offline.html
11 http://developer.apple.com/library/safari/#documentation/iPhone/Conceptual/SafariJSDatabaseGuide/OfflineApplicationCache/OfflineApplicationCache.html

- 사파리 4 이상
- 크롬 5 이상
- 파이어폭스 3.6 이상
- 인터넷 익스플로러 8 이상
- 오페라 10.5 이상
- iOS (모바일 사파리) 3.2 이상
- 안드로이드 2.1 이상

두 종류의 웹 스토리지

HTML5 웹 스토리지에는 두 가지 종류가 있다. 바로 세션 스토리지(session storage)와 로컬 스토리지(local storage)다.

세션 스토리지

세션 스토리지를 이용하면 하나의 창이나 탭에 한정된 데이터를 보관할 수 있다. 이것은 각 창에 대해 독립적인 정보를 허용한다. 설사 사용자가 같은 사이트를 두 개의 창에서 접속하고 있더라도, 각 창은 자체적인 개별 세션 스토리지 객체를 가지며, 따라서 데이터를 별도로 유지하게 된다.

세션 스토리지는 지속되지 않는다. 오직 특정 사이트에서 사용자 세션이 지속되는 동안(다시 말해, 브라우저의 창이나 탭이 열려서 해당 사이트를 보고 있는 동안)에만 지속된다.

로컬 스토리지

세션 스토리지와 달리 로컬 스토리지를 이용하면 브라우저를 통해 사용자의 컴퓨터에 데이터를 지속적으로 저장할 수 있다. 나중에 사용자가 다시 사이트를 방문했을 때 로컬 스토리에 저장된 모든 데이터를 다시 이용할 수 있다.

온라인 쇼핑을 생각해보자. 사용자가 같은 사이트를 여러 개의 창이나 탭으로 열어놓는 것은 드문 일이 아니다. 예를 들어, 여러분이 신발을 찾고 있다고 가정하고 두 가지 브랜드의 가격과 리뷰를 비교해보고 싶다고 하자. 각 브랜드에 대해 창을 하나씩 열어야 할 수도 있겠지만 찾고 있는 신발의 브랜드나 스타일에 관계없이 항상 같은 크기의 신발을 찾을 것이다. 모든 새로운 창에서 이와 같은 검색을 계속 되풀이하기란 여간 번거로운 일이 아니다.

로컬 스토리지가 여기에 도움을 줄 수 있다. 새로운 창을 띄울 때마다 매번 사용자가 찾고자 하는 신발 크기를 다시 지정하게 하는 대신 그 정보를 로컬 스토리지에 저장할 수 있다. 그러고 나면 사용자가 또 다른 브랜드나 스타일을 검색하려고 창을 띄울 때 사용자의 신발 크기에 맞는 제품만 보여줄 수 있으며, 더 나아가 사용자의 컴퓨터에 해당 정보를 저장한 셈이므로 나중에 사용자가 사이트를 다시 방문했을 때 여전히 이 정보를 활용할 수 있다.

 웹 스토리지는 브라우저에 종속적이다

웹 스토리지를 이용해 작업할 때 한 가지 기억해야 할 점은 사용자가 사이트를 사파리로 방문한다면 어떤 데이터든 사파리의 웹 스토리지에 저장된다는 것이다. 사용자가 크롬으로 사이트를 다시 방문한다면 사파리를 통해 저장된 데이터는 사용할 수 없을 것이다. 웹 스토리지 데이터가 저장되는 곳은 브라우저에서 결정하며, 각 브라우저의 스토리지는 분리돼 있고 독립적이다.

 로컬 스토리지와 쿠키

언뜻 보기에 로컬 스토리지는 HTTP 쿠키와 비슷한 역할을 하는 것처럼 보일 수 있지만 몇 가지 차이점이 있다. 우선, 쿠키는 서버 사이드에서 읽히도록 의도된 반면 로컬 스토리지는 오직 클라이언트 측에서만 이용할 수 있다. 서버 측 코드가 저장돼 있는 일부 값에 따라 서로 다르게 반응하게 해야 한다면 쿠키가 바로 적절한 방법이다. 하지만 쿠키는 각 HTTP 요청과 함께 서버로 보내진다. 그러므로 이는 대역폭과 관련해 상당한 오버헤드를 가져올 수 있다. 한편, 로컬 스토리지는 단지 사용자의 하드디스크에서 읽혀지길 기다리고 있으므로 사용하는 데 아무런 대가가 없다.

그 외에도 로컬 스토리지를 이용하면 훨씬 더 많은 양을 저장할 수 있다. 쿠키로는 전체 4KB의 정보만 저장할 수 있지만 로컬 스토리지는 최대 5MB다.

웹 스토리지 데이터의 모습

웹 스토리지에 저장되는 데이터는 키/값(key/value)의 쌍으로 저장된다.

다음은 간단한 키/값 형식의 예다.

- 키: name, 값: Alexis
- 키: painter, 값: Picasso
- 키: email, 값: info@me.com

데이터 저장하기와 읽기

웹 스토리지와 가장 밀접한 관련이 있는 메서드는 Storage라는 객체에 정의돼 있다. Storage의 전체 정의는 다음과 같다.[12]

```
interface Storage {
    readonly attribute unsigned long length;
    DOMString key(in unsigned long index);
    getter any getItem(in DOMString key);
    setter creator void setItem(in DOMString key, in any value);
    deleter void removeItem(in DOMString key);
    void clear();
};
```

여기서 살펴볼 첫 번째 메서드는 getItem과 setItem이다. setItem을 호출해 키/값 쌍을 로컬이나 세션 스토리지에 저장하고, getItem을 호출해 이 키에 대한 값을 얻어낸다.

세션 스토리지에 데이터를 저장하거나 다시 읽고 싶다면 간단히 sessionStorage 전역 객체의 setItem 또는 getItem을 호출하면 된다. 만약 로컬 스토리지를 대신 이용하고 싶다면 localStorage 전역 객체의 setItem 또는 getItem을 호출한다. 다음 예제에서는 로컬 스토리지에 항목을 저장해보겠다.

setItem 메서드를 이용할 때는 저장하고 싶은 키와 그에 따른 값을 함께 지정해야 한다. 예를 들어, 값 "6"을 "size"라는 키에 저장하고 싶다면 다음과 같이 setItem을 호출하면 된다.

```
localStorage.setItem("size", "6");
```

"size" 키에 저장한 값을 구하려면 getItem 메서드를 호출할 때 키만 지정하면 된다.

```
var size = localStorage.getItem("size");
```

---

12 http://dev.w3.org/html5/webstorage/#the-storage-interface

저장 데이터 변환

웹 스토리지는 모든 값을 문자열로 저장하므로 숫자나 객체와 같은 다른 종류의 값을 이용해야 한다면 그러한 값을 변환해야 한다. 문자열에서 숫자 값으로 변환하려면 자바스크립트의 parseInt 메서드를 이용하면 된다.

신발 크기 예제에서 size 변수에 저장되고 반환되는 값은 사실 숫자 6이 아니라 문자열 "6"이다. 이를 숫자로 변환하려면 parseInt를 이용하면 된다.

```
var size = parseInt(localStorage.getItem("size"));
```

좀 더 간단한 사용법

getItem(key)와 setItem(key, value)만으로도 충분히 만족스러울 수 있다. 하지만 데이터를 저장하고 검색하는 데 이용할 수 있는 좀 더 간단한 사용법이 있다.

localStorage.getItem(key) 대신 간단히 localStorage[key]라고 해도 된다. 예를 들어, 신발 크기를 구하는 코드는 다음과 같이 고쳐서 작성할 수 있다.

```
var size = localStorage["size"];
```

그리고 localStorage.setItem(key, value) 대신 localStorage[key] = value라고 할 수 있다.

```
localStorage["size"] = 6;
```

 그런 키는 없다!

만일 저장돼 있지 않은 키에 getItem을 요청하면 어떻게 될까? 이러한 경우 getItem은 null 값을 반환한다.

특정 항목 제거와 전체 데이터 지우기

웹 스토리지에서 특정 항목을 제거할 때는 removeItem 메서드를 이용하면 된다. 이 메서드에 제거하고 싶은 키를 전달하면 메서드가 키와 키에 해당하는 값을 모두 제거한다.

사용자의 컴퓨터에서 예제 사이트에서 저장한 데이터를 모두 제거하려면 clear 메서드를 사용하면 된다. 그러고 나면 특정 도메인에 대해 저장된 모든 키와 값이 삭제될 것이다.

스토리지 제한

인터넷 익스플로러에서는 "거의 10MB에 가까운 사용자 데이터를 웹 애플리케이션에서 저장할 수 있다."[13] 크롬, 사파리, 파이어폭스, 오페라에서는 모두 W3C 규격에서 제안하는 양인 5MB까지 사용자 데이터를 저장할 수 있다. 규격에서도 얘기하고 있듯이 이 수치는 시간이 지나면 바뀔 수도 있다. "임의로 선택한 도메인별로 5MB라는 제약을 권장한다. 구현에 대한 피드백은 환영하며, 나중에 이 제안을 업데이트하는 데 이용될 것이다." 이뿐만 아니라 오페라는 웹 스토리지에 할당할 디스크 공간의 양을 사용자가 직접 설정할 수도 있다.

각 브라우저의 스토리지 크기를 걱정하기보다는 중요한 데이터를 저장하기 전에 데이터 할당량을 초과할지 테스트해 보는 것이 더 좋은 접근법이다. 이를 테스트하는 방법은 QUOTA_EXCEEDED_ERR 예외를 잡는 것이다. 다음 예제에서는 QUOTA_EXCEEDED_ERR 예외를 잡는 방법을 볼 수 있다.

```
try
{
    sessionStorage["name"] = "Tabatha";
}
catch (exception)
{
    if (exception == QUOTA_EXCEEDED_ERR)
    {
        // 사용자에게 스토리지 할당량이 초과했음을 알린다.
    }
}
```

---

13 http://msdn.microsoft.com/en-us/library/cc197062%28VS.85%29.aspx

> **Try/Catch와 Exception**
>
> 때때로 코드에서는 문제가 발생한다. API 설계자는 이러한 사실을 알고 있으며, 문제의 영향을 완화하고자 예외(exception)를 활용한다. 예외는 뭔가 기대하지 않았던 일이 생겼을 때 발생한다. API를 만든 사람들은 특별한 종류의 문제가 발생하면 특정 예외가 던져지게끔 정의할 수 있다. 그러면 이 API를 사용하는 개발자들은 특정 타입의 예외에 어떻게 반응할지 결정할 수 있다.
>
> 예외를 처리하기 위해서는 try/catch 블록에 예외가 발생할 수 있는 어떤 코드를 넣을 수 있다. 이것은 예상대로 작동한다. 우선, 뭔가를 하기 위해 시도(try)한다. 이때 예외가 발생하면서 실패하면 그 예외를 잡아서(catch) 적절하게 복구할 수 있도록 시도한다.
>
> try/catch 블록에 대해 좀 더 자세히 알아보고 싶다면 모질라 개발자 네트워크에서 제공하는 자바스크립트 레퍼런스의 "try...catch" 기사를 참고한다.[1]
>
> ---
> 1 https://developer.mozilla.org/en/JavaScript/Reference/Statements/try...catch

보안 고려사항

웹 스토리지는 **출처 기반**(origin-based) 보안이라는 것을 사용한다. 출처 기반 보안은 특정 도메인으로부터 웹 스토리지에 저장된 데이터는 오직 해당 도메인의 페이지에서만 접근할 수 있음을 의미한다. 다른 도메인에서 저장된 웹 스토리지 데이터에 접근하는 것은 불가능하다. 예를 들어, 우리가 html5isgreat.com이라는 도메인을 관리하고, 로컬 스토리지를 이용해 이 사이트에서 생성된 데이터를 저장한다고 해보자. google.com 같은 또 다른 도메인에서는 html5isgreat.com에서 저장한 어떤 데이터에도 접근할 수 없다. 마찬가지로 html5isgreat.com도 google.com에서 저장한 로컬 스토리지 데이터에 접근할 권한이 없다.

HTML5 헤럴드에 웹 스토리지 추가

예제 사이트에서는 "이 컴퓨터에서 나를 기억하기(Remember me on this computer)" 체크박스를 등록 페이지에 추가하는 데 웹 스토리지를 이용할 수 있다. 이런 방식으로 일단 사용자가 등록되면 나중에 이 사이트에서 사용자가 작성할 필요가 있는 다른 폼은 이미 이 정보를 갖고 있게 될 것이다.

다시 한 번 jQuery를 이용해 폼에서 이름과 이메일 주소에 대한 input 요소의 값을 구하는 함수를 정의해보자.

[js/rememberMe.js 중에서]
```
function saveData() {
    var email = $("#email").val();
    var name = $("#name").val();
}
```

간단히 여기서는 email과 name 변수에 각각 이메일과 이름의 폼 필드 값을 저장한다.

일단 이 두 input 요소의 값을 구했다면 다음 단계는 실질적으로 이 값을 localStorage에 저장하는 것이다.

[js/rememberMe.js 중에서]
```
function saveData() {
    var email = $("#email").val();
    var name = $("#name").val();

    localStorage["name"] = name;
    localStorage["email"] = email;
}
```

이 정보를 로컬 스토리지에 저장하면서 마찬가지로 "나를 기억하기(Remember me)" 체크박스가 체크됐다는 사실도 함께 저장한다.

[js/rememberMe.js 중에서]
```
function saveData() {
    var email = $("#email").val();
    var name = $("#name").val();

    localStorage["name"] = name;
    localStorage["email"] = email;
    localStorage["remember"] = "true";
}
```

이제 방문자의 이름과 이메일 주소를 저장하는 함수를 갖게 됐으므로 "이 컴퓨터에서 나를 기억하기" 체크박스를 체크하면 이 함수를 호출해 보자. 이는 체크박스에서 change 이벤트의 발생 여부를 관찰함으로써 수행할 수 있다. 이 이벤트는 체크박스를 클릭하든, 체크박스의 라벨을 클릭하든, 또는 키보드를 누르든가에 관계없이 체크박스의 상태가 바뀔 때마다 발생한다.

[js/rememberMe.js 중에서]
```
$('document').ready(function() {
    $('#rememberme').change(saveData);
});
```

다음으로, change 이벤트는 체크박스의 체크가 해제될 때도 발생하므로 체크박스가 실제로 체크됐는지 확인하자.

[js/rememberMe.js 중에서]
```
function saveData() {
    if ($("#rememberme").attr("checked"))
    {
        var email = $("#address").val();
        var name = $("#register-name").val();

        localStorage["name"] = name;
        localStorage["email"] = email;
        localStorage["remember"] = "true";
    }
}
```

이 코드에서는 attr("checked") jQuery 메서드를 호출하는데, 이 메서드에서는 체크박스가 체크돼 있으면 true를, 아니면 false를 반환한다.

마지막으로, 방문자의 브라우저에 웹 스토리지가 존재하는지 확실히 해두자.

[js/rememberMe.js 중에서]
```
function saveData() {
    if (Modernizr.localstorage) {
        if ($("#rememberme").attr("checked"))
        {
            var email = $("#address").val();
            var name = $("#register-name").val();

            localStorage["name"] = name;
            localStorage["email"] = email;
            localStorage["remember"] = "true";
        }
    }
}
```

```
        else
        {
            // 웹 스토리지를 지원하지 않는다
        }
    }
```

이제 로컬 스토리가 지원되는 한 체크박스가 체크될 때마다 사용자의 이름과 이메일을 저장할 것이다. 문제는 실제로 그러한 데이터를 가지고 아직 아무것도 하고 있지 않다는 것이다!

이름과 이메일이 저장됐는지 확인하고, 그렇다면 그 정보를 적절한 input 요소에 채우는 함수를 만들어 보자. 또한, "remember" 키를 "true"로 로컬 스토리지에 설정했다면 "나를 기억하기" 체크박스를 미리 체크하자.

[js/rememberMe.js 중에서]
```
function loadStoredDetails() {
    var name = localStorage["name"];
    var email = localStorage["email"];
    var remember = localStorage["remember"];

    if (name) {
        $("#name").val(name);
    }
    if (email) {
        $("#email").val(name);
    }
    if (remember =="true") {
        $("#rememberme").attr("checked", "checked");
    }
}
```

다시 한 번 이 작업을 수행하기 전에 브라우저에서 웹 스토리지를 지원하는지 반드시 확인해야 한다.

[js/rememberMe.js 중에서]
```
function loadStoredDetails() {
    if (Modernizr.localstorage) {
        var name = localStorage["name"];
        var email = localStorage["email"];
        var remember = localStorage["remember"];
```

```
            if (name) {
                $("#name").val(name);
            }
            if (email) {
                $("#email").val(name);
            }
            if (remember =="true") s{
                $("#rememberme").attr("checked", "checked");
            }
        } else {
            // 웹 스토리지를 지원하지 않는다
        }
    }
```

마지막 단계로, loadStoredDetails 함수를 페이지가 로드되자마자 호출한다.

```
[js/rememberMe.js 중에서]
$('document').ready(function(){
    loadStoredDetails();
    $('#rememberme').change(saveData);
});
```

이제, 사용자가 이전에 페이지를 방문한 적이 있고, "이 컴퓨터에서 나를 기억하기"를 체크했다면 나중에 이 페이지에 방문할 때는 사용자의 이름과 이메일이 이미 채워져 있을 것이다.

웹 인스펙터를 이용한 웹 스토리지 값 열람

사파리나 크롬 웹 인스펙터(Web Inspector)를 이용해 로컬 스토리지의 값을 살펴보거나 그 값을 변경할 수도 있다. 사파리에서는 그림 10.6에서처럼 Storage 탭에서 저장된 데이터를 살펴볼 수 있다.

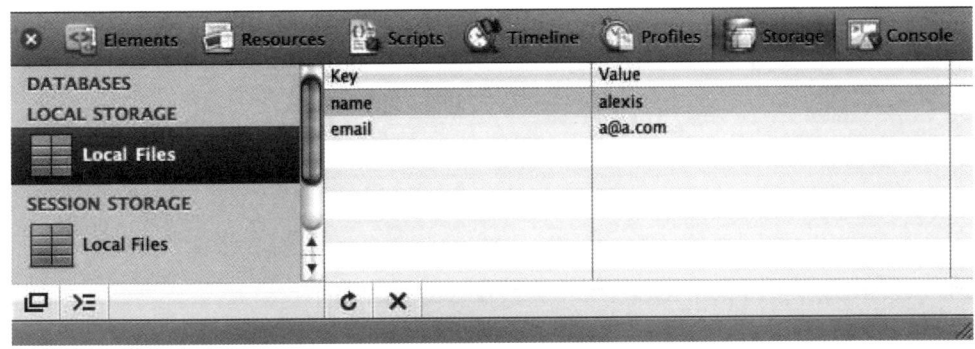

그림 10.6 | 로컬 및 세션 스토리지에 저장된 값 살펴보기

크롬에서는 Resources 탭에서 데이터를 확인할 수 있다.

브라우저에 저장된 데이터는 하드디스크에 있으므로 값을 열람하거나 변경하고 싶다면 웹 스토리지에서 데이터를 수정할 수 있다.

실제로 한번 해보자. register.html 페이지를 보는 동안 웹 인스펙터의 Storage 탭에서 "email"의 Value를 더블 클릭하면 그림 10.7에서 보다시피 그곳에 저장된 값을 실제로 수정할 수 있다.

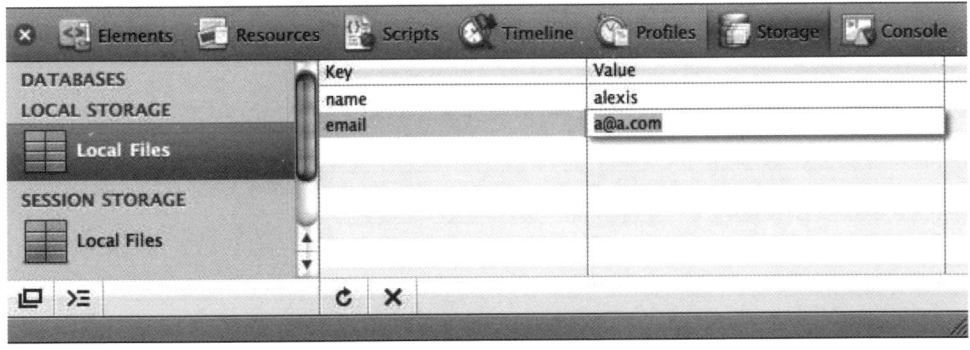

그림 10.7 | 웹 스토리지에 저장된 값 수정하기

사용자가 자신의 컴퓨터에 데이터를 저장하는 것이므로 개발자가 이를 막을 방법은 없다. 그러므로 로컬 스토리지의 데이터를 변경할 수 있는 영리한 사용자가 있다는 사실을 유념해야 한다. 이뿐만 아니라 웹 스토리지 규격에서는 브라우저가 쿠키 삭제 여부에 관해 사용자에게 보여주는 대화상자에서 이제는 로컬 스토리지도 지울 수 있게 허용해야 한다고 적혀 있다. 여기서 알아둬야 할 것은 저장하는 데이터가 100% 정확하다고 확신할 수도 없고, 데이터가 항상 거기에 있지 않을 수도 있다는 점이다. 따라서 민감한 데이터는 절대 로컬 스토리지에 보관해서는 안 된다.

웹 스토리지에 관해 좀 더 자세히 알고 싶다면 다음 자료를 참고한다.

- W3C의 웹 스토리지 규격[14]
- 모질라 개발자 네트워크의 웹 스토리지 문서[15]
- IBM developerWorks의 웹 스토리지 튜토리얼[16]

추가적인 HTML5 API

이 책의 범위를 벗어나는 수많은 다른 API가 있다. 하지만 여기서는 그러한 API에 대해 간단히 소개하기만 하고, 추후 학습을 위한 참고자료를 소개한다.

웹 워커

새로운 웹 워커(Web Worker) API를 이용하면 메인 페이지나 웹 앱을 방해하지 않고 백그라운드로 큰 스크립트를 실행할 수 있다. 웹 워커 이전에는 동시에 여러 개의 자바스크립트를 실행하는 것이 불가능했다. 그림 10.8과 같은 대화상자를 경험해 본 적이 있는가?

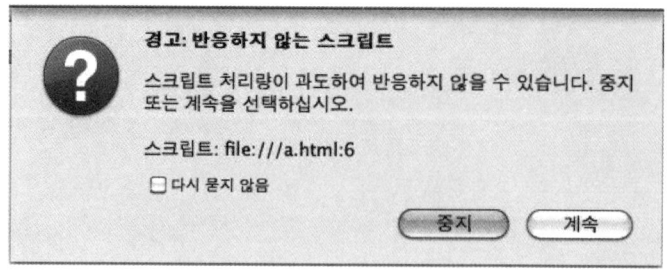

그림 10.8 | 지나치게 오랫동안 실행되는 스크립트는 전체 페이지를 멈추게 한다.

웹 워커를 이용하면 이런 경고 메시지를 덜 보게 될 것이다. 새로운 API를 이용하면 오랜 시간 동안 실행되면서 사용자와의 상호작용을 필요로 하지 않는 스크립트를 내부적으로 실행해 사용자와의 상호작용을 다루는 다른 스크립트와 함께 동시에 실행할 수 있다. 이 개념은 프로그래밍

---

14 http://dev.w3.org/html5/webstorage/#the-storage-interface
15 https://developer.mozilla.org/en/DOM/Storage
16 http://www.ibm.com/developerworks/xml/library/x-html5mobile2/

분야에서 스레딩(threading)으로 알려져 있으며, 웹 워커가 스레드와 같은 기능을 제공하는 것이다. 각 "워커(worker)"는 다른 워커나 페이지의 나머지 부분을 간섭하지 않고 자신의 스크립트 부분을 처리한다. 워커가 서로 조화를 이루면서 작업할 수 있게 API에는 한 워커에서 다른 워커로 메시지를 전달하는 방법도 정의돼 있다.

웹 워커는 아래와 같은 브라우저에서 지원된다.

- 사파리 4 이상
- 크롬 5 이상
- 파이어폭스 3.5 이상
- 오페라 10.6 이상

웹 워커는 현재 모든 버전의 인터넷 익스플로러, iOS, 안드로이드에서는 지원되지 않는다.

웹 워커에 관해 좀더 자세히 알고 싶다면 다음 자료를 참고한다.

- HTML5 Rocks의 "웹 워커 기본"[17]
- 모질라 개발자 네트워크의 "웹 워커 활용"[18]
- W3C 웹 워커 규격서[19]

웹 소켓

웹 소켓(Web Socket)은 '원격 서버와의 양방향 통신을 위한 프로토콜'이다.[20] 몇 가지 이유로 이 주제는 다루지 않겠다. 첫째, 이 API는 서버 측 개발자에게 매우 유용하지만 프론트엔드 개발자와 디자이너와는 관련성이 적다. 두 번째로, 웹 소켓은 여전히 개발 중이며, 몇 가지 보안상의 문제에 부딪혀 있다. 파이어폭스 4와 오페라 11은 이러한 문제로 웹 소켓을 기본적으로 비활성화해 둔다.[21]

17　http://www.html5rocks.com/tutorials/workers/basics/
18　https://developer.mozilla.org/En/Using_web_workers
19　http://dev.w3.org/html5/workers/
20　http://www.w3.org/TR/websockets/
21　http://hacks.mozilla.org/2010/12/websockets-disabled-in-firefox-4/ and
　　http://dev.opera.com/articles/view/introducing-web-sockets/

웹 소켓은 아래와 같은 브라우저에서 지원된다.

- 사파리 5 이상
- 크롬 4 이상
- 파이어폭스 4 이상(기본적으로 비활성화돼 있음)
- 오페라 11 이상(기본적으로 비활성화돼 있음)
- iOS (모바일 사파리) 4.2 이상

웹 소켓은 현재 모든 버전의 인터넷 익스플로러와 안드로이드에서는 지원되지 않는다.

웹 소켓에 관해 좀 더 자세히 알고 싶다면 W3C의 규격을 참고한다.

http://dev.w3c.org/html5/websockets/

Web SQL과 IndexedDB

경우에 따라서는 웹 스토리지 API에서 제공되는 5MB의 스토리지와 매우 단순한 키/값 쌍으로 충분하지 않을 때가 있다. 만일 상당한 양의 데이터를 저장하고 좀 더 복잡한 관계가 필요하다면 그러한 스토리지 요구사항을 만족할 만한 제대로 갖춰진 데이터베이스가 필요할 것이다.

일반적으로 데이터베이스는 서버 쪽에 국한된 것이었지만 현재 클라이언트 쪽에서 이러한 필요를 채워주도록 제안된 두 가지 데이터베이스 솔루션이 있다. 바로 Web SQL과 Indexed Database API(줄여서 IndexedDB라고 하는)다. Web SQL 규격은 더는 업데이트되지 않고, 현재는 IndexedDB가 힘을 얻고 있는 것처럼 보이지만 이 가운데 어느 것이 브라우저에서 진정한 데이터 스토리지를 위한 미래의 표준이 될지는 아직 미지수다.

Web SQL은 아래의 브라우저에서 지원된다.

- 사파리 3.2 이상
- 크롬
- 오페라 10.5 이상
- iOS (모바일 사파리) 3.2 이상
- 안드로이드 2.1 이상

Web SQL은 현재 모든 버전의 인터넷 익스플로러와 파이어폭스에서 지원되지 않는다. 한편, IndexedDB는 현재 파이어폭스 4에서만 지원된다.

이와 관련해서 좀 더 자세히 알고 싶다면 아래 내용을 참고한다.

- 마크 필그림(Mark Pilgrim)의 HTML5 로컬 스토리지 개요[22]
- W3C의 IndexedDB 규격서[23]
- W3C의 Web SQL 규격서[24]

그림 그리기로 되돌아가 보자

10장에서는 최신 브라우저에서 이용할 수 있는 새로운 자바스크립트 API를 잠시 살펴봤다. 당분간은 이러한 API를 모든 브라우저에서 지원하지는 않겠지만 Modernizr와 같은 도구는 그것들을 실제 프로젝트에 점치적으로 포함시키고 우리가 만드는 사이트와 애플리케이션에 새로운 기능을 가져다 주는 데 도움될 것이다.

다음 장이자 마지막 장에서는 브라우저에서 복잡한 그래픽을 생성하는 두 가지 기법과 함께 API를 하나 더 살펴보겠다. 이러한 기법과 API는 사용자의 시선을 끄는 웹 앱을 만들기 위한 다양한 가능성을 열어줄 것이다.

---

22 http://diveintohtml5.org/storage.html#future
23 http://dev.w3.org/2006/webapi/IndexedDB/
24 http://dev.w3.org/html5/webdatabase/

HTML5 & CSS3 FOR THE REAL WORLD

11

캔버스, SVG와 드래그 앤 드롭

HTML5 헤럴드가 '그리운 옛날' 신문으로서 상당히 다이내믹해지고 있다! 지금까지 새로운 video 요소를 이용해 비디오를 추가하고, 사이트를 오프라인에서도 사용할 수 있게 만들었으며, 사용자의 이름과 이메일 주소를 기억하게 하는 기능을 추가하고, 사용자의 위치를 찾아내기 위해 위치 정보 기능을 이용했다.

하지만 사이트를 좀 더 재미있게 만들려면 아직 할 수 있는 일이 더 있다. 첫째, 비디오가 컬러라서 신문의 나머지 부분과 약간 조화를 이루지 못한다. 둘째, 꽤 빠르기는 하지만 지오로케이션 기능에서 진행 표시줄을 이용해 사용자가 방황하지 않도록 진행상황을 알려줄 수 있을 것이다. 그리고 마지막으로, 페이지에 동적인 요소 한 가지만 더 추가한다면 좋을 것이다. 이 세 가지 모두 이 장에서 살펴볼 API, 즉 캔버스, SVG, 드래그 앤 드롭을 이용해 다루겠다.

캔버스

HTML5의 캔버스(Canvas) API를 이용하면 이제 더는 사이트에서 사각형을 그리는 데 제약이 없다. 자바스크립트를 이용해 상상할 수 있는 모든 것을 그릴 수 있다. 아울러 네트워크로 이미지를 다운로드하는 것을 피함으로써 웹사이트의 성능을 향상시킬 수 있다. 캔버스를 이용하면 모양, 선, 원호, 텍스트, 그라디언트 및 패턴을 그릴 수 있을 뿐 아니라 이미지나 심지어 비디오의 픽셀도 다룰 수 있다. 여기서는 캔버스의 몇 가지 기본적인 그리기 기능을 소개하는 것부터 시작해 비디오를 변형하는 능력을 이용하는 방법으로 넘어가겠다. 아울러 모던해 보이는 컬러 비디오를 가지고 전통적인 흑백 비디오로 변환해 HTML5 헤럴드의 전체 느낌에 어울리게끔 만들어 보겠다.

캔버스의 2D 컨텍스트(Context) 규격은 아래의 브라우저에서 지원된다.

- 사파리 2.0 이상
- 크롬 3.0 이상
- 파이어폭스 3.0 이상
- 인터넷 익스플로러 9.0 이상
- 오페라 10.0 이상
- iOS (모바일 사파리) 1.0 이상
- 안드로이드 1.0 이상

캔버스의 역사

캔버스는 처음에 애플에서 개발했다. 이미 애플에는 이차원 공간에 그림을 그리기 위한 프레임워크(Quartz 2D)가 있었기 때문에 앞서 나갔으며, HTML5 캔버스의 많은 개념이 그 프레임워크를 기반으로 하고 있다. 그다음에는 모질라와 오페라에서 채택됐고, WHATWG(그리고 그 뒤에 W3C에 의해 HTML5의 나머지 부분과 함께 채택됐다)에 의해 표준으로 자리 잡았다.

이 시점에서 몇 가지 좋은 소식이 있다. 아이폰이나 아이패드(합쳐서 iOS로 지칭되는)용 혹은 맥용 프로그램을 개발하고 싶다면 캔버스에서 배우는 내용은 Quartz 2D의 기본 개념을 이해하는 데 도움될 것이다. 이미 맥이나 iOS용 개발을 해봤고 Quartz 2D로 작업을 해봤다면 각종 캔버스 개념이 여러분에게 매우 친근해 보일 것이다.

canvas 요소 생성

캔버스를 이용하는 첫 단계는 페이지에 canvas 요소를 추가하는 것이다.

[canvas/demo1.html 중에서]
```
<canvas>
죄송합니다! 브라우저가 캔버스를 지원하지 않습니다.
</canvas>
```

canvas 태그 사이의 텍스트는 canvas 요소가 방문자의 브라우저에서 지원되지 않을 때만 보이게 된다.

캔버스에 그리려면 자바스크립트를 이용해야 하기 때문에 DOM에서 요소를 찾아내는 방법이 필요하다. canvas에 id를 부여하면 요소를 찾아낼 수 있다.

[canvas/demo1.html 중에서]
```
<canvas id="myCanvas">
죄송합니다! 브라우저가 캔버스를 지원하지 않습니다.
</canvas>
```

캔버스에 그리는 작업은 자바스크립트를 통해 수행되므로 페이지가 준비되면 자바스크립트를 호출해야 한다. jQuery의 문서 로딩 여부 확인 코드를 문서 하단의 script 요소에 추가하겠다.

[canvas/demo1.html 중에서]
```
<script>
$('document').ready(function(){
    draw();
});
</script>
```

canvas 요소에는 width와 height로 두 개의 속성이 있으며, 이 두 값 또한 설정해야 한다.

[canvas/demo1.html 중에서]
```
<canvas id="myCanvas" width="200" height="200">
죄송합니다! 브라우저가 캔버스를 지원하지 않습니다.
</canvas>
```

마지막으로, 캔버스를 페이지에서 시각적으로 구분되게끔 CSS를 이용해 캔버스에 테두리를 추가하자. 캔버스에는 기본 스타일이 적용돼 있지 않다. 그래서 테두리 같은 것에 표시하지 않으면 페이지 내에서 캔버스가 어디에 있는지 확인하기가 어렵다.

[css/canvas.css 중에서]
```
#myCanvas {
    border: dotted 2px black;
}
```

이제 테두리에 스타일을 추가했으니 페이지에서 canvas 컨테이너를 실제로 확인해볼 수 있다. 그림 11.1에서 canvas 컨테이너의 모습을 볼 수 있다.

그림 11.1 | 테두리가 점선인 비어 있는 캔버스

캔버스에 그리기

캔버스에 그리는 모든 작업은 캔버스 자바스크립트 API를 통해 가능하다. 앞서 페이지가 로드되면 draw()라는 함수를 호출했으므로 이제 그 함수를 만들어보자. 이 함수를 script 요소에 추가할 것이다. 첫 단계는 페이지에서 canvas 요소를 찾는 것이다.

```
[canvas/demo1.html 중에서]
<script>
...
function draw() {
    var canvas = document.getElementById("myCanvas");
}
</script>
```

컨텍스트 얻기

일단 변수에 canvas 요소를 저장했으면 캔버스의 컨텍스트를 설정해야 한다. 컨텍스트는 그린 내용이 표시될 장소를 의미한다. 지금은 이차원 컨텍스트에서 그리는 것만이 폭넓게 지원된다. W3C 캔버스 규격에서는 CanvasRenderingContext2D 객체에서 컨텍스트를 정의한다. 캔버스에 그리는 데 이용하는 대부분의 메서드는 이 객체의 메서드다.

getContext 메서드를 호출해 드로잉 컨텍스트를 얻는데, 우리가 그리려는 것이 이차원이므로 여기에 문자열 "2d"를 전달한다.

```
[canvas/demo1.html 중에서]
function draw() {
    var canvas = document.getElementById("myCanvas");
    var context = canvas.getContext("2d");
}
```

getContext에서 반환하는 객체는 CanvasRenderingContext2D 객체다. 이 장에서는 이를 간단히 '컨텍스트 객체'라고 지칭하겠다.

 WebGL

WebGL은 애플, 모질라, 구글과 오페라를 포함하는 WebGL 워킹 그룹과 함께 크로노스 그룹(Khronos Group)에서 관리하는 3D 그래픽을 위한 새로운 API다.

HTML5 캔버스와 WebGL을 결합해 3차원으로 그리는 것이 가능하다. WebGL은 현재 파이어폭스 4 이상, 크롬 8 이상, 사파리 6에서 지원된다. 좀 더 자세히 알고 싶다면 http://www.khronos.org/webgl/을 참고한다.

브러시에 색 입히기

실제 캔버스에 그림을 그릴 때는 우선 브러시를 페인트로 적셔야 한다. HTML5 캔버스에서도 똑같이 해줘야 하는데, strokeStyle이나 fillStyle 속성을 이용해 그렇게 할 수 있다. strokeStyle과 fillStyle은 모두 컨텍스트 객체에 설정된다. 그리고 이 두 속성 모두 색상을 나타내는 문자열이나 CanvasGradient, 또는 CanvasPattern 중 하나를 값으로 취한다.

색상 문자열을 이용해 스트로크(stroke)에 스타일을 입히는 것부터 시작해 보자. 스트로크는 그리려는 모양의 테두리라고 생각하면 된다. 빨간 테두리를 지닌 사각형을 그리기 위해 우선 스트로크 색상을 정의한다.

```
[canvas/demo1.html 중에서]
function draw() {
    var canvas = document.getElementById("myCanvas");
    var context = canvas.getContext("2d");
    context.strokeStyle = "red";
}
```

빨간 테두리에 파란색으로 채워져 있는 사각형을 그리려면 마찬가지로 채우기(fill) 색상을 정의해야 한다.

```
[canvas/demo1.html 중에서]
function draw() {
    ...
    context.fillStyle = "blue";
}
```

스트로크 색상이나 채우기 색상으로는 어떤 CSS 색상 값도 이용할 수 있으며, 문자열로 지정하기만 하면 된다. 이를테면, #00FFFF 같은 16진수 값, red나 blue와 같은 색상명, 혹은 rgb(0, 0, 255)와 같은 RGB 값 등을 쓸 수 있다. 심지어 반투명인 스트로크나 채우기 색상을 설정하고자 RGBA를 이용할 수도 있다. 파란색을 투명도가 50%인 파란색으로 바꿔보자.

```
[canvas/demo1.html 중에서]
function draw() {
    ...
    context.fillStyle = "rgba(0, 0, 255, 0.5)";
}
```

캔버스에 사각형 그리기

스트로크와 채우기 색상을 정의했으면 이제 그릴 준비가 끝났다! 사각형으로 시작해보자! 이는 fillRect와 strockeRect 메서드를 호출해서 수행할 수 있다. 이 두 메서드 모두 채우거나 스트로크를 시작하길 원하는 곳의 X 좌표와 Y 좌표, 그리고 사각형의 너비와 높이를 전달받는다. 캔버스의 상단 왼쪽 모서리를 기준으로 상단에서 10픽셀, 왼쪽에서 10픽셀 떨어진 곳에 스트로크와 채우기를 추가한다.

```
[canvas/demo1.html 중에서]
function draw() {
    ...
    context.fillRect(10,10,100,100);
    context.strokeRect(10,10,100,100);
}
```

이렇게 하면 그림 11.2와 같은 빨간 테두리가 지정된 반투명의 파란색 사각형이 만들어진다.

그림 11.2 | 간단한 사각형. 첫 번째 캔버스 그림으로는 나쁘지 않다!

캔버스 좌표 시스템

이미 알고 있겠지만 canvas 요소에서의 좌표 시스템은 수학시간에 배운 데카르트 좌표계와는 다르다. 캔버스 좌표 시스템에서 왼쪽 상단 모서리는 (0,0)이다. 캔버스가 가로, 세로 200픽셀이라면 그림 11.3에서 표시된 것처럼 오른쪽 하단 모서리가 (200, 200)이다.

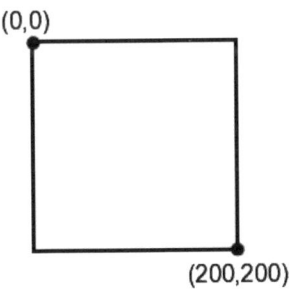

그림 11.3 | 캔버스 좌표 시스템은 위에서 아래, 그리고 왼쪽에서 오른쪽으로 증가한다.

fillStyle의 변형

fillStyle로 색상 대신 CanvasGradient나 CanvasPattern도 이용할 수 있었다.

createPattern 메서드를 호출해 CanvasPattern을 생성한다. createPattern은 패턴을 생성할 이미지와 이미지를 반복하는 방법으로 두 개의 매개변수를 받는다. 반복 값은 문자열이며, 유효한 값은 CSS에서의 값과 같다. 즉 repeat, repeat-x, repeat-y, no-repeat이다.

반투명의 파란색 fillStyle을 이용하는 대신 자전거 이미지를 이용해 패턴을 만들어 보자. 첫 번째로 Image 객체를 생성하고 그 객체의 src 속성에 이미지를 지정한다.

```
[canvas/demo2.html 중에서]
function draw() {
    ...
    var img = new Image();
    img.src = "../images/bg-bike.png";
}
```

src 속성을 설정하면 브라우저가 해당 이미지를 내려받기 시작한다. 하지만 이미지를 바로 그라디언트를 생성하는 데 이용하려고 한다면 이미지는 아직 로딩 중이라서 몇 가지 문제가 발생한다. 그래서 일단 브라우저에 의해 이미지가 완전히 로드되고 난 후에 패턴을 생성하기 위해 이미지의 onload 속성을 이용하겠다.

```
[canvas/demo2.html 중에서]
function draw() {
    ...
    var img = new Image();
    img.src = "../images/bg-bike.png";

    img.onload = function() {

    };
}
```

여기서는 onload 이벤트 핸들러에서 createPattern을 호출할 때 Image 객체와 문자열 repeat를 전달해 이미지가 X 축과 Y 축을 모두 따라 반복되게 한다. createPattern의 결과는 변수 pattern에 저장하고, fillStyle에 해당 변수를 지정한다.

```
[canvas/demo2.html 중에서]
function draw() {
    ...
    var img = new Image();
    img.src = "../images/bg-bike.png";
    img.onload = function() {
        pattern = context.createPattern(img, "repeat");
        context.fillStyle = pattern;
        context.fillRect(10,10,100,100);
        context.strokeRect(10,10,100,100);
    };
}
```

> **익명 함수**
>
> 어쩌면 "image.onload의 호출 바로 전에 나오는 function 문이 뭐지?"라는 의문이 들 수도 있다. 이것은 익명 함수(Anonymous Function)다. 익명 함수는 예상할 수 있듯이 이름이 없다는 점을 제외하고 일반 함수와 아주 흡사하다.
>
> 이벤트 리스너에 익명 함수가 지정되면 이것은 익명 함수가 그 이벤트에 묶여 있음을 의미한다. 다시 말해, 익명 함수 내의 코드는 load 이벤트가 발생하게 되면 실행될 것이다.

이제, 우리가 만든 사각형은 자전거 이미지로 된 패턴으로 채워져 있다(그림 11.4).

그림 11.4 | 패턴이 캔버스를 채운다.

또, fillStyle로 이용하기 위해 CanvasGradient를 생성할 수도 있다. CanvasGradient를 생성하려면 두 가지 메서드 중 하나를 호출한다. 바로 createLinearGradient(x0, y0, x1, y1) 혹은 createRadialGradient(x0, y0, r0, x1, y1, r1)이다. 그리고 나서 하나 이상의 컬러 스톱을 그라디언트에 추가한다.

createLinearGradient의 x0과 y0은 그라디언트의 시작 위치를 나타낸다. x1과 y1은 끝나는 위치를 나타낸다.

캔버스 상단에서 시작해 아래쪽으로 가면서 색깔이 변해가는 그라디언트를 생성하기 위해 원점(0,0)에 시작 위치를 정의하고, 끝 위치는 거기서 200픽셀 내려가는 (0, 200)으로 정의한다.

```
[canvas/demo3.html 중에서]
function draw() {
    ...
    var gradient = context.createLinearGradient(0, 0, 0, 200);
}
```

다음으로, 컬러 스톱을 지정한다. 컬러 스톱 메서드는 간단히 addColorStop(offset, color)이다.

offset은 0과 1 사이의 값이다. offset 0은 그라디언트가 시작하는 지점이고, offset 1은 다른 한 쪽 끝이다. color는 fillStyle과 같은 문자열 값으로서, 색상 문자열, 16진수 색상 값, rgb() 값 혹은 rgba() 값을 지정할 수 있다.

파란색으로 시작하고 중간쯤에 흰색과 섞이기 시작하는 그라디언트를 만들고자 offset 0에 흰색 컬러 스톱과 offset 1에 보라색 컬러 스톱을 지정하자.

[canvas/demo3.html 중에서]
```
function draw() {
    ...
    var gradient = context.createLinearGradient(0, 0, 0, 200);
    gradient.addColorStop(0,"blue");
    gradient.addColorStop(1,"white");
    context.fillStyle = gradient;
    context.fillRect(10,10,100,100);
    context.strokeRect(10,10,100,100);
}
```

그림 11.5는 사각형의 fillStyle에 CanvasGradient를 설정한 결과다.

그림 11.5 | 캔버스로 선형 그라디언트 생성하기

패스를 이용해 다른 모양 그리기

사각형만 그릴 수 있는 건 아니다. 상상할 수 있는 그 어떤 모양도 그릴 수 있다! 하지만 사각형, 정사각형과는 달리 원형이나 다른 모양을 그리는 내장 메서드는 없다. 좀 더 흥미로운 모양을 그리려면 원하는 모양의 **패스(path)**를 그려야 한다.

패스는 선, 호, 형태를 위한 밑그림을 생성하지만 패스에 스트로크를 주기 전까지는 눈에 보이지 않는다! 사각형을 그리려면 우선 strokeStyle을 설정하고 fillRect를 호출한다. 좀 더 복잡한 모양을 그리려면 세 단계가 필요하다. 패스를 그리고, 패스에 스트로크를 주고, 패스를 채우는 것이다. 사각형을 그리는 것과 마찬가지로 패스에 스트로크만 주거나 채우기만 할 수도 있다. 물론 두 가지를 동시에 할 수도 있다.

간단한 원으로 시작해 보자.

[canvas/demo4.html 중에서]
```
function draw() {
    var canvas = document.getElementById("myCanvas");
    var context = canvas.getContext("2d");

    context.beginPath();
}
```

이제 arc를 생성해야 한다. arc는 원의 일부분이다. 원을 생성하는 메서드는 없지만 간단히 360° arc로 원을 그릴 수 있다. arc 메서드를 이용해 원을 그려보자.

[canvas/demo4.html 중에서]
```
function draw() {
    var canvas = document.getElementById("myCanvas");
    var context = canvas.getContext("2d");

    context.beginPath();
    context.arc(50, 50, 30, 0, Math.PI*2, true);
}
```

arc 메서드에 지정하는 인자는 다음과 같다. arc(x, y, radius, startAngle, endAngle, anticlockwise).

x와 y는 arc의 패스가 시작하길 원하는 캔버스의 위치를 나타낸다. 이를 그리려고 하는 원의 중심으로 생각하면 된다. radius는 원의 중심에서 가장자리까지의 거리다.

startAngle과 endAngle은 그리고 싶은 원의 원주를 따라 시작과 끝의 각도를 나타낸다. 각도에 대한 단위는 라디안이며 한 원은 2π 라디안이다. 여기서는 하나의 완전한 원을 그리려고 하므로 endAngle에 2π를 지정하겠다. 자바스크립트에서는 Math.PI에 2를 곱해서 이 값을 얻을 수 있다.

anticlockwise는 선택적인 인자다. 시계 방향 대신 시계 반대 방향으로 그려지는 arc가 필요하다면 이 값을 true로 설정한다. 완전한 원을 그리고 싶다면 어떤 방향으로 그리든지 상관없으므로 이 인자를 생략한다.

원을 그리는 작업이 끝났으므로 다음 단계로 패스를 닫는다. closePath 메서드를 이용해 이 작업을 수행한다.

```
[canvas/demo4.html 중에서]
function draw() {
    var canvas = document.getElementById("myCanvas");
    var context = canvas.getContext("2d");

    context.beginPath();
    context.arc(100, 100, 50, 0, Math.PI*2, true);
    context.closePath();
}
```

이제 패스가 만들어졌다! 하지만 패스에 스트로크를 주거나 그것을 채우지 않으면 볼 수가 없다. 따라서 패스에 외곽선을 주고 싶다면 strokeStyle을 설정해야 하고, 원에 색상을 채우고 싶다면 fillStyle을 설정해야 한다. 기본값으로, 스트로크의 폭은 1픽셀이다. 이것은 context 객체의 lineWidth 속성에 저장된다. lineWidth를 3으로 지정해 외곽선을 좀 더 두껍게 만들어보자.

```
[canvas/demo4.html 중에서]
function draw() {
    var canvas = document.getElementById("myCanvas");
    var context = canvas.getContext("2d");

    context.beginPath();
    context.arc(50, 50, 30, 0, Math.PI*2, true);
    context.closePath();
    context.strokeStyle = "red";
    context.fillStyle = "blue";
    context.lineWidth = 3;
}
```

마지막으로, 패스를 채우고 스트로크를 준다. 이번에는 사각형에서 이용한 것과는 다른 이름의 메서드를 사용한다는 것에 유의하자. 패스를 채우려면 간단히 fill을 호출하고 스트로크를 주기 위해 stroke를 호출한다.

```
[canvas/demo4.html 중에서]
function draw() {
    var canvas = document.getElementById("myCanvas");
    var context = canvas.getContext("2d");

    context.beginPath();
    context.arc(100, 100, 50, 0, Math.PI*2, true);
    context.closePath();
    context.strokeStyle = "red";
    context.fillStyle = "blue";
    context.lineWidth = 3;
    context.fill();
    context.stroke();
}
```

그림 11.6은 완성된 원의 모습이다.

그림 11.6 | 우리의 멋진 새로운 원

모양 그리기에 관해 좀 더 자세히 알고 싶다면 모질라 개발자 네트워크에 있는 훌륭한 튜토리얼을 참고한다.[1]

캔버스 그림 저장

캔버스 API를 이용해 프로그램 방식으로 이미지를 생성했지만 그림의 로컬 복사본을 갖고 싶다고 한다면 그림을 PNG나 JPEG 파일로 저장하기 위해 API의 toDataURL 메서드를 이용할 수 있다.

---

1   https://developer.mozilla.org/en/Canvas_tutorial/Drawing_shapes

방금 그렸던 원을 보존하고자 HTML에 새로운 버튼을 추가해 일단 버튼이 클릭되면 새로운 창에 이미지로 바뀐 캔버스 그림이 열리게 할 수 있을 것이다. 이를 위해 새로운 자바스크립트 함수를 정의해 보자.

[canvas/demo5.html 중에서]
```
function saveDrawing() {
    var canvas = document.getElementById("myCanvas");
    window.open(canvas.toDataURL("image/png"));
}
```

다음으로, HTML에 버튼을 추가하고 그것이 클릭되면 함수가 호출되게 한다.

[canvas/demo5.html 중에서]
```
<canvas id="myCanvas" width="200" height="200">
죄송합니다! 브라우저가 캔버스를 지원하지 않습니다.
</canvas>
<form>
    <input type="button" name="saveButton" id="saveButton" value="Save Drawing">
</form>
...
<script>

$('document').ready(function(){
    draw();
    $('#saveButton').click(saveDrawing);
});
...
```

버튼이 클릭되면 그림 11.7에서와 같이 PNG 파일이 로드된 새로운 창이나 탭이 열린다.

캔버스의 그림을 파일로 저장하는 것에 관해 좀 더 자세히 알고 싶다면 W3C 캔버스 규격[2]과 모질라의 캔버스 코드 예제[3]의 '캔버스 이미지를 파일로 저장하기' 섹션을 참고한다.

---

2 http://www.w3.org/TR/html5/the-canvas-element.html#dom-canvas-todataurl
3 https://developer.mozilla.org/en/Code_snippets/Canvas

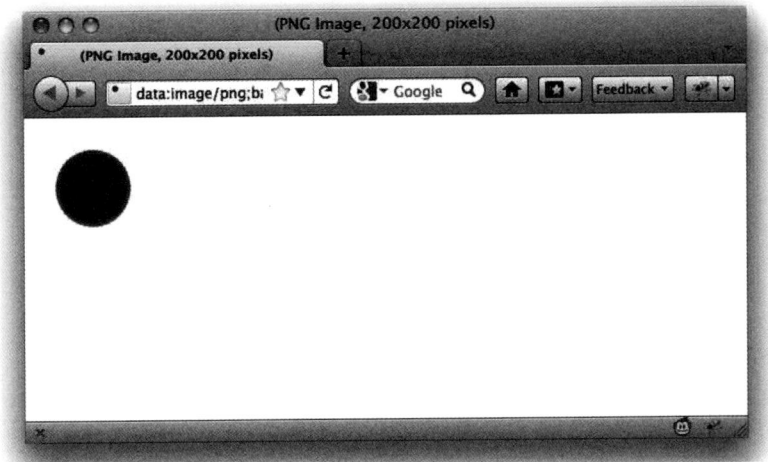

그림 11.7 | 새로운 창에 이미지가 로드된다.

이미지를 캔버스에 그리기

이미지를 canvas 요소에 그릴 수도 있다. 이 예제에서는 페이지에 이미 존재하는 이미지를 캔버스에 다시 그리겠다.

실질적인 예를 들기 위해 HTML5 로고[4]를 다음 예제를 위한 이미지로 활용한다. 이 로고를 페이지의 img 요소에 추가하는 것부터 시작해 보자.

```
[canvas/demo6.html 중에서]
<canvas id="myCanvas" width="200" height="200">
브라우저가 캔버스를 지원하지 않습니다.
</canvas>
<img src="../images/html5-logo.png" id="myImageElem">
```

다음으로, canvas 요소를 얻고 canvas의 컨텍스트를 설정한 후, 예제 페이지에서 document.getElementById를 통해 이미지를 구할 수 있다.

```
[canvas/demo6.html 중에서]
function draw() {
    var canvas = document.getElementById("myCanvas");
    var context = canvas.getContext("2d");
```

---

4 http://www.w3.org/html/logo/

```
        var image = document.getElementById("myImageElem");
    }
```

앞서 canvas 요소를 보이게 만들었던 것과 동일한 CSS를 이용한다.

[css/canvas.css 중에서]
```
#myCanvas {
    border: dotted 2px black;
}
```

캔버스와 이미지 사이에 간격을 두기 위해 약간 수정해 보자.

[css/canvas.css 중에서]
```
#myCanvas {
    border: dotted 2px black;
    margin: 0px 20px;
}
```

그림 11.8에서는 이미지 옆에 비어 있는 캔버스를 보여준다.

그림 11.8 │ 이미지와 캔버스, 아직 별로 한 일은 없다

페이지의 이미지에서 캔버스에 다시 그리기 위해 canvas의 drawImage 메서드를 이용할 수 있다.

[canvas/demo6.html 중에서]
```
function draw() {
    var canvas = document.getElementById("myCanvas");
    var context = canvas.getContext("2d");
    var image = document.getElementById("myImageElem");
    context.drawImage(image, 0, 0);
}
```

이미지를 (0,0) 좌표로 그렸기 때문에 그림 11.9에서 보이는 것처럼 이미지는 캔버스의 왼쪽 상단에 나타난다.

그림 11.9 | 캔버스 내부에 이미지를 다시 그리기

drawImage에 전달하는 X 좌표와 Y 좌표를 변경하면 이미지를 캔버스의 중앙에 그릴 수 있을 것이다. 이미지는 가로/세로 64픽셀, 그리고 캔버스는 가로/세로 200픽셀이므로 이미지를 (68, 68)[5]로 그리면 그림 11.10과 같이 이미지가 캔버스의 중앙에 위치할 것이다.

그림 11.10 | 이미지를 캔버스의 중앙에 표시하기

이미지 조작

페이지로부터 이미지 요소를 캔버스로 다시 그리는 것은 그다지 흥미로운 일은 아니다. 사실 img 요소를 이용하는 것과 별반 차이가 없다! 여기서 재미있는 부분은 캔버스에 이미지를 그린 후 이 이미지를 어떻게 조작하느냐는 것이다.

---

5   캔버스 크기의 절반에서 이미지 크기의 절반을 뺀다. 즉, (200/2) - (64/2) = 68.

일단 이미지를 캔버스에 그렸으면 해당 이미지의 픽셀을 조작하기 위해 Canvas API의 getImageData 메서드를 이용할 수 있다. 예를 들어, 로고를 컬러에서 흑백으로 변환하고 싶다면 Canvas API 내의 메서드를 이용하면 된다.

getImageData에서는 세 개의 속성을 포함하는 ImageData 객체를 반환한다. 그 세 가지 속성은 width, height, data다. 처음 두 속성은 명료하지만 흥미를 끄는 것은 마지막 속성인 data다.

data는 ImageData 객체에서 픽셀에 관한 정보를 배열 형태로 담고 있다. 캔버스의 각 픽셀은 data 배열에서 네 개의 값을 가진다. 이 네 값은 픽셀의 R, G, B 그리고 A 값에 해당한다.

getImageData 메서드를 이용하면 캔버스의 작은 부분을 조사할 수 있으므로 data 배열에 좀 더 익숙해질 수 있게 이 기능을 이용해 보자. getImageData는 네 개의 매개변수를 전달받는데, 이것은 우리가 살펴보고 싶은 캔버스 직사각형 조각의 네 모서리에 대응한다. 캔버스의 아주 작은 부분을 대상으로 getImageData를 호출할 경우, 가령 context.getImageData(0, 0, 1, 1)로 호출한다면 오직 한 픽셀(0,0에서 1.1로의 사각형)만을 검사하는 셈이다. 반환되는 배열은 단 하나의 픽셀에 대한 빨강(R), 초록(G), 파랑(B), 그리고 알파(A) 값을 포함하는 네 개의 항목으로 구성된다.

```
function draw() {
    var canvas = document.getElementById("myCanvas");
    var context = canvas.getContext("2d");
    var image = document.getElementById("myImageElem");
    //  캔버스상의 x=68과 y=68에 이미지 그리기
    context.drawImage(image, 68, 68);
    var imageData = context.getImageData(0, 0, 1, 1);
    var pixelData = imageData.data;
    alert(pixelData.length);
}
```

그림 11.11의 경고 확인창은 캔버스의 한 픽셀에 대해 data 배열에 4개의 값이 들어 있음을 보여준다.

그림 11.11 | 단일 픽셀에 대한 data 배열에는 네 개 값이 들어 있다.

컬러에서 흑백으로 이미지 변환하기

캔버스에서 완전한 컬러 이미지를 흑백 이미지로 변환하기 위해 getImageData를 어떻게 사용해야 할지 살펴보자. 앞에서 했던 것처럼 캔버스에 이미지를 이미 위치시켰다고 가정하면 for 루프를 이용해 이미지의 각 픽셀을 모두 순회하면서 픽셀을 흑백으로 변경할 수 있다.

첫째로, 전체 캔버스를 조회하고자 getImageData(0, 0, 200, 200)를 호출한다. 그리고 나서 배열에 순서대로 나타나는 각 픽셀의 빨강(R), 초록(G), 파랑(B) 값을 구해야 한다.

```
[canvas/demo7.html 중에서]
function draw() {
    var canvas = document.getElementById("myCanvas");
    var context = canvas.getContext("2d");
    var image = document.getElementById("myImageElem");
    context.drawImage(image, 68, 68);

    var imageData = context.getImageData(0, 0, 200, 200);
    var pixelData = imageData.data;

    for (var i = 0; i < pixelData.length; i += 4) {
        var red = pixelData[i];
        var green = pixelData[i + 1];
        var blue = pixelData[i + 2];
    }
}
```

for 루프에서 i의 증가값이 일반적인 값인 1이 아니라 4라는 점에 유의하자. 이것은 각 픽셀이 imageData 배열에서 네 개의 값을 취하기 때문이다. 각 숫자는 R, G, B, A 값에 해당한다.

다음으로, 현재 픽셀의 흑백값을 구해야 한다. 확인 결과 RGB에서 흑백으로 변환하는 수학 공식이 있다. 아래 코드에서 보는 것처럼 특정 숫자를 R, G, B 값 각각에 곱하면 된다.

[canvas/demo7.html 중에서]
```
...
for (var i = 0; i < pixelData.length; i += 4) {
    var red = pixelData[i];
    var green = pixelData[i + 1];
    var blue = pixelData[i + 2];

    var grayscale = red * 0.3 + green * 0.59 + blue * 0.11;
}
...
```

흑백을 나타내는 적절한 값이 만들어졌으므로 이 값을 다시 data 배열의 R, G, B에 저장한다.

[canvas/demo7.html 중에서]
```
...
for (var i = 0; i < pixelData.length; i += 4) {
    var red = pixelData[i];
    var green = pixelData[i + 1];
    var blue = pixelData[i + 2];

    var grayscale = red * 0.3 + green * 0.59 + blue * 0.11;

    pixelData[i] = grayscale;
    pixelData[i + 1] = grayscale;
    pixelData[i + 2] = grayscale;
}
...
```

자, 이렇게 각 픽셀을 흑백으로 변환해 픽셀 데이터를 수정했다. 그럼 마지막 단계는 뭘까? putImageData라는 메서드로 수정한 이미지 데이터를 캔버스에 다시 넣는 것이다. 이 메서드는 예상하는 바대로 작동한다. 즉, 이미지 데이터를 입력받아 그것을 캔버스에 저장한다. 다음은 이 메서드를 사용하는 모습이다.

[canvas/demo7.html 중에서]
```
function draw() {
    var canvas = document.getElementById("myCanvas");
    var context = canvas.getContext("2d");
    var image = document.getElementById("myImageElem");
    context.drawImage(image, 60, 60);
```

```
        var imageData = context.getImageData(0, 0, 200, 200);
        var pixelData = imageData.data;

        for (var i = 0; i < pixelData.length; i += 4) {
            var red = pixelData[i];
            var green = pixelData[i + 1];
            var blue = pixelData[i + 2];

            var grayscale = red * 0.3 + green * 0.59 + blue * 0.11;

            pixelData[i] = grayscale;
            pixelData[i + 1] = grayscale;
            pixelData[i + 2] = grayscale;
        }
        context.putImageData(imageData, 0, 0);
    }
```

이로써 이미지의 흑백 버전을 캔버스에 그려봤다.

getImageData에서의 보안 오류

이 코드를 크롬이나 파이어폭스에서 실행해 봤다면 코드가 작동하지 않는다는 사실을 알게 될 것이다(캔버스의 이미지가 여전히 컬러다). 그 이유는 이 두 브라우저에서는 데스크톱에 있는 HTML 파일에서 데스크톱에 있는 이미지를 변환하려고 하면 getImageData에서 오류가 발생하기 때문이다. 예제 코드에서는 불필요하지만 이 오류는 보안 오류다.

크롬과 파이어폭스가 막으려고 하는 실제 보안 문제는 다른 도메인에 있는 이미지를 조작하려는 사용자다. 예를 들어, 이것은 http://google.com/에서 공식 로고를 읽어와 픽셀 데이터를 조작하는 행위를 못하게 하는 것과 같다.

W3C 캔버스 규격[6]에서는 이를 다음과 같이 설명하고 있다.

> 한 출처의 스크립트가 다른 출처(동일하지 않은 출처)의 이미지에 대한 정보에 접근(예: 픽셀 읽기)할 수 있으면 정보 누수가 발생할 수 있다. 이를 완화하고자 canvas 요소는 그것들이 같은 출처(origin-clean)인지 나타내는 플래그를 갖도록 정의된다.

---

6 http://dev.w3.org/html5/2dcontext/

처리하려는 이미지가 처리를 수행할 자바스크립트의 도메인과는 다른 도메인이라면 이 origin-clean 플래그는 false로 설정된다. 유감스럽게도 크롬과 파이어폭스에서는 하드디스크에 있는 파일을 테스트할 때도 이 origin-clean 플래그가 false로 지정된다. 이 파일이 다른 도메인에 있는 파일처럼 보이는 것이다.

파이어폭스나 크롬에서 캔버스를 이용해 픽셀을 조작하는 테스트를 하고 싶다면 여러분의 컴퓨터에서 실행되는 웹 서버(http://localhost/)에서 테스트하거나 혹은 실제 웹 서버에서 온라인으로 테스트를 해야 한다.

캔버스로 비디오 조작하기

앞서 컬러 이미지를 흑백으로 변환하기 위해 작성한 코드를 가지고 HTML5 헤럴드 페이지의 옛날 느낌에 맞추기 위해 컬러 비디오를 흑백으로 만들 수 있다. 이를 사이트의 홈페이지에 포함할 수 있게 videoToBW.js라는 새롭게 분리된 자바스크립트 파일로 작성하겠다.

이 파일은 늘 그렇듯이 canvas와 context를 설정하는 것으로 시작한다.

[js/videoToBW.js 중에서]
```js
function makeVideoOldTimey()
{
    var video = document.getElementById("video");
    var canvas = document.getElementById("canvasOverlay");
    var context = canvas.getContext("2d");
}
```

다음으로, video 요소에서 play 이벤트가 발생했을 때 반응하는 새로운 이벤트 리스너를 추가한다.

비디오가 재생을 시작하면 draw 함수를 호출하려고 한다. 이를 위해 video 요소의 play 이벤트에 반응하는 이벤트 리스너를 추가한다.

[js/videoToBW.js 중에서]
```js
function makeVideoOldTimey()
{
    var video = document.getElementById("video");
    var canvas = document.getElementById("canvasOverlay");
    var context = canvas.getContext("2d");
```

```
        video.addEventListener("play", function(){
            draw(video,context,canvas);
        },false);
    }
```

draw 함수는 play 이벤트가 발생하면 호출되며, 이때 video, context, canvas 객체가 전달된다. 일반적인 이름을 지닌 함수를 이벤트 핸들러로 지정하면 매개변수를 넘겨줄 수 없으므로 여기서는 일반적인 이름을 지닌 함수가 아닌 익명 함수를 사용하려고 한다.

draw 함수에 몇 가지 매개변수(video, context, canvas)를 전달하고 싶으므로 익명 함수의 내부에서 이를 호출해야 한다.

draw 함수를 살펴보자.

[js/videoToBW.js 중에서]
```
function draw(video, context, canvas)
{
    if (video.paused || video.ended)
    {
        return false;
    }

    drawOneFrame(video, context, canvas);
}
```

다른 것을 하기 전에 비디오가 정지됐거나 끝났는지 확인하며, 비디오가 이 두 가지 경우 중 하나라면 false를 반환해 함수 실행을 중단한다. 그렇지 않으면 drawOneFrame 함수로 넘어간다. 캔버스에 정적인 이미지 대신 video 요소를 그린다는 점을 제외하면 drawOneFrame 함수는 앞서 이미지를 컬러에서 흑백으로 변환하기 위해 작성한 코드와 거의 유사하다.

[js/videoToBW.js 중에서]
```
function drawOneFrame(video, context, canvas){
    // 비디오를 캔버스에 그린다
    context.drawImage(video, 0, 0, canvas.width, canvas.height);

    var imageData = context.getImageData(0, 0, canvas.width, canvas.height);
    var pixelData = imageData.data;
    // RGB 픽셀을 순회하면서 흑백값으로 바꾼다
    for (var i = 0; i < pixelData.length; i += 4) {
        var red = pixelData[i];
        var green = pixelData[i + 1];
```

```
            var blue = pixelData[i + 2];
            // i+3 위치에 있는 알파값은 무시한다.

            var grayscale = red * 0.3 + green * 0.59 + blue * 0.11;

            pixelData[i] = grayscale;
            pixelData[i + 1] = grayscale;
            pixelData[i + 2] = grayscale;
        }

        imageData.data = pixelData;

        context.putImageData(imageData, 0, 0);
    }
```

프레임을 하나 그렸다면 그다음 단계는 뭘까? 또 다른 프레임을 그리는 것이다! setTimeout 메서드를 이용하면 draw 함수를 쉬지 않고 계속해서 호출할 수 있다. 맨 마지막 매개변수는 지연시간을 나타내는 값이다. 혹은 함수를 호출하기 전에 얼마나 오랫동안 기다려야 하는지 밀리초 단위로 나타낸 것이다. 여기서는 0으로 설정돼 있기 때문에 기본적으로 draw 함수를 계속해서 실행하고 있는 것과 같다. 이 과정은 비디오가 끝나거나 멈출 때까지 계속된다.

```
[js/videoToBW.js 중에서]
function draw(video, context, canvas) {
    if (video.paused || video.ended)
    {
        return false;
    }
    var status = drawOneFrame(video, context, canvas);

    // 다시 시작한다!
    setTimeout(function(){ draw(video, context, canvas); }, 0);
}
```

최종 결과는? 날아오르는 비행기가 나오는 컬러 비디오가 이제 흑백으로 재생된다!

캔버스에 텍스트 표시

컴퓨터의 파일로 HTML5 헤럴드를 본다고 했을 때 우리가 단순한 이미지에서 하는 것처럼 전체 비디오를 조작하려고 한다면 파이어폭스와 크롬에서는 보안 오류가 발생할 것이다.

어쨌든 비디오가 작동하게 하려면 약간의 오류 검사를 추가할 수 있다. 로컬 컴퓨터의 크롬이나 파이어폭스에서 본다고 하더라도 말이다.

첫 번째 단계는 오류를 잡기 위해 try/catch 블록을 추가하는 것이다.

[js/videoToBW.js 중에서]
```js
function drawOneFrame(video, context, canvas) {
    context.drawImage(video, 0, 0, canvas.width, canvas.height);

    try {
        var imageData = context.getImageData(0, 0, canvas.width, canvas.height);
        var pixelData = imageData.data;
        for (var i = 0; i < pixelData.length; i += 4) {
            var red = pixelData[i];
            var green = pixelData[i + 1];
            var blue = pixelData[i + 2];
            var grayscale = red * 0.3 + green * 0.59 + blue * 0.11;
            pixelData[i] = grayscale;
            pixelData[i + 1] = grayscale;
            pixelData[i + 2] = grayscale;
        }

        imageData.data = pixelData;
        context.putImageData(imageData, 0, 0);
    }
    catch (err) {
        // 오류를 처리하는 코드
    }
}
```

getImageData를 호출하는 데 오류가 발생하면 사용자에게 잘못된 부분에 관한 힌트를 주기 위해 약간의 메시지를 표시하면 좋을 것이다. 이 경우 캔버스 API의 fillText 메서드를 이용하면 된다.

캔버스에 어떤 텍스트를 쓰기 전에 이미 그려져 있는 것을 지워야 한다. 여기서는 drawImage를 호출해 이미 캔버스에 비디오의 첫 프레임을 그렸다. 이것은 어떻게 지울 수 있을까?

캔버스의 width 또는 height를 재설정하면 된다. 그러면 캔버스가 깨끗해질 것이다. 자, width를 재설정해 보자.

[js/videoToBW.js 중에서]
```
function drawOneFrame(video, context, canvas) {
    context.drawImage(video, 0, 0, canvas.width, canvas.height);

    try {
        ...
    }
    catch (err) {
        canvas.width = canvas.width;
    }
}
```

다음으로는 canvas 요소가 비디오의 위에 위치해 있으므로 검정색에서 투명으로 배경 색상을 바꿔보자.

[js/videoToBW.js 중에서]
```
function drawOneFrame(video, context, canvas) {
    context.drawImage(video, 0, 0, canvas.width, canvas.height);

    try {
        ...
    }
    catch (err) {
        canvas.width = canvas.width;
        canvas.style.backgroundColor = "transparent";
    }
}
```

투명해진 캔버스에 텍스트를 그리기 전에 우선 텍스트의 스타일을 설정해야 한다. 앞서 패스를 가지고 했던 작업과 유사하다. 이 경우 fillStyle과 textAlign 메서드를 이용하면 된다.

[js/videoToBW.js 중에서]
```
function drawOneFrame(video, context, canvas) {
    context.drawImage(video, 0, 0, canvas.width, canvas.height);

    try {
        ...
    }
    catch (err) {
        canvas.width = canvas.width;
        canvas.style.backgroundColor = "transparent";
        context.fillStyle = "white";
```

```
        context.textAlign = "left";
    }
}
```

또, 이용하고 싶은 폰트도 설정해야 한다. context 객체의 font 속성은 CSS의 font 속성과 같은 방식으로 작동한다. 폰트 크기는 18px, 그리고 폰트 패밀리는 콤마로 분리된 목록으로 지정한다.

[js/videoToBW.js 중에서]
```
function drawOneFrame(video, context, canvas) {
    context.drawImage(video, 0, 0, canvas.width, canvas.height);

    try {
        ...
    }
    catch (err) {
        canvas.width = canvas.width;
        canvas.style.backgroundColor = "transparent";
        context.fillStyle = "white";
        context.textAlign = "left",
        context.font = "18px LeagueGothic, Tahoma, Geneva, sans-serif";
    }
}
```

예제 사이트에서 League Gothic을 이용하고 있다는 점을 기억하자. @font-face로 포함했던 다른 폰트도 캔버스에서 이용할 수 있다. 마지막으로, 텍스트를 그린다. 이때 텍스트를 지정된 (x, y) 좌표에 그려주는 context 객체의 fillText라는 메서드를 사용한다. 꽤 긴 메시지를 쓸 것이므로 메시지를 몇 개의 부분으로 나눠 각각이 캔버스에서 분리되어 배치되게 하겠다.

[js/videoToBW.js 중에서]
```
function drawOneFrame(video, context, canvas) {
    context.drawImage(video, 0, 0, canvas.width, canvas.height);

    try {
        ...
    }
    catch (err) {
        canvas.width = canvas.width;
        canvas.style.backgroundColor = "transparent";
        context.fillStyle = "white";
        context.textAlign = "left";
        context.font = "18px LeagueGothic, Tahoma, Geneva, sans-serif";
        context.fillText("There was an error rendering ", 10, 20);
```

```
        context.fillText("the video to the canvas.", 10, 40);
        context.fillText("Perhaps you are viewing this page from", 10, 70);
        context.fillText("a file on your computer?", 10, 90);
        context.fillText("Try viewing this page online instead.", 10, 130);

        return false;
    }
}
```

마지막 단계로 false를 반환한다. 이를 이용해 draw 함수 내에서 예외가 발생했는지 확인한다. 예외가 발생했다면 각 비디오 프레임에 대한 drawOneFrame 함수 호출을 멈추고 draw 함수를 빠져나온다.

[js/videoToBW.js 중에서]
```
function draw(video, context, canvas) {
    if (video.paused || video.ended)
    {
        return false;
    }

    var status = drawOneFrame(video, context, canvas);

    if (status == false)
    {
        return false;
    }
    // 다시 시작한다!
    setTimeout(function(){ draw(video, context, canvas); }, 0);
}
```

접근성에 대한 우려

캔버스의 현재 상태에서 가장 큰 단점은 접근성이 부족하다는 것이다. 캔버스는 DOM 노드를 생성하지 않으며, 텍스트 기반 형식이 아니다. 따라서 기본적으로 스크린 리더와 같은 도구에는 보이지 않는다. 예를 들어, 마지막 예제에서 캔버스에 텍스트를 쓰긴 하지만 이 텍스트는 근본적으로 픽셀 덩어리에 지나지 않으므로 접근이 불가능하다.

HTML5 커뮤니티에서는 이러한 결점을 알고 있으며, 비록 완성된 해법은 없지만 캔버스의 접근성을 향상시키기 위해 캔버스를 어떻게 바꿀 수 있을지에 대한 논의가 진행 중이다. 이 논의와 현재 제안된 솔루션에 대한 자료는 W3C의 위키 페이지[7]에서 살펴볼 수 있다.

추가 참고 자료 목록

캔버스와 캔버스 API에 대해 알고 싶다면 다음의 두 자료가 도움될 것이다.

- Dev.Opera의 "HTML5 캔버스 기본"[8]
- 사파리의 HTML5 캔버스 가이드[9]

SVG

7장에서 인터넷 익스플로러 9와 이선 버전의 오페라에서 그라디언드를 표현히는 대체 수단으로 SVG 파일을 이용하면서 SVG에 관해 약간 살펴봤다. 이제 좀 더 자세하게 SVG를 살펴보고 SVG를 다른 방식으로 이용하는 방법을 배워보자.

우선, 잠시 생각해보자. SVG는 가변 벡터 그래픽(Scalable Vector Graphics)을 나타낸다. SVG는 XML을 이용해 벡터 그래픽을 그릴 수 있는 특정 파일 형식이다. 일반적으로 벡터 그래픽의 주된 장점은 비트맵 이미지(GIF, JPEG, PNG, TIFF 같은)와 달리 이미지를 늘리거나 줄여도 이미지의 모양이 유지된다는 것이다. 패스, 모양, 텍스트, 그라디언트, 패턴 그리기를 포함해 캔버스로 수행한 작업 중 대부분은 SVG로도 할 수 있다. 또한, SVG와 관련된 매우 유용한 오픈소스 툴이 있으며, 이러한 툴 중 일부는 HTML5 헤럴드의 위치 정보 위젯에 회전하는 진행 표시기를 추가하는 데 이용할 것이다.

HTML의 img 요소에서 SVG를 이용하는 것을 비롯해, 기본 SVG는 다음과 같은 브라우저에서 지원된다.

---

7 http://www.w3.org/html/wg/wiki/AddedElementCanvas
8 http://dev.opera.com/articles/view/html-5-canvas-the-basics/
9 http://developer.apple.com/library/safari/#documentation/AudioVideo/Conceptual/HTML-canvasguide/Introduction/Introduction.html

- 사파리 3.2 이상
- 크롬 6.0 이상
- 파이어폭스 4.0 이상
- 인터넷 익스플로러 9.0 이상
- 오페라 10.5 이상

현재 안드로이드 브라우저에서는 SVG를 지원하지 않는다.

> **XML**
>
> XML은 확장 가능한 마크업 언어(eXtensible Markup Language)를 나타낸다. XML은 HTML과 같은 마크업 언어로서, 텍스트에 주석을 달기 위해 만들어진 체계다. HTML에서는 콘텐츠를 태그로 감싸는 식으로 의미를 줄 수 있는 것처럼 XML 태그도 파일의 콘텐츠를 설명하는 데 이용할 수 있다.

캔버스와는 달리 SVG로 생성된 이미지는 DOM을 통해 이용할 수 있다. 따라서 스크린 리더와 같은 기술로 DOM 노드를 통해 SVG 객체에 무엇이 존재하는지 볼 수 있다. 그리고 브라우저의 개발자 툴을 이용해 SVG를 검사할 수도 있다. SVG는 XML 파일 형식이라서 캔버스보다는 검색 엔진이 접근하기가 더 쉽다.

SVG에서 그리기

SVG에서 원을 그리는 것은 캔버스로 원을 그리는 것보다 좀 더 쉬운 편이다. 다음 예제를 보자.

```
[images/circle.svg 중에서]
<svg xmlns="http://www.w3.org/2000/svg" viewBox="0 0 400 400">
    <circle cx="50" cy="50" r="25" fill="red"/>
</svg>
```

viewBox 속성은 SVG 이미지의 시작 위치, 가로, 세로를 정의한다.

circle 요소는 원을 정의하는데, 원 중심의 좌표 X와 Y를 나타내는 cx와 cy를 이용한다. 반지름은 r로 나타내며, fill은 채우기 스타일을 나타낸다.

SVG 파일을 보려면 SVG를 지원하는 어떤 브라우저에서든 File 메뉴를 통해 간단히 열 수 있다. 그림 11.12에서 원이 어떤 모습인지 확인할 수 있다.

그림 11.12 | SVG를 이용해 그린 원

SVG에서도 캔버스에서 했던 것처럼 사각형을 그릴 수 있으며, 여기에 스트로크를 추가할 수도 있다.

이번에는 SVG가 XML(즉, 텍스트 기반) 파일 형식이라는 장점을 이용해보자. 그리고 그리려는 이미지에 대한 설명을 추가할 수 있는 desc 태그를 사용해보자.

```
[images/circle.svg 중에서]
<svg xmlns="http://www.w3.org/2000/svg" viewbox="0 0 400 400">
    <desc>사각형 그리기</desc>
</svg>
```

다음으로, 사각형을 표현하는 다양한 속성을 포함하는 rect 태그를 추가한다. 이 태그에는 사각형이 그려져야 하는 X, Y 좌표, 사각형의 너비와 높이, 채우기, 스트로크, 스트로크의 두께를 지정할 수 있다.

```
[images/circle.svg 중에서]
<svg xmlns="http://www.w3.org/2000/svg" viewbox="0 0 400 400">
    <desc>사각형 그리기</desc>
    <rect x="10" y="10" width="100" height="100"
        fill="blue" stroke="red" stroke-width="3" />
</svg>
```

그림 11.13에서 이 사각형을 확인할 수 있다.

그림 11.13 | SVG로 그린 사각형

유감스럽게도 모든 것이 이렇게 쉽게 만들어지진 않는다. 복잡한 모양을 만들기 위한 코드는 조금은 무시무시해 보이기 시작한다. 그림 11.14에서는 openclipart.org의 꽤 단순해 보이는 별 이미지를 보여준다.

그림 11.14 | 선으로 그려진 별

다음은 이 이미지에 대한 SVG의 처음 몇 줄이다.

```
<svg xmlns="http://www.w3.org/2000/svg"
    width="122.88545" height="114.88568">
<g
    inkscape:label="Calque 1"
    inkscape:groupmode="layer"
    id="layer1"
    transform="translate(-242.42282,-449.03699)">
    <g
        transform="matrix(0.72428496,0,0,0.72428496,119.87078,183.8127)"
        id="g7153">
        <path
            style="fill:#ffffff;fill-opacity:1;stroke:#000000;stroke-width
↪:2.761343;stroke-linecap:round;stroke-linejoin:round;stroke-miterl
↪imit:4;stroke-opacity:1;stroke-dasharray:none;stroke-dashoffset:0"
            d="m 249.28667,389.00422 -9.7738,30.15957 -31.91999,7.5995 c -
↪2.74681,1.46591 -5.51239,2.92436 -1.69852,6.99979 l 30.15935,12.57
↪796 -11.80876,32.07362 c -1.56949,4.62283 -0.21957,6.36158 4.24212
```

```
,3.35419 l 26.59198,-24.55691 30.9576,17.75909 c 3.83318,2.65893 6
.12086,0.80055 5.36349,-3.57143 l -12.10702,-34.11764 22.72561,-13
.7066 c 2.32805,-1.03398 5.8555,-6.16054 -0.46651,-6.46042 l -33.5
0135,-0.66887 -11.69597,-27.26175 c -2.04282,-3.50583 -4.06602,-7.
22748 -7.06823,-0.1801 z"
           id="path7155"
           inkscape:connector-curvature="0"
           sodipodi:nodetypes="ccccccccccccccc" />
...
```

헉!

SVG 이미지 생성을 위한 잉크스케이프 활용

우리의 육체적 부담과 정신적 부담을 줄이기 위해 SVG 이미지를 직접 생성하는 대신 이를 위한 이미지 에디터를 이용할 수 있다. SVG 이미지를 만드는 데 이용할 수 있는 오픈소스 툴 중 하나는 잉크스케이프(Inkscape)다. 잉크스케이프는 SVG를 지원하는 오픈소스 벡터 그래픽 편집기이며, http://inkscape.org/에서 내려받을 수 있다.

진행 상황을 표시하는 스피너를 추가하기 위해 완전히 처음부터 시작하는 대신 이용하기 좋은 이미지를 찾기 위해 라이선스가 퍼블릭 도메인인 이미지를 검색했다. 퍼블릭 도메인 이미지를 찾아보기 좋은 곳으로는 http://openclipart.org가 있으며, 이 사이트의 이미지는 저작권이 없으므로 무료로 이용할 수 있다. 이러한 이미지는 누구나 허가 없이 쓸 수 있을 뿐 아니라 상업적 목적으로도 아무런 동의 없이 이용할 수 있게 이미지를 만든 사람들이 기부한 것이다.

여기서는 진행 표시 스피너의 기본 이미지로 그림 11.15에 나온 것과 같은 화살표가 세 개인 이미지를 이용하겠다. 원본 이미지는 openclipart.org[10]에서 찾을 수 있다.

---

10 http://www.openclipart.org/people/JoBrad/arrows_3_circular_interlocking.svg

그림 11.15 ｜ 진행 표시기로 이용할 이미지

SVG 필터

예제 페이지에 좀 더 어울리는 진행 표시 스피너를 만들기 위해 잉크스케이프에서 이를 흑백으로 만드는 필터를 이용할 수 있다. 잉크스케이프에서 파일을 연 후, **필터 > 색상 > 달떠오름**을 선택한다.

사파리에서 HTML5 헤럴드를 테스트해 봤다면 여전히 이 흑백 스피너가 컬러라는 사실을 확인했을 것이다. 이는 SVG 필터가 사파리 6에서 포함될 예정이지만 사파리 5에서는 아직 구현되지 않은 SVG의 특수한 기능이기 때문이다. SVG 필터는 파이어폭스, 크롬, 오페라에서 지원된다. 이것은 현재 모든 버전의 사파리, 인터넷 익스플로러, 안드로이드 브라우저, iOS에서는 지원되지 않는다.

좀 더 안전한 방법으로 필터를 이용하는 대신 그냥 원본 이미지의 색상을 변경하면 될 것이다.

그러자면 잉크스케이프에서 spinner.svg 이미지에서 세 개의 화살표를 선택한 후, **객체 > 채움/윤곽선**을 선택하면 된다. 그러면 그림 11.16과 같은 채움/윤곽선 메뉴가 화면의 오른편에 나타날 것이다.

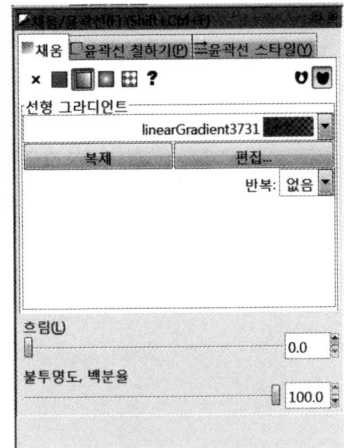

그림 11.16 | 채움/윤곽선를 이용한 색상 변경

이 메뉴에서 Edit 버튼을 클릭해 기존의 선형 그라디언트를 편집할 수 있다. 그러고 나서 이미지를 흑백으로 만들기 위해 Red, Green, Blue 값을 모두 0으로 변경한다.

이 결과로 나오는 SVG는 spinnerBW.svg로 저장했다.

라파엘 라이브러리 활용

라파엘(Raphaël)[11]은 SVG를 제어하기 위한 오픈소스 자바스크립트 라이브러리다. 라파엘을 이용하면 SVG만 이용할 때보다 훨씬 쉽게 SVG를 그리고 움직일 수 있다.

이미지를 라파엘 컨테이너에 그리기

캔버스와 흡사하게 라파엘을 이용해 생성하는 컨테이너에도 이미지를 그릴 수 있다.

div를 메인 index 파일에 추가해 보자. 이것을 라파엘을 이용해 생성할 SVG 요소를 담을 컨테이너로 이용할 것이다. 이 div의 이름은 spinner로 지정했다.

```
[css/styles.css 중에서]
<article id="ad4">
    <div id="mapDiv">
        <h1 id="geoHeading">Where in the world are you?</h1>
        <form id="geoForm">
            <input type="button" id="geobutton" value="Tell us!">
```

---

11 http://raphaeljs.com/

```
        </form>
        <div id="spinner"></div>
    </div>
</article>
```

다음과 같은 CSS를 이용해 이 div가 부모인 mapDiv의 중앙에 위치하도록 스타일을 설정했다.

```
[css/styles.css 중에서]
#spinner {
    position:absolute;
    top:8px;
    left:55px;
}
```

이제, 지오로케이션 관련 자바스크립트에서 지도를 불러오는 동안 스피너가 표시되게 해보자. 첫 번째 단계는 div를 라파엘 컨테이너로 바꾸는 것이다. 이 경우 라파엘 메서드를 호출하기만 하면 되는데, 이때 이용하고 싶은 요소와 해당 요소의 너비와 높이를 함께 전달한다.

```
[js/geolocation.js 중에서]
function determineLocation(){
    if (navigator.onLine) {
        if (Modernizr.geolocation) {
            navigator.geolocation.getCurrentPosition(displayOnMap);

            var container = Raphael(document.getElementById("spinner"), 125, 125);
```

다음으로, 라파엘 컨테이너 객체에 대해 호출되는 image 메서드를 이용해 스피너 SVG 이미지를 새롭게 생성된 컨테이너에 그린다. 이 메서드는 이미지의 경로, 이미지가 그려져야 하는 시작 좌표, 그리고 이미지의 너비와 높이를 매개변수로 전달받는다.

```
[js/geolocation.js 중에서]
var container = Raphael(document.getElementById("spinner"),125,125);
var spinner = container.image("images/spinnerBW.svg",0,0,125,125);
```

이렇게 해서 위치 정보 위젯에서 버튼을 클릭하면 스피너 이미지가 나타날 것이다.

라파엘을 이용한 스피너 회전

이제 컨테이너를 마련했고, 그 안에 스피너 SVG 이미지가 그려졌으니 그 이미지를 움직여서 회전시키고 싶다. 라파엘에는 animate 메서드를 통해 이용할 수 있는 애니메이션 기능이 내장돼 있다. 하지만 이 메서드를 사용하기 전에 먼저 어떤 속성에 움직임을 줄지 알려줘야 한다. 여기서는 이미지를 회전시키고 싶으므로 원하는 회전 각도를 지정할 객체를 생성하겠다.

회전하는 움직임을 주면서 720도(완전한 두 바퀴)를 회전하게 하는 새로운 attrsToAnimate 객체를 생성한다.

```
[js/geolocation.js 중에서]
var container = Raphael(document.getElementById("spinner"),125,125);
var spinner = container.image("images/spinnerBW.png",0,0,125,125);
var attrsToAnimate = { rotation: "720" };
```

마지막 단계로 animate 메서드를 호출하면서 움직임이 얼마 동안 지속돼야 하는지 지정한다. 여기서는 최대 60초 동안 실행되게 할 것이다. animate는 밀리초 단위의 값을 취하므로 60000을 전달한다.

```
[js/geolocation.js 중에서]
var container = Raphael(document.getElementById("spinner"),125,125);
var spinner = container.image("images/spinnerBW.png",0,0,125,125);
var attrsToAnimate = { rotation: "720" };
spinner.animate(attrsToAnimate, 60000);
```

멋지다! 이제 방문자가 지도가 로딩 중이라는 사실을 알 수 있게 회전하는 진행 표시기가 만들어졌다. 하지만 아직 한 가지 문제가 남았다. 지도가 로드된 후에도 진행 표시기가 그대로 남아 있다는 것이다. 이 문제는 기존 displayOnMap 함수가 시작하는 부분에 한 줄을 추가해서 해결할 수 있다.

```
[js/geolocation.js 중에서]
function displayOnMap(position){
    document.getElementById("spinner").style.visibility = "hidden";
```

이 줄에서는 스피너 요소의 visibility 속성을 hidden으로 설정해 결과적으로 스피너 div와 그 안의 SVG 이미지를 보이지 않게 만든다.

캔버스 vs. SVG

캔버스와 SVG에 관해 배웠으므로 이제 어떤 것을 이용하는 게 맞는지 궁금할 수 있다. 답은 여러분이 무엇을 하느냐에 달렸다.

캔버스와 SVG 둘 다 사용자 지정 도형, 패스, 폰트를 그리는 데 사용할 수 있다. 그렇다면 각각의 고유한 특징은 뭘까?

캔버스는 컬러 비디오에서 흑백으로 바꾸는 예에서 봤듯이 픽셀 조작을 허용한다. 캔버스의 한 가지 단점은 즉시 모드(inmediate mode)로 알려진 방식으로 작동한다는 것이다. 이는 만약 캔버스에 좀 더 추가하고 싶은 것이 있더라도 이미 거기에 존재하는 것에 간단히 추가할 수만은 없다는 의미다. 캔버스에 있는 것을 변경하고 싶을 때마다 모든 것이 처음부터 다시 그려져야 한다. 또한 DOM을 통해 캔버스에 그려진 것에 접근할 수가 없다. 그러나 캔버스에서는 생성한 이미지를 PNG나 JPEG 파일로 저장할 수 있다.

그에 반해 SVG는 **유지모드**(retained mode, 이미지의 구조가 그것을 표현하는 XML 문서 내에 보존된다)를 이용하므로 거기에 그려진 것에 DOM을 통해 접근할 수 있다. 또한 SVG는 현재 라파엘 라이브러리와 잉크스케이프와 같이 그것을 다루는 데 도움이 되는 좀 더 완전한 툴을 보유하고 있다. 하지만 SVG는 파일 형식이라서(표면에 동적으로 그릴 수 있는 메서드의 집합이 아니라) 캔버스에서 픽셀을 조작하는 방식으로 SVG 이미지를 조작할 수가 없다. 예를 들어, 캔버스에서 했던 것처럼 컬러 비디오를 흑백으로 변환하는 데는 SVG를 이용할 수 없을 것이다.

요약하면, 화면에 픽셀을 칠해야 하고, 도형을 가져오거나 수정하는 기능을 염려할 필요가 없다면 캔버스가 아마도 더 나은 선택이 될 것이다. 반면, 그래픽의 특정 부분에 접근하고 변경할 수 있어야 한다면 SVG가 더 적합할 것이다.

또한, 둘 중 어느 기술도 정적인 이미지(최소한 브라우저 지원이 완전하지 않은 동안에는)에 사용하기에는 적절하지 않다는 점을 알아두는 편이 좋다. 이 장에서는 그러한 여러 정적인 예제에 캔버스와 SVG를 이용했는데, 이러한 예제는 캔버스와 SVG로 뭘 할 수 있는지 보여주기에 좋을 뿐이다. 실제로 캔버스와 SVG는 오직 사용자와의 상호작용에 의해 그릴 내용이 결정되는 경우에만 유용할 것이다.

드래그 앤 드롭

예제 사이트에 한 가지 마지막 동적인 효과를 추가하기 위해 새로운 드래그 앤 드롭(Drag and Drop) API를 살펴보겠다. 이 API를 이용하면 특정한 요소를 드래그할 수 있게(draggable) 지정하고, 이러한 드래그할 수 있는 요소가 드래그됐거나 페이지의 다른 요소 위로 드롭(drop)됐을 때 어떤 일이 발생할지 지정할 수 있다.

드래그 앤 드롭이 지원되는 브라우저는 다음과 같다.

- 사파리 3.2 이상
- 크롬 6.0 이상
- 파이어폭스 3.5 이상 (파이어폭스 3.0에서 지원됐던 이전의 API가 있었다)
- 인터넷 익스플로러 7.0 이상
- 안드로이드 2.1 이상

현재 오페라에서는 드래그 앤 드롭을 지원하고 있지 않다. 애플에서는 DOM 터치 API[12]가 대신 이용되게끔 iOS에서 이 API를 의도적으로 지원하지 않는다.

드래그 앤 드롭으로 구현할 수 있는 두 가지 주요한 기능이 있다. 하나는 File API와 조합해 컴퓨터로부터 파일을 웹 페이지로 드래깅하는 것이고, 다른 하나는 어떤 요소를 같은 페이지의 다른 요소로 드래깅하는 것이다. 이 장에서는 후자에 초점을 맞추겠다.

> **드래그 앤 드롭과 파일 API**
>
> 사용자가 파일을 데스크톱에서 웹 사이트로 드래그할 수 있게끔 파일 API와 함께 드래그 앤 드롭을 조합하는 방법을 좀 더 알고 싶다면 모질라 개발자 네트워크[1]에서 제공하는 훌륭한 가이드를 참고한다.
>
> 파일 API는 현재 오직 파이어폭스 3.6 이상 버전과 크롬에서만 지원된다.
>
> ---
> 1 https://developer.mozilla.org/en/Using_files_from_web_applications

---

12 http://developer.apple.com/library/safari/#documentation/AppleApplications/Reference/SafariWeb-Content/HandlingEvents/HandlingEvents.html

페이지에 드래그 앤 드롭을 추가하는 데는 몇 가지 단계가 있다.

1. 드래그를 가능하게 하고 싶은 모든 HTML 요소에 **draggable** 속성을 설정한다.
2. 모든 드래그가 가능한 HTML 요소에 **dragstart** 이벤트에 대한 이벤트 리스너를 추가한다.
3. 드롭된 항목을 받아들이게 하고 싶은 모든 요소에 **dragover**와 **drop** 이벤트에 대한 이벤트 리스너를 추가한다.

WAI-ARIA 고양이에게 먹이주기

예제 페이지에 재미와 즐거움을 더하기 위해 몇 개의 쥐 이미지를 추가해 보자. 쥐를 고양이 이미지에 드래그할 수 있게 해서 고양이가 여기에 반응해 쥐를 삼키는 것을 볼 수 있다. 걱정(혹은 동물학대방지협회에 전화를 한다거나)을 하기에 앞서, 안심하시라. 당연히 컴퓨터 마우스를 의미하는 것이고 HTML상의 이야기일 뿐이다. 아울러 마우스에는 OpenClipArt에서 구한 또 다른 이미지를 이용하겠다.[13]

첫 번째 단계로 이 새로운 이미지를 index.html 파일에 추가한다. 그리고 쥐 이미지마다 id를 부여한다.

```
[js/dragDrop.js 중에서]
<article id="ac3">
    <hgroup>
        <h1>Wai-Aria? 아하!</h1>
        <h2>폼 접근성</h2>
    </hgroup>

    <img src="images/cat.png" alt="WAI-ARIA Cat">

    <div class="content">
        <p id="mouseContainer">
            <img src="images/computer-mouse-pic.svg" width="30"
➥alt="mouse treat" id="mouse1">
            <img src="images/computer-mouse-pic.svg" width="30"
➥alt="mouse treat" id="mouse2">
            <img src="images/computer-mouse-pic.svg" width="30"
➥alt="mouse treat" id="mouse3">
```

---

13 http://www.openclipart.org/detail/111289

```
        </p>
...
```

그림 11.17에서는 이미지의 초기 상태를 보여준다.

그림 11.17 | WAI-ARIA 고양이에게 먹힐 준비가 된 세 마리의 마우스

드래그 가능한 요소 만들기

다음 단계에서는 이미지를 드래그할 수 있는 요소로 만든다. 그러자면 이미지에 draggable 속성을 추가하고, 값을 true로 설정한다.

```
[js/dragDrop.js 중에서]
<img src="images/computer-mouse-pic.svg" width="30"
↪alt="mouse treat" id="mouse1" draggable="true">
<img src="images/computer-mouse-pic.svg" width="30"
↪alt="mouse treat" id="mouse2" draggable="true">
<img src="images/computer-mouse-pic.svg" width="30"
↪alt="mouse treat" id="mouse3" draggable="true">
```

 draggable은 반드시 설정해야 한다

draggable은 논리 속성이 아니라는 점에 유의하자. 그러므로 이 속성의 값을 true로 명확하게 설정해야 한다.

draggable 속성을 true로 설정했으므로 각 이미지에 dragstart 이벤트에 대한 이벤트 리스너를 설정해야 한다. 여기서는 이벤트 리스너를 설정하는 데 jQuery의 bind 메서드를 이용한다.

[js/dragDrop.js 중에서]
```js
$('document').ready(function() {
    $('#mouseContainer img').bind('dragstart', function(event) {
        // dragstart 이벤트를 처리한다
    });
});
```

DataTransfer 객체

DataTransfer 객체는 드래그 앤 드롭 API에서 도입된 새로운 객체 중 하나다. 이 객체를 이용하면 드래그될 객체에 대한 정보를 설정하고 가져올 수 있다. 구체적으로 DataTransfer로는 두 가지 정보를 정의할 수 있다.

1. draggable 요소에 관해 저장하려는 데이터의 타입
2. 데이터 그 자체의 값

드래그 가능한 마우스 이미지의 경우, 이러한 이미지의 id를 저장해 어떤 이미지가 드래그되고 있는지 알 수 있게 만들고 싶다.

그러자면 우선 DataTransfer에 text/plain을 문자열로 전달해서 평범한 텍스트를 저장하고 싶다는 사실을 알려야 한다. 그리고 나서 마우스 이미지의 id를 전달한다.

[js/dragDrop.js 중에서]
```js
$('#mouseContainer img').bind('dragstart', function(event) {
    event.originalEvent.dataTransfer.setData("text/plain",
    event.target.getAttribute('id'));
});
```

어느 요소가 드래그되면 해당 요소가 드롭될 때 사용될 수 있게 DataTransfer 객체에 해당 요소의 id를 저장한다. dragstart 이벤트의 target 속성은 드래그되는 요소가 될 것이다.

> **dataTransfer와 jQuery**
>
> jQuery 라이브러리의 Event 객체는 오직 그것이 알고 있는 속성으로의 접근만 허용한다. 그래서 DataTransfer와 같은 새로운 네이티브 이벤트를 사용하면 문제가 발생한다. 즉, jQuery 이벤트의 dataTransfer 속성에 접근하려고 하면 오류가 발생한다. 그러나 앞에서 작성한 것처럼 jQuery 이벤트에서 originalEvent 메서드를 호출해 항상 원래의 DOM 이벤트를 가져올 수 있다. 이러한 사실을 이용하면 브라우저가 지원하는 모든 속성에 접근할 수 있으며, 이 경우 새로운 DataTransfer 객체가 포함된다.
>
> 물론, 여러분이 자체적으로 자바스크립트를 처음부터 만든다면 이것은 문제되지 않을 것이다!

드롭된 요소 받기

이제 각 마우스 이미지가 드래그되도록 설정했다. 하지만 마우스 이미지를 드래그하고 나면 실망스럽게도 어디에도 떨어뜨리는 것이 불가능하다.

그 이유는 기본적으로 페이지의 요소가 드래그된 항목을 받도록 설정돼 있지 않기 때문이다. 특정 요소의 이러한 기본 작동 방식을 재정의하려면 이러한 작동 방식이 작용하기 전에 중단시켜야 한다. 이 부분은 두 개의 이벤트 리스너를 더 만들어 처리할 수 있다.

지켜봐야 할 두 이벤트는 **dragover**와 **drop**이다. 예상했겠지만 **dragover**는 어떤 요소 위로 뭔가를 드래그할 때 발생하며, **drop**은 요소 위에 그것을 떨어뜨릴 때 발생한다.

이 두 이벤트에 대한 기본 작동 방식을 막아야 하는 것이다. 기본적으로 요소를 드롭하는 것이 금지돼 있기 때문이다.

이벤트 핸들러를 연결할 수 있게 고양이 이미지에 id를 추가하자.

```
[js/dragDrop.js 중에서]
<article id="ac3">
    <hgroup>
        <h1>Wai-Aria? 아하!</h1>
        <h2 id="catHeading">폼 접근성</h2>
    </hgroup>

    <img src="images/cat.png" id="cat" alt="WAI-ARIA Cat">
```

h2 요소에도 id를 부여했다는 사실을 눈치챘을 것이다. 그렇게 해서 마우스를 고양이에게 떨어뜨렸을 때 이 텍스트를 변경할 수 있다.

이제, dragover 이벤트를 다뤄 보자.

[js/dragDrop.js 중에서]
```js
$('#cat').bind('dragover', function(event) {
    event.preventDefault();
});
```

어려운 부분은 없다! 여기서는 고양이 그림 위로 마우스 그림이 실제로 드래그될 수 있게 한 것에 불과하다. 단지 기본 작동 방식을 막기만 하면 된다. 그리고 jQuery의 preventDefault 메서드가 이 목적을 정확하게 달성한다.

drop 핸들러에 대한 코드는 좀 더 복잡하므로 조금씩 살펴보자. 첫 번째 작업은 고양이 위로 마우스가 떨어졌을 때 고양이가 뭐라고 말할 것인가를 생각해 내는 것이다. DataTransfer 객체로부터 떨어지는 마우스의 id를 가져올 수 있다는 사실을 보여주고자 마우스가 떨어지는 순서와는 관계 없이 각 마우스에 서로 다른 문구를 사용하겠다. 고양이에게 어울릴 만한 세 가지 문구로는 "야옹(MEOW)!", "크름…(Purr…)", "냠냠냠.(NOMNOMNOM.)"이 있다.

이 세 옵션을 mouseHash라고 하는 객체에 저장한다. 첫 번째 단계로 우선 객체를 선언한다.

[js/dragDrop.js 중에서]
```js
$('#cat').bind('drop', function(event) {
    var mouseHash = {};
```

다음으로, 키/값 쌍을 저장할 수 있는 자바스크립트 객체의 기능을 이용해 각 반응을 마우스 이미지 중 하나의 id와 연결해 mouseHash 객체에 저장한다.

[js/dragDrop.js 중에서]
```js
$('#cat').bind('drop', function(event) {
    var mouseHash = {};
    mouseHash['mouse1'] = "NOMNOMNOM";
    mouseHash['mouse2'] = "MEOW!";
    mouseHash['mouse3'] = "Purr...";
```

그다음 단계는 고양이의 반응을 반영하기 위해 h2 요소를 가져오는 것이다.

[js/dragDrop.js 중에서]
```js
var catHeading = document.getElementById('catHeading');
```

드래그되는 요소의 id를 setData로 DataTransfer 객체에 저장한 것을 기억하는가? 자, 이제 그 id를 가져오고 싶다. 이러한 목적으로 getData라는 메서드가 필요할 거라고 추측했다면 바로 맞혔다.

[js/dragDrop.js 중에서]
```
var item = event.originalEvent.dataTransfer.getData("text/plain");
```

item이라는 변수에 마우스의 id를 저장했다는 사실을 떠올려보자. 그럼 어떤 마우스가 떨어졌는지 알 수 있고, 제목도 가져왔으므로 그 제목의 내용을 적절히 변경하기만 하면 된다.

[js/dragDrop.js 중에서]
```
catHeading.innerHTML = mouseHash[item];
```

h2 요소에 대한 정확한 메시지를 가져오기 위해 item 변수(드래그 된 마우스의 id)에 저장된 정보를 이용한다. 예를 들어, 드래그된 마우스가 mouse1이라면 mouseHash[item]은 "NOMNOMNOM"을 반환하고 그것을 h2 요소의 텍스트에 설정한다.

마우스가 '먹히는' 것이므로 먹힌 마우스는 페이지에서 제거하는 게 맞다

[js/dragDrop.js 중에서]
```
var mousey = document.getElementById(item);
mousey.parentNode.removeChild(mousey);
```

마지막이지만 역시 중요한 부분은 앞에서 한 것처럼 고양이 이미지 위로 떨어지는 것을 허용하지 않는 기본 작동 방식을 막아야 한다는 것이다.

[js/dragDrop.js 중에서]
```
event.preventDefault();
```

그림 11.18은 아직 한 마리의 마우스가 남아 있는 행복한 고양이의 모습을 보여준다.

그림 11.18 | 이 고양이는 이미 두 마리의 마우스를 먹어 치웠다.

참고 자료

여기서는 드래그 앤 드롭 API를 이용해 무엇이 가능한지 맛보고자 기본적인 내용만 간단히 다뤘다. 아울러 드래그된 항목에서 드롭되는 대상으로 데이터를 전달하고자 DataTransfer를 어떻게 이용할 수 있는지 살펴봤다. 이러한 기능을 어떻게 활용할지는 바로 여러분에게 달렸다.

드래그 앤 드롭 API에 관해 좀 더 자세히 알고 싶다면 두 가지 좋은 자료가 있다.

- 모질라 개발자 센터의 드래그 앤 드롭 문서 [14]
- W3C의 드래그 앤 드롭 규격서 [15]

여기까지입니다!

몇 가지 동적 기능을 마지막으로 HTML5 헤럴드에 대한 작업이 끝났고, HTML5와 CSS3 세계로의 여행은 순조롭게 진행됐다! 이 책에서는 최신 브라우저에서 이용할 수 있는 새롭고 멋진 기능에 관한 풍부한 기초 지식을 제공하고자 노력했다. 하지만 이를 토대로 무엇을 만들지는 여러분에게 달렸다.

실제 프로젝트에서 이러한 기능을 활용하는 방법에 대해 분명한 그림을 그릴 수 있길 희망한다. 이미 많은 기능들이 잘 지원되고 있고, 브라우저는 다시 한 번 **빠른** 속도로 발전해 가고 있다. 또한 여전히 지원되지 않고 있는 요소에 대해서는 여러 독창적인 개발자들의 도움을 온라인상에서 받을 수 있을 것이다. 이러한 공동체 지향적인 개인들이 차세대 웹 사이트와 애플리케이션을 만들고 개선해 나가는 데 보탬이 되는 대비책과 보완책을 찾기 위해 끊임없이 노력하고 있다.

자, 이제 시작해 보자!

---

14 https://developer.mozilla.org/En/DragDrop/Drag_and_Drop
15 http://dev.w3.org/html5/spec/dnd.html

HTML5 & CSS3 FOR THE REAL WORLD

부록 A

Modernizr

Modernizr는 사용자의 브라우저에서 HTML5의 각 기능에 대한 지원 여부를 확인해 볼 수 있는 오픈소스 자바스크립트 라이브러리다. 브라우저 종류만 확인하고 그 결과를 기초로 결정을 내리는 대신 Modernizr는 "이 브라우저는 위치 정보를 지원하는가?"와 같은 구체적인 질문에 대해 "그렇다" 혹은 "아니다"라는 분명한 대답을 전해준다.

Modernizr를 이용하려면 우선 Modernizr 사이트 http://modernizr.com에서 내려받아야 한다.

Modernizr 스크립트의 복사본을 얻었다면 페이지에 이 스크립트 파일을 포함시켜야 한다. 여기서는 예제의 head에 추가하겠다.

```
<!doctype html>
<html>
<head>
    <meta charset="utf-8">
    <title>My Beautiful Sample Page</title>
    <script src="modernizr-1.7.min.js"></script>
</head>
```

Modernizr는 CSS와 자바스크립트를 대상으로 두 가지 방식으로 이용할 수 있다.

CSS에서 Modernizr 이용하기

Modernizr가 실행되면 Modernizr는 확인한 모든 기능을 HTML에서 <html> 태그의 class 속성에 항목으로 추가하는데, 해당 브라우저가 지원하지 않는 기능에 대해서는 no-라는 접두사를 단다.

예를 들어, HTML5와 CSS3의 거의 모든 기능을 지원하는 사파리 5 버전을 이용한다면 Modernizr가 실행된 후의 <html> 태그는 다음과 같은 모습이 될 것이다.

```
<html class=" js flexbox canvas canvastext no-webgl no-touch
geolocation postmessage websqldatabase no-indexeddb hashchange
history draganddrop websockets rgba hsla multiplebgs backgroundsize
borderimage borderradius boxshadow textshadow opacity cssanimations
csscolumns cssgradients cssreflections csstransforms csstransforms3d
csstransitions fontface video audio localstorage sessionstorage
webworkers applicationcache svg no-inlinesvg smil svgclippaths">
```

다음은 파이어폭스 4에서 Modernizr가 <html> 태그에 추가하는 내용이다.

```
<html class=" js flexbox canvas canvastext webgl no-touch
geolocation postmessage no-websqldatabase indexeddb hashchange
history draganddrop no-websockets rgba hsla multiplebgs
backgroundsize borderimage borderradius boxshadow textshadow opacity
no-cssanimations csscolumns cssgradients no-cssreflections
csstransforms no-csstransforms3d csstransitions fontface video audio
localstorage no-sessionstorage webworkers applicationcache svg
inlinesvg smil svgclippaths">
```

Modernizr의 이러한 기능을 좀 더 잘 이용하려면 HTML 소스의 html 요소에 class no-js를 추가해야 한다.

```
<html class="no-js">
```

왜 이렇게 해야 할까? 자바스크립트가 비활성화돼 있다면 Modernizr는 실행조차 되지 않을 것이다. 하지만 자바스크립트가 활성화돼 있다면 Modernizr는 가장 먼저 no-js를 js로 바꾼다. 앞서 살펴본 사파리 5와 파이어폭스 4의 예처럼 말이다. 이렇게 하면 CSS에서 자바스크립트가 존재하는지 판단할 수 있다.

이렇게 생각할지도 모르겠다. "꽤 근사한 방법 같군. 하지만 이 정보로 어쩌라는 거지?" 우리는 이러한 클래스를 이용해 두 가지 종류의 CSS를 제공할 수 있다. 즉, 특정 기능을 지원하는 브라우저에 사용할 스타일과 그렇지 않은 브라우저에서 사용할 다른 스타일을 제공할 수 있다.

이러한 클래스는 html 요소에 설정되므로 특정 기능을 지원하는 페이지상의 임의 요소를 대상으로 선택하기 위해 하위 선택자를 이용할 수 있다.

다음 예제를 살펴보자. class가 cssgradients인 요소(즉, Modernizr가 그라디언트를 지원한다고 확인한 브라우저에서의 html 요소) 내에 있는 id가 #ad2인 요소는 여기에 지정한 스타일을 받게 될 것이다.

```
.cssgradients #ad2 {
    /* 그라디언트가 지원되니 이용해 보자! */
    background-image:
        -moz-linear-gradient(0% 0% 270deg,
        rgba(0,0,0,0.4) 0,
        rgba(0,0,0,0) 37%,
        rgba(0,0,0,0) 83%,
        rgba(0,0,0,0.06) 92%,
        rgba(0,0,0,0) 98%);
    ...
}
```

하지만 CSS 그라디언트가 지원되지 않는다면? 그렇다면 그와 같은 그라디언트 모양을 만들어낼 간단한 PNG 배경 이미지를 사용하도록 스타일 적용을 바꿀 수 있을 것이다. 다음 예제를 살펴보자.

```
.no-cssgradients #ad2 {
    background-image:
        url(../images/put_a_replacement_img_here.png)
}
```

Modernizr가 html 요소에 추가한 클래스를 드래그 앤 드롭에서도 이용해 보자. 드래그 앤 드롭은 몇 마리의 컴퓨터 마우스 이미지를 고양이 그림으로 드래그해서 먹히게 만들었던 11장의 예제였다. 이 이미지는 모두 id가 mouseContainer인 div로 저장했다.

하지만 오페라와 같이 드래그 앤 드롭이 작동하지 않는 경우에도 이 마우스 이미지를 보여줄 필요가 있을까? Modernizr를 이용하면 드래그 앤 드롭이 지원되지 않을 경우 div를 숨길 수 있다.

```
[css/styles.css 중에서]
.no-draganddrop #mouseContainer {
    visibility:hidden;
    height:0px;
}
```

드래그 앤 드롭이 지원된다면 그냥 div 내의 모든 콘텐츠를 수평으로 정렬한다.

```
[css/styles.css 중에서]
.draganddrop #mouseContainer {
    text-align:center;
}
```

자바스크립트에서 Modernizr 이용하기

또한 방문자가 사용 중인 브라우저에서 여러분이 이용하는 HTML5 요소를 지원하지 않을 경우의 대비책을 제공하기 위해 자바스크립트에서도 Modernizr를 이용할 수 있다.

Modernizr가 실행되면 앞서 <html> 요소에 모든 클래스가 추가됐던 것처럼 기능 지원 여부를 확인하는 데 이용할 수 있는 전역 자바스크립트 객체가 생성된다. 이 객체는 Modernizr라는 적절한 이름을 가지고 있다. 이 객체에는 모든 HTML5 기능에 대한 속성이 포함돼 있다.

다음은 그러한 예다.

```
Modernizr.draganddrop;
Modernizr.geolocation;
Modernizr.textshadow;
```

방문자의 브라우저에서 해당 기능의 이용 가능 여부에 따라 각 속성은 true 혹은 false가 된다. 이것은 "방문자의 브라우저에서 위치 정보가 지원되는가?"와 같은 질문을 하고 그에 대한 결과에 따라 조치를 취할 수 있기 때문에 매우 유용하다.

다음은 Modernizr를 이용해 지오로케이션의 지원 여부를 확인하는 if/else 블록의 예다.

```
if (Modernizr.geolocation) {
    // HTML5 위치정보 API가 지원되므로 사용해도 좋다!
}
else {
    // HTML5 지오로케이션 API를 지원하지 않는다.
    // 사용자의 위치를 파악하기 위해 구글 기어스(http://gears.google.com/)와 같은
    // 다른 라이브러리를 시도해 볼 수도 있다.
}
```

인터넷 익스플로러 8과 이전 버전에서의 HTML5 요소에 대한 스타일 적용 지원

2장에서 언급했듯이 인터넷 익스플로러 8과 이전 버전은 확인되지 않은 요소에 대해 스타일이 적용되는 것을 막고 있다. 그래서 이 문제를 해결하기 위한 레미 샤프의 해법인 "HTML5 shiv"를 소개한 바 있다. 하지만 그 당시에 언급했듯이 Modernizr도 이 문제를 해결해 줄 수 있다!

Modernizr 관련 문서에 명시돼 있는 내용에 따르면 "인터넷 익스플로러에서 HTML의 다양한 요소(abbr도 포함해)에 대한 스타일 적용을 가능케 하기 위해 Modernizr에서는 자바스크립트로 된 약간의 반복 코드를 실행한다. 이것은 갑자기 인터넷 익스플로러가 오디오나 비디오 요소를 지원하도록 만든다는 의미가 아니고, 단지 div 대신 section을 이용할 수 있고 CSS 내에서 그러한 요소에 스타일을 적용할 수 있음을 의미한다."

다시 말해, 인터넷 익스플로러 8과 이전 버전에서 새로운 의미적 요소에 스타일을 적용하기 위해 HTML5 shiv를 더 이용할 필요가 없다는 뜻이다. 어쨌든 Modernizr를 이용한다면 Modernizr가 그것을 처리해 줄 것이다.

 Modernizr의 위치에 주의

HTML5 shiv 대신 Modernizr를 이용한다면 이를 페이지의 최상단에 위치시켜야 한다. 그렇지 않으면 인터넷 익스플로러에서 브라우저가 Modernizr 스크립트의 위치에 도달해 그것을 실행하기 전까지는 새로운 요소가 스타일이 적용되지 않은 채로 표시될 것이다.

추가 참고 자료

Modernizr에 대해 좀 더 자세히 알고 싶다면 다음을 참조한다.

- Modernizr 문서: http://www.modernizr.com/docs/

- https://github.com/Modernizr/Modernizr/wiki/HTML5-Cross-browser-Polyfills에서는 Modernizr와 함께 이용할 수 있는 HTML5와 CSS3 속성용 폴리필의 최신 목록을 확인할 수 있다.

- A List Apart 기사, "Modernizr와 함께 HTML5와 CSS3 이용하기":

    http://www.alistapart.com/articles/taking-advantage-of-html5-and-css3-with-modernizr/

HTML5 & CSS3 FOR THE REAL WORLD

부록 B
WAI-ARIA

2장과 3장에서는 페이지의 접근성과 이식성을 향상시키고자 HTML5의 새로운 의미적 요소를 이용해 얻을 수 있는 잠재적 혜택을 보여주는 다양한 근거를 이야기했다. 그러나 때때로 향상된 의미적 표현만으로는 완전히 접근 가능한 세련된 웹 애플리케이션을 만들기에 충분하지 않다.

페이지의 내용과 기능을 최대한 접근성이 좋게 만들려면 HTML5(혹은 어떤 마크업 언어)에서 이미 제공하고 있는 바를 확장해 WAI-ARIA에서 제공하는 것들을 향상시켜야 한다.

여기서는 WAI-ARIA에 대한 광범위한 토론은 하지 않겠다. 이 주제로도 여러 장을 채울 수 있을 것이다. 하지만 이것에 관해 언급함으로써 다른 대안이 있음을 알려주는 것이 중요하다고 생각했다.

WAI-ARIA는 웹 접근성 위원회-접근 가능한 리치 인터넷 애플리케이션(Web Accessibility Initiative-Accessible Rich Internet Applications)을 나타낸다. W3C 사이트의 WAI-ARIA 개요에서는 이를 다음과 같이 설명한다.[1]

> [...] 장애가 있는 사람들이 웹 콘텐츠와 웹 애플리케이션에 좀 더 손쉽게 접근할 수 있게 만드는 방법이다. 이것은 특히 Ajax, HTML, 자바스크립트 및 관련 기술로 개발된 동적인 콘텐츠와 고급 사용자 인터페이스 컨트롤에 도움이 된다.

---

1 http://www.w3.org/WAI/intro/aria.php

스크린 리더 기술에 의존하는 사용자 혹은 마우스를 이용할 수 없는 사용자들은 종종 특정 웹 사이트와 웹 애플리케이션 기능을 이용하지 못하곤 한다. 예를 들어, 슬라이더나 상태 표시 줄, 탭 인터페이스와 같은 기능을 이용하지 못한다. 심지어 콘텐츠와 기능이 복잡한 애플리케이션 구조에 둘러싸여 있더라도 WAI-ARIA를 통해 페이지에서 이러한 단점을 처리할 수 있다. 따라서 일반적으로 접근할 수 없던 웹 사이트의 일부를 보조적인 기술에 의존하는 사용자들도 이용 가능하게 만들 수 있다.

WAI-ARIA가 어떻게 의미적 표현을 보완하는가

WAI-ARIA는 요소에 역할(roles)을 할당하며, 그러한 역할에 속성과 상태를 부여한다. 다음은 그러한 간단한 예다.

```
<li role="menuitemcheckbox" aria-checked="true">날짜순</li>
```

이 애플리케이션에서는 내용을 정렬하기 위해 관련 요소를 리스트 항목으로 나타내고 있을지도 모른다. 그러나 role과 aria-checked 속성 없이는 스크린 리더에서 이 요소의 용도를 알 방법이 없다. 의미적 요소(이 경우, 리스트 항목)만으로는 아무 것도 설명해주는 바가 없다. 이러한 속성을 추가함으로써 스크린 리더와 같은 보조 장치가 이 기능이 어떤 용도로 쓰이는 것인지 좀 더 잘 이해할 수 있다.

예를 들어, header, h1, nav와 같은 의미적 요소에 대해서는 WAI-ARIA 속성이 필요하지 않다. 이러한 요소는 이미 스스로를 표현하기 때문이다. 그 대신 이러한 속성을 요소 자체만으로 기능과 목적을 즉시 파악할 수 없는 요소를 나타내는 데 이용해야 한다.

WAI-ARIA의 현재 상태

HTML5처럼 WAI-ARIA 규격도 새로운 기술이라서 아직 원하는 모든 기능을 제공하지는 않는다. 앞에서 WAI-ARIA가 페이지 요소의 의미적 표현을 확장하는 방법을 설명하긴 했지만 이미 이름 안에 그 의미를 표현하고 있는 요소에도 WAI-ARIA 역할을 포함시킬 필요가 있을 수도 있다. 왜냐하면 보조적인 기술이 아직까지 새로운 HTML5 의미적 표현을 모두 지원하지는 않기 때문이다. 다시 말해, WAI-ARIA는 스크린 리더가 HTML5를 제대로 지원할 때까지 HTML5 페이지에 접근성을 제공하기 위한 일종의 임시방편으로 사용될 수 있다.

예를 들어, 다음의 사이트 내비게이션을 살펴보자.

```
<nav>
    <ul role="navigation">
    ...
    </ul>
</nav>
```

위 내용을 보면 마치 같은 내용을 중복하는 것처럼 보일 수도 있다. nav 요소는 내부에 포함되는 링크의 리스트가 내비게이션 컨트롤을 구성한다는 것을 의미하지만 여전히 WAI-ARIA의 역할 navigation을 리스트에 추가했다. WAI-ARIA와 HTML5는 새로운 기술이라서 이러한 종류의 중복이 종종 필요할 때가 있다. HTML5를 지원하지 않는 일부 브라우저와 스크린 리더도 WAI-ARIA는 지원할 것이다. 그리고 그 반대도 역시 가능하다.

그럼 HTML5가 완전히 지원된다면 WAI-ARIA가 불필요해지는 걸까? 그렇지 않다. WAI-ARIA에는 HTML5 요소로는 없는 역할들이 있다. timer[2]가 그 중 하나다. HTML5의 time 요소를 이용해 타이머를 표현하고 자바스크립트로 time 요소를 업데이트할 수도 있지만, 이것이 그냥 정적인 시간을 표시하는 것이 아니라 실제로는 타이머라는 사실을 스크린 리더에게 알려줄 방법이 없을 것이다.

스크린 리더가 WAI-ARAI 역할에 접근하게 하려면 브라우저는 접근성 API를 통해 그러한 역할을 노출시켜야 한다. 이것은 스크린 리더가 내장 데스크톱 컨트롤에 접근하는 방법과 유사한 방법으로 요소와 상호작용할 수 있게 만들어준다.

2010년 말에 게재된 A List Apart의 한 기사에서는 브라우저에서의 WAI-ARIA 지원과 보조 장치를 다음과 같이 요약했다.[3]

> 최신 버전의 브라우저와 스크린 리더에서 이미 WAI-ARIA[...]의 일부를 충분히 잘 지원하고 있다. 하지만 여전히 많은 문제가 남아 있다.

마지막으로, WAI-ARIA 역할로부터 혜택을 받을 수 있는 모든 사용자가 그것을 활용하고 있는 것은 아니라는 점을 알아두자. 2010년 12월 WebAIM(Web Accessibility In Mind)이라는 기구에서는 세 번째로 스크린 리더 사용자 설문을 실시했으며,[4] 여기서 참가자의 50% 이상이 WAI-

---

[2] http://www.w3.org/TR/wai-aria/roles#timer
[3] http://www.alistapart.com/articles/the-accessibility-of-wai-aria/
[4] http://webaim.org/projects/screenreadersurvey3/

ARIA 기능을 이용하지 않거나 그러한 기능의 존재를 알지 못하는 것으로 나타났다.

한마디로 이야기하면 WAI-ARIA에 대해서는 어느 정도 지원이 되고 있다. 그리고 이러한 속성은 HTML5에서 유효하므로 이러한 속성을 HTML5 문서에 포함시킨다고 해서 어떠한 문제도 일어나지 않을 것이다. 비록 아직은 완전히 잘 이용되고 있다고 보이지는 않지만 시간이 지나면서 반드시 좋아질 것이다.

추가 참고 자료

앞에서 언급했다시피 모든 WAI-ARIA 역할에 대한 종합적인 내용은 이 책의 범위를 벗어난다. 하지만 이와 관련해서 좀 더 공부하고 싶다면 무엇보다도 공식 규격서[5]를 찾아보길 권장한다. 아울러 W3C에서는 좀 더 짧은 입문서[6]와 제작 실습 가이드를 함께 제공한다.[7]

---

5 http://www.w3.org/TR/wai-aria/

6 http://www.w3.org/TR/wai-aria-primer/

7 http://www.w3.org/TR/wai-aria-practices/

HTML5 & CSS3 FOR THE REAL WORLD

부록 C

마이크로데이터

마이크로데이터(Microdata)는 빠른 속도로 여러 곳에서 채택되고 지원을 얻고 있는 또 하나의 기술이다. 하지만 WAI-ARIA와는 달리 이것은 실제로 HTML5의 일부다. 마이크로데이터 규격[1]은 여전히 초기 개발 중이지만 여기서 이 기술을 언급할 만한 가치가 있을 것이다. 왜냐하면 이 기술로 문서의 가독성과 의미적 표현의 미래가 어떻게 될지 내다볼 수 있기 때문이다.

규격에서는 마이크로데이터가 '기계가 판독할 수 있는 데이터를 모호하지 않은 파싱 모델을 이용해 작성하기 쉬운 방법으로 HTML 문서에 삽입할 수 있게 만들어 주는' 메커니즘으로 정의돼 있다.

페이지 제작자는 마이크로데이터를 이용해 기계나 로봇이 읽을 수 있게 주석을 달고자 HTML 요소에 특정 라벨을 추가할 수 있다. 이는 사용자 정의 용어라는 방식으로 처리된다. 예를 들어, 스크립트나 서드파티 서비스에서 여러분이 만든 페이지에 접속해 페이지 내의 특정 요소와 특별한 방식으로 상호작용할 수 있게 만들고 싶다고 하자. 마이크로데이터를 이용하면 그러한 서비스가 특화된 방식으로 주석이 달린 콘텐츠에 접근할 수 있게 이미 존재하는 의미적 요소(article과 figure 같은)를 확장할 수 있다.

---

[1] http://www.w3.org/TR/microdata/

약간 복잡해 보일 수도 있으니 현실성 있는 사례를 들어보자. 사이트에 영화에 대한 리뷰가 있다고 가정해보자. 아마 article 요소에 리뷰와 그 리뷰에 대한 별점이나 퍼센트 점수가 포함될 것이다. 하지만 구글의 검색 스파이더와 같은 기계가 나타나면 이 기계는 콘텐츠의 어느 부분이 실제 리뷰인지 알 방법이 없다. 기계가 볼 수 있는 것이라곤 페이지 내의 텍스트뿐이다.

왜 기계가 여러분이 영화에 대해 어떻게 생각하고 있는지 알고 싶어할까? 최근 구글에서 검색자에게 단순히 검색어에 일치하는 텍스트 이상을 제공하고자 검색 결과 페이지에 더 풍부한 정보를 표시하기 시작했다는 소식을 생각해볼 필요가 있다. 이는 마이크로데이터나 다른 그와 유사한 기술을 이용해 그러한 사이트의 페이지에 표시된 리뷰 정보를 읽음으로써 가능한 것이다. 그림 C.1에서는 영화 리뷰 정보에 대한 예를 보여준다.

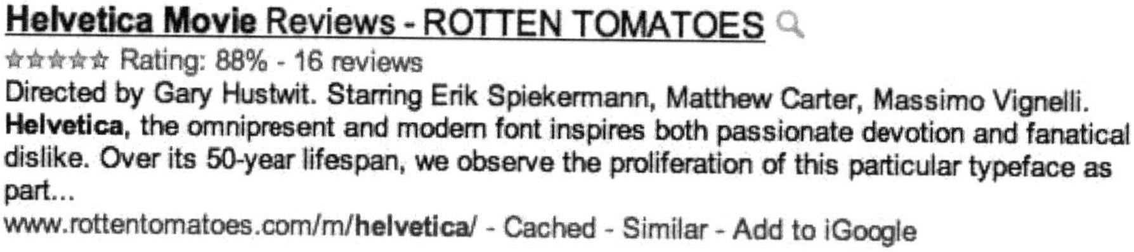

Helvetica Movie Reviews - ROTTEN TOMATOES
★★★★★ Rating: 88% - 16 reviews
Directed by Gary Hustwit. Starring Erik Spiekermann, Matthew Carter, Massimo Vignelli.
Helvetica, the omnipresent and modern font inspires both passionate devotion and fanatical dislike. Over its 50-year lifespan, we observe the proliferation of this particular typeface as part...
www.rottentomatoes.com/m/**helvetica**/ - Cached - Similar - Add to iGoogle

그림 C.1 | 구글에서는 마이크로데이터를 활용해 검색 결과에 추가적인 정보를 보여준다.

마이크로데이터를 이용하면 소프트웨어 애플리케이션이 이해할 수 있고, 이용할 수 있는 일관된 용어로 페이지의 어느 부분이 리뷰, 사람, 이벤트 등에 대응하는지 정확히 지정할 수 있다.

HTML5의 의미적 표현은 충분하지 않은가?

어떤 특정 요소가 기존의 HTML을 이용하는 것이 불가능하다면 그것이 과연 얼마나 유용할지 궁금할 수도 있다. 물론, HTML5 규격은 현재 좀 더 표현력 있는 마크업이 가능하도록 갖가지 새로운 요소를 포함한다. 하지만 HTML5를 고안한 사람들은 HTML5 규격에 포함되는 요소가 실제로 이용되는 요소가 되도록 신중하게 선택했다.

오직 일부 사람들만이 이용하게 될 요소를 HTML에 추가한다는 것은 비생산적이다. 이는 규격 작성자나 표준 단체의 관점에서 유지보수를 불가능하게 만들 뿐 아니라 언어를 불필요하게 부풀릴 것이다.

반면 마이크로데이터는 매우 특수한 상황(HTML5의 의미적 요소를 이용하는 것이 가능하지 않는 상황)을 대상으로 자체적인 맞춤형 용어를 생성할 수 있게 만들어준다. 따라서 기존의 HTML 요소와 HTML5에 추가된 새로운 요소는 일종의 의미적 표현의 기준처럼 유지되는 반면 개발자 저마다의 특별한 용도를 목적으로 특수한 주석을 만들어낼 수 있다.

마이크로데이터 문법

마이크로데이터는 기존의 잘 작성된 HTML 콘텐츠와 작동하며, 이름-값의 쌍(혹은 속성(properties)이라고도 함)을 이용해 문서에 추가한다. 마이크로데이터는 새로운 요소를 생성하는 것을 허용하지 않는다. 대신 기존 요소의 의미적 표현을 확장하는 맞춤형 속성을 추가할 수 있게 만들어 준다.

다음은 그러한 예다.

```
<aside itemscope>
    <h1 itemprop="name">John Doe</h1>
    <p><img src="http://www.sitepoint.com/bio-photo.jpg"
➥ alt="John Doe" itemprop="photo"></p>
    <p><a href="http://www.sitepoint.com" itemprop="url">저자의 웹 사이트</a></p>
</aside>
```

위의 예제에서는 평범한 저자의 약력이 aside 요소 내에 위치해 있다. 가장 먼저 이상하게 느껴지는 점은 itemscope 속성일 것이다. 이렇게 하면 aside 요소를 마이크로데이터 용어의 영역(scope)을 정의하는 컨테이너로 인식한다. itemscope 속성이 있으면 규격에서 아이템(item)이라고 지칭하는 것이 정의되고, 각 아이템은 이름-값의 쌍의 모음으로 묘사된다.

용어의 범위를 정의할 수 있으므로 한 페이지에서 여러 개의 용어를 정의할 수 있다. 위 예제에서 aside 요소 내에 있는 모든 이름-값의 쌍은 하나의 마이크로데이터 용어에 속한다.

itemscope 속성 외에, 다음으로 흥미로운 점은 name을 값으로 담은 itemprop 속성이다. 이 시점에서 스크립트가 이러한 속성으로부터 정보를 어떻게 얻고 '이름-값 쌍'이란 무엇을 의미하는지 설명하는 게 좋을 것 같다.

이름-값 쌍 이해하기

이름은 itemprop 속성의 도움으로 정의되는 속성이다. 앞의 예제를 보면 첫 번째 속성의 이름은 우연히도 name이다. 이 범위에서는 추가적으로 두 개의 속성 이름이 있다. 바로 photo와 url이다.

특정 속성에 대한 값은 그 속성이 선언되는 요소에 따라 다양하게 정의된다. 대부분의 요소에서 그 값은 텍스트 콘텐츠에서 구한다. 예를 들어, 앞의 예제에서 name 속성은 <h1>의 열고 닫는 태그 사이에 있는 텍스트 콘텐츠로부터 값을 얻는다. 다른 요소는 다르게 처리된다.

photo 속성은 그 값을 이미지의 src 속성에서 얻기 때문에 값은 저자의 사진에 대한 URL로 구성된다. url 속성은 텍스트 콘텐츠를 갖는 요소에 정의됐지만 이 텍스트 콘텐츠(즉, "저자의 웹사이트")를 자신의 값을 결정하는 데 이용하진 않는다. 대신, href 속성에서 그 값을 얻는다.

관련 텍스트 콘텐츠를 마이크로데이터 값을 정의하는 데 이용하지 않는 다른 요소로는 meta, iframe, object, audio, link, time 등이 있다. 텍스트 콘텐츠 외에 다른 곳에서 자신의 값을 얻는 요소에 대한 종합 목록을 살펴보려면 마이크로데이터 규격의 Values 섹션[2]을 참고한다.

마이크로데이터 네임스페이스

지금까지 설명한 내용은 재사용할 필요가 없는 마이크로데이터로는 적당하지만 약간은 비실용적이다. 마이크로데이터의 실질적인 위력은 앞서 설명했듯이 서드파티 스크립트와 페이지 제작자가 이름-값 쌍에 접근할 수 있고 그것들을 유용하게 활용할 수 있을 때 발휘된다.

그러자면 각 아이템이 itemtype 속성을 이용해 type을 정의해야 한다. 마이크로데이터에서의 아이템은 itemscope 속성이 지정된 요소라는 점을 기억하자. 해당 요소 내의 모든 요소와 이름-값 쌍은 그 아이템에 속한다. 그러므로 itemtype 속성의 값은 해당 아이템의 용어에 대한 네임스페이스를 정의한다. 앞에서 든 예제에 itemtype을 추가해 보자.

```
<aside itemscope itemtype="http://www.data-vocabulary.org/Person">
    <h1 itemprop="name">John Doe</h1>
    <p><img src="http://www.sitepoint.com/bio-photo.jpg"
    ↪alt="John Doe" itemprop="photo"></p>
    <p><a href="http://www.sitepoint.com" itemprop="url">저자의 웹 사이트</a></p>
</aside>
```

---

[2] http://www.w3.org/TR/microdata/#values

위 아이템에서는 구글이 소유한 도메인인 http://www.data-vocabulary.org/라는 URL을 이용한다. 여기서는 조직(Organization), 사람(Person), 후기(Review), 페이지 경로(Breadcrumb) 등의 여러 마이크로데이터 용어를 보유하고 있다.

추가 참고 자료

마이크로데이터에 대한 이 짧은 소개에서는 이 주제에 대해 충분히 다루진 못했지만 이 기술을 이용해 문서의 의미적 요소를 확장했을 때 어떤 것이 가능한지 어렴풋이나마 알게 됐기를 바란다.

이 주제는 여기에 나온 소스 외에도 조사와 연구가 필요한 매우 광범위한 주제다. 이러한 점을 염두에 두고, 다음은 마이크로데이터가 제공하는 사항에 대해 좀 더 깊이 공부해보고 싶을 때 참고할 만한 몇 가지 링크다.

- HTML5 Doctor의 "HTML5 확장하기-마이크로데이터"[3]
- W3C 마이크로데이터 규격[4]
- 마크 필그림의 마이크로데이터에 관한 훌륭한 개요[5]
- 구글의 리치 스니펫 도움말[6]

---

3   http://html5doctor.com/microdata/
4   http://www.w3.org/TR/microdata/
5   http://diveintohtml5.org/extensibility.html
6   http://www.google.com/support/webmasters/bin/answer.py?hl=en&answer=99170

찾아보기

기호

244
@font-face 201
@font-face 문제 해결 213
.htaccess 파일이란? 102
#timeHolder 요소 112

ㄱ

가상 요소 122
가상 클래스 122, 126
검색 엔진 최적화 37
결합자 122
경도 235
공백 혹은 콤마? 71
관계형 선택자 123
    인접 형제 선택자 123
    일반 형제 선택자 123
    자식 선택자 123
    하위 선택자 123
구글 맵스 239
구글 크롬의 필수 필드 유효성 검사 메시지 64
구조적 가상 클래스 129
굵은 글씨체 49
그라디언트 149
그래픽 유저 인터페이스 2

그림자 효과 142
    inset 박스 그림자 효과 144
    더 많은 그림자 효과 146
    비직사각형 그림자 효과? 144
    인터넷 익스플로러 6 이상에서의 그림자 효과 143
    텍스트 그림자 효과 145

ㄴ

날짜와 시간 81
내장 컨트롤 93

ㄷ

다단 레이아웃 215
    column-count 속성 216
    column-gap 속성 216
    column-width 속성 217
다중 배경 149
다중 배경 이미지 171
다중 비디오 포맷 지원 97
단 나누기 220
대체 수단 섹션 249
더블 콜론 132
데미안 갤러자 163
데이터 저장하기와 읽기 257
독타입 16
동적 날짜 선택 84
둥근 모서리 139

뒤로 향하는 선택자는 없다 124
드래그 앤 드롭 309
디폴트 스타일 주의 65
따옴표 25

ㄹ

라이선스 이슈 92
라파엘 305
레미 샤프 19
로컬 스토리지와 쿠키 256
리얼플레이어 89

ㅁ

마이크로데이터 5, 333
마이크로데이터 문법 335
마진과 패딩 219
마크업 언어 xxvi
마티아스 바이넨 53
맞춤 유효성 검사 메시지 77
맞춤 컨트롤 103
모바일 시장 9
모질라 개발자 네트워크 101
문서 아웃라인 39
문서 아웃라인 테스트 40
문서의 개요 39
미디어 요소 API 소개 105
미디어 쿼리 224

ㅂ

반복 그라디언트 170
반응형 웹 디자인 224
방사형 그라디언트 163
베지어 함수 191
변형 179
불투명도 136
브라우저 기반 개발 도구 213

브라우저별 HTML5 video 요소 지원 92
브라우저 지원 폰트 형식 205
브라우저 캐시 242
브루스 로손 28
비디오 90
  재생 107
  중지 107
비디오 코덱 91
  H.264 91
  Theora 91
  VP8 91
비틀기 185

ㅅ

사용자의 현재 위치를 알려주는 새로운 위젯 237
색상 모듈 133
생성된 콘텐츠 132
서버 MIME 타입 제대로 설정하기 101
서버에 콘텐츠 타입 설정하기 245
선택자 122
선형 그라디언트 150
섹셔닝 루트 이해하기 41
속성 선택자 125
순서 있는 목록 53
숫자가 숫자가 아닐 때? 79
스레딩 267
스토리지 제한 259
스패닝 컬럼 221
스피너 박스 78
실버라이트 89
실전이란 7
쓰이지 않는 48

ㅇ

아담 울프 223
아이폰에서의 자동 재생 95

알려지지 않은 요소들 18
애니메이션 194
애니메이션 속성 196
   animation-delay 198
   animation-direction 197
   animation-duration 197
   animation-fill-mode 198
   animation-iteration-count 197
   animation-name 196
   animation-play-state 198
   animation-timing-funtion 197
   약칭 표기 animation 속성 198
애플리케이션 캐시 242
애플리케이션 프로그래밍 인터페이스 2
앰퍼샌드 문자 56
오디오 90
오디오 코덱 91
   AAC 91
   Vorbis 91
오페라의 날짜 선택기 83
오페라의 필수 필드 유효성 검사 메시지 64
오프라인 테스트 246
와일드 카드 244
워커 267
월드 와이드 웹 1
웹 소켓 267
웹 스토리지 254
   로컬 스토리지 255
   세션 스토리지 255
웹 스토리지는 브라우저에 종속적이다 256
웹 앱 4
웹 인스펙터 264
웹킷 78
웹 폼 4
위도 235

유니코드 범위 208
유연 모드 23
유저 에이전트란? 30
유효성 검사 54
음소거 110
의미적 표현 26, 28
이동 180
이안 힉슨 31
이탤릭체 50
익명 함수 279
인터넷 익스플로러 6~8에서 자바스크립트를 비활성화해 놓은 사용자는 어떻게 될까? 20
인터페이스 234
잉크스케이프 303

ㅈ

자동완성 기능을 끄려면 72
작은 글씨 50
전화번호 78
전환 187
   transition-delay 191
   transition-duration 190
   transition-property 188
   transition-timing-function 191
   transition 약칭 표기 속성 192
   다중 전환 193
전환이 지원되지 않는 브라우저에서의 작동 방식 190
점진적 향상 223
정규 표현식에 대해 69
제조사별 접두사에 대해 7
조건부 주석 19
존 레식 19
존 앨섭 163
줌 레벨 238

지도 불러오기 236
지오로케이션 230
지오로케이션 메서드 232
    clearPosition 232
    getCurrentPosition 232
    watchPosition 232

ㅊ

차이 메우기 기술 8
최신 개발 버전 151

ㅋ

캐스케이딩 스타일 시트 5
캐시를 캐시하기 251
캐시 리프레싱 251
캔버스 272
    비디오 조작하기 292
    사각형 그리기 276
    이미지를 캔버스에 그리기 285
    이미지 조작 287
    좌표 시스템 277
    컬러에서 흑백으로 이미지 변환하기 289
캔버스 vs. SVG 308
컨테이너 91
컬러 스톱 154
콘텍스트 메뉴 비활성화 110
콘텐츠 모델 37
    메타데이터 콘텐츠 38
    섹셔닝 콘텐츠 38
    인터랙티브 콘텐츠 38
    임베디드 콘텐츠 38
    프레이징 콘텐츠 38
    플로우 콘텐츠 38
    헤딩 콘텐츠 38
콜백 234

퀵타임 89
크기변환 182
크롬에서의 위치 정보 확인창 차단 232
크리에이티브 커먼즈 209
큰 글씨 50
키 프레임 195

ㅌ

특정 항목 제거와 전체 데이터 지우기 259

ㅍ

파이어버그 213
파이어폭스4의 필수 필드 유효성 검사 메시지 64
파이어폭스에서 datalist 요소가 작동하는 모습 73
패스 280
폐기된 48
포커스가 맞지 않다? 62
폰트 법적 고려 사항 209
폰트 소스 선언 204
폰트 속성 기술자 207
폰트 스쿼럴 210
폰트 스쿼럴의 폰트 목록 212
폰트 적용 208
폴리필 8
표준 모드란? 23
프라이버시에 대한 배려 231
프론트엔드 개발자 xxvi
플래시 비디오 91
플래시 플레이어 플러그인 89

ㅎ

하위 호환성 65
해상도(176
현재 위치 조회 233
회전 184

A

accuracy 속성 235
addEventListener는 크로스 브라우징이 되지 않는다! 106
addEventListener 메서드 106, 108
altitude 속성 235
API 2
application cache 242
article 요소 29
aside 요소 31
async 속성 54
audio 속성 97
autocomplete 속성 72
autofocus 속성 73
autoplay 속성 94
AVI 91
a 요소 49

B

background-size 속성 174
background 속성 172
background의 약칭 표기 174
big 요소 50
Boolean 논리 속성 25
border-collapse 속성 141
border-radius 속성 139
box-shadow 속성 142
Bruce Lawson 28
b 요소 49

C

cache.manifest 파일 243
Callback 234
canplaythrough 이벤트 107
challenge 속성 85

cite 요소 51
color-stop() 함수 156
cols 속성 87
Column Break 220
Columnizer 223
column-span 속성 221
conditional comment 19
container 91
content model 37
Content model
　Embedded content 38
　Flow content 38
　Heading content 38
　Interactive content 38
　Metadata content 38
　Phrasing content 38
　Sectioning content 38
content-type 정보 101
Coordinates 객체 234
Creative Commons 209
CSS 5
CSS3 5
currentTime 속성 112

D

DataTransfer 객체 312
dataTransfer와 jQuery 313
date 81
datetime 82
datetime-loca 82
datetime 속성 47
defer 속성 54
deprecated 48
descriptor 207
details 요소 52

disabled 속성 70

dl 요소 51

doctype 16

DOM 300

DPI 176

drop shadow 142

E

embed 요소 55

F

fallback 249

figcaption 요소 44

figure 요소 44

fillStyle의 변형 277

Firebug 213

font squirrel 210

footer 요소 32

form 속성 71

form 요소 86

G

Geolocation 230

geo-location-javascript 241

getCurrentPosition 메서드 233

getImageData에서의 보안 오류 291

GUI 2

H

header 요소 26

hgroup 요소 42

HSL 135

HSLA 135

HTML4 Transitional 16

HTML5 1

HTML5 shiv 19, 323

HTML5 기본 템플릿 15

head 요소 17

html 요소 17

독타입 16

HTML5 비디오 및 오디오 관련 작업 시 이용 가능 속성

  buffered 117

  currentSrc 116

  duration 117

  playbackRate 116

  readyState 116

  src 116

  videoHeight 117

  videoWidth 117

HTML5 비디오 및 오디오 관련 작업 시 이용 가능 이벤트 115

  canplay 115

  error 115

  loadeddata 115

  loadedmetadata 115

  playing 116

  seeked 116

  seeking 116

HTML5에서 제공하는 새로운 input 타입 74

  color 입력 타입 80

  email 타입 76

  number 타입 78

  range 입력 타입 80

  Search 75

  tel 타입 78

  url 타입 77

HTML5의 고안자들은 어떤 새로운 요소를 포함할지 어떻게 결정했을까? 32

HTML5 헤럴드, HTML5의 구조적 요소로 나뉜 모습 35

HTML 설계 원칙 1

I

Ian Hickson 31
IE 필터를 이용한 선형 그라디언트 162
img 요소 93
IndexedDB 268
Inkscape 303
input 타입 74
i 요소 50

J

John Resig 19
jQuery 67
jQuery 기반의 폴리필 54
JW Player 100

K

keygen 요소 85

L

label 요소 61
Link 내의 블록 요소 49
Lint Tools 56
LongTail Video 100
loop 속성 95

M

mark 요소 45
Mathias Bynens 53
max 속성 46
meter 요소 46
Microdata 333
MIME 타입 101
Miro Video Converter 102
Modernizr 19, 68, 232, 319
Modernizr의 위치에 주의 323
month 81

MPEG-4 91
multiple 속성 71
muted 속성 111

N

nav와 접근성 30
nightly build 151
n이란? 131

O

obsolete 48
Ogg 91
ol 요소 53
optgroup 요소 86
output 요소 85

P

path 280
pattern 속성 69, 78
paused 속성 107
placeholder 속성 66
placeholder 폴리필 67
playing 클래스 109
play() 메서드 107
polyfill 8
poster 속성 96
preload 속성 95
　auto 95
　metadata 96
　none 96
progress 요소 46
Pseudo-classes 126
p 요소 61

Q

quirks mode 23

R

range 입력 타입을 크롬에서 본 모습 80
ratate() 함수 184
readonly 속성 71
regular expression 69
Remi Sharp 19
removeItem 메서드 259
required 속성 62
responsive web design 224
reversed 요소 53
RGBA 134

S

scoped 속성 54
script 태그 19
secondsToTime() 함수 113
sectioning root 41
section 요소 27
select 요소 71
semantic element 5
SEO 37
setCustomValidity 메서드 78
skew(x, y) 함수 185
small 요소 50
source 순서 98
source 요소 97
srclang 속성 118
src 속성 97
standards mode 23
start 속성 53
step 속성 79
strong 요소 49
style 요소 53, 54
summary 요소 52
SVG 3, 299
SVG를 이용한 선형 그라디언트 160

T

textarea 요소 86
threading 267
time 82
timeupdate 이벤트 112
time 요소 46
time 요소 관련 규칙 48
track 요소 118
Transform 179
Transition 187
transition-property 188
Translation 180
Try/Catch와 Exception 260
type 속성 97

U

unknown element 18
unmute 이벤트 111
utf-8 17

V

value 속성 46
videoEl 변수 106
video 요소 90
volumechange 이벤트 111

W

W3C 3
W3C 문법 164
WAI-ARIA 5, 327
WCAG 3
WebGL 275
Web Inspector 264
WebM 91
Web Socket 267

Web SQL 268
week 82
WHATWG 4
worker 267
wrap 속성 87

X

XHTML 3
XHTML 1.0 Strict 16
XML 300

Z

zoom level 238